2017

海门统计年鉴

HAIMEN STATISTICAL YEARBOOK

海门市统计局
国家统计局海门调查队 编

HAIMEN MUNICIPAL STATISTICS BUREAU
STATE STATISTICS BUREAU HAIMEN INVESTIGATION TEAM

中国统计出版社
China Statistics Press

图书在版编目(CIP)数据

海门统计年鉴. 2017 / 海门市统计局, 国家统计局海门调查队编. -- 北京 : 中国统计出版社, 2018.10
ISBN 978-7-5037-8635-8

Ⅰ. ①海… Ⅱ. ①海… ②国… Ⅲ. ①统计资料-海门-2018-年鉴 Ⅳ. ①C832.534-54

中国版本图书馆 CIP 数据核字(2018)第 201766 号

海门统计年鉴-2017

作　　者/ 海门统计局　国家统计局海门调查队
责任编辑/ 陈越月
装帧设计/ 海门日报印务中心
出版发行/ 中国统计出版社
地　　址/ 北京市丰台区西三环南路甲 6 号　邮政编码/100073
电　　话/ 邮购(010)63376909　书店(010)68783171
网　　址/ http://csp.stats.gov.cn
印　　刷/ 南通华民彩印有限公司
经　　销/ 新华书店
开　　本/ 890mm×1240mm　1/16
字　　数/ 140 千字
印　　张/ 34
版　　别/ 2018 年 10 月第 1 版
版　　次/ 2018 年 10 月第 1 次印刷
定　　价/ 260 元

如有印装差错，由本社发行部调换。

编者说明

一、《海门统计年鉴-2017》是一部全面、系统地反映海门市2017年以及历史主要年份国民经济和社会发展情况的资料性年刊和工具书。

二、《年鉴》分为十九部分:综合;国民经济核算;人口、就业;价格指数;人民生活;财政、金融;固定资产投资;对外经济;能源、资源、环境保护;农业;工业;建筑业;交通、邮电;国内贸易;教育、科技;文化、卫生、体育;其他社会事业;城市建设;县域交流。

三、《年鉴》资料大部分来自年度统计报表,一部分来自抽样调查。每部分后附有《主要统计指标解释》。

四、《年鉴》根据统计制度的变化,作了一些调整和改进,并努力与前几年版本在编辑体系、内容结构、指标体系、统计口径等方面保持连贯性。读者在使用历史数据时凡与本年鉴有出入的,均以本年鉴为准。

五、《年鉴》中国民经济分类按2017年国家标准《国民经济行业分类》(GB/T4754-2011)执行。

六、《年鉴》表中"空格"表示无该项统计数据;"#"表示其中数的主要项。

感谢广大读者多年来对《年鉴》出版工作的支持和帮助,欢迎继续提出宝贵意见,使《年鉴》的形式和内容更趋完善。

《海门统计年鉴-2017》编辑部

2018年8月

地区生产总值（亿元）
GDP(100 million yuan)

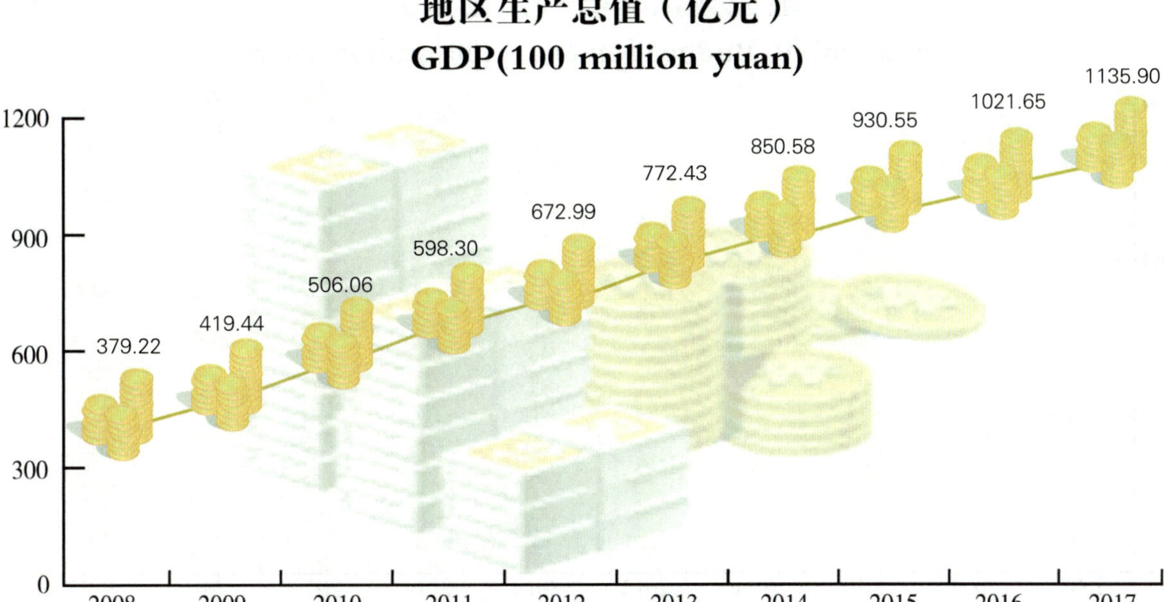

三次产业构成（%）
Composition of Three Industries(%)

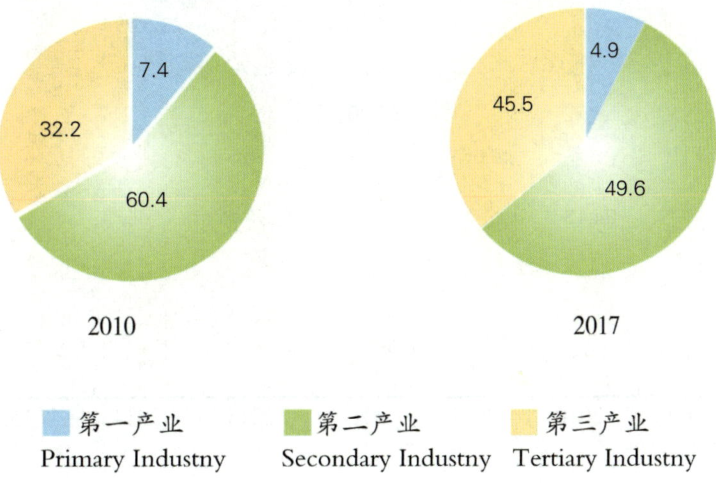

一般公共预算收入（亿元）
General public Budget Revenue(100 million yuan)

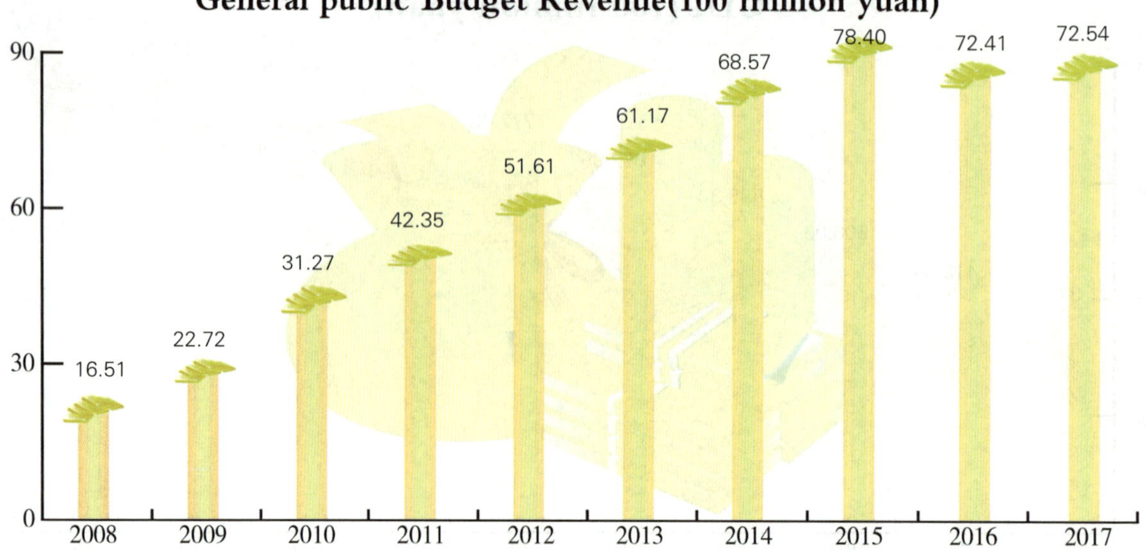

一般公共预算支出（亿元）
General Public Budget Expenditure(100 million yuan)

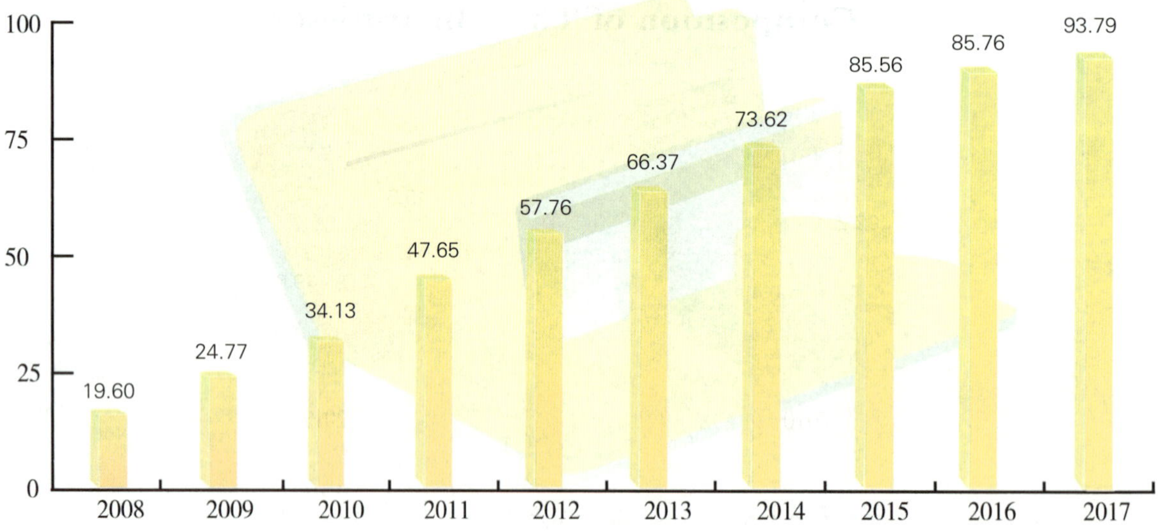

人均地区生产总值（元）
Per Capita GDP(yuan)

人均一般公共预算收入（元）
Per Capita General public Budget Revenne(yuan)

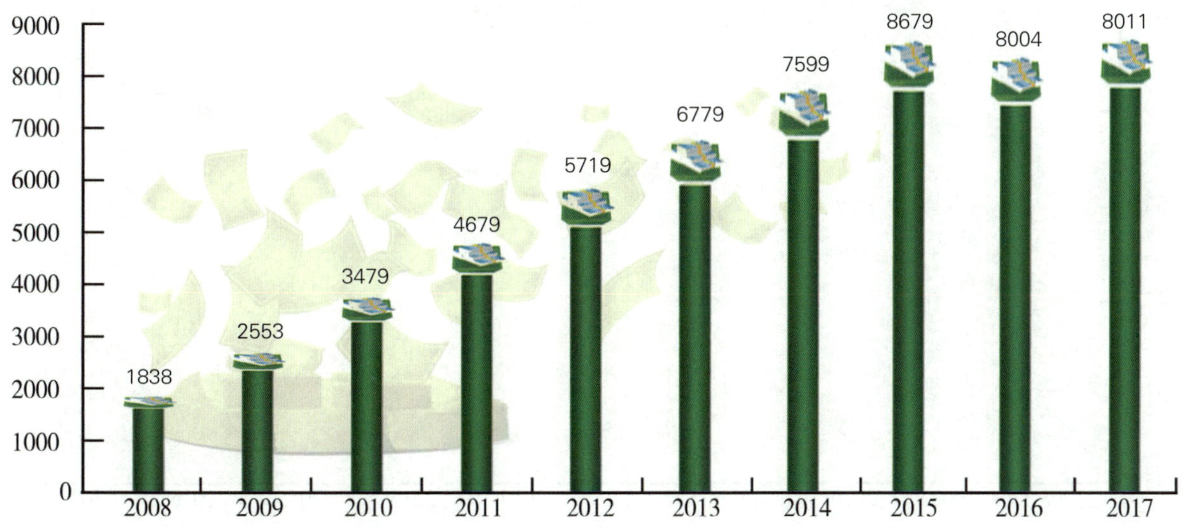

一般公共预算收入占GDP的比重（%）
Ratio of Local Public Budget Revenue to GDP(%)

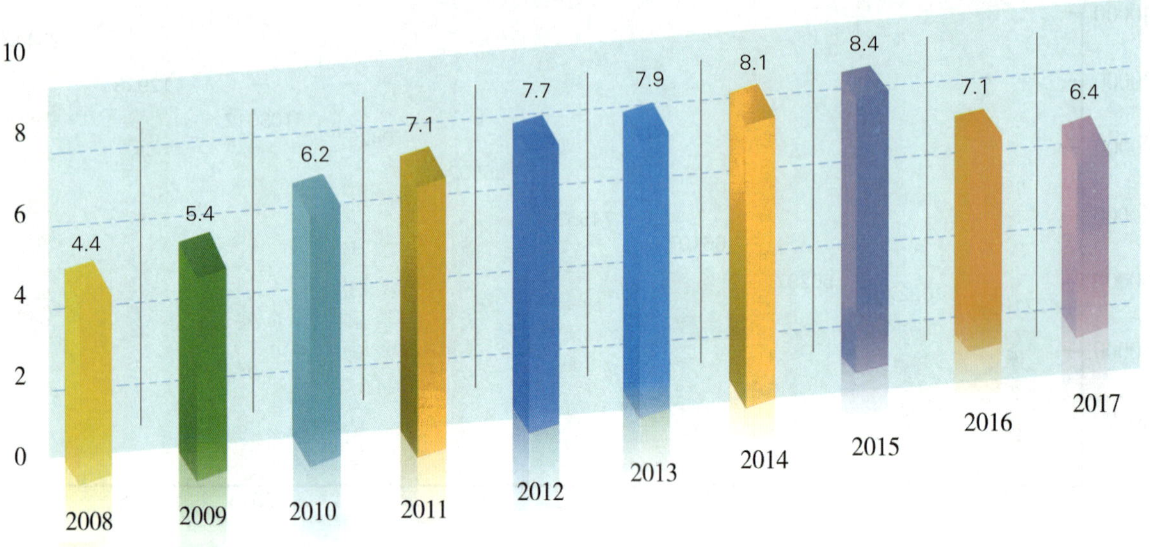

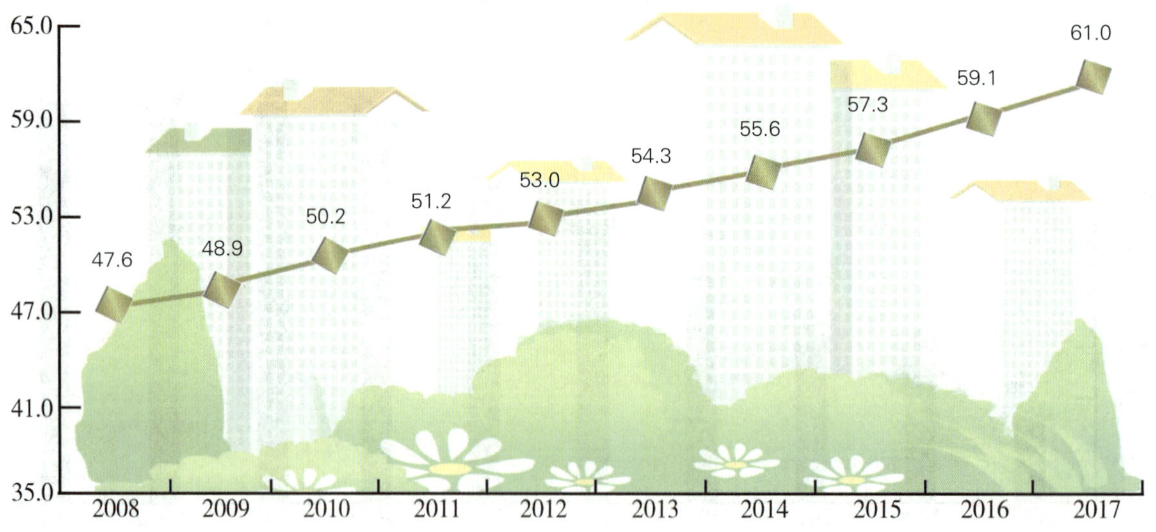

农林牧渔业现价总产值（亿元）

Total Output Value of Farming, Forestry, Husbandry and Fishery(100 million yuan)

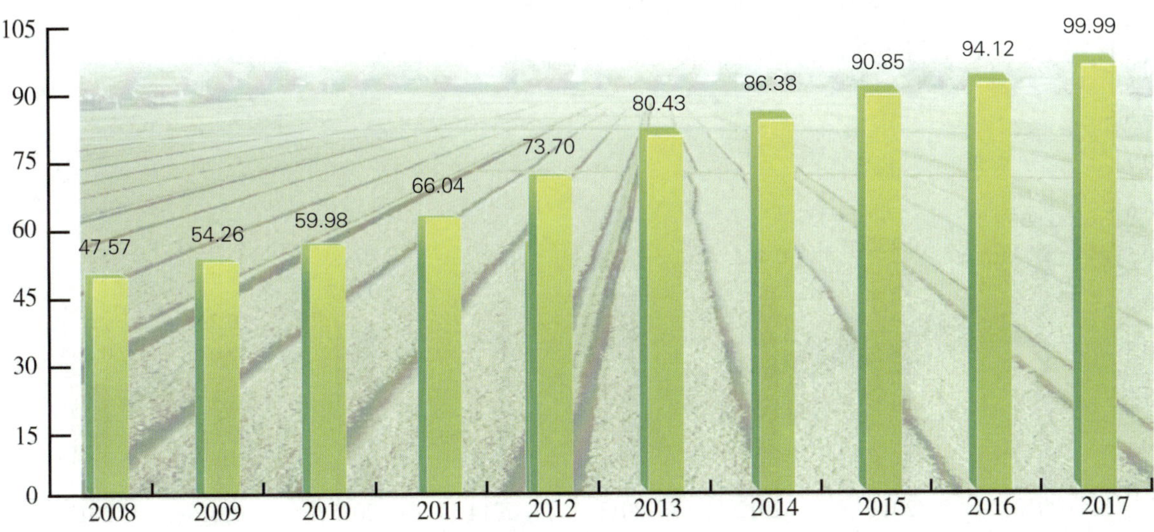

高新技术产业产值占比（%）

Ratio of High and New Technology Industries to Output Value of Industries Above Designated Size(%)

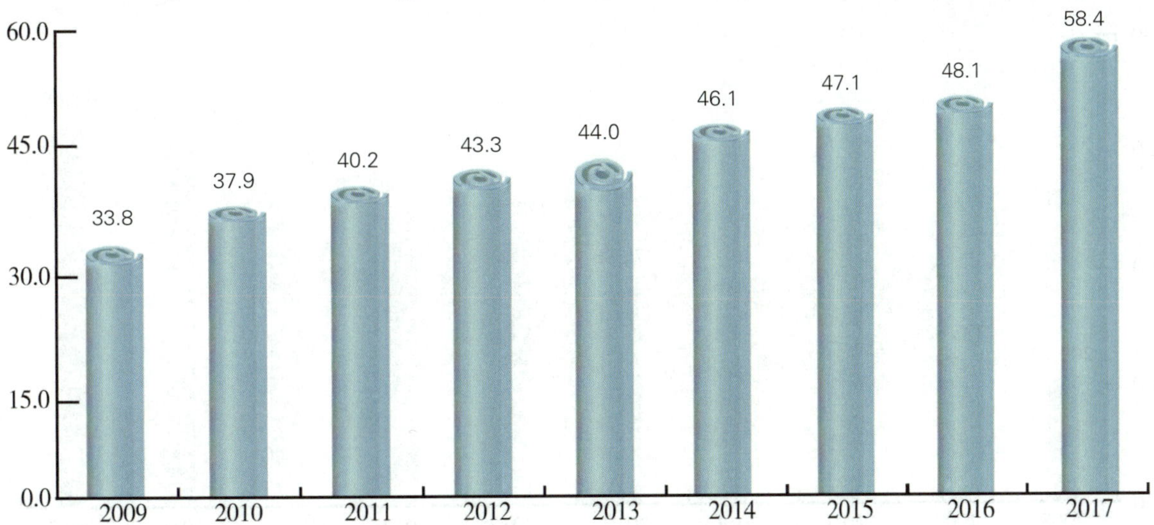

注：该指标为高新技术产业产值占规模以上工业总产值的比重。

单位GDP能耗（吨标煤/万元）
Energy Comsuption Per Capita GDP(SCE/10,000 yuan)

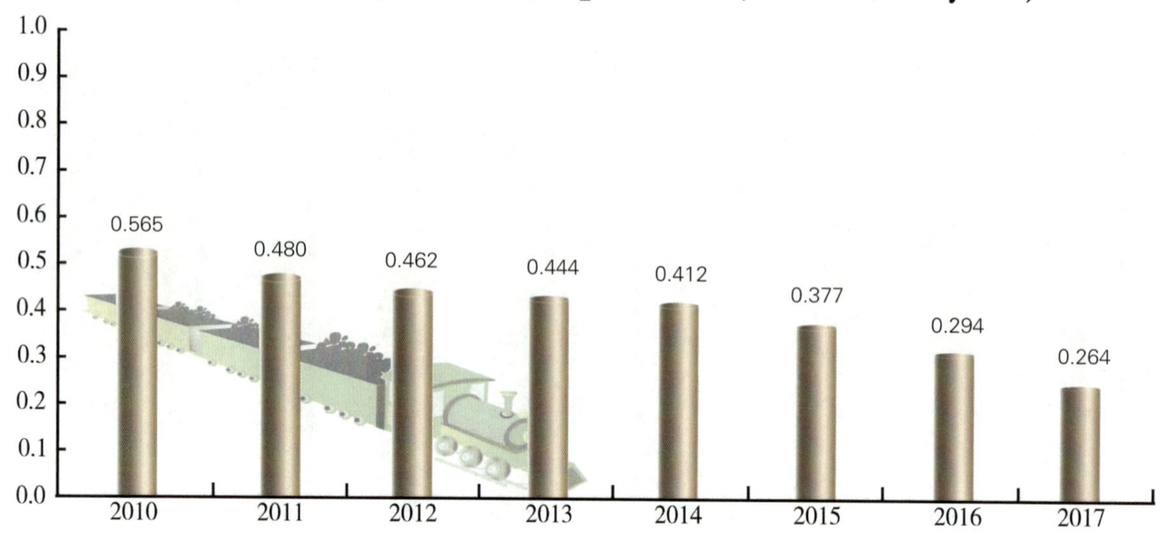

固定资产投资额（亿元）
Fixed-Asset Investment(100 million yuan)

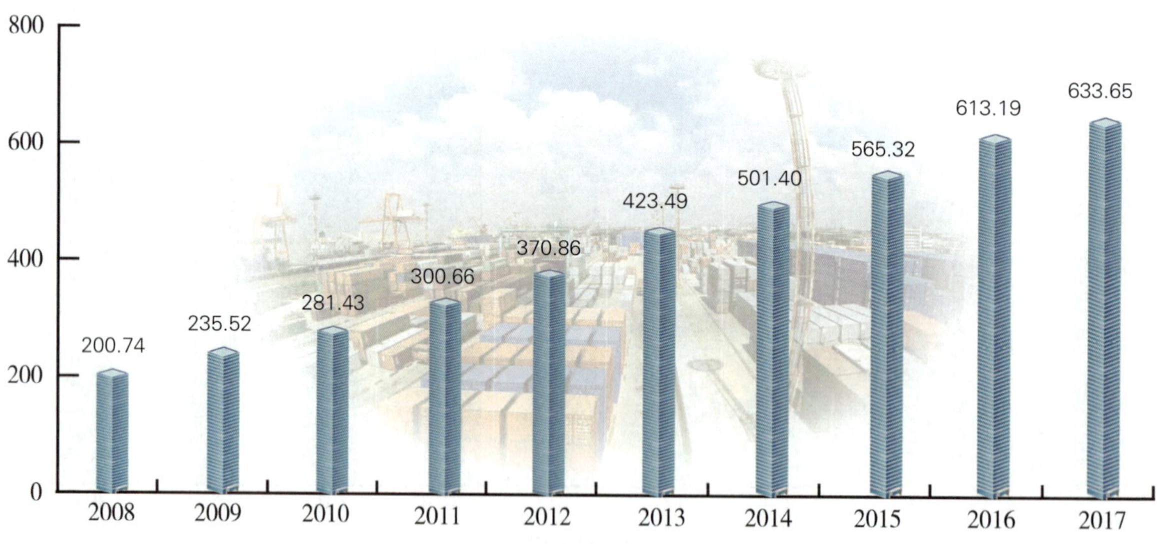

第三产业固定资产投资额（亿元）
Fixed Asset Investment in Tertiary Industries(100 million yuan)

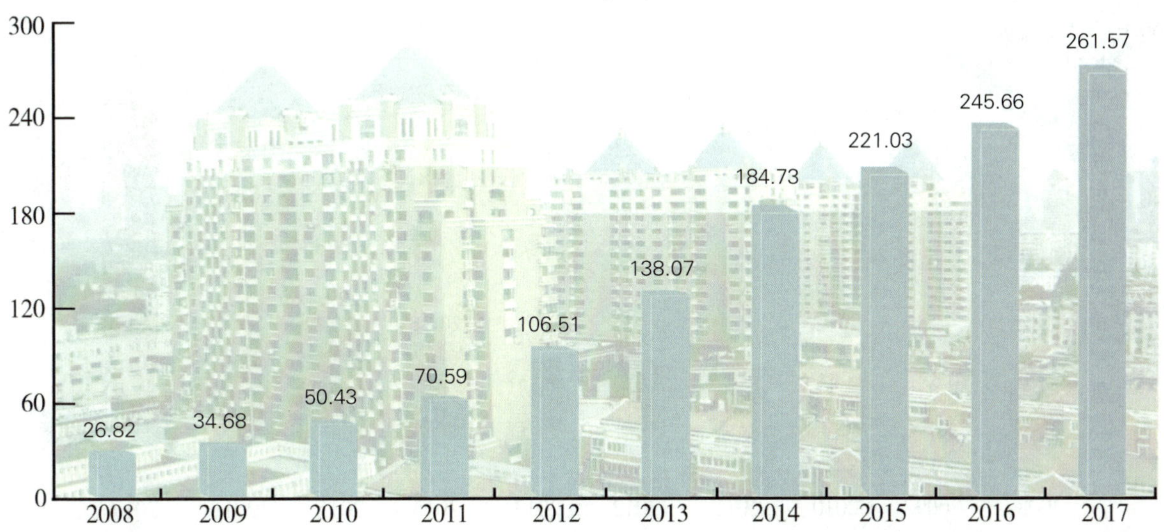

社会消费品零售总额（亿元）
Retail Sales Social Consume Goods(100 million yuan)

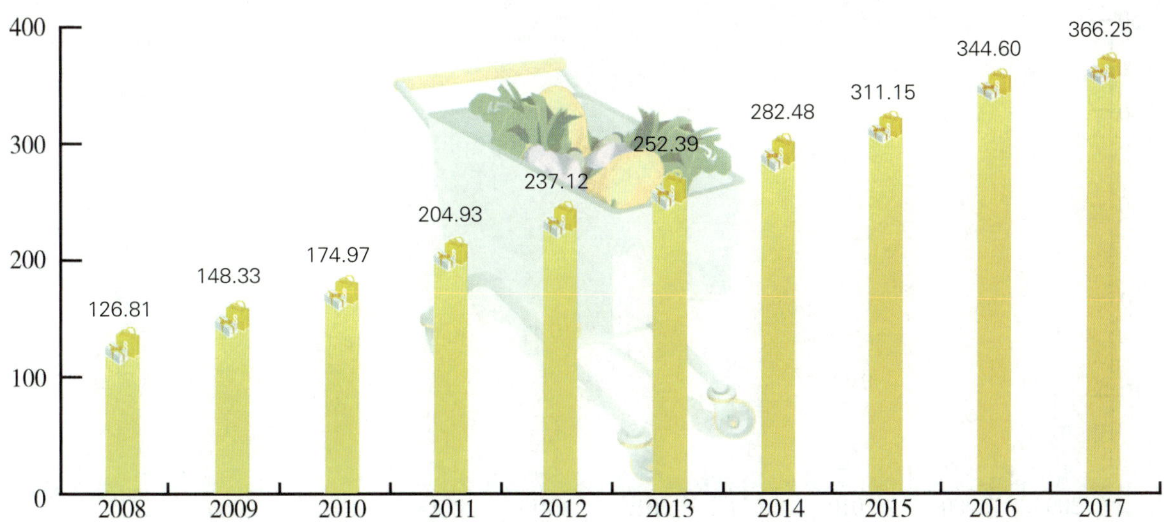

进出口总值（亿美元）
Total Output of Imports & Exports(100 million USD)

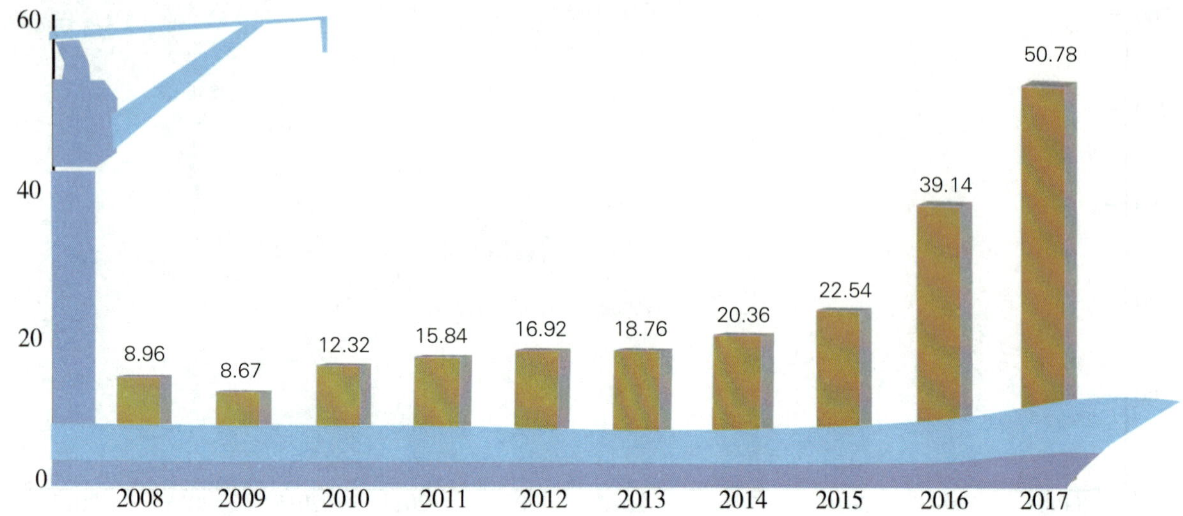

出口总值（亿美元）
Total Output of Exports(100 million USD)

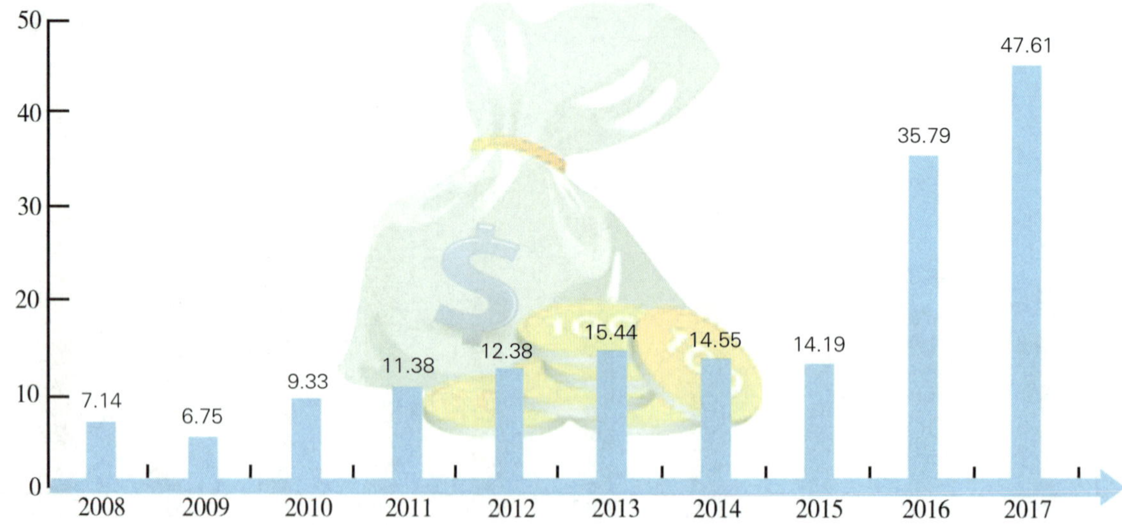

实际利用外资（亿美元）
Actually Utilized Foreign Investment(100 million USD)

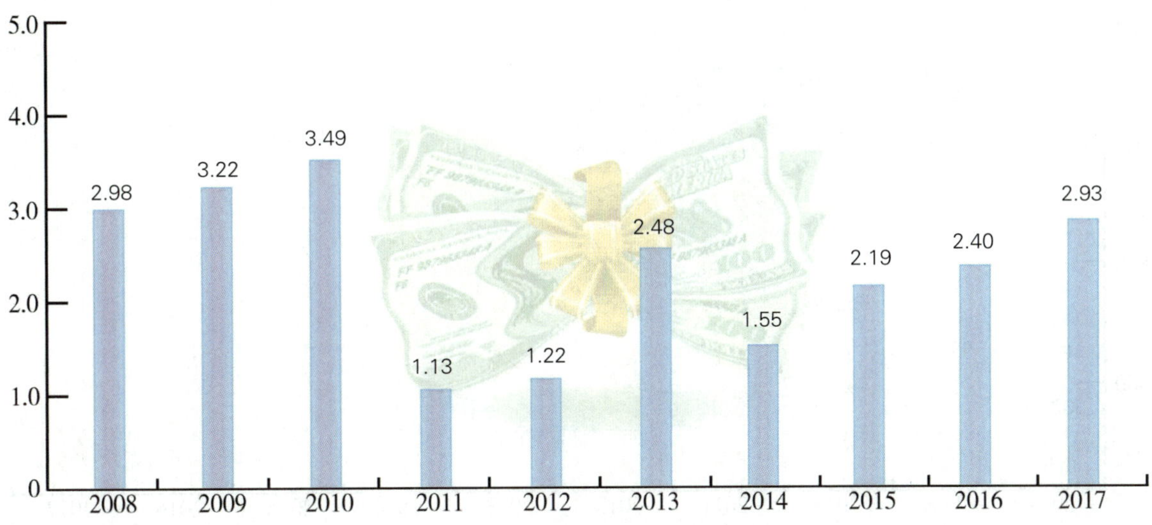

全社会研发投入（R&D）占GDP的比重（%）
Ratio of Social R&D Investment to GDP(%)

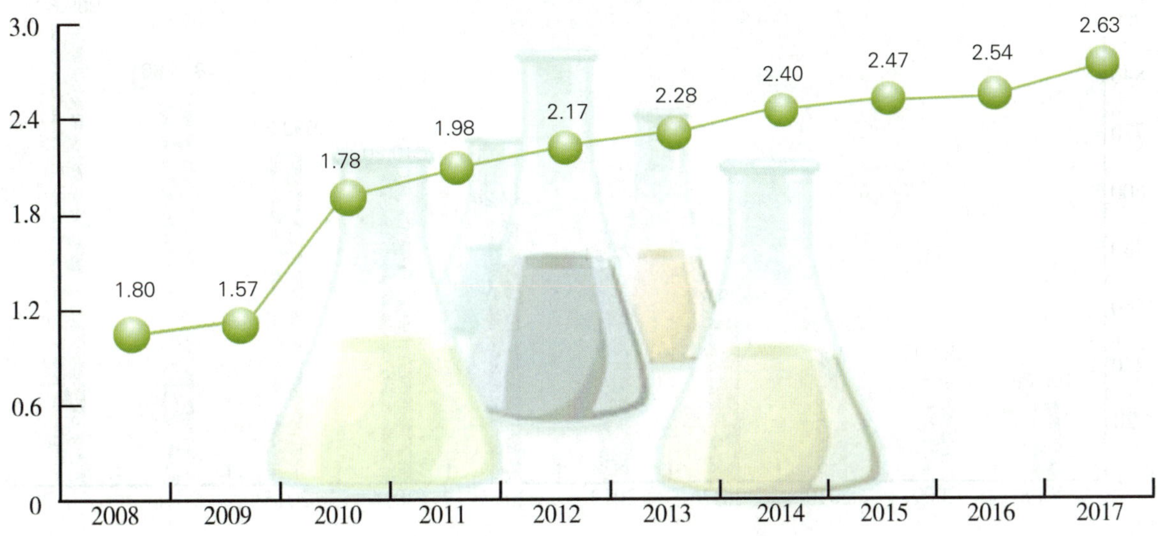

金融机构本外币存款余额（亿元）

Deposit Balance of Domestic and Foreign Currency in Financial Institues(100 million yuan)

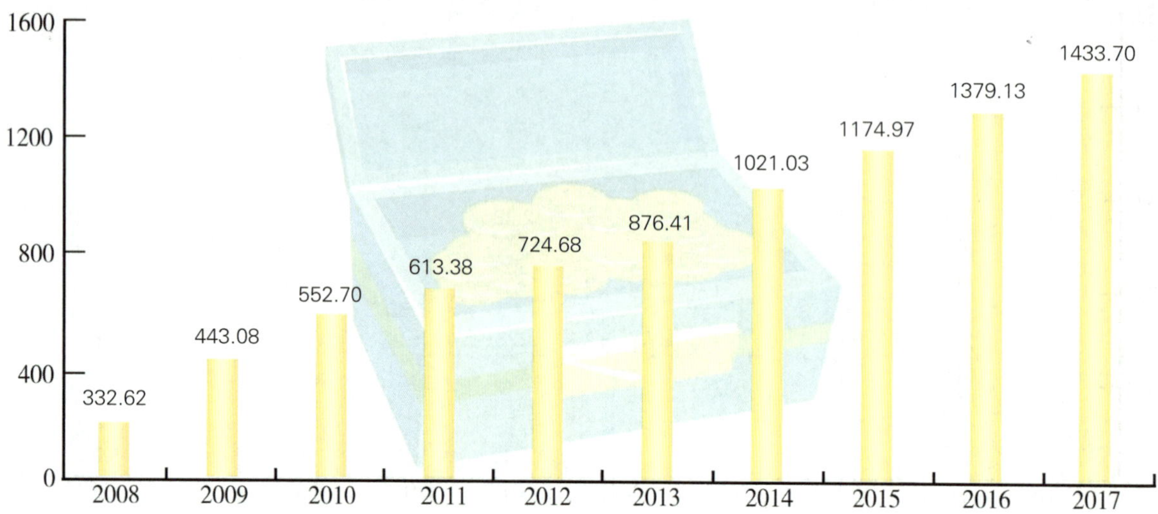

金融机构本外币贷款余额（亿元）

Loan Balance of Domestic and Foreign Currency in Financial Institues(100 million yuan)

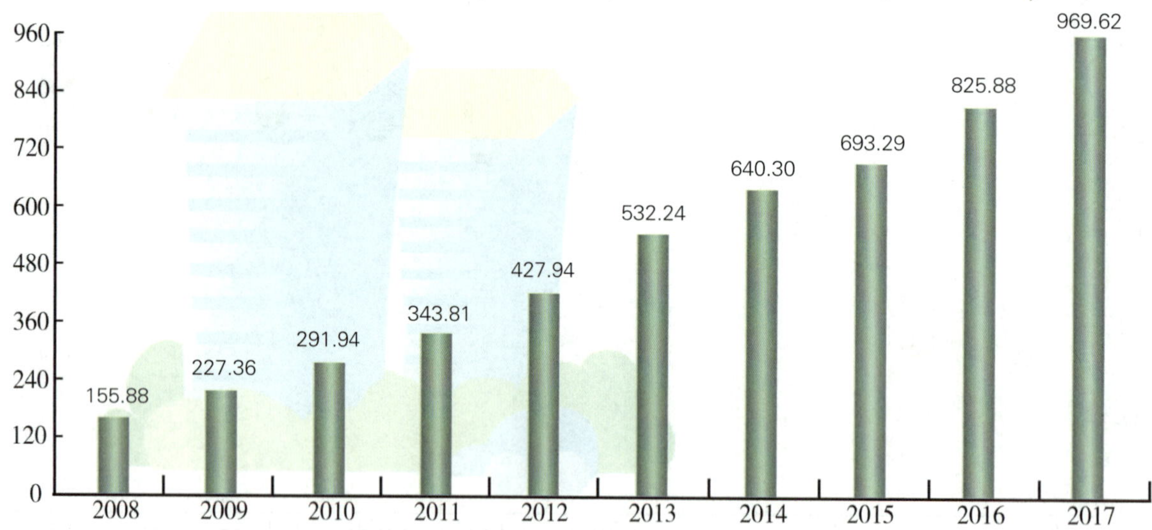

本外币储蓄存款余额（亿元）
Savings Balance of Domestic and Foreign Currency(100 million yuan)

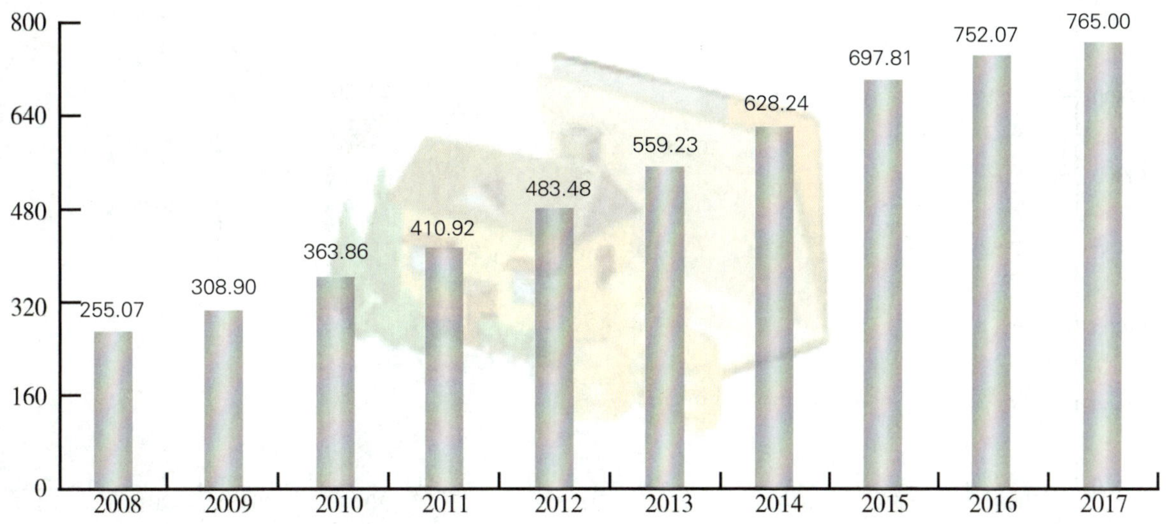

人均储蓄存款（元）
Per Capita Savings(yuan)

城镇居民人均可支配收入（元）
Urban Per Capita Disposable Income(yuan)

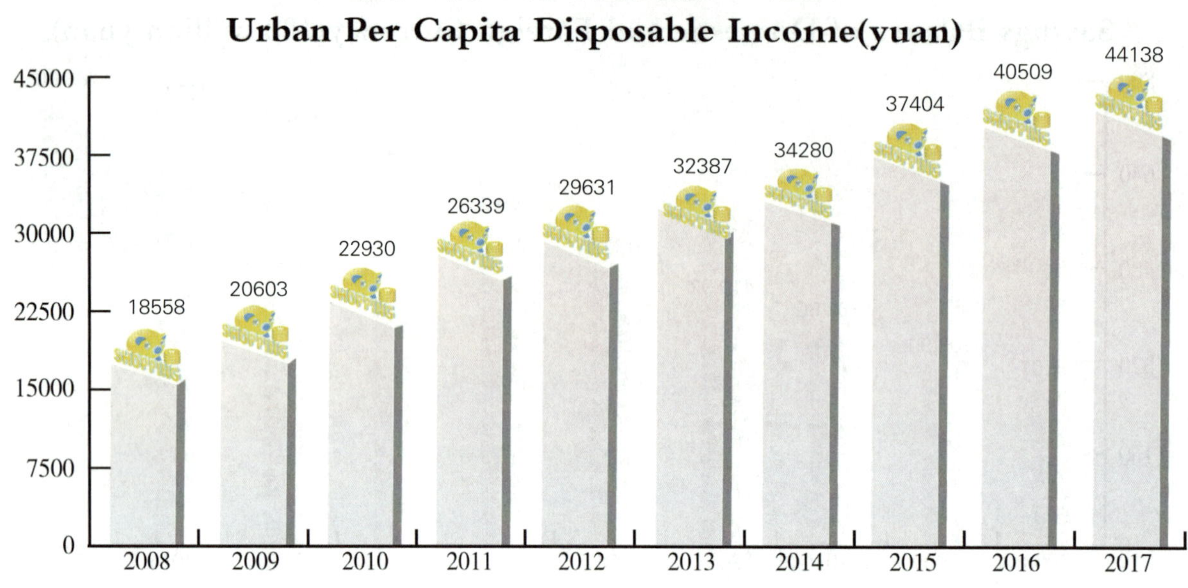

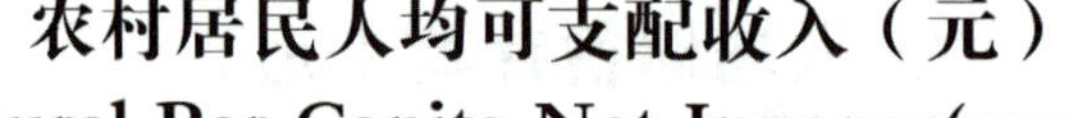

农村居民人均可支配收入（元）
Rural Per Capita Net Income(yuan)

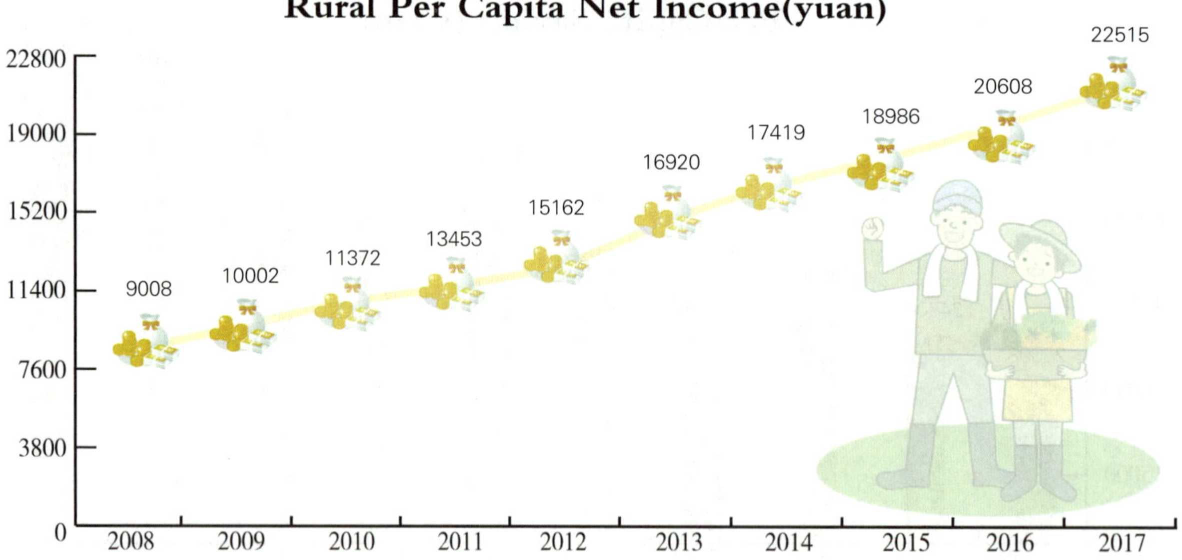

目　录

第一篇　综合

第二篇　国民经济核算

第三篇　人口　就业

第四篇 价格指数

第五篇 人民生活

第六篇 财政 金融

第七篇 固定资产投资

第八篇 对外经济

第九篇 能源 资源 环境保护

第十篇 农业

第十四篇 国内贸易

第十五篇 教育 科技

第十六篇 文化 卫生 体育

第十七篇 其他社会事业

第十八篇 城市建设

第十九篇 县域交流

2017年海门市国民经济和社会发展统计公报

海门市统计局　国家统计局海门调查队

(2018年3月12日)

2017年,全市上下以习近平新时代中国特色社会主义思想为指引,自觉践行新发展理念,坚持稳中求进的工作总基调,以供给侧结构性改革为主线,统筹抓好稳增长、促改革、调结构、惠民生、优生态、防风险各项工作,经济运行总体平稳,结构调整积极推进,质量效益稳步提升,社会民生持续改善,"强富美高"新海门建设迈上新征程。

一、综合

经济发展总体平稳。经初步核算,全年实现地区生产总值1135.90亿元,比上年增长7.7%。其中,第一产业增加值56.01亿元,增长2.4%;第二产业增加值563.06亿元,增长8.3%;第三产业增加值516.83亿元,增长7.5%。人均地区生产总值125445元,比上年增长7.6%。名列全国中小城市综合实力百强县市第21位、全省第8位。

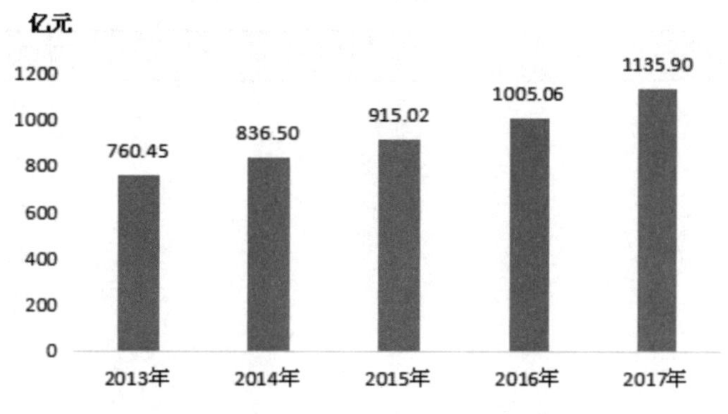

2013-2017年地区生产总值

产业结构优化升级。全市三次产业结构演进为4.9:49.6:45.5。服务业占GDP的比重比上年提高1个百分点。全年实现高新技术产业产值1354.32亿元,占规模工业总产值比重达58.4%;实现新兴技术产业产值768.94亿元,占规模工业产值比重达35.5%。

2016年三次产业占比　　2017年三次产业占比

5.3　50.2　44.5

4.9　49.6　45.5

■第一产业
■第二产业
■第三产业

市场主体活力增强。全年新登记私营企业 3292 户，比上年增长 33.0%；注册资本 195.72 亿元，比上年下降 4.1%。新登记个体工商户 10320 户，比上年增长 16.4%。年末全市共有规模以上工业企业 655 家，限额以上批零住餐企业 253 家，重点服务业企业 282 家，资质以上建筑业企业 170 家，房地产企业 88 家。全年新增城镇就业人数 10227 人，新增转移农村劳动力 4298 人。年末常住人口城镇化率为 61.0%，比上年提高 1.93 个百分点。

消费价格平稳上涨。全年居民消费价格比上年上涨 1.1%。分类别看，食品烟酒类价格与上年持平，衣着类上涨 2.8%，居住类上涨 1.8%，生活用品及服务类上涨 0.7%，交通和通信类下降 1.2%，教育文化和娱乐类上涨 2.8%，医疗保健类价格与上年持平，其他用品和服务类上涨 1.5%。商品零售价格比上年上涨 0.9%。农业生产资料价格比上年上涨 0.3%。

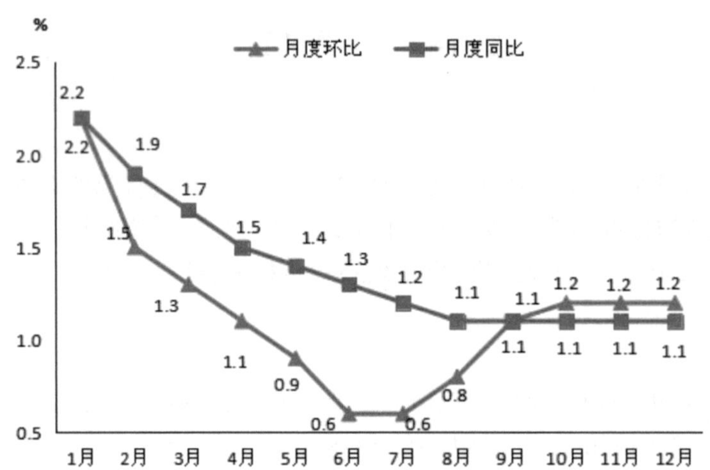

2017 年居民消费价格月度涨幅

表 1　分类价格比上年上涨幅度情况

指标名称	涨幅(%)
1.商品零售价格总指数	0.9
2.居民消费价格总指数	1.1
一、食品烟酒	0.0
其中：粮食	0.7
鲜菜	-3.4
畜肉	-2.1
水产品	2.3
蛋	-4.0
鲜果	-1.6
二、衣着	2.8
三、居住	1.8
四、生活用品及服务	0.7
五、交通和通信	1.2
六、教育文化和娱乐	2.8
七、医疗保健	0.0
八、其他用品和服务	1.5
服务项目	1.9

二、农林牧渔业

粮食生产总体平稳。全年粮食总产量 19.84 万吨，比上年增加 0.68 万吨，增长 3.5%。其中：夏粮 4.73 万吨，增长 4.4%；秋粮 15.11 万吨，增长 3.3%。全年粮食播种面积 40680 公顷，比上年增加 740 公顷；棉花面积 7000 公顷，比上年减少 1500 公顷；油料面积 27100 公顷，比上年增加 280 公顷；蔬菜面积 30640 公顷，比上年减少 400 公顷。

林牧渔业总体稳定。全年新增造林面积 1046 公顷，林木覆盖率达 24.0%。全年猪牛羊禽肉产量15581 吨，下降 7.3%；禽蛋总产量 43945 吨，增长 0.8%；牛奶总产量 4825 吨，增长 1.4%。

农业供给侧结构性改革稳步推进。高标准农田比重达 67.1%，家庭农场 745 个，农民专业合作社1137 个。全年有效灌溉面积达 48333 公顷，新增有效灌溉面积 667 公顷。全年节水灌溉面积达 14333 公顷，新增节水灌溉面积 1467 公顷。全市新增设施农业面积 332.80 公顷，总量达 20833 公顷。年末农业机械总动力38.60 万千瓦，增长 1.0%。全市粮食生产机械化水平超 89%，农业现代化建设稳居全省县市第一方阵。

表 2　主要农副产品产量情况

指标名称	单位	产量	比上年增长(%)
粮食	吨	198371	3.5
棉花	吨	8645	-17.6
油料	吨	87368	1.9
瓜果	吨	210536	20.8
禽蛋产量	吨	43945	0.3
水产品	吨	92101	0.3
生猪存栏	万头	9.9	-10.3
生猪出栏	万头	14.11	0.8
羊存栏	万只	30.20	-5.6
羊出栏	万只	33.81	-3.4
家禽存栏	万羽	430.50	8.4
家禽出栏	万羽	1384.90	3.9

三、工业和建筑业

工业生产平稳运行。全年实现规模以上工业增加值 467.12 亿元，比上年增长 8.0%。全市规模以上工业总产值 2163.32 亿元，分注册类型看，民营企业产值 1394.20 亿元，外商及港澳台工业企业产值 735.12 亿元。分轻重工业看，重工业产值 1687.83 亿元，轻工业产值 475.49 亿元。

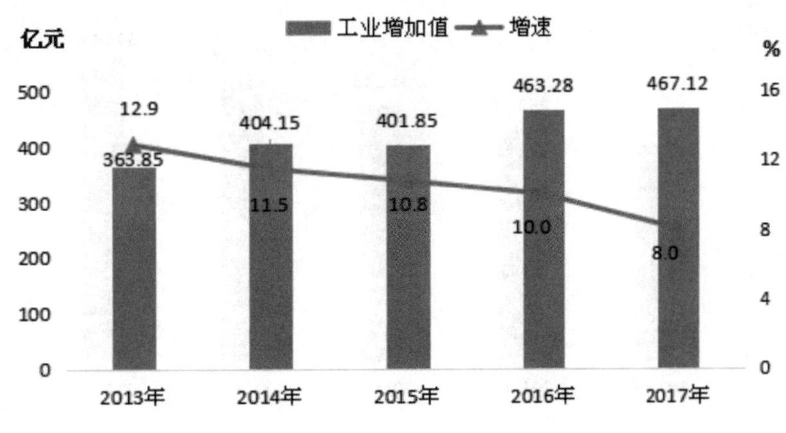

2013—2017 年工业增加值及增速

建筑业发展保持稳定。年末全市拥有资质以上建筑业企业 170 家，其中，特级资质建筑企业 4 家，一级资质建筑企业 52 家，二级资质建筑企业 45 家。全市建筑业施工人数达 30.88 万人。建筑企业全年完成建筑业总产值 1728.59 亿元，增长 11.4%。全年施工面积 1.58 亿平方米，增长 8.5%；竣工面积 0.37 亿平方米，下降 7.9%。获批全国首批装配式建筑示范城市。三建、中南、龙信等 3 家企业入围 2017 年中国企业 500 强，中联世纪晋升特级资质，新增鲁班奖、国优奖各 3 项。

四、固定资产投资

固定资产投资稳步增长。全年完成固定资产投资 633.65 亿元，比上年增长 9.2%。其中，民间投资496.51 亿元，增长 8.3%。工业投资 372.09 亿元，增长 8.0%。服务业投资 261.57 亿元，增长 11.0%。完成基础设施投资 40.05 亿元。全年房地产投资 51.97 亿元,商品房施工面积 477.61 万平方米，其中，住宅施工面积 385.84 万平方米。全市商品房竣工面积 42.71 万平方米，其中，住宅竣工面积 38.96 万平方米。全市商品房销售面积 110.90 万平方米，增长 4.4%，其中，住宅销售面积 105.35 万平方米。

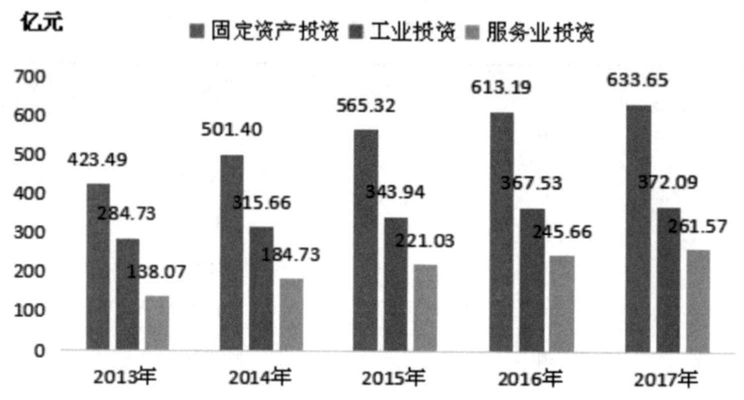

2013-2017 年固定资产投资

五、国内贸易

消费品市场平稳增长。全年实现社会消费品零售总额 376.14 亿元，同比增长 9.2%。其中，城镇消费品零售额 253.06 亿元，增长 9.1%；农村消费品零售额 123.08 亿元，增长 9.3%。分行业看，批发和零售业消费品零售额 346.44 亿元，同比增长 9.1%；住宿和餐饮业消费品零售额 29.70 亿元，同比增长 9.4%。

大众消费总体稳定。在限额以上商品零售额中，汽车类零售额比上年下降 2.0%，石油及制品类下降 1.5%，粮油食品类增长 6.1%，烟酒类增长 13.4%，服装鞋帽针织品类增长 5.3%，日用品类增长 3.7%，金银珠宝类下降 4.4%，家用电器和音像器材类增长 6.8%。

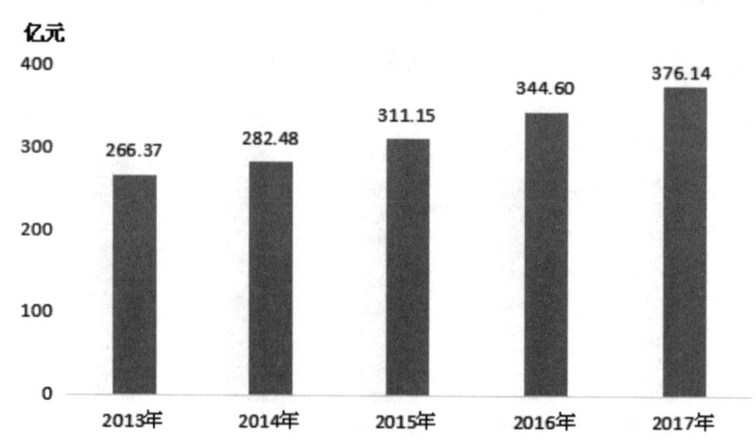

2013—2017 年社会消费品零售总额

六、开放型经济

对外贸易快速增长。全年进出口总额 345.48 亿元,同比增长 34.0%。其中,出口总额 324.06 亿元,增长 37.5%;进口总额 21.42 亿元,下降 3.4%。出口结构进一步优化。机电产品出口额 129.36 亿元,占出口总额比重 39.9%。对亚洲、欧洲、北美洲的出口额分别为 190.75 亿元、36.85 亿元和 25.91 亿元,列前三位。市场采购贸易方式试点工作进一步深化,家纺产业销售额突破 1000 亿元。

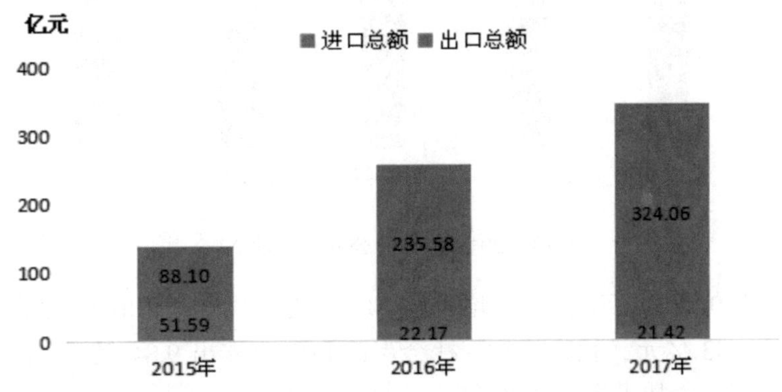

2015—2017 年进出口总额

外经合作总体平稳。全年新批外资项目 27 个,新批增资项目 7 个,其中千万美元以上项目 15 个。新批协议外资 4.60 亿美元,同比下降 22.2%;实际到账注册外资 3.00 亿美元,增长 6.6%。新签对外承包劳务合同额 3.13 亿美元,下降 27.6%;完成对外承包劳务营业额 7.89 亿美元,增长 8.9%;新派劳务人员 645 人,比上年减少 700 人;年末在外劳务人员 5475 人,比上年减少 374 人。新批境外投资企业 8 家,境外投资中方协议投资额 1.31 亿美元,下降 6.4%。

七、交通运输、邮政电信业和旅游业

交通运输能力稳步提升。全年完成公路货物运输量 851.12 万吨,增长 9.1%,公路货物周转量达136106 万吨公里,增长 10.4%;水路货物运输量 11.46 万吨,增长 6.9%,水运货物周转量 8829 万吨公里,增长8.8%。公路客运量 431.64 万人,下降 10.5%,旅客周转量 34888 万人公里,下降 6.8%。市内等级公路为2516.61 公里,其中,一级公路 389.09 公里,二级公路 110.09 公里,三级公路 226.99 公里,四级公路 1790.43 公里。

汽车保有量较快增长。年末汽车保有量为 18.83 万辆,增长 13.2%,其中,小型汽车 18.29 万辆,增长 12.5%。年末全市个人汽车保有量为 17.38 万辆,增长 12.3%。

邮电通信快速发展。全年实现邮政业务收入 2.06 亿元,比上年增长 11.2%。全年电信业务总收入 2.18 亿元,增长 5.1%。本地电信固定电话用户数 17.12 万户,比上年减少 3.02 万户。年末移动电话用户数 100.92 万户,比上年增加 5.33 万户。年末互联网用户 118.02 万户(含手机用户),比上年增加 10.54 万户。

旅游市场有序发展。全市共有 4A 级景区 1 家,3A 级景区 1 家,2A 级景区 1 家。旅游星级饭店 6 家。省星级乡村旅游区 11 家,省工业旅游点 1 家。有旅行社 6 家,旅行社营业部 21 家。全年接待游客 408.23 万人次,比上年增长 17.0%,其中,国际旅游者人数 11.84 万人次,增长 16.9%。旅游总收入达 37.57 亿元,增长 17.2%,其中,旅游外汇收入达 1296.87 万美元,同比增长 14.1%。

八、财政、金融

财政收入稳步增长。全年实现一般公共预算收入 72.50 亿元,同口径增长 8.6%,其中,税收收入 51.10 亿元,同口径增长 7.4%。其中,增值税增长 22.9%,企业所得税增长 45.6%,契税下降 9.5%。

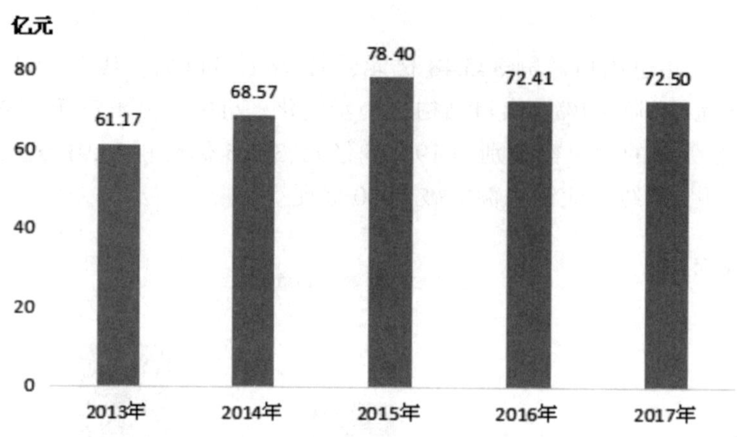

2013—2017 年一般公共预算收入

全年一般公共预算支出 93.79 亿元，比上年增长 9.4%。一般公共预算支出中，教育支出 19.8 亿元，比上年增长 8.5%；公共安全支出 5.83 亿元，增长 14.8%；社会保障和就业支出 9.84 亿元，增长 7.3%；城乡社区事务支出 12.54 亿元，增长 7.9%；科学技术支出 3.05 亿元，增长 44.5%。

金融市场保持平稳。年末全市共有各类商业银行 22 家，各项存款余额 1433.70 亿元，比年初增加54.57 亿元，增长 4.0%。其中，住户存款余额 752.07 亿元，比年初增加 42.56 亿元，增长 5.5%；非金融企业存款余额 438.34 亿元，比年初增加 15.61 亿元。年末金融系统各项贷款余额 969.62 亿元，比年初增长 143.74 亿元，增长 17.4%，其中短期贷款 373.80 亿元，增长 9.5%；中长期贷款 554.54 亿元，增长 25.4%。住户消费贷款 240.60 亿元，其中，短期贷款 82.56 亿元，中长期贷款 158.05 亿元。

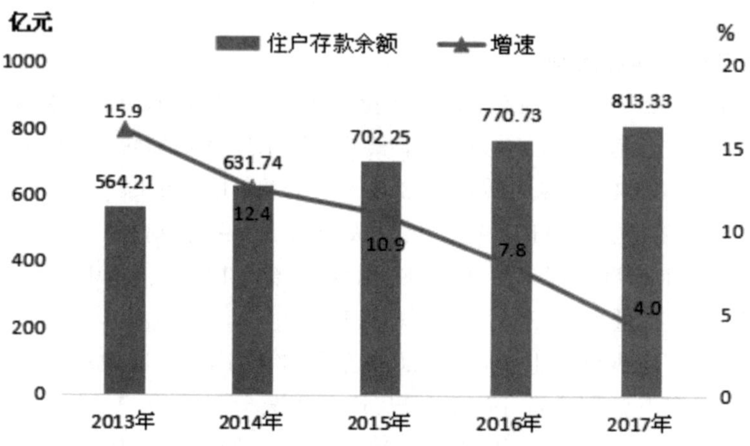

2013—2017 年住户存款余额

表 3 年末金融机构本外币存贷款情况

指标名称	绝对数(亿元)	比年初增加(亿元)	比上年末增长(%)
各项存款余额	1433.70	54.57	4.0
# 住户存款	813.33	42.56	5.5
非金融企业存款	438.34	15.61	3.7
各项贷款余额	969.62	143.74	17.4
# 境内短期贷款	373.80	32.45	9.5
境内中长期贷款	554.54	112.85	25.4

九、科学技术和教育

科技创新能力稳步提升。新认定高新技术企业36家，新增省级企业研发机构12家，招商局重工获批国家级企业技术中心，实现了国家级企业技术中心零的突破。万人发明专利拥有量超22件。新申报中国驰名商标3件，获评省名牌产品12个。获批国家海智计划工作基地。建成“众创空间”6家。新引进国家“千人计划”专家等顶尖人才8名，入选省“双创”团队1个、“双创”人才8名。新增高技能人才4587人，每万名劳动力中拥有高技能人才880人，人才综合竞争力跻身全省十强。

教育事业全面发展。全市共有普通中学33所，在校生33761人。其中，高中7所，在校生10385人；初中26所，在校生23376人。职业中学1所，在校生6132人。小学41所，在校生47584人。特殊教育学校1所，在校生202人。各级各类幼儿园58所，在园生21432人。全市教职工数9783人，其中，专职教师8336人。深化教育综合改革，新组建教育集团4家。启动实施教育装备提升工程三年行动计划。第一实验小学、新教育小学、能仁小学、实验初中等4所新建学校投入使用。教学质量不断攀升，高考成绩再创新高，本一、本二上线率分别高于省平均上线率24.5个和23.7个百分点，清华北大达线17人，海门中学高考核心指标南通第一、全省领先。校园足球、新教育实验等品牌影响效应不断放大。

十、文化、卫生和体育

公共文化服务水平提升。全市年末共有文化馆(站)13个，公共图书馆13个、藏书146.30万册。举办各类文化展览会20次，组织文艺活动300次。有专业技术表演团体24个，演出360场次，观众10万人次。公共文化服务体系建设全省领先，获评全国群众体育先进单位、省首批“书香城市”。全市万人拥有公共文化设施面积达2300平方米。江海博物馆开馆试运行。建成180个村(社区)综合文化服务中心和180个村(社区)健身广场。江海大舞台、海门之夏、江海文化艺术展示月等群众性文化活动蓬勃开展，海门山歌艺术剧院获评全国服务农民、服务基层文化建设先进集体。全市有线电视用户累计达20.90万户，开通有线电视频道197套，光缆总长度达6000公里。广播和电视人口覆盖率均达100%。全年出版《海门日报》298期，《海门日报》期发行量达2.6万份。

卫生事业快速发展。全市共有医疗卫生机构380个。其中：医院9个，卫生院14个，社区卫生服务中心5个，疾病预防控制中心、妇幼保健站、卫生监督所各1个。共有卫生技术人员4437人，其中：执业医师和执业助理医师1876人，注册护士1748人，药师、技师、检验和其他人员1386人。全市拥有实有床位3806张。全年总诊疗病人410.01万人次。全市人均预期寿命达82.62岁。卫生服务体系健全率为100%。医疗卫生体制改革稳步推进。三级医疗服务体系逐步完善，基层卫生院(社区卫生服务中心)总诊疗人次增长13.7%。人民医院新院土建主体结构完成，临江新区卫生院建成投用。截至目前，建成国家级卫生镇2个、省级卫生镇5个。

体育事业稳步发展。年末共有体育场地2921个，其中系统内5个。全市共有等级运动员450人，其中，二级37人，三级413人。全市共有等级裁判622人，其中，一级以上59人，二级290人，三级273人。全市共有三级以上社会体育指导员2834名，其中，国家级11名，一级109名，二级738名，三1976名。全年举办大型全民健身演示会35场次，参加各类健身活动达31万人。足球小镇入围省首批特色小镇创建名单。

十一、城市建设和环境保护

城市建设持续推进。年末建成区面积达28.80平方公里。人均拥有道路面积达20.97平方米。年内新增建成区绿化面积53.52公顷，建成区绿化覆盖率达39.9%。市区新增园林绿地面积6.55公顷，园林绿地面积达348.13公顷。全年新安装路灯336盏，路灯盏数达2.76万盏。城区污水日处理能力保持在12万立方米，年污水处理总量达3074万立方米。年内新增供水管道61.41公里，新增用户2030户，全年供水总量达3582.83万立方米，售水量为2993.71万立方米。全市液化气用气普及率达100%。天然气供气管道长度478.49公里，用气人口达30.36万人。

生态保护持续加强。市区环境质量保持稳定，环境空气主要污染物年平均值二氧化硫为0.017毫克/立方米，二氧化氮为0.024毫克/立方米，PM2.5为0.037毫克/立方米，下降17.8%。全年环境空气质量指数达到良好以上的天数为296天，占全年天数的81%。区域环境噪声平均值为53.8分贝，交通干线噪声平均值为68.4

分贝。出台全市生态红线区域保护规划，依法关停化工企业26家、关停整顿砖瓦生产企业26家；完成10蒸吨及以下燃煤锅炉整治143台、化工企业挥发性有机物整治42家；封堵非法排口22处，拆除禁养区内畜禽养殖场87家。

十二、人民生活和社会保障

人口总量基本稳定。年末全市户籍人口99.82万人，比上年末减少0.28万人。全年出生人口7194人，其中二孩1598人，人口出生率为7.2‰；死亡人口10273人，人口死亡率为10.3‰；人口自然增长率为-3.08‰。年末常住人口90.60万人，比上年末增加0.1万人。

表4 2017年年末户籍人口数及其构成

指标名称	年末数(人)	比重(%)
全市总人口	998179	100.0
# 城镇人口	608889	61.0
农村人口	389290	39.0
# 男性	490287	49.1
女性	507892	50.9
# 出生人口	7194	–
# 死亡人口	10273	–
# 18岁以下	114709	11.5
18–34岁	186254	18.6
35–59岁	401940	40.3
60岁以上	295276	29.6

居民收入稳步提高。根据城乡一体化住户抽样调查，全年全市居民人均可支配收入33032元，比上年增长9.8%。按常住地分，城镇居民人均可支配收入44138元，比上年增长9.0%；农村居民人均可支配收入22515元，比上年增长9.3%。

全市居民人均消费支出21518元，比上年增长8.4%，其中，城镇居民人均消费支出27390元，增长5.6%；农村居民人均消费支出15957元，增长9.5%。城镇居民人均住房面积48.1平方米，农村居民人均住房面积64.2平方米。

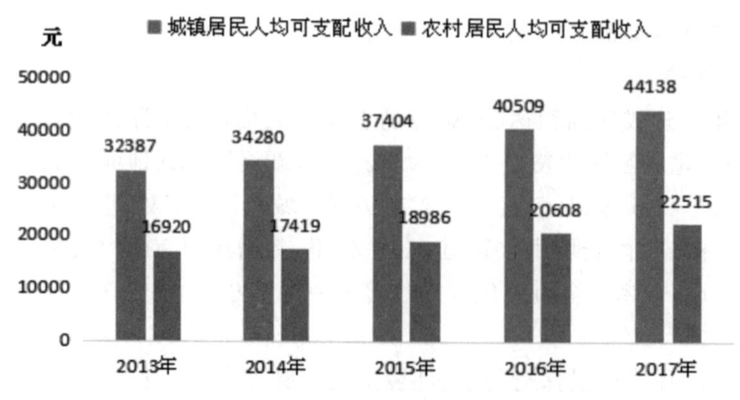

2013—2017年城乡居民人均可支配收入

表5　2017年居民可支配收入及消费支出构成

指标名称	全体居民		城镇居民		农村居民	
	总量	增幅	总量	增幅	总量	增幅
可支配收入	33032	9.8	44138	9.0	22515	9.3
一、工资性收入	20903	9.4	29771	8.4	12505	8.9
二、经营净收入	6784	9.7	5902	11.1	7620	9.2
三、财产净收入	972	13.7	1080	13.9	870	12.8
四、转移净收入	4373	10.7	7385	9.1	1520	10.3
消费支出	21518	8.4	27390	5.6	15957	9.5
1.食品消费支出	6107	5.0	7697	1.3	4602	7.8
2.衣着消费支出	2480	9.7	3795	7.1	1235	8.0
3.居住消费支出	2150	9.0	1860	6.1	2425	12.1
4.家庭设备.用品消费支出	1366	7.1	1616	4.6	1129	8.6
5.交通和通讯消费支出	3245	13.1	4934	9.4	1645	14.0
6.文化教育.娱乐消费支出	4018	8.6	5201	6.5	2897	8.6
7.医疗保健消费支出	1432	6.4	1218	5.2	1635	8.3
8.其他商品和服务消费支出	720	17.3	1069	13.8	389	17.2

社保水平进一步提升。城乡基本养老保险覆盖率为98.3%,养老保险基金收入22.64亿元,增长5.6%。其中,城镇职工养老保险参保人数16.34万人,增长3.4%;城乡居民基本养老保险参保人数46.79万人,下降0.7%。城乡基本医疗保险覆盖率为98.97%,医疗保险收入16.12亿元,增长34%。其中,城镇职工基本医疗保险参保20.62万人,增长5%;城乡居民基本医疗保险参保69.20万人。失业保险覆盖率为98.75%,城镇失业保险参保12.21万人,增长1%。年末城镇登记失业率为1.79%,城镇失业人员实现再就业3060人。城乡居民基本养老保险基础养老金最低标准由每人每月115元提高到125元。城乡居民医保人均财政补助最低标准提高到每人每年650元。

社会福利事业扎实推进。全市享受城乡最低生活保障人数为6413人,其中城镇360人,农村6053人;提供最低生活保障资金3306万元,其中城镇201万元,农村3105万元。农村临时救济2247人次,农村临时救助资金额达101万元。年末全市拥有各类托老机构43家,共有床位7252张,入住老人3427人。

注:(1)本公报使用的数据为快报数。(2)地区生产总值、规模以上工业增加值及其分类项目增长速度按可比价计算,为实际增长速度;其他指标除特殊说明外,按现价计算,为名义增长速度。

资料来源:本公报中私营企业、个体工商户、就业、农业、建筑业、对外贸易、交通、汽车拥有量、邮电、旅游、财政、金融、科技、教育、文化、卫生、体育、住建、环保、人口、居民收入、社会保障、民政等相关数据均来源于部门。

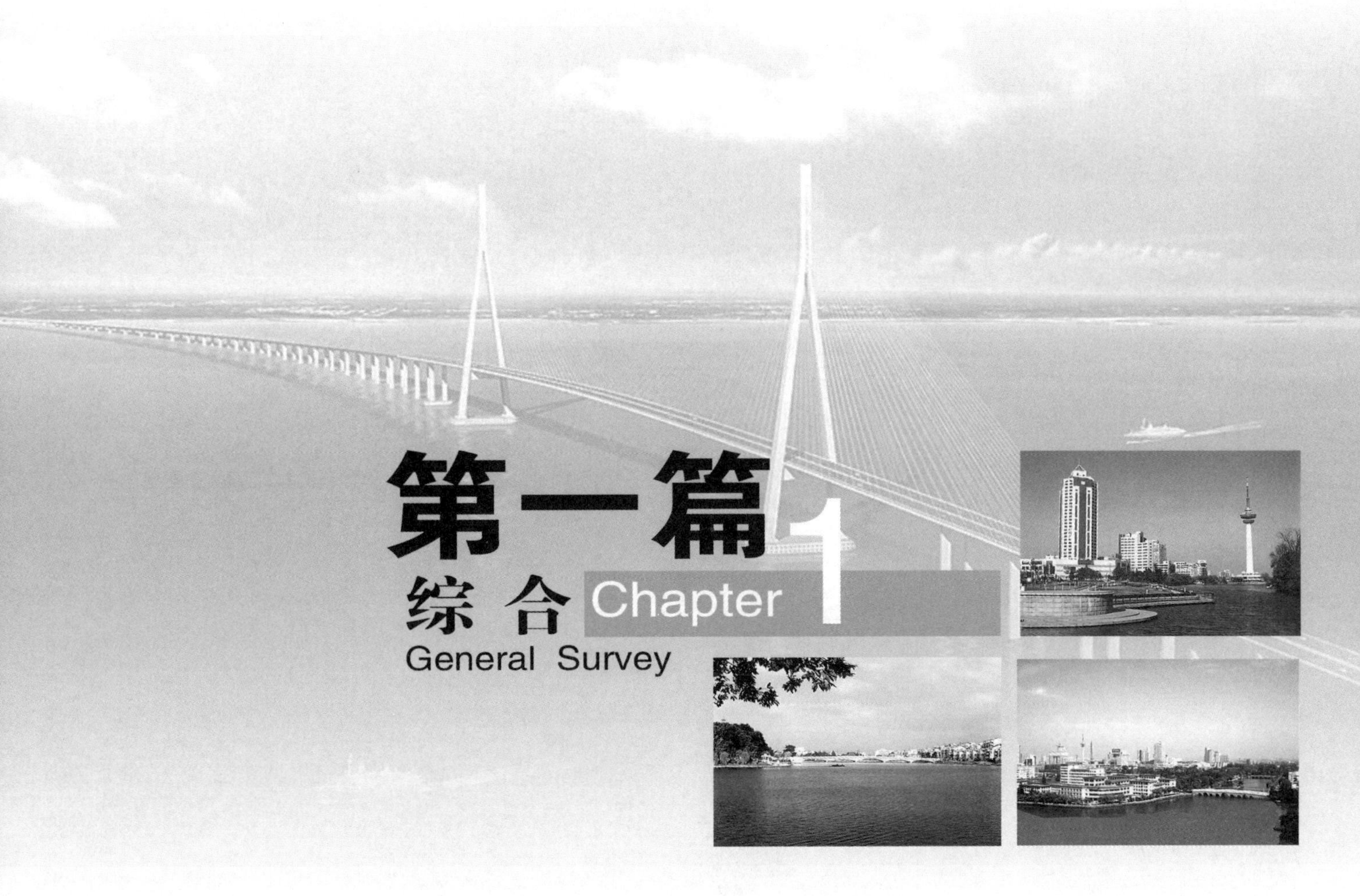

第一篇 综合

Chapter 1

General Survey

责任编辑:刘　燕　卢　静

1-1 行政区划(2017年)

单位:个

地区	居委会	村委会	村民小组
全市合计	**62**	**231**	**8053**
海门开发区	3	8	248
海门工业园区	5	24	904
海门港新区	3	39	1383
临江新区	1	17	561
海门高新区	32	19	733
三厂工业园区	3	9	289
常乐镇	3	23	875
悦来镇	4	35	1176
四甲镇	3	21	704
余东镇	2	17	620
正余镇	2	17	524
海永镇	1	2	36

1-2 气象情况(2017 年)

指标	单位	数值	指标	单位	数值
各种天气日数			**风力**		
阴天	日	138	大风天数	天	2
降水	日	134	最大风力	等级	10
雷暴	日	19	最大风速	公尺/秒	24.8
雾	日	21	最大风速方向		西南西
结冰	日	19	日期	月/日	8/8
降霜	日	36	最多风向		东南东
降雪	日	1	频率	%	13
日照时数	**小时**	**1964.4**	**气温**		
占可日照时数	%	44	最高气温	℃	39.4
降水			日期	月/日	7/24
一日间最大雨量	毫米	156.1	最低气温	℃	-5.3
日期	月/日	8/16	日期	月/日	12/18
最大连续降水量	毫米	197.4	全年平均气温	℃	16.8
日数	日	8	**相对湿度**		
起止时间	月/日	9/19-9/26	年平均	%	75
最长连续无雨天数	天	24	年最小	%	16
起止时间	月/日	10/20-11/12	日期	月/日	4/3
全年总雨量	毫米	1428.5			

1-3 分月气象情况(2017年)

指标	平均气温(℃)	降水量(毫米)	日照时数(小时)	平均相对湿度(%)	平均风力(米/秒)
全年	**16.8**	**1428.5**	**1964.4**	**75**	**2.3**
1月	5.4	57.8	110.0	79	2.2
2月	5.9	19.4	148.1	71	2.3
3月	9.5	36.1	159.3	71	2.6
4月	16.7	82.4	215.9	67	2.7
5月	21.4	66.0	227.1	70	2.7
6月	24.0	226.6	141.6	77	2.3
7月	31.2	97.4	230.5	71	2.1
8月	28.4	464.9	192.5	82	2.3
9月	23.4	261.1	116.9	84	2.3
10月	17.7	74.7	138.2	81	2.5
11月	12.4	34.2	130.7	77	2.0
12月	5.4	7.9	153.6	71	1.8

1-4 主要年份国民

指标名称	单位	1978	1980	1990	2000
人口					
年末总户数	万户	26.55	27.87	35.15	36.68
年末户籍人口	万人	96.98	97.56	102.41	103.57
男	万人	47.55	48.04	50.95	51.28
女	万人	49.43	49.52	51.46	52.29
出生人口	人	13783	10663	15491	11259
死亡人口	人	6248	6571	7317	5934
年末常住人口	万人	—	—	—	—
城镇	万人	—	—	—	—
农村	万人	—	—	—	—
劳动力					
年末从业人员	万人	—	—	—	—
# 在岗职工	万人	—	5.61	8.20	5.90
# 第一产业	万人	—	—	—	—
第二产业	万人	—	—	—	—
第三产业	万人	—	—	—	—
国民经济核算					
地区生产总值	亿元	2.74	3.49	15.23	107.51
第一产业	亿元	1.42	1.57	5.29	16.48
第二产业	亿元	0.75	1.18	6.65	57.42
工业	亿元	0.67	1.07	5.93	47.65
建筑业	亿元	0.08	0.12	0.71	9.78
第三产业	亿元	0.47	0.73	3.30	33.60
人均地区生产总值	元	283	358	1493	10374
财政					
一般公共预算收入	亿元	—	—	1.33	2.93
一般公共预算支出	亿元	—	0.18	0.77	3.43

注:2010 年起从业人员口径有调整;2013 年起,在岗职工口径调整为城镇非私营。
2004—2017 年地区生产总值及分产业数据为研发投入计入 GDP 核算后的调整数。

经济主要指标

2005	2010	2011	2012	2013	2014	2015	2016	2017
37.67	38.40	38.35	38.30	38.37	38.49	38.43	37.74	37.86
101.36	99.86	99.99	99.97	100.06	100.16	100.04	100.10	99.82
50.13	49.29	49.32	49.26	49.27	49.30	49.20	49.21	49.03
51.23	50.57	50.67	50.71	50.79	50.86	50.84	50.88	50.79
7280	7900	6441	6448	6092	7209	7026	6870	7194
7353	7266	8179	9099	8288	8094	9275	6915	10273
—	90.76	90.27	90.23	90.25	90.23	90.43	90.50	90.60
—	45.38	46.22	47.88	48.98	50.19	51.83	53.49	55.29
—	45.38	44.05	42.35	41.27	40.04	38.60	37.01	35.31
—	64.49	66.49	67.29	66.60	65.90	65.20	64.70	64.20
5.68	6.48	6.46	6.53	29.12	32.69	33.02	33.93	33.53
—	13.26	13.42	19.60	18.60	17.80	16.70	16.50	14.80
—	29.39	31.69	31.43	31.70	31.70	31.50	31.20	31.10
—	21.84	21.38	16.26	16.30	16.40	17.00	17.00	18.30
213.09	506.06	598.30	672.99	772.43	850.58	930.55	1021.65	1135.90
22.88	37.74	41.95	47.19	47.04	49.89	52.68	53.28	56.01
125.23	305.55	352.92	383.23	415.77	450.62	479.60	513.75	563.06
103.69	250.08	288.45	320.45	344.15	372.04	397.08	430.21	470.29
21.54	55.46	64.47	62.78	71.62	78.58	82.52	83.54	92.77
64.98	162.77	203.42	242.56	309.62	350.06	398.27	454.62	516.83
22930	56297	66107	74569	85597	94257	103017	112938	125445
7.63	31.27	42.35	51.61	61.17	68.57	78.40	72.41	72.54
9.21	34.13	47.65	57.76	66.37	73.62	85.56	85.76	93.79

指标名称	单位	1978	1980	1990	2000
人均一般公共预算收入	元	—	—	—	—
一般公共预算收入占 GDP 比重	%	—	—	8.7	2.7
人民生活					
在岗职工平均工资	元	469	689	1833	8690
全体居民人均可支配收入	元	—	—	—	—
城镇居民人均可支配收入	元	—	—	1647	7276
城镇居民人均住房建筑面积	平方米	—	—	10.3	24.2
农村居民人均可支配收入	元	—	—	928	4455
农村居民人均住房建筑面积	平方米	—	—	22.1	41.8
物价					
居民消费价格总指数	—	—	—	105.4	101.9
商品零售价格总指数	—	—	—	—	99.3
固定资产投资					
固定资产投资完成额	亿元	0.03	0.12	2.00	33.70
# 工业	亿元	—	—	—	8.64
服务业	亿元	—	—	—	—
# 房地产开发投资额	亿元	—	—	—	1.76
房屋施工面积	万平方米	—	—	—	—
房屋竣工面积	万平方米	—	—	—	—
农业					
农林牧渔业总产值(现价)	亿元	—	—	8.53	32.46
农业	亿元	—	—	5.64	20.58
林业	亿元	—	—	0.03	0.11
牧业	亿元	—	—	1.69	4.37
渔业	亿元	—	—	1.17	7.39
农林牧渔服务业	亿元	—	—	—	—

续表 1

2005	2010	2011	2012	2013	2014	2015	2016	2017
—	3479	4679	5719	6779	7599	8679	8004	8011
3.6	6.2	7.1	7.7	7.9	8.1	8.4	7.1	6.4
17576	36173	42354	48578	53494	60795	66053	69252	76345
—	—	—	—	—	25262	27554	30093	33032
12203	22930	26339	26931	32387	34280	37404	40509	44138
34.8	37.8	38.7	39.3	42.0	43.0	45.0	47.5	48.1
6558	11372	13453	15162	16920	17419	18986	20608	22515
45.9	52.0	57.0	57.1	59.0	60.0	60.0	63.0	64.2
101.1	103.4	105.9	101.5	102.3	101.6	101.5	102.0	101.1
100.8	104.4	105.7	101.5	101.2	101.0	100.6	101.9	100.9
118.87	281.43	300.66	370.86	423.49	501.40	565.32	613.19	633.65
100.03	230.28	229.03	263.29	284.73	315.66	343.94	367.53	372.09
—	50.43	70.59	106.51	138.07	184.73	221.03	245.66	261.57
6.91	23.50	28.44	36.43	40.07	43.71	39.34	49.77	51.97
—	561.07	570.42	561.07	389.18	551.54	517.04	622.09	552.15
—	304.77	310.83	304.77	167.52	308.01	269.24	255.87	197.29
38.07	59.98	66.04	73.70	80.43	86.38	90.85	94.12	99.99
18.01	29.66	32.68	36.85	39.88	42.78	45.53	46.93	49.80
0.21	0.47	0.49	0.54	0.59	0.72	1.04	1.05	1.11
6.97	10.47	11.22	10.30	11.53	11.64	12.26	12.57	12.98
10.22	15.02	16.06	18.00	19.62	21.09	21.28	21.80	22.10
2.65	4.37	5.59	8.01	8.80	10.15	10.74	11.77	14.01

1–4

指标名称	单位	1978	1980	1990	2000
主要农产品产量					
粮食	万吨	26.74	26.98	28.90	26.22
棉花	万吨	2.60	1.63	0.98	0.30
油料	万吨	0.58	0.50	4.01	10.17
水产品	万吨	1.21	1.30	2.01	6.20
生猪年末存栏数	万头	24.90	20.03	5.88	6.20
规模以上工业					
工业企业数	个	—	—	—	216
工业总产值	亿元	—	—	—	89.11
# 高新技术产业产值	亿元	—	—	—	—
新兴产业产值	亿元	—	—	—	—
民营工业产值	亿元	—	—	—	—
主营业务收入	亿元	—	—	—	70.00
利税总额	亿元	—	—	—	4.11
利润总额	亿元	—	—	—	1.24
主要工业产品产量					
纱	万吨	0.46	0.56	1.18	1.73
布	亿米	0.02	0.03	0.17	0.28
水泥	万吨	1.54	2.28	6.90	3.56
交通					
全社会旅客运输量	万人次	—	—	74	1097
全社会货物运输量	万吨	180	176	344	592
货物周转量	万吨公里	10454	11620	12827	43795
货物吞吐量	万吨	—	—	—	—
邮电和旅游业					
年末固定电话用户	万户	0.04	0.05	0.17	17.53

续表 2

2005	2010	2011	2012	2013	2014	2015	2016	2017
17.72	18.73	17.84	19.33	18.38	18.96	19.46	19.16	19.84
0.90	1.17	1.29	1.31	1.15	1.07	1.06	1.06	0.86
9.40	9.68	9.45	9.28	9.54	9.10	9.23	8.58	8.74
7.00	8.08	8.20	8.71	8.70	9.43	9.57	9.25	9.21
6.84	9.25	9.33	9.46	9.66	9.91	10.04	10.03	9.90
387	918	587	571	585	626	648	621	655
336.66	1103.70	1236.56	1414.61	1636.40	1801.62	1892.29	2086.97	2163.32
—	328.55	413.06	612.10	720.00	831.25	892.05	1003.01	1264.32
—	261.27	336.08	358.41	483.17	592.83	626.58	727.33	768.94
—	611.15	715.26	931.73	1035.30	1108.36	1149.75	1286.52	1381.67
326.40	1094.45	1215.90	1401.89	1626.38	1784.61	1877.27	2057.10	2147.94
30.86	153.63	196.62	231.02	271.66	295.82	311.70	324.11	327.92
18.59	100.28	132.97	153.03	179.49	195.77	206.49	219.72	225.23
6.75	5.82	4.84	5.69	6.13	5.20	3.62	3.77	2.78
1.07	1.18	1.07	0.53	0.73	0.68	0.69	0.82	0.45
146.00	324.85	275.42	325.47	338.18	342.38	327.82	360.71	453.12
776	1026	1117	1525	1564	705	702	397	432
537	1035	1144	1168	1313	640	656.00	804.97	862.58
32026	69895	74360	81637	94360	96119	100568	133037	136106
—	403.46	528.35	595.45	649.39	681.16	640.97	661.03	637.64
33.40	31.53	39.99	34.41	34.10	33.93	27.21	23.59	23.10

指标名称	单位	1978	1980	1990	2000
年末移动电话用户	万户	—	—	—	6.13
国际互联网用户	万户	—	—	—	1.35
旅游总收入	亿元	—	—	—	0.03
旅游总人数	万人次	—	—	—	0.46
国内外贸易					
社会消费品零售总额	亿元	1.07	1.82	6.37	38.62
进出口总值	亿美元	—	—	—	1.10
# 进口总值	亿美元	—	—	—	0.28
出口总值	亿美元	—	—	—	0.82
新批协议注册外资	亿美元	—	—	—	0.58
实际到账注册外资	亿美元	—	—	—	0.13
新签对外劳务承包合同额	亿美元	—	—	—	0.47
对外劳务承包完成营业额	亿美元	—	—	—	0.49
房地产					
房地产开发投资额	亿元	—	—	0.07	1.76
商品房施工面积	万平方米	—	—	—	30.30
商品房竣工面积	万平方米	—	—	—	21.72
商品房销售面积	万平方米	—	—	—	26.53
金融					
金融机构本外币存款余额	亿元	0.76	0.97	10.69	9.76
# 储蓄存款余额	亿元	0.33	0.41	8.18	79.37
金融机构本外币贷款余额	亿元	1.20	1.46	8.18	40.59
人均储蓄存款(按常住人口计算)	元	29	42	800	7664

续表 3

2005	2010	2011	2012	2013	2014	2015	2016	2017
28.64	66.81	88.93	94.33	98.31	82.58	93.63	128.13	110.95
1.83	8.80	11.36	10.87	11.36	63.84	88.11	108.28	118.02
0.83	9.30	12.60	15.80	18.98	21.79	27.11	32.06	37.57
23.40	100.80	132.80	168.20	209.70	241.20	295.37	348.83	408.23
75.22	174.97	204.93	237.12	252.39	282.48	311.15	344.60	366.25
3.95	12.32	15.84	16.92	18.76	20.36	22.54	39.14	50.78
0.67	2.99	4.46	4.54	3.32	5.81	8.35	3.35	3.17
3.28	9.33	11.38	12.38	15.44	14.55	14.19	35.79	47.61
7.11	5.87	1.87	3.07	5.41	6.15	6.08	5.92	4.60
2.54	3.49	1.13	1.22	2.48	1.55	2.19	2.40	2.93
0.81	1.86	2.06	2.11	2.50	4.52	4.97	4.33	3.13
1.10	3.27	3.73	4.57	5.30	6.65	7.46	7.25	7.89
6.91	23.50	28.44	36.43	40.07	43.71	39.34	49.77	51.97
90.19	291.76	338.76	289.87	368.75	456.04	397.29	411.83	477.61
53.56	65.20	170.22	57.25	97.42	119.60	80.25	149.55	49.97
51.79	80.25	88.78	70.06	99.01	74.55	81.68	107.02	146.44
215.90	552.70	613.38	724.68	876.41	1021.03	1174.97	1379.13	1433.70
167.40	363.86	410.92	483.48	559.23	628.24	697.81	752.07	765.00
100.63	291.94	343.81	427.94	532.24	640.30	693.29	825.88	969.62
16477	40090	45521	53583	61965	69627	77166	83102	84437

指标名称	单位	1978	1980	1990	2000
用电					
全社会用电量	亿千瓦时	0.87	1.29	3.46	6.80
# 工业用电量	亿千瓦时	0.63	0.80	2.71	4.01
城乡居民生活用电	亿千瓦时	0.02	0.05	0.30	1.54
万元 GDP 能耗增幅	%	—	—	—	—
万元 GDP 电耗增幅	%	—	—	—	—
科技					
全社会研发投入	亿元	—	—	—	—
专利授权量	件	—	—	—	16
# 发明专利	件	—	—	—	—
全社会研发投入(R&D)占 GDP 比重	%	—	—	—	—
社会事业					
学校数	个	771	699	463	432
教职工数	人	6601	8019	9142	8936
专任教师数	人	6601	8019	8800	7516
毕业生数	人	62092	35927	24475	27051
在校学生数	人	194725	203833	136347	151859
卫生机构数	个	134	42	42	44
# 医院、卫生院	个	39	39	36	38
卫生技术人员数	个	1559	1510	2240	2659
# 医生	个	—	874	1012	1293
卫生机构床位数	张	2068	2044	2141	2271
每千人拥有医生数	人	—	—	—	—

续表 4

2005	2010	2011	2012	2013	2014	2015	2016	2017
14.84	26.01	28.85	31.39	34.58	35.12	36.04	38.60	42.43
11.24	18.9	21.02	22.36	23.78	24.55	25.02	25.91	28.17
2.06	3.72	4.01	4.66	5.64	5.35	5.58	6.48	7.87
—	–3.75	–3.67	–3.73	–3.89	–7.15	–6.45	–4.27	–6.92
—	–0.69	–0.95	–2.84	–1.70	–7.87	–6.57	–2.16	2.12
2.39	9.00	11.82	14.60	17.58	20.40	22.95	25.90	29.87
57	4167	9451	6907	1549	627	2401	3019	2333
—	31	31	43	43	66	147	205	347
1.12	1.78	1.98	2.17	2.28	2.40	2.47	2.54	2.63
150	132	134	121	123	124	128	134	135
8419	8483	8430	8314	8225	8824	9093	9059	9783
7539	7492	7468	7427	3755	7876	8247	8332	8336
37965	28350	25923	25609	20009	22405	21759	21262	20525
139234	119783	115292	111286	82119	106709	107564	108025	109111
219	237	423	419	412	405	384	376	380
36	38	30	32	24	24	25	23	23
2779	3367	3285	3495	3648	3800	4039	4681	4439
1372	1469	1530	1607	1569	1673	1687	1753	1876
2257	3095	3195	3383	3410	3480	3539	3694	3806
—	—	—	—	1.80	1.95	2.05	2.07	2.10

1–5 主要年份国民经济

指标	1978	1980	1990	2000	2005	2010
人口						
年末户籍人口	100.4	100.3	100.7	99.9	99.5	100.0
男	100.4	100.4	100.6	99.7	99.5	100.0
女	100.4	100.2	100.8	100.0	99.6	100.0
年末常住人口	—	—	—	—	—	102.0
城镇	—	—	—	—	—	104.3
农村	—	—	—	—	—	99.9
劳动力						
年末从业人员	—	—	—	—	—	—
国民经济核算						
地区生产总值	—	117.1	108.6	110.1	123.0	114.3
第一产业	—	109.8	96.0	102.9	106.9	104.0
第二产业	—	124.2	116.1	113.4	120.8	115.7
工业	—	125.9	115.4	112.5	121.7	115.3
第三产业	—	121.7	118.7	108.3	135.0	117.9
人均地区生产总值	—	116.6	108.0	110.2	135.2	119.8
农业						
主要农产品产量						
粮食	134.1	99.0	112.7	92.1	83.0	99.4
棉花	143.6	54.7	82.4	83.3	112.5	100.0
油料	200.0	119.0	128.1	125.6	97.7	100.5
水产品	81.8	100.0	93.9	100.6	102.2	101.8
生猪年末存栏数	98.8	91.5	71.7	107.3	102.7	101.9

主要指标发展速度

2011	2012	2013	2014	2015	2016	2017	“十二五”平均发展速度	2016-2017年平均发展速度
100.1	100.0	100.1	100.1	99.9	100.1	99.7	100.0	99.9
100.1	99.9	100.0	100.0	99.8	100.0	99.6	100.0	99.8
100.2	100.1	100.2	100.2	100.0	100.1	99.8	100.1	100.0
99.5	100.0	100.0	100.0	100.2	100.1	100.1	99.9	100.1
101.9	103.6	102.3	102.5	103.3	103.2	103.4	102.7	103.3
97.1	96.1	97.4	97.0	96.4	95.9	95.4	96.8	95.6
103.1	101.2	99.0	98.9	98.9	99.2	99.2	100.2	99.2
112.0	112.0	114.6	110.2	109.8	109.4	107.7	111.2	108.5
104.1	104.6	99.6	103.7	102.6	100.0	102.4	103.7	101.2
112.1	111.5	108.4	110.6	110.2	109.3	108.3	111.4	108.8
112.7	113.2	107.3	111.2	110.2	109.7	107.8	111.9	108.7
113.7	114.4	127.5	110.8	110.3	110.8	107.5	112.3	109.1
117.2	112.6	114.7	110.0	109.8	109.3	107.6	110.7	108.4
95.2	108.4	95.1	103.2	102.6	98.5	103.5	100.8	101.0
110.3	101.6	87.8	93.0	99.1	100.0	81.6	99.8	90.1
97.6	98.2	102.8	95.4	101.4	93.0	101.9	99.1	97.3
101.5	106.2	100.0	108.4	101.5	96.7	100.3	103.4	98.5
100.9	101.4	102.1	102.6	101.3	99.9	98.7	101.7	99.3

指标	1978	1980	1990	2000	2005	2010
规模以上工业						
工业总产值	—	—	—	113.6	138.4	116.0
# 高新技术产业产值	—	—	—	—	—	132.5
# 新兴产业产值	—	—	—	—	—	—
# 民营工业产值	—	—	—	—	—	—
主营业务收入	—	—	—	98.0	139.6	116.5
利税总额	—	—	—	109.9	100.0	129.1
利润总额	—	—	—	185.1	100.0	135.3
主要工业产品产量						
纱	143.8	101.8	88.7	113.1	147.4	91.4
布	100.0	150.0	73.9	90.3	107.0	121.6
水泥	114.9	114.0	86.5	85.4	100.0	101.5
交通						
全社会旅客运输量	—	—	35.9	109.7	165.1	117.9
全社会货物运输量	116.1	117.8	98.9	104.6	88.8	127.1
货物周转量	105.6	110.2	79.1	100.2	82.6	138.7
货物吞吐量	—	—	—	—	—	—
国内外贸易						
社会消费品零售总额	—	—	103.7	108.3	115.6	115.5
进出口总值	—	—	—	122.2	123.1	142.1
# 进口总值	—	—	—	107.7	134.0	156.3
出口总值	—	—	—	128.1	121.0	138.1
固定资产投资						
固定资产投资完成额	—	240.0	71.9	112.0	147.2	119.5
# 工业	—	—	—	—	—	117.4

续表 1

2011	2012	2013	2014	2015	2016	2017	"十二五"平均发展速度	2016-2017 年平均发展速度
122.1	115.0	114.8	109.2	108.2	110.3	104.5	111.4	107.4
135.8	112.2	121.6	116.6	111.9	112.7	107.8	122.0	110.3
130.9	122.8	132.5	124.6	114.8	116.1	105.7	119.1	110.9
117.0	130.3	111.1	107.1	103.7	109.7	107.9	113.5	108.8
121.0	115.8	113.6	108.9	108.5	109.6	105.2	111.4	107.4
137.5	117.7	116.5	109.3	106.2	104.2	102.5	115.2	103.4
141.8	115.4	117.4	109.2	106.6	106.5	104.1	115.5	105.3
107.2	119.4	107.7	85.1	71.6	104.1	73.7	90.9	87.6
98.2	49.8	139.6	86.7	103.3	118.8	54.9	89.8	80.8
85.8	118.2	103.9	101.2	95.7	110.0	125.6	100.2	117.6
108.8	136.6	102.6	45.1	99.6	56.6	108.8	92.7	82.7
110.5	102.1	112.4	48.7	102.5	56.6	107.1	91.3	114.9
106.4	109.8	115.6	101.9	104.6	122.7	102.3	107.5	116.3
131.0	112.7	109.1	104.9	94.1	103.1	96.5	109.7	99.7
118.0	118.0	113.0	115.7	106.4	110.8	109.2	112.2	110.0
128.6	106.8	110.9	108.5	110.7	173.7	134.0	112.8	150.1
148.7	101.8	73.1	175.0	143.7	40.2	96.6	122.7	61.6
122.1	108.8	124.7	94.2	97.5	252.3	137.6	108.8	183.2
106.8	123.3	114.2	118.4	112.7	108.5	109.2	115.0	108.9
99.5	115.0	108.1	110.9	109.0	106.9	108.0	108.4	107.5

指标	1978	1980	1990	2000	2005	2010
服务业	—	—	—	—	—	145.4
# 房地产开发	—	—	—	88.4	118.5	118.4
房屋施工面积	—	—	—	—	—	115.8
房屋竣工面积	—	—	—	—	—	163.3
财政						
一般公共预算收入	—	—	103.9	121.6	118.8	137.6
一般公共预算支出	—	—	—	104.1	111.8	137.8
人均一般公共预算收入	—	—	—	—	—	136.3
金融						
金融机构本外币存款余额	124.6	77.0	138.1	108.9	113.5	124.7
# 储蓄存款	183.3	120.6	141.8	109.0	116.0	117.8
金融机构本外币贷款余额	121.2	95.4	115.4	101.5	119.2	128.4
人均储蓄存款(按常住人口计算)	100.0	100.0	100.0	109.1	116.5	117.8
人民生活						
在岗职工平均工资	112.2	112.6	109.3	113.0	115.6	108.7
城镇居民人均可支配收入	—	—	106.0	108.0	114.4	111.3
农村居民人均可支配收入	—	—	108.8	103.5	111.3	113.7
社会事业						
在校学生数	95.1	96.9	96.6	101.6	94.7	98.1
中学	92.6	97.3	101.8	108.4	96.4	93.1
小学	103.0	92.5	96.6	101.2	94.3	97.9
卫生机构数	128.8	30.0	100.0	93.6	111.2	100.0
卫生技术人员数	106.3	94.3	106.7	99.9	100.6	100.7
卫生机构床位数	99.6	101.1	101.2	100.0	103.0	100.0

续表 2

2011	2012	2013	2014	2015	2016	2017	“十二五”平均发展速度	2016–2017 年平均发展速度
140.0	150.9	129.6	133.8	119.7	111.1	111.0	134.4	111.1
121.0	128.1	110.0	109.1	90.0	126.5	104.4	110.9	115.5
101.7	98.4	69.4	141.7	93.7	120.3	92.0	98.4	103.3
102.0	98.1	55.0	183.9	87.4	95.0	83.2	97.6	85.6
135.4	121.9	119.6	111.0	114.3	92.4	100.2	120.2	96.2
139.6	117.4	118.6	110.9	116.2	100.2	109.4	120.2	104.7
134.5	122.2	118.5	112.1	114.2	92.2	100.1	120.1	96.1
111.0	118.1	120.9	116.5	115.7	117.4	104.0	116.3	110.5
112.9	117.7	115.7	112.3	111.1	107.8	101.7	113.9	104.7
117.8	124.5	124.4	120.3	108.3	119.1	117.4	118.9	118.3
112.8	117.7	115.6	112.2	110.8	107.7	101.6	114.0	104.6
117.1	114.7	110.1	113.6	108.6	104.8	110.2	112.8	107.5
114.9	112.5	109.3	105.9	109.1	108.3	109.0	110.3	108.6
118.3	112.7	111.6	102.9	109.0	108.5	109.3	110.8	108.9
96.3	96.5	73.8	129.9	100.8	100.4	101.0	97.9	100.7
91.7	91.5	92.2	93.6	96.4	99.2	102.3	93.1	100.7
100.1	100.2	101.9	102.2	102.1	100.4	100.4	101.3	100.4
178.5	99.1	98.3	98.3	94.8	97.9	101.1	110.1	99.5
97.6	106.4	104.4	104.2	106.3	115.9	94.8	103.7	104.8
103.2	105.9	100.8	102.1	101.7	104.4	103.0	102.7	103.7

1-6 主要年份国民经济

指标	1978	1980	1990	2000	2005
人口与就业					
人口					
性别结构					
男	49.0	49.2	49.8	49.5	49.5
女	51.0	50.8	50.2	50.5	50.5
城乡结构					
城镇	4.7	5.9	22.5	35.2	42.8
农村	95.3	94.1	77.5	64.8	57.2
就业					
产业结构					
第一产业	—	—	—	—	—
第二产业	—	—	—	—	—
第三产业	—	—	—	—	—
宏观经济					
国民核算					
地区生产总值产业结构					
第一产业	51.8	45.1	34.7	15.3	10.7
第二产业	27.4	33.9	43.6	53.4	58.8
第三产业	20.8	21.0	21.7	31.3	30.5
投资					
产业结构					
第一产业	—	—	—	—	—
第二产业	—	—	—	—	—
第三产业	—	—	—	—	—

和社会发展结构指标

2010	2011	2012	2013	2014	2015	2016	2017
49.4	49.3	49.3	49.2	49.2	49.2	49.2	49.1
50.6	50.7	50.7	50.8	50.8	50.8	50.8	50.9
52.9	52.1	60.6	65.7	68.5	70.4	59.1	61.0
47.1	47.9	39.4	34.3	31.5	29.6	40.9	39.0
20.6	20.2	29.1	27.9	27.0	25.6	25.5	23.1
45.6	47.7	46.7	47.6	48.1	48.3	48.2	48.4
33.9	32.1	24.2	24.5	24.9	26.1	26.3	28.5
7.4	7.0	7.0	6.1	5.9	5.7	5.2	4.9
60.4	59.0	57.0	53.8	52.9	51.5	50.3	49.6
32.2	34.0	36.0	40.1	41.2	42.8	44.5	45.5
0.3	0.3	0.3	0.2	0.2	0.1	0.0	0.0
81.8	76.2	71.0	67.2	63.0	60.8	59.9	58.7
17.9	23.5	28.7	32.6	36.8	39.1	40.1	41.3

1-6

指标	1978	1980	1990	2000	2005
所有制结构					
国有投资	—	—	—	—	—
民营投资	—	—	—	—	—
港澳台及外商投资	—	—	—	—	—
财政					
财政支出结构					
卫生	—	—	—	7.6	5.4
教育	—	—	—	28.5	15.3
进出口					
出口地区结构					
亚洲	—	—	—	—	—
欧洲	—	—	—	—	—
北美洲	—	—	—	—	—
非洲	—	—	—	—	—
拉丁美洲	—	—	—	—	—
出口方式结构					
一般贸易	—	—	—	—	—
加工贸易	—	—	—	—	—
产业经济					
农业					
农林牧渔业产值结构					
农业	—	—	66.1	63.4	47.3
林业	—	—	0.4	0.3	0.6

注：从2017年起，房地产投资从民营投资中剔除。

续表 1

2010	2011	2012	2013	2014	2015	2016	2017
3.3	6.4	8.7	8.5	12.7	12.9	2.6	3.3
84.4	81.8	84.6	84.6	80.9	84.7	87.6	78.4
12.3	11.8	6.7	6.9	6.4	2.4	9.8	10.2
4.2	3.6	5.4	5.2	5.6	6.0	7.0	6.2
15.1	14.6	15.7	16.5	15.9	13.9	12.3	10.8
33.9	33.7	34.6	40.7	40.9	43.0	54.7	58.9
21.7	20.2	17.6	16.7	18.5	18.0	15.1	11.4
22.6	20.7	20.1	18.2	18.2	18.8	10.2	8.0
12.2	14.0	16.3	16.1	13.7	10.7	10.2	10.3
7.9	9.6	9.0	6.5	6.6	7.0	7.5	10.2
88.1	86.1	85.6	88.2	88.3	89.6	30.6	24.8
11.7	12.4	12.7	10.2	10.4	6.9	5.1	17.0
49.4	49.5	50.0	49.6	49.5	50.1	49.9	49.8
0.8	0.7	0.7	0.7	0.8	1.1	1.1	1.1

1–6

指标	1978	1980	1990	2000	2005
牧业	—	—	19.8	13.5	18.3
渔业	—	—	13.7	22.8	26.8
农林牧渔服务业	—	—	—	—	7.0
规模以上工业					
产值所有制结构					
国有企业	—	—	—	—	—
集体企业	—	—	—	—	—
股份合作企业	—	—	—	—	—
港澳台及外商投资企业	—	—	—	—	—
其他类型企业	—	—	—	—	—
产值轻重结构					
轻工业	—	—	—	—	—
重工业	—	—	—	—	—
高新技术产业产值占比	—	—	—	—	—
新兴产业产值占比	—	—	—	—	—
民营工业产值占比	—	—	—	—	—
运输业					
货物量结构					
公路					
水路					
金融业					
存款余额结构					
单位存款	—	—	—	6.2	14.5

续表 2

2010	2011	2012	2013	2014	2015	2016	2017
17.5	17.0	14.0	14.3	13.5	13.5	13.4	13.0
25.0	24.3	24.4	24.4	24.4	23.4	23.2	22.1
7.3	8.5	10.9	10.9	11.8	11.8	12.5	14.0
0.0	0.0	0.0	0.1	0.5	0.0	0.3	0.7
0.8	0.7	0.4	0.3	0.2	0.0	0.2	0.1
3.0	3.0	1.5	1.1	0.8	0.1	0.9	0.5
44.3	44.9	43.9	35.4	37.7	38.2	37.3	34.0
51.9	51.4	54.2	63.0	60.8	61.6	61.3	0.9
31.9	30.7	30.8	30.6	27.3	24.3	23.5	22.0
68.1	69.3	69.2	69.4	72.7	75.7	76.5	78.0
—	—	—	44.0	46.1	47.1	48.1	58.4
—	—	—	29.5	32.9	33.1	34.9	35.5
55.4	57.8	65.9	63.3	61.5	60.8	61.6	64.4
99.6	99.0	99.0	97.7	97.7	97.8	98.6	98.7
0.4	1.0	1.0	2.3	2.3	2.2	1.4	1.3
19.9	31.3	31.8	34.9	37.4	29.6	30.7	40.2

1-6

指标	1978	1980	1990	2000	2005
储蓄存款	—	—	—	86.7	77.5
贷款余额结构					
短期贷款	—	—	—	71.4	73.8
中长期贷款	—	—	—	—	12.0
新增贷款结构					
短期贷款	—	—	—	—	—
中长期贷款	—	—	—	—	—
贸易业					
社会消费品零售额行业结构					
批发零售业	95.9	96.7	93.6	96.0	92.2
住宿餐饮业	3.7	2.8	2.3	3.2	7.6
社会事业					
教育					
在校学生结构					
中学生	36.3	27.3	28.3	29.6	40.4
小学生	67.2	52.9	55.9	53.7	45.6
卫生机构构成					
医院、卫生院	29.1	92.9	85.7	86.4	16.4
卫生技术人员构成					
医生	—	57.9	45.2	48.6	49.4
人民生活					
城镇居民恩格尔系数	—	—	52.4	42.5	38.7
农村居民恩格尔系数	—	—	43.8	37.1	41.8

注:从2014年起,恩格尔系数为新口径,与往年不可比。

续表 3

2010	2011	2012	2013	2014	2015	2016	2017
66.2	67.2	67.1	64.4	61.5	59.4	54.4	53.4
53.7	55.5	58.1	60.4	54.2	49.5	41.3	38.6
44.9	42.7	37.7	36.8	41.1	44.5	53.5	57.2
—	27.5	65.2	67.6	66.4	-6.3	-1.6	22.6
—	72.5	34.8	32.4	33.6	84.9	101.0	78.5
93.1	91.9	91.7	91.5	92.2	92.3	92.1	91.9
6.9	7.1	7.6	8.5	7.8	7.7	7.9	8.1
39.8	37.9	35.9	33.9	32.3	30.9	30.5	30.9
37.0	38.4	39.9	41.6	43.4	43.9	43.9	43.6
16.0	7.1	7.6	5.8	5.9	6.5	6.1	6.1
43.6	46.6	46.0	43.0	44.0	41.8	37.4	42.3
35.3	35.0	34.8	35.1	29.8	29.4	29.3	28.1
37.3	37.0	37.1	37.0	29.8	29.6	29.3	28.8

1-7 主要年份主要人均指标

指标	单位	2010	2011	2012	2013	2014	2015	2016	2017
地区生产总值	元	55635	65226	73473	84270	92697	101298	111100	125445
一般公共预算收入	元	3479	4679	5719	6843	7599	8679	8004	8011
一般公共预算支出	元	3798	5264	6400	7355	8158	9472	9480	10357
固定资产投资完成额	元	31646	33215	41093	46929	55563	62584	67782	69978
社会消费品零售总额	元	19327	22639	26112	29518	31303	34446	38092	40448
进出口总额	美元	1371	1750	1875	2079	2256	2498	4327	5608
主要农产品产量									
粮食	公斤	206	198	214	204	210	215	212	219
肉类	公斤	—	—	—	—	—	48	48	46
水产品	公斤	89	91	97	96	105	106	102	102
禽蛋	公斤	—	—	—	—	—	48	48	49
农林牧渔业总产值	元	6673	7296	8167	8913	9572	10057	10404	11043
在岗职工平均工资	元	36173	42354	48578	53494	60795	66053	69252	76345
城镇居民人均可支配收入	元	22930	26339	29631	32387	34280	37404	40509	44138
城镇居民消费性支出	元	14438	16555	18996	20877	22830	24555	25928	27390
农村居民人均可支配收入	元	11372	13453	15162	16920	17419	18986	20608	22515
农村生活消费性支出	元	8289	9685	10917	12361	12081	13124	14570	15957
储蓄存款	元	40090	45521	53583	61965	69627	77166	83102	84437
每千人拥有									
固定电话用户	户	347	443	381	378	376	301	261	189
在校学生数	人	132	128	123	91	118	119	119	120
# 中学生	人	52	48	44	41	38	37	36	37
卫生技术人员	人	3.71	3.64	3.87	4.04	4.21	4.47	5.17	4.90
# 医生	人	—	—	-	1.80	1.95	2.05	2.07	2.10
卫生机构床位数	张	3.41	3.54	3.75	3.78	3.86	3.91	4.08	4.20

1-8 海门的一天(2017年)

指标	单位	海门的一天
地区生产总值	亿元	3.11
第一产业	亿元	0.15
第二产业	亿元	1.54
第三产业	亿元	1.42
农林牧渔业总产值	亿元	0.27
规模以上工业增加值	亿元	1.28
规模以上工业主营业务收入	亿元	5.88
规模以上工业利税总额	亿元	0.90
主要工农业产品产量		
粮食	吨	543.56
棉花	吨	23.56
油料	吨	239.45
水产品	吨	252.33
肉类	吨	113.54
发电量	万千瓦时	71.70
纱	吨	76.16
布	万米	12.33
水泥	万吨	1.24
固定资产投资额	亿元	1.74
工业	亿元	1.00
服务业	亿元	0.92
# 房地产开发	亿元	0.14
建筑业总产值	亿元	4.74
社会消费品零售总额	亿元	1.00
批发零售业	亿元	0.92
住宿餐饮业	亿元	0.08
进出口总额	亿美元	0.14
# 出口	亿美元	0.13
新批协议注册外资	亿美元	0.01
实际到账注册外资	亿美元	0.01
一般公共预算收入	亿元	0.20
一般公共预算支出	亿元	0.26
金融机构本外币存款余额	亿元	3.93
# 本外币储蓄存款	亿元	2.10
金融机构本外币贷款余额	亿元	2.66

1-9 海门国民经济主要指标占南通全市比重(2017年)

指标名称	单位	南通市	海门市	海门占南通的比重(%)
年末常住人口	万人	730.50	90.60	12.4
城镇人口	万人	482.35	55.29	11.5
地区生产总值	亿元	7734.64	1135.90	14.7
第一产业	亿元	382.69	56.01	14.6
第二产业	亿元	3639.81	563.06	15.5
第三产业	亿元	3712.14	516.83	13.9
农林牧渔业总产值(现价)	亿元	727.03	99.99	13.8
规模以上工业企业数	个	5131	655	12.8
规模以上工业增加值	亿元	3318.43	467.12	14.1
规模以上工业主营业务收入	亿元	12589.66	2147.94	17.1
规模以上工业利润总额	亿元	1128.81	225.23	20.0
主要工农业产品产量				
粮食	万吨	323.96	19.84	6.1
棉花	万吨	1.39	0.86	62.3
油料	万吨	35.23	8.74	24.8
水产品	万吨	86.56	9.21	10.6
肉类	万吨	44.08	4.14	9.4
发电量	亿千瓦时	418.76	2.62	0.6
纱	万吨	58.09	2.78	4.8
布	亿米	30.73	0.45	1.5
水泥	万吨	1288.05	453.12	35.2

1-9 续表

指标名称	单位	南通市	海门市	海门占南通的比重(%)
固定资产投资额	亿元	4959.20	633.65	12.8
工业	亿元	2397.75	372.09	15.5
服务业	亿元	2556.68	261.57	10.2
# 房地产开发	亿元	609.95	51.97	8.5
建筑业总产值	亿元	7337.15	1728.59	23.6
社会消费品零售总额	亿元	2873.41	366.25	12.7
批发零售业	亿元	2625.65	346.44	13.2
住宿餐饮业	亿元	247.76	29.70	12.0
进出口总额	亿美元	348.20	50.78	14.6
# 出口	亿美元	249.38	47.61	19.1
新批协议注册外资	亿美元	53.61	4.60	8.6
实际到账注册外资	亿美元	24.23	2.93	12.1
一般公共预算收入	亿元	590.60	72.54	12.3
一般公共预算支出	亿元	810.08	93.79	11.6
金融机构本外币存款余额	亿元	11718.16	1433.70	12.2
金融机构本外币贷款余额	亿元	7886.57	969.62	12.3
从业人员平均工资	元	74640	76015	101.8
全体居民人均可支配收入	元	33011	33032	100.1
城镇居民人均可支配收入	元	42756	44138	103.2
农村居民人均可支配收入	元	20472	22515	110.0

1-10 分区镇国民经济和

区、镇	土地总面积(平方公里)	耕地面积(亩)	年末总户数(户)
总计	**1148.71**	**798049**	**378597**
海门开发区	69.18	37673	31920
海门工业园区	99.71	76305	36494
海门港新区	155.58	126670	55231
临江新区	75.14	63438	21628
海门高新区	81.82	51695	62218
三厂工业园区	34.09	24066	18960
常乐镇	98.47	79899	28830
悦来镇	141.90	115866	42401
四甲镇	97.20	85384	30369
余东镇	68.68	56323	23254
正余镇	62.72	53250	21994
海永镇	9.10	7068	2890

社会发展主要指标(2017 年)

年末总人口(人)			户平均人口(人)	年平均人口(人)
合计	男	女		
998179	**490287**	**507892**	**2.64**	**999579**
86650	42021	44629	2.72	86642
92305	45336	46969	2.55	92526
146114	72007	74107	2.64	146036
52432	25520	26912	2.44	52594
167108	81509	85599	2.70	166636
51601	25169	26432	2.74	51961
75379	37226	38153	2.63	75646
105132	52134	52998	2.49	105807
84919	42334	42585	2.80	85254
62731	30912	31819	2.70	62873
61063	30004	31059	2.77	61227
6749	3209	3540	2.31	6388

区、镇	地区生产总值（万元）			
		一产增加值	二产增加值	三产增加值
总计	**11359000**	**560078**	**5630577**	**5168345**
海门开发区	2309898	22917	1199515	1087466
海门工业园区	1392055	61496	732832	597727
海门港新区	1319200	157209	757036	404955
临江新区	439136	49375	246348	143413
海门高新区	2264743	47189	945918	1271636
三厂工业园区	642979	21047	419488	202444
常乐镇	741853	64121	403012	274720
悦来镇	722389	91309	378180	252900
四甲镇	442447	48616	219168	174663
余东镇	357353	39251	143665	174437
正余镇	681773	65169	440509	176095
海永镇	45174	3282	8098	33794

续表 1

规模工业企业数（个）	规模以上工业新兴产业产值	规模以上工业高新技术产业产值	规模工业主营业务收入（万元）	规模工业利税（万元）	规模工业利润（万元）	工业用地出让（公顷）
655	**7689360**	**12643172**	**21479440**	**3279184**	**2252298**	**94.10**
137	1369437	2397457	3207530	559748	410681	14.80
119	579612	613837	2609354	489677	410765	0.00
80	952936	2313491	3705535	570543	334758	34.51
33	749178	860777	1261335	170891	122790	15.85
57	715121	1480314	2363164	331766	252677	12.73
43	332809	540975	1297619	215157	145235	1.54
32	181788	497437	719516	70588	42773	6.01
51	442892	308801	1887887	296699	159184	1.23
23	458640	709478	822964	110290	66254	3.28
33	184779	1189489	656803	72365	37047	3.06
45	1716283	2796231	2931421	389265	268724	1.11
1	–	–	11560	705	366	0.00

区、镇	固定资产投资（万元）	工业投资	服务业投资	发明专利申请量(个)	有效发明专利拥有量(个)
总计	**6336549**	**3720867**	**2615682**	**1481**	**2236**
海门开发区	1090050	814449	275601	225	359
海门工业园区	634954	335445	299509	118	151
海门港新区	1227327	764706	462621	177	205
临江新区	396583	263744	132839	104	151
海门高新区	630049	327993	302056	193	259
三厂工业园区	381654	220501	161153	186	246
常乐镇	273320	200010	73310	98	215
悦来镇	301275	201175	100100	94	182
四甲镇	292884	202973	89911	96	176
余东镇	280120	183500	96620	95	147
正余镇	310098	206371	103727	95	138
海永镇	3744	–	3744		7

续表 2

规模以上服务业营业收入(万元)	限额以上单位零售额(万元)	进出口总值(万元)		实际到账注册外资(万美元)	一般公共预算收入(万元)	国税收入(万元)	地税收入(万元)
			出口总值				
1490111	**1169780**	**3454796**	**3240626**	**29348**	**725403**	**497460**	**400697**
184006	289409	776544	687973	12973	92557	104441	60114
230255	156571	2087854	2086373	415	34113	33205	24182
225658	93829	168132	150029	1552	24030	22302	17057
64347	9731	85976	51744	2800	24785	25357	16718
289442	306468	127646	109171	3510	111270	113171	90493
134178	55965	80619	65470	1200	27201	37331	14025
141756	34746	23727	17961	1000	31693	31268	35985
49386	55094	24989	21689	1021	8965	13427	3908
58383	46169	41776	37771	166	12036	19904	4415
57089	71347	7951	7610	100	7332	10894	3152
55611	50451	29442	4694	1000	12145	17895	6379
–	–	–	–	–	4489	4912	2843

1-11 分行业私营企业

指 标 名 称	期末实有		
	合计		
	户数(万户)	从业人员(万人)	注册资本(亿元)
合计	**1.27**	**24.54**	**778.45**
农、林、牧、渔业	0.02	0.33	9.90
采矿业	0.00	0.00	0.01
制造业	0.52	8.65	196.55
电力、燃气及水的生产和供应业	0.00	0.02	1.74
建筑业	0.11	10.14	135.82
交通运输、仓储和邮政业	0.02	0.18	4.27
信息传输、计算机服务和软件业	0.02	0.15	6.68
批发和零售业	0.32	2.12	83.66
住宿和餐饮业	0.01	0.10	5.80
金融业	0.00	0.06	20.97
房地产业	0.02	0.42	51.43
租赁和商务服务业	0.08	0.79	182.48
科学研究、技术服务和地质勘查业	0.07	0.89	64.47
水利、环境和公共设施管理业	0.00	0.05	2.65
居民服务和其他服务业	0.03	0.48	5.24
教育	0.00	0.03	0.27
卫生、社会保障和社会福利业	0.00	0.03	0.31
文化、体育和娱乐业	0.01	0.08	6.21

从业人员（2017 年）

期末实有			本期开业		
城镇					
户数（万户）	从业人员（万人）	注册资本（亿元）	户数（万户）	从业人员（万人）	注册资本（亿元）
0.59	**7.74**	**434.66**	**0.27**	**2.46**	**116.80**
0.01	0.15	2.45	0.00	0.04	0.74
0.00	0.00	0.00	0.00	0.00	0.00
0.16	2.46	71.28	0.11	1.01	34.36
0.00	0.02	1.30	0.00	0.00	0.51
0.07	2.05	57.21	0.03	0.45	21.26
0.01	0.08	2.77	0.01	0.04	1.09
0.02	0.09	4.89	0.01	0.03	1.68
0.18	1.17	52.80	0.06	0.32	15.58
0.00	0.06	4.83	0.00	0.02	1.16
0.00	0.05	14.56	0.00	0.01	2.83
0.02	0.23	17.53	0.00	0.03	2.73
0.06	0.54	163.00	0.02	0.10	13.23
0.04	0.47	35.19	0.03	0.36	16.00
0.00	0.03	0.88	0.00	0.00	0.42
0.02	0.27	3.08	0.00	0.01	0.32
0.00	0.01	0.10	0.00	0.00	0.05
0.00	0.02	0.12	0.00	0.01	0.17
0.01	0.06	2.67	0.00	0.03	4.67

1-12 分行业个体

指 标 名 称	期末实有		
	合计		
	户数(万户)	从业人员(万人)	资金数额(亿元)
合计	**6.24**	**11.22**	**39.99**
农、林、牧、渔业	0.06	0.14	0.97
采矿业	0.00	0.00	0.00
制造业	1.21	3.56	9.68
电力、燃气及水的生产和供应业	0.00	0.00	0.00
建筑业	0.03	0.05	0.11
交通运输、仓储和邮政业	0.18	0.23	1.26
信息传输、计算机服务和软件业	0.01	0.01	0.04
批发和零售业	3.68	5.20	20.11
住宿和餐饮业	0.47	1.03	4.05
金融业	0.00	0.00	0.00
房地产业	0.01	0.01	0.05
租赁和商务服务业	0.07	0.13	0.59
科学研究、技术服务和地质勘查业	0.01	0.02	0.07
水利、环境和公共设施管理业	0.00	0.00	0.00
居民服务和其他服务业	0.51	0.79	2.67
教育	0.00	0.01	0.03
卫生、社会保障和社会福利业	0.00	0.01	0.04
文化、体育和娱乐业	0.01	0.04	0.32

从业人员(2017年)

期末实有 城镇			本期开业		
户数(万户)	从业人员(万人)	资金数额(亿元)	户数(万户)	从业人员(万人)	资金数额(亿元)
2.04	**3.53**	**15.45**	**1.08**	**2.50**	**11.73**
0.01	0.03	0.21	0.01	0.02	0.22
0.00	0.00	0.00	0.00	0.00	0.00
0.22	0.61	1.91	0.31	1.05	3.27
0.00	0.00	0.00	0.00	0.00	0.00
0.00	0.01	0.03	0.00	0.00	0.00
0.04	0.06	0.34	0.06	0.08	0.51
0.00	0.00	0.01	0.00	0.00	0.02
1.19	1.64	7.85	0.44	0.79	4.94
0.24	0.61	2.61	0.14	0.32	1.56
0.00	0.00	0.00	0.00	0.00	0.00
0.01	0.01	0.04	0.00	0.01	0.03
0.05	0.09	0.44	0.02	0.04	0.28
0.00	0.01	0.04	0.00	0.01	0.03
0.00	0.00	0.00	0.00	0.00	0.00
0.25	0.43	1.67	0.09	0.16	0.78
0.00	0.01	0.03	0.00	0.01	0.02
0.00	0.00	0.03	0.00	0.00	0.02
0.01	0.02	0.23	0.00	0.01	0.07

1-13 全市各类法人

指 标	合计	企业	事业	机关
总计	**16918**	**14293**	**477**	**116**
按国民经济行业门类分组				
农、林、牧、渔业	804	200	12	0
采矿业	1	1	0	0
制造业	6416	6416	0	0
电力、燃气及水的生产和供应业	57	57	0	0
建筑业	1134	1134	0	0
交通运输、仓储和邮政业	232	229	3	0
信息传输、计算机服务和软件业	249	244	5	0
批发和零售业	3695	3409	0	0
住宿和餐饮业	94	92	0	0
金融业	24	24	0	0
房地产业	316	314	2	0
租赁和商务服务业	1044	996	16	0
科学研究、技术服务和地质勘查业	843	751	48	0
水利、环境和公共设施管理业	143	97	31	0
居民服务和其他服务业	391	155	139	0
教育	79	11	43	0
卫生、社会保障和社会福利业	390	19	16	0
文化、体育和娱乐业	197	144	14	18
公共管理和社会组织	809	0	148	98

单位分布情况（2017 年）

单位：个

社会团体	民办非企业	基金会	居委会	村委会	农村专业合作社	其他组织机构
242	**484**	**7**	**63**	**238**	**853**	**145**
0	1	0	0	0	521	70
0	0	0	0	0	0	0
0	0	0	0	0	0	0
0	0	0	0	0	0	0
0	0	0	0	0	0	0
0	0	0	0	0	0	0
0	0	0	0	0	0	0
0	0	0	0	0	286	0
0	1	0	0	0	1	0
0	0	0	0	0	0	0
0	0	0	0	0	0	0
0	4	0	0	0	3	25
0	1	0	0	0	41	2
0	12	0	0	0	0	3
0	88	0	0	0	1	8
0	10	0	0	0	0	15
0	349	0	0	0	0	6
0	18	0	0	0	0	3
242	0	7	63	238	0	13

指 标	合计	企业	事业	机关
按登记注册类型分组	**16450**	**13838**	**476**	**116**
内资	15737	13126	476	116
国有	633	63	419	116
集体	294	199	55	0
股份合作	97	96	0	0
联营	3	3	0	0
国有联营	0	0	0	0
集体联营	2	2	0	0
国有与集体联营	0	0	0	0
其他联营	1	1	0	0
有限责任公司	188	187	0	0
国有独资公司	11	11	0	0
其他有限责任公司	177	176	0	0
股份有限公司	18	18	0	0
私营	12354	12331	0	0
私营独资	1064	1056	0	0
私营合伙	223	216	0	0
私营有限责任公司	11023	11015	0	0
私营股份有限公司	44	44	0	0
其他内资	2150	229	2	0
港澳台商投资	391	390	0	0
与港澳台商合资经营	83	83	0	0
与港澳台商合作经营	1	1	0	0
港澳台商独资	304	303	0	0
港澳台商投资股份有限公司	2	2	0	0
其他港、澳、台商投资	1	1	0	0
外商投资	322	322	0	0
中外合资经营	90	90	0	0
中外合作经营	3	3	0	0
外资企业	228	228	0	0
外商投资股份有限公司	1	1	0	0
其他外商投资	0	0	0	0

续表

单位：个

社会团体	民办非企业	基金会	居委会	村委会	农村专业合作社	其他组织机构
242	**485**	**7**	**63**	**238**	**841**	**144**
242	484	7	63	238	841	144
33	2	0	0	0	0	0
21	15	0	0	0	0	4
0	0	0	0	0	0	1
0	0	0	0	0	0	0
0	0	0	0	0	0	0
0	0	0	0	0	0	0
0	0	0	0	0	0	0
0	0	0	0	0	0	0
1	0	0	0	0	0	0
0	0	0	0	0	0	0
1	0	0	0	0	0	0
0	0	0	0	0	0	0
6	9	0	0	0	0	8
3	4	0	0	0	0	1
0	1	0	0	0	0	6
3	4	0	0	0	0	1
0	0	0	0	0	0	0
181	458	7	63	238	841	131
0	1	0	0	0	0	0
0	0	0	0	0	0	0
0	0	0	0	0	0	0
0	1	0	0	0	0	0
0	0	0	0	0	0	0
0	0	0	0	0	0	0
0	0	0	0	0	0	0
0	0	0	0	0	0	0
0	0	0	0	0	0	0
0	0	0	0	0	0	0
0	0	0	0	0	0	0
0	0	0	0	0	0	0

第二篇
国民经济核算 Chapter 2
National Economic Accounting

责任编辑：周海燕

2-1 历年地区生产总值

单位:万元

年份	地区生产总值	第一产业	第二产业			第三产业	人均地区生产总值(元)
				工业	建筑业		
1978	27372	14184	7495	6700	795	5693	283
1979	29780	14335	9459	8517	942	5986	307
1980	34857	15717	11820	10653	1167	7320	358
1985	77785	28590	33405	30976	2429	15790	783
1990	152333	52873	66454	59316	7138	33006	1493
1991	158113	44612	74939	64475	10464	38562	1541
1992	199978	47753	106494	95999	10495	45731	1944
1993	286509	70723	154054	136104	17950	61732	2783
1994	420778	103522	226774	197839	28935	90482	4084
1995	654534	118005	375771	305411	70360	160758	6338
1996	758815	135683	383246	314552	68694	239886	7335
1997	831323	146971	416327	354813	61514	268025	8043
1998	907798	156658	458543	386930	71613	292597	8770
1999	976756	160190	506363	423503	82860	310203	9416
2000	1075073	164834	574244	476458	97786	335995	10374
2001	1172650	178985	629162	542025	87137	364503	11346
2002	1276995	190504	695463	593560	101903	391028	12405
2003	1429704	199406	815866	675121	140745	414432	13943
2004	1732519	214079	1036992	852351	184641	481448	16973
2005	2130870	228797	1252287	1036876	215412	649785	22930
2006	2622882	250516	1534020	1282077	251943	838346	28398
2007	3120695	260770	1844434	1558860	285575	1015491	34332
2008	3792198	311393	2263474	1908551	354924	1217330	42219
2009	4194392	337859	2506207	2062616	443592	1350325	46927
2010	5060561	377378	3055452	2500831	554621	1627732	56297
2011	5982986	419503	3529250	2884542	644707	2034233	66107
2012	6729872	471933	3832294	3204535	627759	2425644	74569
2013	7724300	470385	4157684	3441476	716208	3096231	85597
2014	8505750	498922	4506230	3720422	785808	3500598	94257
2015	9305522	526792	4795985	3970773	825212	3982745	103017
2016	10216507	532800	5137461	4302061	835400	4546246	112938
2017	11359000	560078	5630577	4702877	927700	5168345	125445

注:1. 本表2013-2014年数据在全国第三次经济普查后进行了调整。

2. 自2013年开始,第一产业是指农、林、牧、渔业(不含农、林、牧、渔服务业);第二产业是指采矿业(不含开采辅助活动),制造业(不含金属制品、机械和设备修理业),电力、热力、燃气及水生产和供应业,建筑业;第三产业即服务业,是指除第一产业、第二产业以外的其他行业。

3. 人均地区生产总值自2005年起调整为按常住人口计算。

4. 2004-2017年地区生产总值及分产业数据为研发投入计入GDP核算后的调整数。

2-2 历年地区生产总值构成

单位:%

年份	地区生产总值	第一产业	第二产业		第三产业
				工业	
1978	100.0	51.8	27.4	24.5	20.8
1979	100.0	48.1	31.8	28.6	20.1
1980	100.0	45.1	33.9	30.6	21.0
1985	100.0	36.8	42.9	39.8	20.3
1990	100.0	34.7	43.6	38.9	21.7
1991	100.0	28.2	47.4	40.8	24.4
1992	100.0	23.9	53.3	48.0	22.9
1993	100.0	24.7	53.8	47.5	21.5
1994	100.0	24.6	53.9	47.0	21.5
1995	100.0	18.0	57.4	46.7	24.6
1996	100.0	17.9	50.5	41.5	31.6
1997	100.0	17.7	50.1	42.7	32.2
1998	100.0	17.3	50.5	42.6	32.2
1999	100.0	16.4	51.8	43.4	31.8
2000	100.0	15.3	53.4	44.3	31.3
2001	100.0	15.3	53.7	46.2	31.1
2002	100.0	14.9	54.5	46.5	30.6
2003	100.0	13.9	57.1	47.2	29.0
2004	100.0	12.4	59.9	49.2	27.8
2005	100.0	10.7	58.8	48.7	30.5
2006	100.0	9.6	58.5	48.9	32.0
2007	100.0	8.4	59.1	50.0	32.5
2008	100.0	8.2	59.7	50.3	32.1
2009	100.0	8.1	59.8	49.2	32.2
2010	100.0	7.4	60.4	49.4	32.2
2011	100.0	7.0	59.0	48.2	34.0
2012	100.0	7.0	57.0	47.6	36.0
2013	100.0	6.1	53.8	44.6	40.1
2014	100.0	5.9	52.9	43.7	41.2
2015	100.0	5.7	51.5	42.7	42.8
2016	100.0	5.2	50.3	42.1	44.5
2017	100.0	4.9	49.6	41.4	45.5

2-3 海门市历年生产总值指数

按可比价计算,1978=100

年份	地区生产总值	第一产业	第二产业			第三产业	人均地区生产总值
				工业	建筑业		
1978	100.0	100.0	100.0	100.0	100.0	100.0	100.0
1979	108.4	101.1	125.1	126.6	112.2	103.8	108.1
1980	125.5	110.8	156.1	157.7	142.8	119.8	124.8
1985	256.8	170.8	435.0	452.4	288.2	225.1	250.5
1990	346.6	191.4	679.3	679.4	678.7	275.2	328.2
1991	346.9	163.6	741.1	717.4	946.8	287.6	327.3
1992	435.4	185.2	988.6	1004.4	850.2	357.8	410.0
1993	530.8	194.3	1299.0	1334.8	986.2	430.1	498.9
1994	658.7	213.3	1695.2	1736.6	1334.3	526.0	617.3
1995	947.9	257.2	2502.1	2427.8	3139.6	817.9	886.7
1996	1062.6	301.4	2537.1	2495.8	2860.2	1103.3	992.2
1997	1217.7	339.1	2877.1	2915.1	2459.8	1303.0	1136.1
1998	1340.7	320.8	3282.7	3308.6	2983.7	1473.7	1248.5
1999	1494.9	333.0	3762.0	3831.4	3049.3	1627.0	1389.6
2000	1660.9	347.3	4254.8	4344.8	3360.4	1809.2	1545.3
2001	1833.6	362.9	4790.9	5061.7	2836.2	1984.7	1706.0
2002	2044.5	384.3	5428.1	5750.1	3105.6	2205.0	1909.0
2003	2328.7	401.2	6475.7	6836.9	3810.6	2423.3	2182.0
2004	2698.9	425.6	7770.8	8272.6	4187.8	2745.6	2541.0
2005	3117.2	440.9	9231.7	9869.2	4853.7	3127.2	2949.0
2006	3619.1	459.0	10958.0	11882.5	5353.6	3605.6	3435.6
2007	4200.3	468.2	12953.4	14275.6	5769.6	4185.0	4001.4
2008	4786.3	488.3	14809.1	16550.9	6035.4	4839.2	4581.6
2009	5456.4	508.4	17045.3	18901.1	7290.8	5526.3	5241.4
2010	6236.7	528.7	19721.4	21792.9	8595.9	6316.6	5959.4
2011	6985.1	550.4	22107.7	24560.6	9403.9	7182.0	6626.9
2012	7823.3	575.7	24650.1	27802.6	9733.0	8216.2	7442.0
2013	8768.0	594.7	27781.6	31240.9	11136.2	9255.5	8341.6
2014	9665.8	616.7	30723.7	34725.7	12001.5	10252.1	9195.7
2015	10616.3	632.7	33847.7	38254.8	13225.1	11308.1	10090.0
2016	11614.2	632.7	36995.5	41965.5	14203.8	12529.4	11028.3
2017	12502.7	647.6	40067.4	45218.2	15773.8	13469.5	11864.5

2-4 海门市生产总值分行业构成(2017年)

单位:亿元,%

指标	按当年价格计算		按2015年价格计算		不变价增幅
	2017年	2016年	2017年	2016年	
地区生产总值	**1135.90**	**1021.66**	**1081.80**	**1004.92**	**7.7**
第一产业	56.01	53.28	53.03	51.81	2.4
第二产业	563.06	513.75	560.90	517.90	8.3
工业	470.29	430.21	464.70	431.27	7.8
建筑业	92.77	83.54	96.20	86.63	11.1
第三产业	516.83	454.64	467.87	435.21	7.5
批发和零售业	131.55	122.87	127.87	120.34	6.3
批发业	85.73	81.29	85.10	79.61	6.9
零售业	45.82	41.58	42.78	40.73	5.0
交通运输、仓储和邮政业	25.95	22.62	24.03	22.06	9.0
住宿和餐饮业	32.14	29.83	30.32	28.17	7.6
住宿业	7.42	7.13	6.96	6.50	7.0
餐饮业	24.72	22.71	23.37	21.67	7.8
金融业	59.94	50.20	52.34	48.65	7.6
房地产业	69.75	53.64	54.71	50.83	7.6
房地产业(K门类)	41.58	26.59	26.81	24.28	10.4
居民自有住房服务	28.17	27.05	27.91	26.56	5.1
营利性服务业	82.39	65.68	69.50	62.97	10.4
信息传输、软件和信息技术服务业					
其他营利性服务业					
非营利性服务业	108.22	103.62	102.36	96.06	6.6
公共管理、社会保障和社会组织					
其他服务行业					

2-5 分区镇地区生产总值(2017年)

单位:万元

区镇	地区生产总值			
		一产增加值	二产增加值	三产增加值
总计	**11359000**	**560078**	**5630577**	**5168345**
海门开发区	2309898	22917	1199515	1087466
海门工业园区	1392055	61496	732832	597727
海门港新区	1319200	157209	757036	404955
临江新区	439136	49375	246348	143413
海门高新区	2264743	47189	945918	1271636
三厂工业园区	642979	21047	419488	202444
常乐镇	741853	64121	403012	274720
悦来镇	722389	91309	378180	252900
四甲镇	442447	48616	219168	174663
余东镇	357353	39251	143665	174437
正余镇	681773	65169	440509	176095
海永镇	45174	3282	8098	33794

主要统计指标解释

国内生产总值(GDP)　指按市场价格计算的一个国家(或地区)所有常住单位在一定时期内生产活动的最终成果。国内生产总值有三种表现形态,即价值形态、收入形态和产品形态。从价值形态看,它是所有常住单位在一定时期内生产的全部货物和服务价值与同期投入的全部非固定资产货物和服务价值的差额,即所有常住单位的增加值之和;从收入形态看,它是所有常住单位在一定时期内创造并分配给常住单位和非常住单位的初次收入之和;从产品形态看,它是所有常住单位在一定时期内最终使用的货物和服务价值与货物和服务净出口价值之和。在实际核算中,国内生产总值有三种计算方法,即生产法、收入法和支出法。三种方法分别从不同的方面反映国内生产总值及其构成。对于一个地区来说,称为地区生产总值或地区 GDP。

三次产业　三产业的划分是世界上较为常用的产业结构分类,但各国的划分不尽一致。我国的三次产业划分是:

第一产业　指农、林、牧、渔业(不含农、林、牧、渔服务业)。

第二产业　指采矿业(不含开采辅助活动),制造业(不含金属制品、机械和设备修理业),电力、热力、燃气及水生产和供应业,建筑业。

第三产业　指服务业,是指除第一产业、第二产业以外的其他行业。第三产业包括:批发和零售业,交通运输、仓储和邮政业,住宿和餐饮业,信息传输、软件和信息技术服务业,金融业,房地产业,租赁和商务服务业,科学研究和技术服务业,水利、环境和公共设施管理业,居民服务、修理和其他服务业,教育,卫生和社会工作,文化、体育和娱乐业,公共管理、社会保障和社会组织,国际组织,以及农、林、牧、渔业中的农、林、牧、渔服务业,采矿业中的开采辅助活动,制造业中的金属制品、机械和设备修理业。

第三篇 3

人口 就业 Chapter

Population and Employment

责任编辑:陈　辉

3-1 主要年份年末总户数、总人口

计量单位:人、人/平方公里

年份	年末总户数	年末总人口	男	女	在年末总人口中 非农业人口	农业人口	年平均人口	户平均人口	人口密度
1978	265484	969790	475537	494253	45845	923945	967999	3.65	844.25
1980	278700	975572	480405	495167	57670	917902	974071	3.50	849.28
1985	308407	994444	492534	501910	187664	806780	993594	3.22	865.71
1990	351488	1024068	509497	514571	230365	793703	1020611	2.90	891.50
1991	355338	1028053	512780	515273	242179	785874	1026061	2.89	894.97
1992	358209	1029680	514366	515314	260607	769073	1028867	2.87	896.39
1993	364286	1029536	513335	516201	329152	700384	1029608	2.83	896.26
1994	359617	1030923	514257	516666	339821	691102	1030230	2.86	897.47
1995	362312	1034292	515158	519134	346384	687908	1032608	2.85	900.40
1996	367805	1034573	514644	519929	343024	691549	1034433	2.81	900.65
1997	358483	1032487	511288	521199	349147	683340	1033528	2.88	898.83
1998	362501	1037857	515295	522562	355232	682625	1035172	2.86	903.51
1999	364230	1036933	514139	522794	355299	681634	1037404	2.85	902.70
2000	366841	1035655	512847	522808	364535	671130	1036296	2.82	901.59
2001	367352	1031259	510387	520872	368408	662851	1033457	2.81	897.76
2002	372132	1027528	508390	519138	365648	661880	1029394	2.76	894.51
2003	372225	1023283	506383	516900	380903	642380	1025406	2.75	890.82
2004	374650	1018238	503808	514430	422761*	595477*	1020760	2.72	886.43
2005	376731	1013646	501296	512350	434043*	579603*	1015942	2.69	813.18
2006	378532	1010560	499718	510842	444343*	566217*	1012103	2.67	801.08
2007	380033	1006475	497341	509134	460865*	545610*	1008517	2.65	788.98
2008	382377	1001276	494638	506638	476808*	524468*	1003876	2.62	781.06
2009	353555	998376	492841	505535	524463*	473913*	999826	2.83	775.14
2010	383982	998643	492948	505696	528684*	469959*	998510	2.60	790.11
2011	383518	999933	493199	506734	525014*	464575*	999288	2.60	785.84
2012	383018	999688	492563	507125	606097*	393591*	999811	2.61	785.50
2013	383720	1000580	492699	507881	657382*	343198*	1000134	2.61	785.67
2014	384944	1001634	492951	508683	686263*	315371*	1001107	2.60	785.50
2015	384309	1000405	492033	508372	704703*	295702*	1001020	2.60	787.24
2016	377436	1000978	492143	508835	711094*	289884*	1000692	2.63	787.85
2017	378597	998179	490287	507892	685676*	312503*	999579	2.64	788.28

注:带“*”的分别为城镇人口和农村人口。

3-2 主要年份人口自然变动情况

单位：人、‰

年份	出生		死亡		自然增长率	
	人数	出生率	人数	死亡率	人数	自然增长率
1957	22797	31.20	7381	10.10	15416	21.09
1962	20487	27.40	8086	10.81	12401	16.59
1965	33130	40.62	9999	12.26	23131	28.36
1970	25617	28.35	8154	9.02	17463	19.33
1975	14746	15.51	6995	7.36	7751	8.15
1978	13783	14.23	6248	6.45	7535	7.78
1980	10663	10.95	6571	6.75	4092	4.20
1985	9446	9.51	6643	6.69	2803	2.82
1986	10696	10.74	6709	6.74	3987	4.00
1987	12714	12.68	6803	6.78	5911	5.91
1988	13646	13.51	6594	6.53	7052	6.98
1989	14979	14.78	6669	6.58	8310	8.20
1990	15491	15.18	7317	7.17	8174	8.01
1991	11500	11.21	6867	6.69	4633	4.52
1992	10395	10.10	7253	7.05	3142	3.05
1993	9648	9.37	7349	7.14	2299	2.23
1994	10304	10.00	7212	7.00	3092	3.00
1995	9840	9.53	7442	7.21	2398	2.32
1996	9108	8.80	7535	7.28	1573	1.52

注：因公安部门户籍改革，2016年出生、死亡数据为2016年1-11月份数据。

3-2 续表

单位:人、‰

年份	出生		死亡		自然增长率	
	人数	出生率	人数	死亡率	人数	自然增长率
1997	11173	10.81	7516	7.27	3657	3.54
1998	16432	15.87	7976	7.71	8456	8.16
1999	9642	9.29	7421	7.15	2221	2.14
2000	11259	10.87	5934	10.62	2374	2.29
2001	7147	6.91	6429	6.22	–3162	–3.06
2002	7563	7.35	6884	6.69	679	0.66
2003	7480	7.29	7724	7.53	–244	–0.24
2004	8053	7.89	10007	9.80	–1954	–1.91
2005	7280	7.16	7353	7.23	–73	–0.07
2006	6937	6.85	6979	6.89	–42	–0.04
2007	6898	6.84	7478	7.41	–580	–0.58
2008	5771	5.75	7399	7.37	–1628	–1.62
2009	6314	6.31	7636	7.63	–1322	–1.32
2010	7900	7.91	7266	7.28	634	0.63
2011	6441	6.45	8179	8.18	–1738	–1.74
2012	6448	6.45	9009	9.01	–2561	–2.56
2013	6092	6.09	8288	8.29	–2196	–2.20
2014	7209	7.20	8094	8.09	–885	–0.88
2015	7026	7.02	9275	9.27	–2249	–2.25
2016	6870	6.86	6915	6.94	–75	–0.07
2017	7194	7.20	10273	10.28	–3079	–3.08

3-3 分区镇人口基本情况

单位：人

地区	2017		2016		2015		2014		2013		2012	
	年末总户数	年末总人口	年末总户数	年末总人口	年末总户数	年末总人口	年末总户数	年末总人口	年末总户数	年末总人口	年末总户数	年末总人口
海门市	**378597**	**998179**	**377436**	**1000978**	**384309**	**1000405**	**384944**	**1001634**	**383720**	**1000580**	**383018**	**999688**
开发区	31920	86650	31890	86633	33392	85967	33172	85383	32766	84248	10576	83256
海门工业园区	36494	92305	36009	92746	36686	92932	36732	93116	36241	93116	35887	86199
海门港新区	55231	146114	55310	145957	55330	145608	55456	145589	55478	145227	55546	145184
临江新区	21628	52432	21523	52756	21581	53015	21606	53258	21351	53481	21212	53701
海门高新区	62218	167108	61166	166164	60987	164882	60646	164231	60156	163207	81426	169822
三厂工业园区	18960	51601	19031	52321	19566	52826	19674	53242	19674	53497	19759	52863
常乐镇	28830	75379	28772	75913	30625	76455	30869	76902	31064	77368	31217	77698
悦来镇	42401	105132	42721	106482	42787	106654	43106	107534	43276	107928	43612	108429
四甲镇	30369	84919	30479	85589	31900	85926	32037	86168	32046	86395	32098	86541
余东镇	23254	62731	23270	63015	23876	63166	23963	63280	23942	63330	23968	63464
正余镇	21994	61063	22208	61390	22725	61418	22834	61413	22887	61354	22926	61249
海永镇	2890	6749	2652	6026	2450	5594	2439	5539	2419	5470	2353	5306
江苏省国营江心沙农场	2408	5996	2405	5986	2404	5962	2419	5979	2420	5959	2438	5976

3-4 主要年份职工人数及平均工资

单位:万人、万元、元

年 份	单位从业人数	在岗职工	单位从业人员劳动报酬	在岗职工工资总额	单位从业人员平均劳动报酬	在岗职工平均工资
1965	2.08	2.08	938	938	-	436
1970	2.36	2.36	980	980	-	410
1975	3.16	3.16	1384	1384	-	474
1980	5.61	5.61	3326	3326	-	689
1981	5.84	5.84	3544	3544	-	614
1982	6.12	6.12	3862	3862	-	645
1983	6.34	6.34	4105	4105	-	653
1984	6.59	6.59	5068	5068	-	791
1985	6.95	6.95	6847	6847	-	1021
1986	7.34	7.34	8751	8751	-	1209
1987	8.20	8.20	10983	10983	-	1390
1988	8.53	8.53	13289	13289	-	1609
1989	8.12	8.12	13624	13624	-	1677
1990	8.20	8.20	14782	14782	-	1833
1991	8.42	8.42	16813	16813	-	2012
1992	8.96	8.96	22155	22155	-	2509
1993	8.40	8.40	25898	25898	-	3084
1994	8.38	8.38	36499	36499	-	4364
1995	8.59	8.59	46466	46466	-	5473
1996	8.00	8.00	48920	48920	-	6241
1997	7.67	7.67	48866	48866	-	6534
1998	6.78	6.78	48282	47575	-	7071
1999	6.54	6.41	50460	49220	-	7687
2000	6.00	5.90	52656	51769	-	8690
2001	5.90	5.70	59379	57708	10032	10039
2002	5.56	5.35	63089	61253	10920	11016
2003	5.57	5.23	68985	65513	12216	12370
2004	5.66	5.29	84902	81111	14885	15204
2005	5.90	5.68	103124	99815	17457	17576
2006	6.15	5.94	126168	122828	20657	20833
2007	6.36	6.18	160542	156820	25287	25491
2008	6.45	6.23	195539	191002	30455	30797
2009	6.85	6.60	224869	218994	32830	33272
2010	6.70	6.48	241886	234630	36058	36173
2011	6.66	6.46	285737	279609	42086	42354
2012	6.88	6.53	329149	314459	47762	48578
2013	30.28	29.12	1530277	1484608	53166	53494
2014	33.73	32.69	2088154	2039537	60725	60795
2015	34.81	33.02	2212787	2157964	65567	66053
2016	34.36	33.93	2226870	2162827	68992	69252
2017	34.71	33.53	2644615	2547447	76015	76345

注:2013 年由于系统并轨,故劳动工资统计口径发生变化。

3-5 分行业从业人员、

指标名称	单位数	年末人数			
		单位从业人员	其中:		在岗职工
			女性	非全日制	
	个	人	人	人	人
总计	**877**	**347122**	**48760**	**997**	**335336**
一、按执行会计制度类别分组					
1.企业	667	327225	39087	781	316815
2.事业	131	13977	8265	97	13072
3.机关	74	5197	1191	119	4726
4.民间非营利组织	4	655	178	0	655
5.其他	1	68	39	0	68
二、按国民经济行业分组					
(一)农、林、牧、渔业	5	912	306	0	912
(二)采矿业					
(三)制造业	351	48863	24805	38	48366
(四)电力、热力、燃气及水生产和供应业	9	660	218	0	630
(五)建筑业	60	261376	6788	79	252741
(六)批发和零售业	57	3375	1604	10	3327
(七)交通运输、仓储和邮政业	10	1648	526	0	1629
(八)住宿和餐饮业	5	661	353	0	658
(九)信息传输、软件和信息技术服务业	2	442	231	0	442
(十)金融业	44	2798	1664	654	1700
(十一)房地产业	37	1036	477	0	1030
(十二)租赁和商务服务业	48	3446	1246	0	3425
(十三)科学研究、技术服务业	39	1423	603	0	1369
(十四)水利、环境和公共设施管理业	19	2510	1030	57	2097
(十五)居民服务、修理和其他服务业	3	59	14	0	59
(十六)教育	73	7785	4713	16	7644
(十七)卫生和社会工作	25	4446	2697	14	4137
(十八)文化、体育和娱乐业	12	320	203	10	287
(十九)公共管理、社会保障和社会组织	78	5362	1282	119	4881

劳动报酬（2017年）

工资总额						从业人员平均工资	在岗职工平均工资
从业人员工资总额	在岗职工工资总额	基本工资	绩效工资	工资性津贴和补贴	其他工资		
千元	千元	千元	千元	千元	千元	元	元
26446146	**25474469**	**18621034**	**2546959**	**748081**	**1558395**	**76015**	**76345**
24413238	23528409	17955474	1800401	374168	1398366	74606	74670
1426964	1377321	458259	680363	119100	119599	101941	106699
589975	555920	194869	65808	254813	40430	113588	119543
12989	9839	9819	20	0	0	19831	19831
2980	2980	2613	367	0	0	44478	44478
36483	36483	35415	618	428	22	37845	37845
3009545	2936952	2489623	276796	67879	102654	61307	61372
42336	39653	23586	6830	8602	635	63759	64978
20329504	19567188	14757394	1326393	212304	1271097	74780	74750
149884	145903	100651	27759	11050	6443	43877	43687
99423	95220	61209	20628	13383	0	60002	59802
31072	30889	24486	4093	502	1808	47730	47668
37435	37147	8521	25491	2770	365	82456	82456
246703	214921	94422	88718	27964	3817	89906	127878
106469	105629	90688	7799	6041	1101	101593	101905
222124	220489	177498	13141	21254	8596	64968	65138
83766	79503	70309	2338	5169	1687	59199	58372
90521	72987	54078	3353	11762	3794	36678	37330
6348	6348	2636	1963	1608	141	107593	107593
868533	850281	297131	457883	45350	49917	110627	111969
459959	446512	123017	213199	48877	61419	103618	109175
19556	18705	12208	2287	3393	817	62479	66688
606485	569659	198162	67670	259745	44082	113171	119021

3-6 城镇失业人数及职业介绍求职人数

指标	单位	2017 年	2016 年	2015 年
城镇失业人员				
城镇失业人员	人	7275	8189	8739
# 本年新增失业人数	人	3746	4722	3960
# 女性	人	1873	2400	2053
去年结余失业人数	人	3529	3467	4779
本年安置各类失业人数	人	3060	3041	3865
本年末结余失业人数	人	3645	3529	4874
# 女性	人	1640	1850	2220
城镇失业职工				
城镇失业职工人数	人	3984	5198	5146
# 本年新增失业职工人数	人	2806	3035	2983
去年结转失业职工人数	人	1178	2163	2163
本年失业职工再就业人数	人	3060	3041	3215
本年结余的失业职工人数	人	924	2157	1931
年末从业人员总数	**人**	**200438**	**187393**	**168393**
登记失业率	**%**	**1.79**	**1.82**	**2.76**
职业介绍工作				
职业介绍机构数	个	27	28	29
# 劳动保障部门数	个	1	1	1
其他组织部门数	个	26	27	28
职业介绍人数	人	25002	23959	22496
# 劳动保障部门办	人	20901	20030	18807
登记招聘人数	人	23720	22730	21342
登记求职人数	人	21636	21047	21846
# 失业人员	人	17954	17466	16400
# 获得职业资格人员	人	11414	11104	10426
职业指导	人	21636	22730	22496
介绍成功	人次数	7579	7387	8313
# 失业人员	人次数	6746	6563	6163
# 获得职业资格人员	人	4451	4330	4066

3–7 农村劳务输出(输入)情况

指标	单位	2017 年	2016 年	2015 年
农村劳动力总量	人	**404765**	**404833**	**404908**
# 女性	人	180859	180887	180926
按文化程度分	人			
初中及以下	人	274475	274532	274558
中专和高中	人	116702	116719	116757
大专及以上	人	13588	13582	13593
按年龄结构分	人			
16–25 岁	人	56684	56689	56700
26–40 岁	人	147456	147477	147502
41 岁以上	人	200625	200667	200706
输出就业人数	人	**228268**	**226671**	**225043**
# 女性	人	54050	53672	53233
省内	人	78894	78343	77828
# 苏南地区	人	43523	43219	43030
县外市内	人	31360	31141	31025
省外	人	141696	140669	139556
# 上海	人	46661	46335	45993
境外	人	7678	7659	7659
就近就地转移人数	人	**135444**	**132743**	**130143**
培训情况	人			
培训农村劳动力总数	人	390866	387326	385919
# 获取职业资格证书人数	人	57859	57335	56742
培训后输出人数	人	192733	191483	180960
外来就业人员	人	**118487**	**116332**	**114225**
省内	人	40855	40112	39578
# 苏北地区	人	13967	13713	13604
县外市内	人	8284	8134	8096
外省市	人	77562	76150	74577
境外	人	70	70	70
建工部门成建制输出人数	人	**136375**	**135137**	**134030**
省内	人	24835	24629	24358
省外	人	108485	107501	106694
境外	人	3055	3007	2978
返乡创业人员	人	**3279**	**2472**	**1659**

3-8 社会养老保障情况

指标	单位	2017 年	2016 年	2015 年
社会养老保障机构数	个	**14**	**14**	**14**
农村社会保险管理处	个	12	12	12
# 乡镇农保所	个	11	11	11
社会保险管理处	个	1	1	1
机关事业单位社保处	个	1	1	1
参保人数				
农村社会保险管理处	人	467851	471559	474379
社会保险管理处	人	163403	158802	156162
机关事业单位社保处	人	28291	8909	8911
社会保险金				
农村养老保险当年收交数	万元	48411	44262	41094
当年支付数	万元	39657	35044	31538
社会保险当年收交数	万元	164732	136546	122928
当年支付数	万元	162624	133221	118732
机关事业保险当年收交数	万元	13219	13335	13709
当年支付数	万元	22127	20263	18400

3-9 离退休人员及离退休金、保险福利费

指标	单位	2017 年	2016 年	2015 年
离退休职工人数	**人**	**73810**	**60000**	**56903**
# 离休	人	106	120	141
退休	人	73096	59264	56146
领取定期生活费的退职人员	人	608	616	616
支付离退休金	**万元**	**172102**	**158101**	**137132**
# 离休	万元	1324	1534	1648
退休	万元	169432	155238	134292
领取定期生活费	万元	1346	1329	1192
保险福利费	**万元**	**32167**	**29991**	**29897**
医疗卫生费	万元	32167	29991	29897
其他	万元	—	—	—

主要统计指标解释

人口数 指一定时间、一定地区范围的有生命的个人的总和。年度统计的年末人口数是指每年12月31日24时的人口数。

出生率(又称粗出生率) 指在一定时期内(通常为一年)出生的人数与同期平均人数(或期中人数)的比率,一般用千分率表示。

计算公式:$出生率=\frac{年出生人数}{年平均人数}\times 1000‰$

出生人数是指活产婴儿,即胎儿脱离母体时(不管怀孕月数),有过呼吸或其他生命现象。

目前出生率的计算,在市级有公安的户籍口径、计生委的常住人口统计口径;国家、省级还有年度人口抽样调查公布口径等。本年鉴用的为公安口径出生数,包括了补报往年出生数在内。

死亡率(又称粗死亡率) 指在一定时期内(通常为一年)一定地区的死亡人数与同期平均人数(或期中人数)之比,一般用千分率表示。

计算公式:$死亡率=\frac{年死亡数}{年平均人数}\times 1000‰$

人口自然增长率 指在一定时期内(通常为一年)人口自然增加数(出生人数减死亡人数)与该时期内平均人数(或期中人数)之比,一般用千分率表示。

计算公式:$人口自然增长率=\frac{本年出生人数-本年死亡人数}{年平均人数}\times 1000‰$

人口预期寿命 指在一定年龄组死亡率水平下,对某一确定的年龄日后平均还能继续生存的年数(或该年龄组未来的平均预期寿命)。

单位从业人员 各单位的从业人员指在各级国家机关、政党机关、社会团体及企业、事业单位中工作,取得工资或其他形式的劳动报酬的全部人员。包括:在岗职工、再就业的离退休人员、民办教师以及在各单位中工作的外方人员和港澳台方人员、兼职人员、借用的外单位人员和第二职业者。不包括离开单位仍保留劳动关系的职工。

在岗职工 指在本单位工作并由单位支付工资的人员,以及有工作岗位,但由于学习、病伤产假等原因暂未工作,仍由单位支付工资的人员。

其他从业人员 指劳动统计制度规定不作职工统计,但实际参加各单位生产或工作并取得劳动报酬的人员。包括:再就业的离退休人员、民办教师以及在各单位中工作的外方人员和港、澳、台方人员、兼职人员、借用的外单位人员和第二职业者。但不包括在单位中打工领取劳动报酬的在校学生。

离开本单位仍保留劳动关系的职工 指由于各种原因,已经离开本人的生产或工作岗位,并已不在本单位从事其他工作,但仍与用人单位保留劳动关系的职工。

内部退养职工 指接近正常退休年龄但因各种原因退出工作岗位,并办理了内退手续,在办理正式退休手续前由单位按月发给一定生活费的职工。

平均人数 指报告期内每天平均拥有的人数。计算方法:报告期每天实有人数之和/报告期日历天数或(报告期初人数+报告期末人数)/2。

离、退休、退职离、退休 指根据有关规定,离开生产或工作岗位,正式办理离职手续,并享受离、退休待遇的人员。退职指职工本人自愿、或因丧失工作能力,又不具备退休条件而办理离职手续享受相应待遇的人员。

从业人员劳动报酬 指各单位在一定时期内直接支付给本单位全部从业人员的劳动报酬总额。包括在岗职工工资总额和本单位其他从业人员劳动报酬两部分。

工资总额 指各单位在一定时期内直接支付给本单位全部在岗职工的劳动报酬总额。目前工资总额只对在岗职工进行统计。不在岗职工生活费另作统计。职工工资总额反映了一定时期职工从单位得到的全部工资,是计算地区生产总值的基础性指标,也是研究劳动者收入状况和居民购买力的主要依据。工资总额包括计时工资、计件工资、奖金、计件超额工资、各种津贴和补贴、加班加点工资、特殊情况下支付的工资(其他工资)等。

工资总额的计算应以直接支付给职工的全部劳动报酬为依据。各单位支付给本单位全部职工的劳动报酬,不论是计入成本还是不计入成本,不论是以货币形式支付还是以实物形式支付,不论是单位自筹的资金还是上级(或政府财政部门)下拨的资金,不论是厂级单位筹集的资金还是下属车间(科室)及附属经营单位筹集的资金,均应列入工资总额计算的范围。

平均工资 指一定时期内平均每人所得的工资额,表明一定时期内职工工资收入的高低程度,是反映职工工资水平的主要指标。

计算公式:职工平均工资=报告期实际支付的全部职工工资总额/报告期全部职工平均人数。

第四篇

价格指数

Chapter 4

Price Indices

责任编辑：陈　辉

4-1 历年主要价格指数

以上年同期价格为 100

年份	居民消费价格指数	商品零售价格指数	农业生产资料价格指数
1990	105.4		104.2
1991	106.8		103.3
1992	108.8		105.0
1993	119.7		112.5
1994	128.8		116.3
1995	115.4		124.6
1996	107.1		112.0
1997	102.0	99.1	99.1
1998	98.7	98.2	97.4
1999	97.2	95.8	94.5
2000	101.9	99.3	95.9
2001	100.4	98.7	97.5
2002	100.6	99.1	100.2
2003	101.2	100.0	99.4
2004	104.7	104.8	109.8
2005	101.1	100.8	107.4
2006	101.5	101.3	102.5
2007	104.8	103.3	106.8
2008	105.1	104.0	121.7
2009	99.6	99.5	99.1
2010	103.4	104.4	104.0
2011	105.9	105.7	107.0
2012	101.5	101.5	103.2
2013	102.3	101.2	103.1
2014	101.6	101.0	100.0
2015	101.5	100.6	99.9
2016	102.0	101.9	99.2
2017	101.1	100.9	100.5

4-2 主要年份居民消费价格指数

以上年同期价格为 100

指标	2017	2016
居民消费价格总指数	101.1	102.0
一、食品烟酒	100.0	104.0
粮食	100.7	104.3
鲜菜	96.6	109.9
畜肉	97.9	107.8
水产品	102.3	102.4
蛋	96.0	99.9
鲜果	98.4	112.5
二、衣着	102.8	100.7
三、居住	101.8	102.1
四、生活用品及服务	100.7	102.6
五、交通和通信	101.2	99.6
六、教育文化和娱乐	102.8	101.1
七、医疗保健	100.0	100.1
八、其他用品和服务	101.5	103.6
服务项目	101.9	101.5

4-2 续表

以上年同期价格为 100

指标	2015	2014	2013	2012	2011	2010	2009	2008	2007	2006	2005	2000	1995	1990
居民消费价格总指数	101.5	101.6	102.3	101.5	105.9	103.4	99.6	105.1	104.8	101.5	101.1	101.9	115.4	105.4
一、食品类	103.5	103.1	104.8	104.8	111.8	105.4	101.5	109.3	110.7	101.7	102.3	98.7	120.6	104.2
粮食	101.2	102.5	100.7	102.7	115.4	109.2	100.6	106.9	106.9	106.7	97.6	87.9	147.4	87.0
油脂	100.0	100.0	102.2	105.6	114.1	105.1	74.9	127.7	139.4	99.5	91.8	78.2	114.4	95.9
肉禽及其制品	107.8	99.7	104.2	100.8	124.1	100.6	88.4	113.9	123.7	96.1	99.6	99.6	124.3	98.4
蛋	95.0	110.1	109.7	100.8	115.4	101.7	98.3	101.8	121.7	95.6	102.3	85.3	122.4	107.3
水产品	104.6	101.7	102.7	112.6	112.3	107.6	105.5	110.2	108.3	100.3	97.9	98.6	105.8	115.1
菜	109.8	111.8	118.2	105.9	109.7	110.9	134.3	97.9	113.2	101.3	128.3	124.7	123.6	113.2
二、烟酒	101.0	101.0	98.4	103.5	104.5	102.0	100.5	102.3	100.7	100.0	101.4			
三、衣着	102.2	103.4	102.1	101.7	103.5	102.6	104.6	100.3	100.4	99.8	99.7	99.1	113.0	111.7
四、家庭设备及用品及维修服务	100.4	100.8	100.6	100.8	101.4	99.6	99.5	103.4	102.4	100.8	100.3	99.8	106.9	104.3
五、医疗保健和个人用品	100.1	99.6	100.5	100.2	102.9	102.9	99.2	102.6	102.5	104.0	98.6	102.1	111.0	108.5
六、交通和通信	97.5	99.5	100.2	100.0	100.5	100.5	96.1	101.2	101.0	99.1	99.3	98.4	103.0	99.5
七、娱乐教育文化用品及服务	103.0	101.4	101.5	101.5	102.0	101.2	100.2	99.4	97.1	99.3	100.1	99.3	100.5	96.6
八、居住	99.9	100.8	101.6	97.2	107.0	106.1	94.6	108.4	106.7	104.9	102.7	103.7	116.2	108.4
服务项目	101.8	101.2	101.6	99.3	103.0	101.4	99.5	102.2	101.9	101.4	101.3	114.3	135.1	122.1

4-3 分月物价指数(2017 年)

以上年同期价格为 100

	居民消费价格指数	商品零售价格指数	农业生产资料价格指数
全年平均	101.1	100.9	100.5
一月	102.2	102.1	101.0
二月	101.5	101.3	101.0
三月	101.3	101.1	101.0
四月	101.1	101.0	100.9
五月	100.9	100.8	100.7
六月	100.6	100.4	100.4
七月	100.6	100.2	100.2
八月	100.8	100.5	100.3
九月	101.1	100.6	100.2
十月	101.2	100.8	100.2
十一月	101.2	100.8	100.4
十二月	101.2	100.9	100.3

4-4 全年及分月居民

项目名称	全年	1月	2月	3月	4月
商品零售价格指数	100.9	102.1	101.3	101.1	101.0
一、食品	99.9	102.9	100.3	99.1	98.7
1.粮食	100.7	100.7	100.7	100.7	100.7
大米	101.1	101.1	101.1	101.1	101.1
面粉	100.0	100.0	100.0	100.0	100.0
其他粮食	100.0	100.0	100.0	100.0	100.0
粮食制品	100.0	100.0	100.0	100.0	100.0
2.薯类	132.2	142.3	133.9	140.9	133.9
薯类	132.2	142.3	133.9	140.9	133.9
3.豆类	100.0	100.0	100.0	100.0	100.0
干豆	100.0	100.0	100.0	100.0	100.0
豆制品	100.0	100.0	100.0	100.0	100.0
4.食用油	101.4	104.4	104.0	103.3	103.3
食用植物油	100.7	102.2	102.2	102.2	102.2
食用动物油	114.2	170.1	152.1	128.6	128.6
5.菜	96.9	109.9	94.1	92.4	91.0
鲜菜	96.6	110.7	93.6	91.8	90.3
干菜及菜制品	100.0	100.0	100.0	100.0	100.0
6.畜肉类	98.1	105.1	105.1	102.4	99.7
猪肉	96.5	107.1	107.1	103.4	99.3
牛肉	100.0	100.0	100.0	100.0	100.0
羊肉	99.5	100.0	100.0	95.9	95.9
畜肉副产品	102.0	107.0	107.0	103.7	102.7
其他畜肉及制品	100.0	100.0	100.0	100.0	100.0
7.禽肉类	99.1	98.5	98.5	97.7	97.3
鸡	98.9	97.9	97.9	96.6	96.0
鸭	98.8	98.8	98.8	98.8	98.8

消费价格指数(2017 年)

5 月	6 月	7 月	8 月	9 月	10 月	11 月	12 月
100.8	100.4	100.2	100.5	100.6	100.8	100.8	100.9
99.0	98.5	98.7	99.5	100.4	100.7	100.1	100.4
100.7	100.7	100.7	100.7	100.7	100.7	100.7	100.7
101.1	101.1	101.1	101.1	101.1	101.1	101.1	101.1
100.0	100.0	100.0	100.0	100.0	100.0	100.0	100.0
100.0	100.0	100.0	100.0	100.0	100.0	100.0	100.0
100.0	100.0	100.0	100.0	100.0	100.0	100.0	100.0
126.0	126.0	133.9	136.8	116.4	133.3	126.6	140.9
126.0	126.0	133.9	136.8	116.4	133.3	126.6	140.9
100.0	100.0	100.0	100.0	100.0	100.0	100.0	100.0
100.0	100.0	100.0	100.0	100.0	100.0	100.0	100.0
100.0	100.0	100.0	100.0	100.0	100.0	100.0	100.0
100.6	100.6	100.3	100.0	100.0	100.0	100.0	100.0
100.0	100.0	100.0	100.0	100.0	100.0	100.0	100.0
113.4	113.4	106.1	100.0	100.0	100.0	100.0	100.0
99.8	103.2	101.6	103.2	101.6	95.9	87.5	87.9
99.8	103.5	101.8	103.5	101.7	95.5	86.5	87.0
100.0	100.0	100.0	100.0	100.0	100.0	100.0	100.0
94.6	94.4	94.3	96.2	96.5	96.4	97.1	96.6
91.3	90.7	90.7	93.6	93.9	93.9	95.1	94.0
100.0	100.0	100.0	100.0	100.0	100.0	100.0	100.0
95.9	100.0	98.1	100.0	104.3	100.0	100.0	103.9
100.9	100.9	100.9	100.4	100.4	100.4	100.4	100.4
100.0	100.0	100.0	100.0	100.0	100.0	100.0	100.0
97.9	97.9	98.7	100.0	99.4	101.1	101.1	101.1
97.0	97.0	98.2	100.3	99.4	102.2	102.2	102.2
98.8	98.8	98.8	98.8	98.8	98.8	98.8	98.8

项目名称	全年	1月	2月	3月	4月
其他禽肉及制品	100.0	100.0	100.0	100.0	100.0
8.水产品	102.4	107.9	102.6	102.5	102.8
淡水鱼	94.2	124.5	111.4	101.0	98.2
海水鱼	101.1	101.1	101.1	101.1	101.1
虾蟹类	122.4	94.3	91.3	107.5	115.5
其他水产品及制品	102.7	102.7	102.7	102.7	102.7
9.蛋类	95.9	93.4	89.8	88.3	90.0
鸡蛋	95.0	92.1	87.8	85.8	87.8
其他蛋及制品	100.0	100.0	100.0	100.0	100.0
10.奶类	100.0	100.0	100.0	100.0	100.0
鲜奶	100.0	100.0	100.0	100.0	100.0
酸奶	100.0	100.0	100.0	100.0	100.0
奶粉	100.0	100.0	100.0	100.0	100.0
其他奶制品	100.0	100.0	100.0	100.0	100.0
11.干鲜瓜果类	99.4	94.7	94.9	91.8	92.8
鲜瓜果	98.4	92.3	92.5	88.7	89.9
坚果	103.4	104.7	104.7	104.7	104.7
瓜果制品	100.0	100.0	100.0	100.0	100.0
12.糖果糕点类	100.3	100.3	100.3	100.3	100.3
食糖	100.0	100.0	100.0	100.0	100.0
糖果	102.1	102.1	102.1	102.1	102.1
糕点	100.0	100.0	100.0	100.0	100.0
其他糖果糕点	100.0	100.0	100.0	100.0	100.0
13.调味品	104.7	100.9	100.9	100.9	100.9
食用盐	100.0	100.0	100.0	100.0	100.0
酱油	110.0	103.1	103.1	103.1	103.1
食醋	107.5	100.0	100.0	100.0	100.0

续表 1

5月	6月	7月	8月	9月	10月	11月	12月
100.0	100.0	100.0	100.0	100.0	100.0	100.0	100.0
100.3	98.8	97.9	97.9	103.6	105.1	104.7	105.8
96.7	87.5	82.1	80.4	91.4	88.9	88.8	94.2
101.1	101.1	101.1	101.1	101.1	101.1	101.1	101.1
106.3	134.2	140.1	128.8	130.7	150.6	146.4	137.5
102.7	102.7	102.7	102.7	102.7	102.7	102.7	102.7
88.4	88.1	92.4	101.1	105.7	104.7	101.0	108.2
85.9	85.5	90.7	101.4	106.9	105.7	101.3	110.0
100.0	100.0	100.0	100.0	100.0	100.0	100.0	100.0
100.0	100.0	100.0	100.0	100.0	100.0	100.0	100.0
100.0	100.0	100.0	100.0	100.0	100.0	100.0	100.0
100.0	100.0	100.0	100.0	100.0	100.0	100.0	100.0
100.0	100.0	100.0	100.0	100.0	100.0	100.0	100.0
100.0	100.0	100.0	100.0	100.0	100.0	100.0	100.0
101.8	94.6	96.4	95.6	100.3	107.0	112.7	112.9
101.4	92.0	94.2	93.2	100.1	108.9	116.4	117.1
104.7	104.7	104.7	104.7	101.3	101.3	101.3	100.0
100.0	100.0	100.0	100.0	100.0	100.0	100.0	100.0
100.3	100.3	100.3	100.3	100.3	100.3	100.3	100.3
100.0	100.0	100.0	100.0	100.0	100.0	100.0	100.0
102.1	102.1	102.1	102.1	102.1	102.1	102.1	102.1
100.0	100.0	100.0	100.0	100.0	100.0	100.0	100.0
100.0	100.0	100.0	100.0	100.0	100.0	100.0	100.0
100.9	107.9	107.9	107.9	106.9	106.9	106.9	106.9
100.0	100.0	100.0	100.0	100.0	100.0	100.0	100.0
103.1	116.8	116.8	116.8	113.3	113.3	113.3	113.3
100.0	112.8	112.8	112.8	112.8	112.8	112.8	112.8

项目名称	全年	1月	2月	3月	4月
调味酱	100.0	100.0	100.0	100.0	100.0
味精	100.0	100.0	100.0	100.0	100.0
其他调味品	100.0	100.0	100.0	100.0	100.0
14.其他食品类	100.9	100.9	100.9	100.9	100.9
方便食品	100.0	100.0	100.0	100.0	100.0
淀粉及制品	102.9	102.9	102.9	102.9	102.9
膨化食品	100.0	100.0	100.0	100.0	100.0
15.在外餐饮	100.5	100.5	100.5	100.5	100.5
正餐	101.0	101.1	101.1	101.1	101.1
快餐	100.0	100.0	100.0	100.0	100.0
地方小吃	100.0	100.0	100.0	100.0	100.0
其他在外餐饮	100.0	100.0	100.0	100.0	100.0
二、饮料、烟酒	101.4	101.4	101.4	101.4	101.4
1.茶及饮料	100.2	100.4	100.4	100.4	100.4
茶叶	100.0	100.0	100.0	100.0	100.0
固体咖啡	100.1	100.2	100.2	100.2	100.2
其他固体饮料	100.0	100.0	100.0	100.0	100.0
饮用水	100.0	100.0	100.0	100.0	100.0
果汁饮料	100.0	100.0	100.0	100.0	100.0
其他液体饮料	103.1	107.8	107.8	107.8	107.8
2.烟草	100.0	100.0	100.0	100.0	100.0
烟草	100.0	100.0	100.0	100.0	100.0
3.酒类	104.9	104.9	104.9	104.9	104.9
白酒	106.6	106.6	106.6	106.6	106.6
葡萄酒	103.2	103.2	103.2	103.2	103.2
啤酒	100.0	100.0	100.0	100.0	100.0
其他酒类	100.0	100.0	100.0	100.0	100.0

续表 2

5 月	6 月	7 月	8 月	9 月	10 月	11 月	12 月
100.0	100.0	100.0	100.0	100.0	100.0	100.0	100.0
100.0	100.0	100.0	100.0	100.0	100.0	100.0	100.0
100.0	100.0	100.0	100.0	100.0	100.0	100.0	100.0
100.9	100.9	100.9	100.9	100.9	100.9	100.9	100.9
100.0	100.0	100.0	100.0	100.0	100.0	100.0	100.0
102.9	102.9	102.9	102.9	102.9	102.9	102.9	102.9
100.0	100.0	100.0	100.0	100.0	100.0	100.0	100.0
100.5	100.5	100.5	100.5	100.5	100.5	100.5	100.0
101.1	101.1	101.1	101.1	101.1	101.1	101.1	100.0
100.0	100.0	100.0	100.0	100.0	100.0	100.0	100.0
100.0	100.0	100.0	100.0	100.0	100.0	100.0	100.0
100.0	100.0	100.0	100.0	100.0	100.0	100.0	100.0
101.4	101.3	101.3	101.3	101.3	101.3	101.3	101.3
100.4	100.0	100.0	100.0	100.0	100.0	100.0	100.0
100.0	100.0	100.0	100.0	100.0	100.0	100.0	100.0
100.2	100.0	100.0	100.0	100.0	100.0	100.0	100.0
100.0	100.0	100.0	100.0	100.0	100.0	100.0	100.0
100.0	100.0	100.0	100.0	100.0	100.0	100.0	100.0
100.0	100.0	100.0	100.0	100.0	100.0	100.0	100.0
107.8	100.0	100.0	100.0	100.0	100.0	100.0	100.0
100.0	100.0	100.0	100.0	100.0	100.0	100.0	100.0
100.0	100.0	100.0	100.0	100.0	100.0	100.0	100.0
104.9	104.9	104.9	104.9	104.9	104.9	104.9	104.9
106.6	106.6	106.6	106.6	106.6	106.6	106.6	106.6
103.2	103.2	103.2	103.2	103.2	103.2	103.2	103.2
100.0	100.0	100.0	100.0	100.0	100.0	100.0	100.0
100.0	100.0	100.0	100.0	100.0	100.0	100.0	100.0

4–4

项目名称	全年	1 月	2 月	3 月	4 月
三、服装、鞋帽	102.8	102.1	102.0	101.7	102.1
1.服装	104.5	103.7	103.6	104.0	104.5
(1)男士服装	104.9	104.2	103.9	104.7	105.7
男式西服	110.1	110.1	110.1	110.1	110.1
男式冬衣	106.8	107.8	105.8	105.8	105.8
男式夹克衫	101.0	100.5	100.5	100.5	100.5
男式毛线衣	103.0	102.4	102.4	102.4	102.4
男式运动装	104.0	100.0	100.0	104.8	104.8
男式衬衫 T 恤	111.5	109.5	109.5	111.5	119.0
男式裤子	100.0	100.0	100.0	100.0	100.0
男式内衣	100.0	100.0	100.0	100.0	100.0
(2)女士服装	105.3	104.4	104.4	104.6	105.0
女式外套	101.0	100.0	100.0	100.0	100.0
女式冬衣	116.1	115.6	115.6	115.6	115.6
女式毛线衣	105.0	103.9	103.9	103.9	103.9
女式运动装	100.0	100.0	100.0	100.0	100.0
女式衬衫 T 恤	106.7	102.2	102.2	104.0	108.4
女式裤子	100.0	100.0	100.0	100.0	100.0
女式裙子	98.8	100.0	100.0	100.0	100.0
女式内衣	106.3	105.0	105.0	105.0	105.0
(3)儿童服装	101.0	100.6	100.6	100.6	100.6
婴幼服装	103.9	104.7	104.7	104.7	104.7
儿童上衣	100.0	100.0	100.0	100.0	100.0
儿童裤子	102.2	100.0	100.0	100.0	100.0
儿童裙子	100.0	100.0	100.0	100.0	100.0
2.鞋帽袜	98.7	98.0	98.0	96.0	96.0
(1)鞋	98.5	97.8	97.8	95.6	95.6

续表 3

5月	6月	7月	8月	9月	10月	11月	12月
101.8	101.8	103.4	103.5	103.5	104.1	104.0	104.0
104.2	104.1	104.5	104.6	104.7	105.4	105.2	105.2
104.7	104.8	104.8	104.6	104.8	105.6	105.6	105.6
110.1	110.1	110.1	110.1	110.1	110.1	110.1	110.1
105.8	105.8	105.8	105.8	106.9	108.6	108.6	108.6
100.5	100.5	100.5	101.7	101.7	101.7	101.7	101.7
102.4	102.4	102.4	101.1	101.1	105.8	105.8	105.8
104.8	104.8	104.8	104.8	104.8	104.8	104.8	104.8
111.5	112.0	112.0	110.7	110.7	110.7	110.7	110.7
100.0	100.0	100.0	100.0	100.0	100.0	100.0	100.0
100.0	100.0	100.0	100.0	100.0	100.0	100.0	100.0
105.0	104.9	105.7	105.6	105.5	106.5	106.2	106.2
100.0	100.0	102.1	102.1	102.1	102.1	102.1	102.1
115.6	115.6	115.6	115.6	115.2	117.5	117.5	117.5
103.9	103.9	103.9	104.0	104.0	108.0	108.0	108.0
100.0	100.0	100.0	100.0	100.0	100.0	100.0	100.0
108.4	109.1	109.1	107.3	107.3	107.3	107.3	107.3
100.0	100.0	100.0	100.0	100.0	100.0	100.0	100.0
100.0	98.0	98.0	98.0	98.0	98.0	98.0	98.0
105.0	105.0	109.4	109.4	109.4	109.4	104.2	104.2
100.6	100.6	100.6	101.9	101.9	101.9	101.3	101.3
104.7	104.7	104.7	104.7	104.7	104.7	100.0	100.0
100.0	100.0	100.0	100.0	100.0	100.0	100.0	100.0
100.0	100.0	100.0	105.2	105.2	105.2	105.2	105.2
100.0	100.0	100.0	100.0	100.0	100.0	100.0	100.0
96.0	96.0	100.8	100.8	100.8	100.8	100.9	100.9
95.6	95.6	100.8	100.8	100.8	100.8	100.8	100.8

4–4

项目名称	全年	1月	2月	3月	4月
男鞋	98.3	99.7	99.7	95.3	95.3
女鞋	96.0	92.3	92.3	92.3	92.3
童鞋	106.4	110.8	110.8	106.7	106.7
(2)袜子	100.0	100.0	100.0	100.0	100.0
袜子	100.0	100.0	100.0	100.0	100.0
(3)帽子	101.2	100.0	100.0	100.0	100.0
帽子	101.2	100.0	100.0	100.0	100.0
3.其他衣着配件	100.0	100.0	100.0	100.0	100.0
其他衣着配件	100.0	100.0	100.0	100.0	100.0
四、纺织品	100.0	100.0	100.0	100.0	100.0
1.服装材料	100.0	100.0	100.0	100.0	100.0
服装材料	100.0	100.0	100.0	100.0	100.0
2.床上用品	100.0	100.0	100.0	100.0	100.0
被子	100.0	100.0	100.0	100.0	100.0
床单被套	100.0	100.0	100.0	100.0	100.0
其他床上用品	100.0	100.0	100.0	100.0	100.0
五、家用电器及音像器材	100.3	100.2	100.2	100.2	100.2
1.家庭设备	100.4	100.3	100.3	100.3	100.3
洗衣机	100.8	100.0	100.0	100.0	100.0
电冰箱(柜)	100.0	100.0	100.0	100.0	100.0
抽油烟机	100.0	100.0	100.0	100.0	100.0
空调器	100.0	100.0	100.0	100.0	100.0
热水器	100.0	100.0	100.0	100.0	100.0
炉具灶具	100.0	100.0	100.0	100.0	100.0
微波炉	100.0	100.0	100.0	100.0	100.0
厨房小家电	100.0	100.0	100.0	100.0	100.0
生活小家电	100.0	100.0	100.0	100.0	100.0

续表 4

5月	6月	7月	8月	9月	10月	11月	12月
95.3	95.3	100.0	100.0	100.0	100.0	100.0	100.0
92.3	92.3	100.0	100.0	100.0	100.0	100.0	100.0
106.7	106.7	104.9	104.9	104.9	104.9	104.9	104.9
100.0	100.0	100.0	100.0	100.0	100.0	100.0	100.0
100.0	100.0	100.0	100.0	100.0	100.0	100.0	100.0
100.0	100.0	100.0	100.0	100.0	100.0	107.1	107.1
100.0	100.0	100.0	100.0	100.0	100.0	107.1	107.1
100.0	100.0	100.0	100.0	100.0	100.0	100.0	100.0
100.0	100.0	100.0	100.0	100.0	100.0	100.0	100.0
100.0	100.0	100.0	100.0	100.0	100.0	100.0	100.0
100.0	100.0	100.0	100.0	100.0	100.0	100.0	100.0
100.0	100.0	100.0	100.0	100.0	100.0	100.0	100.0
100.0	100.0	100.0	100.0	100.0	100.0	100.0	100.0
100.0	100.0	100.0	100.0	100.0	100.0	100.0	100.0
100.0	100.0	100.0	100.0	100.0	100.0	100.0	100.0
100.0	100.0	100.0	100.0	100.0	100.0	100.0	100.0
100.2	100.2	100.3	100.3	100.3	100.3	100.3	100.3
100.3	100.3	100.5	100.5	100.5	100.5	100.5	100.5
100.0	100.0	101.5	101.5	101.5	101.5	101.5	101.5
100.0	100.0	100.0	100.0	100.0	100.0	100.0	100.0
100.0	100.0	100.0	100.0	100.0	100.0	100.0	100.0
100.0	100.0	100.0	100.0	100.0	100.0	100.0	100.0
100.0	100.0	100.0	100.0	100.0	100.0	100.0	100.0
100.0	100.0	100.0	100.0	100.0	100.0	100.0	100.0
100.0	100.0	100.0	100.0	100.0	100.0	100.0	100.0
100.0	100.0	100.0	100.0	100.0	100.0	100.0	100.0
100.0	100.0	100.0	100.0	100.0	100.0	100.0	100.0

项目名称	全年	1月	2月	3月	4月
其他大型家用器具	105.1	105.1	105.1	105.1	105.1
2.文娱用耐用消费品	100.0	100.0	100.0	100.0	100.0
电视机	100.0	100.0	100.0	100.0	100.0
照相机	100.0	100.0	100.0	100.0	100.0
音响	100.0	100.0	100.0	100.0	100.0
其他文娱耐用消费品	100.0	100.0	100.0	100.0	100.0
3.专业音像器材	100.0	100.0	100.0	100.0	100.0
专业音响器材	100.0	100.0	100.0	100.0	100.0
专业声像器材	100.0	100.0	100.0	100.0	100.0
六、文化办公用品	100.2	100.1	100.1	100.1	100.1
纸张文具	101.0	100.4	100.4	100.4	100.4
台式计算机	100.0	100.0	100.0	100.0	100.0
笔记本平板	100.0	100.0	100.0	100.0	100.0
电脑附件	100.0	100.0	100.0	100.0	100.0
打印复印机	100.0	100.0	100.0	100.0	100.0
教学设备	100.0	100.0	100.0	100.0	100.0
七、日用品	100.1	100.1	100.1	100.1	100.1
1.日用百货	100.0	100.0	100.0	100.0	100.0
电动自行车	100.0	100.0	100.0	100.0	100.0
自行车	100.0	100.0	100.0	100.0	100.0
雨具	100.0	100.0	100.0	100.0	100.0
护理器具	100.0	100.0	100.0	100.0	100.0
清洁用纸	100.0	100.0	100.0	100.0	100.0
化妆器具	100.0	100.0	100.0	100.0	100.0
2.厨具餐具茶具	100.0	100.0	100.0	100.0	100.0
厨具	100.0	100.0	100.0	100.0	100.0

续表 5

5 月	6 月	7 月	8 月	9 月	10 月	11 月	12 月
105.1	105.1	105.1	105.1	105.1	105.1	105.1	105.1
100.0	100.0	100.0	100.0	100.0	100.0	100.0	100.0
100.0	100.0	100.0	100.0	100.0	100.0	100.0	100.0
100.0	100.0	100.0	100.0	100.0	100.0	100.0	100.0
100.0	100.0	100.0	100.0	100.0	100.0	100.0	100.0
100.0	100.0	100.0	100.0	100.0	100.0	100.0	100.0
100.0	100.0	100.0	100.0	100.0	100.0	100.0	100.0
100.0	100.0	100.0	100.0	100.0	100.0	100.0	100.0
100.0	100.0	100.0	100.0	100.0	100.0	100.0	100.0
100.1	100.1	100.1	100.1	100.1	100.5	100.5	100.5
100.4	100.4	100.4	100.4	100.4	102.7	102.7	102.7
100.0	100.0	100.0	100.0	100.0	100.0	100.0	100.0
100.0	100.0	100.0	100.0	100.0	100.0	100.0	100.0
100.0	100.0	100.0	100.0	100.0	100.0	100.0	100.0
100.0	100.0	100.0	100.0	100.0	100.0	100.0	100.0
100.0	100.0	100.0	100.0	100.0	100.0	100.0	100.0
100.1	100.1	100.1	100.1	100.1	100.1	100.1	100.1
100.0	100.0	100.0	100.0	100.0	100.0	100.0	100.0
100.0	100.0	100.0	100.0	100.0	100.0	100.0	100.0
100.0	100.0	100.0	100.0	100.0	100.0	100.0	100.0
100.0	100.0	100.0	100.0	100.0	100.0	100.0	100.0
100.0	100.0	100.0	100.0	100.0	100.0	100.0	100.0
100.0	100.0	100.0	100.0	100.0	100.0	100.0	100.0
100.0	100.0	100.0	100.0	100.0	100.0	100.0	100.0
100.0	100.0	100.0	100.0	100.0	100.0	100.0	100.0
100.0	100.0	100.0	100.0	100.0	100.0	100.0	100.0

项目名称	全年	1月	2月	3月	4月
餐具	100.0	100.0	100.0	100.0	100.0
茶具	100.0	100.0	100.0	100.0	100.0
3.清洗用品	100.3	100.3	100.3	100.3	100.3
清洗用品	100.3	100.3	100.3	100.3	100.3
4.其他日用品	100.3	100.2	100.2	100.2	100.4
灯具	100.7	100.0	100.0	100.0	100.9
箱包	100.0	100.0	100.0	100.0	100.0
母婴用品	100.9	100.9	100.9	100.9	100.9
眼镜	100.0	100.0	100.0	100.0	100.0
其他护理用品	100.0	100.0	100.0	100.0	100.0
其他日用杂品	100.0	100.0	100.0	100.0	100.0
八、体育娱乐用品	100.0	100.0	100.0	100.0	100.0
1.体育户外用品	100.0	100.0	100.0	100.0	100.0
体育户外用品	100.0	100.0	100.0	100.0	100.0
2.娱乐用品	100.0	100.0	100.0	100.0	100.0
乐器	100.0	100.0	100.0	100.0	100.0
游戏用品和玩具	100.0	100.0	100.0	100.0	100.0
园艺花卉及用品	100.0	100.0	100.0	100.0	100.0
宠物及用品	100.0	100.0	100.0	100.0	100.0
其他文化娱乐用品	100.0	100.0	100.0	100.0	100.0
九、交通、通信用品	100.0	100.0	100.0	100.0	100.0
1.交通运输机械	100.0	100.0	100.0	100.0	100.0
小型汽车	100.0	100.0	100.0	100.0	100.0
大中型客车	100.0	100.0	100.0	100.0	100.0
交通工具零配件	100.0	100.0	100.0	100.0	100.0
2.通信器材	100.0	100.0	100.0	100.0	100.0

续表 6

5月	6月	7月	8月	9月	10月	11月	12月
100.0	100.0	100.0	100.0	100.0	100.0	100.0	100.0
100.0	100.0	100.0	100.0	100.0	100.0	100.0	100.0
100.3	100.3	100.3	100.3	100.3	100.3	100.3	100.0
100.3	100.3	100.3	100.3	100.3	100.3	100.3	100.0
100.4	100.4	100.4	100.4	100.4	100.4	100.4	100.4
100.9	100.9	100.9	100.9	100.9	100.9	100.9	100.9
100.0	100.0	100.0	100.0	100.0	100.0	100.0	100.0
100.9	100.9	100.9	100.9	100.9	100.9	100.9	100.9
100.0	100.0	100.0	100.0	100.0	100.0	100.0	100.0
100.0	100.0	100.0	100.0	100.0	100.0	100.0	100.0
100.0	100.0	100.0	100.0	100.0	100.0	100.0	100.0
100.0	100.0	100.0	100.0	100.0	100.0	100.0	100.0
100.0	100.0	100.0	100.0	100.0	100.0	100.0	100.0
100.0	100.0	100.0	100.0	100.0	100.0	100.0	100.0
100.0	100.0	100.0	100.0	100.0	100.0	100.0	100.0
100.0	100.0	100.0	100.0	100.0	100.0	100.0	100.0
100.0	100.0	100.0	100.0	100.0	100.0	100.0	100.0
100.0	100.0	100.0	100.0	100.0	100.0	100.0	100.0
100.0	100.0	100.0	100.0	100.0	100.0	100.0	100.0
100.0	100.0	100.0	100.0	100.0	100.0	100.0	100.0
100.0	100.0	100.0	100.0	100.0	100.0	100.0	100.0
100.0	100.0	100.0	100.0	100.0	100.0	100.0	100.0
100.0	100.0	100.0	100.0	100.0	100.0	100.0	100.0
100.0	100.0	100.0	100.0	100.0	100.0	100.0	100.0
100.0	100.0	100.0	100.0	100.0	100.0	100.0	100.0
100.0	100.0	100.0	100.0	100.0	100.0	100.0	100.0

项目名称	全年	1月	2月	3月	4月
固定电话机	100.0	100.0	100.0	100.0	100.0
移动电话机	100.0	100.0	100.0	100.0	100.0
其他通信器材	100.0	100.0	100.0	100.0	100.0
十、家具	100.5	100.3	100.3	100.3	100.6
柜	100.9	100.6	100.6	100.6	101.0
床	100.0	100.0	100.0	100.0	100.0
桌	100.0	100.0	100.0	100.0	100.0
椅	100.0	100.0	100.0	100.0	100.0
沙发	100.0	100.0	100.0	100.0	100.0
其他家具	103.8	102.4	102.4	102.4	104.3
十一、化妆品	100.9	100.9	100.9	100.9	100.9
清洁化妆品	100.0	100.0	100.0	100.0	100.0
护肤化妆品	102.6	102.6	102.6	102.6	102.6
彩妆化妆品	100.0	100.0	100.0	100.0	100.0
清洁类护理用品	100.0	100.0	100.0	100.0	100.0
护发美发用品	100.0	100.0	100.0	100.0	100.0
十二、金银饰品	102.9	113.9	102.4	105.4	108.1
金饰品	106.2	132.9	111.6	109.1	113.6
银饰品	95.8	91.7	87.5	87.5	87.5
铂金饰品	98.5	93.1	91.1	104.1	104.1
十三、中西药品及医疗保健用品	100.0	100.0	100.0	100.0	100.0
1.医疗卫生器具	100.0	100.0	100.0	100.0	100.0
医疗卫生器具	100.0	100.0	100.0	100.0	100.0
2.中药	100.3	100.3	100.3	100.3	100.3
中药材	102.0	102.0	102.0	102.0	102.0
中成药	100.0	100.0	100.0	100.0	100.0

续表 7

5月	6月	7月	8月	9月	10月	11月	12月
100.0	100.0	100.0	100.0	100.0	100.0	100.0	100.0
100.0	100.0	100.0	100.0	100.0	100.0	100.0	100.0
100.0	100.0	100.0	100.0	100.0	100.0	100.0	100.0
100.6	100.6	100.6	100.6	100.6	100.6	100.6	100.6
101.0	101.0	101.0	101.0	101.0	101.0	101.0	101.0
100.0	100.0	100.0	100.0	100.0	100.0	100.0	100.0
100.0	100.0	100.0	100.0	100.0	100.0	100.0	100.0
100.0	100.0	100.0	100.0	100.0	100.0	100.0	100.0
100.0	100.0	100.0	100.0	100.0	100.0	100.0	100.0
104.3	104.3	104.3	104.3	104.3	104.3	104.3	104.3
100.9	100.9	100.9	100.9	100.9	100.9	100.9	100.9
100.0	100.0	100.0	100.0	100.0	100.0	100.0	100.0
102.6	102.6	102.6	102.6	102.6	102.6	102.6	102.6
100.0	100.0	100.0	100.0	100.0	100.0	100.0	100.0
100.0	100.0	100.0	100.0	100.0	100.0	100.0	100.0
100.0	100.0	100.0	100.0	100.0	100.0	100.0	100.0
106.3	106.5	98.7	98.2	99.0	99.5	98.0	101.5
108.3	108.5	97.8	98.7	100.0	100.9	98.3	104.2
100.0	100.0	100.0	100.0	100.0	100.0	100.0	100.0
104.1	104.1	100.2	96.7	96.7	96.7	96.7	96.7
100.0	100.0	100.0	100.0	100.0	100.0	100.0	100.0
100.0	100.0	100.0	100.0	100.0	100.0	100.0	100.0
100.0	100.0	100.0	100.0	100.0	100.0	100.0	100.0
100.3	100.3	100.3	100.3	100.3	100.3	100.3	100.3
102.0	102.0	102.0	102.0	102.0	102.0	102.0	102.0
100.0	100.0	100.0	100.0	100.0	100.0	100.0	100.0

项目名称	全年	1月	2月	3月	4月
3.西药	100.0	100.0	100.0	100.0	100.0
抗微生物药	100.0	100.0	100.0	100.0	100.0
消化系统用药	100.0	100.0	100.0	100.0	100.0
呼吸系统用药	100.0	100.0	100.0	100.0	100.0
解热镇痛药	100.0	100.0	100.0	100.0	100.0
抗肿瘤药	100.0	100.0	100.0	100.0	100.0
激素及影响内分泌药	100.0	100.0	100.0	100.0	100.0
心血管系统用药	100.0	100.0	100.0	100.0	100.0
血液系统用药	100.0	100.0	100.0	100.0	100.0
治疗精神障碍药	100.0	100.0	100.0	100.0	100.0
神经系统用药	100.0	100.0	100.0	100.0	100.0
消毒防腐及创伤外科用药	100.0	100.0	100.0	100.0	100.0
泌尿系统用药	100.0	100.0	100.0	100.0	100.0
维生素、矿物质类药	100.0	100.0	100.0	100.0	100.0
调节水、电解质及酸碱平衡药	100.0	100.0	100.0	100.0	100.0
4.保健器具及用品	100.0	100.0	100.0	100.0	100.0
保健器具	100.0	100.0	100.0	100.0	100.0
滋补保健品	100.0	100.0	100.0	100.0	100.0
十四、书报杂志及电子出版物	100.0	100.0	100.0	100.0	100.0
1.教材及参考书	100.0	100.0	100.0	100.0	100.0
工具书	100.0	100.0	100.0	100.0	100.0
教材	100.0	100.0	100.0	100.0	100.0
参考资料	100.0	100.0	100.0	100.0	100.0
其他教育用品	100.0	100.0	100.0	100.0	100.0
2.书报杂志	100.0	100.0	100.0	100.0	100.0
书报杂志	100.0	100.0	100.0	100.0	100.0

续表 8

5月	6月	7月	8月	9月	10月	11月	12月
100.0	100.0	100.0	100.0	100.0	100.0	100.0	100.0
100.0	100.0	100.0	100.0	100.0	100.0	100.0	100.0
100.0	100.0	100.0	100.0	100.0	100.0	100.0	100.0
100.0	100.0	100.0	100.0	100.0	100.0	100.0	100.0
100.0	100.0	100.0	100.0	100.0	100.0	100.0	100.0
100.0	100.0	100.0	100.0	100.0	100.0	100.0	100.0
100.0	100.0	100.0	100.0	100.0	100.0	100.0	100.0
100.0	100.0	100.0	100.0	100.0	100.0	100.0	100.0
100.0	100.0	100.0	100.0	100.0	100.0	100.0	100.0
100.0	100.0	100.0	100.0	100.0	100.0	100.0	100.0
100.0	100.0	100.0	100.0	100.0	100.0	100.0	100.0
100.0	100.0	100.0	100.0	100.0	100.0	100.0	100.0
100.0	100.0	100.0	100.0	100.0	100.0	100.0	100.0
100.0	100.0	100.0	100.0	100.0	100.0	100.0	100.0
100.0	100.0	100.0	100.0	100.0	100.0	100.0	100.0
100.0	100.0	100.0	100.0	100.0	100.0	100.0	100.0
100.0	100.0	100.0	100.0	100.0	100.0	100.0	100.0
100.0	100.0	100.0	100.0	100.0	100.0	100.0	100.0
100.0	100.0	100.0	100.0	100.0	100.0	100.0	100.0
100.0	100.0	100.0	100.0	100.0	100.0	100.0	100.0
100.0	100.0	100.0	100.0	100.0	100.0	100.0	100.0
100.0	100.0	100.0	100.0	100.0	100.0	100.0	100.0
100.0	100.0	100.0	100.0	100.0	100.0	100.0	100.0
100.0	100.0	100.0	100.0	100.0	100.0	100.0	100.0
100.0	100.0	100.0	100.0	100.0	100.0	100.0	100.0
100.0	100.0	100.0	100.0	100.0	100.0	100.0	100.0

项目名称	全年	1月	2月	3月	4月
3.计算机办公软件	100.0	100.0	100.0	100.0	100.0
计算机办公软件	100.0	100.0	100.0	100.0	100.0
十五、燃料	104.7	110.4	110.3	110.2	108.8
1.煤炭及制品	100.0	100.0	100.0	100.0	100.0
原煤	100.0	100.0	100.0	100.0	100.0
煤制品	100.0	100.0	100.0	100.0	100.0
2.石油及制品	105.6	112.7	112.6	112.3	110.7
管道燃气	100.0	100.0	100.0	100.0	100.0
液化石油气	100.0	100.0	100.0	100.0	100.0
汽油	109.1	121.0	120.8	120.5	117.8
柴油	110.1	123.4	123.2	122.8	119.7
十六、建筑材料及五金电料	100.9	100.4	100.4	100.9	100.9
1.建筑装璜材料	101.0	100.3	100.3	101.0	101.0
木地板	102.2	102.2	102.2	102.2	102.2
瓷砖	100.0	100.0	100.0	100.0	100.0
水泥	108.4	100.0	100.0	108.7	108.7
涂料	100.2	100.0	100.0	100.0	100.0
板材	100.0	100.0	100.0	100.0	100.0
管材	100.4	100.0	100.0	100.0	100.0
厨卫设备	100.0	100.0	100.0	100.0	100.0
门窗	100.0	100.0	100.0	100.0	100.0
其他住房装潢材料	102.8	100.0	100.0	103.1	103.1
2.五金水暖	100.7	100.7	100.7	100.7	100.7
家用手工工具	100.0	100.0	100.0	100.0	100.0
配电附件	101.8	101.9	101.9	101.9	101.9
水暖器材	100.0	100.0	100.0	100.0	100.0

续表 9

5月	6月	7月	8月	9月	10月	11月	12月
100.0	100.0	100.0	100.0	100.0	100.0	100.0	100.0
100.0	100.0	100.0	100.0	100.0	100.0	100.0	100.0
106.9	102.4	100.4	101.3	100.4	101.0	103.0	102.4
100.0	100.0	100.0	100.0	100.0	100.0	100.0	100.0
100.0	100.0	100.0	100.0	100.0	100.0	100.0	100.0
100.0	100.0	100.0	100.0	100.0	100.0	100.0	100.0
108.4	102.9	100.4	101.6	100.4	101.2	103.5	102.8
100.0	100.0	100.0	100.0	100.0	100.0	100.0	100.0
100.0	100.0	100.0	100.0	100.0	100.0	100.0	100.0
113.7	104.5	100.7	102.6	100.7	101.9	105.6	104.4
115.3	105.0	100.9	102.7	100.9	102.0	106.3	104.8
100.9	100.9	100.9	101.0	101.0	101.1	101.1	101.2
101.0	101.0	101.0	101.2	101.2	101.3	101.3	101.7
102.2	102.2	102.2	102.2	102.2	102.2	102.2	102.2
100.0	100.0	100.0	100.0	100.0	100.0	100.0	100.0
108.7	108.7	108.7	110.1	110.1	110.1	110.1	116.8
100.0	100.0	100.0	100.0	100.0	100.0	100.0	101.9
100.0	100.0	100.0	100.0	100.0	100.0	100.0	100.0
100.0	100.0	100.0	101.0	101.0	101.0	101.0	101.0
100.0	100.0	100.0	100.0	100.0	100.0	100.0	100.0
100.0	100.0	100.0	100.0	100.0	100.0	100.0	100.0
103.1	103.1	103.1	103.1	103.1	103.9	103.9	103.9
100.7	100.7	100.7	100.7	100.7	100.7	100.7	100.0
100.0	100.0	100.0	100.0	100.0	100.0	100.0	100.0
101.9	101.9	101.9	101.9	101.9	101.9	101.9	100.0
100.0	100.0	100.0	100.0	100.0	100.0	100.0	100.0

4-5 全年及分月商品

项目名称	全年	1月	2月	3月	4月
商品零售价格指数	101.9	101.1	102.0	102.5	102.1
一、食品	104.7	106.3	105.9	108.0	107.1
1.粮食	104.5	106.9	106.6	105.6	105.2
2.薯类	104.7	104.5	106.2	101.8	91.8
3.豆类	95.9	98.0	91.8	96.3	95.9
4.食用油	105.0	101.1	103.5	104.0	104.4
5.菜	109.2	113.0	120.0	129.7	113.0
6.畜肉类	107.7	110.5	110.0	114.6	115.9
7.禽肉类	98.7	100.2	101.1	100.3	101.3
8.水产品	102.8	107.1	99.0	98.2	100.7
9.蛋类	99.9	97.6	99.2	99.4	106.6
10.奶类	98.8	98.6	98.0	98.0	99.8
11.干鲜瓜果类	110.6	110.6	108.6	112.1	111.7
12.糖果糕点类	102.9	103.5	102.2	102.3	103.4
13.调味品	100.7	102.4	102.1	101.8	101.9
14.其他食品类	102.1	104.0	101.9	102.3	103.6
15.在外餐饮	102.9	103.8	103.9	103.9	103.9
二、饮料、烟酒	101.8	103.5	103.5	103.2	102.9
1.茶及饮料	98.3	98.5	98.6	98.3	97.8
2.烟草	102.5	104.8	104.8	104.8	104.8
3.酒类	103.0	104.7	104.6	103.6	103.0
三、服装、鞋帽	100.7	102.2	102.5	102.0	100.9
1.服装	101.0	101.8	101.6	100.9	100.3
(1)男士服装	103.3	102.2	103.5	102.6	102.4
(2)女士服装	99.7	102.3	100.2	99.4	99.2
(3)儿童服装	100.0	99.4	101.6	101.3	98.9
2.鞋帽袜	100.0	103.7	105.4	105.5	102.5
(1)鞋	100.1	104.0	105.9	105.8	102.8
(2)袜子	99.4	100.0	100.0	103.6	98.4
(3)帽子	100.0	99.8	99.8	99.8	99.8
3.其他衣着配件	97.8	94.3	95.7	97.5	98.9
四、纺织品	102.9	102.8	103.1	105.8	102.4
1.服装材料	106.1	107.0	107.0	107.0	107.0
2.床上用品	101.6	101.2	101.6	105.3	100.7

零售价格指数(2017 年)

5月	6月	7月	8月	9月	10月	11月	12月
101.5	101.4	101.6	101.8	102.1	102.5	102.6	101.5
105.4	103.2	103.3	102.7	102.9	104.4	106.0	101.5
105.4	105.1	102.9	102.6	102.7	103.1	103.8	104.2
92.7	94.8	99.3	99.3	122.8	113.1	126.2	110.3
95.0	95.8	95.8	95.8	96.5	96.3	96.5	98.0
106.6	105.4	104.4	104.7	105.8	105.8	106.3	107.4
96.5	88.4	90.4	95.7	103.8	123.6	133.8	107.8
114.3	111.9	107.5	101.8	100.0	101.5	103.5	104.2
99.8	97.9	97.7	95.9	97.2	97.9	97.6	97.5
103.9	104.0	107.3	110.5	100.8	99.4	102.4	100.9
109.3	106.9	103.8	96.2	95.6	93.7	98.4	95.2
98.2	98.3	98.1	98.3	98.7	99.8	100.1	100.0
111.0	106.0	116.0	114.6	120.5	116.4	114.0	91.3
104.8	104.1	102.8	103.5	103.0	102.4	102.3	100.3
100.8	99.9	99.0	99.0	99.9	100.0	100.6	100.9
103.1	102.0	101.6	102.8	102.1	101.3	101.1	100.0
103.7	103.2	103.2	103.2	103.2	102.2	100.5	100.5
103.4	102.0	101.0	101.1	100.4	100.2	100.3	100.6
97.8	98.0	97.5	98.2	97.8	98.1	98.4	100.4
104.8	101.6	100.9	100.9	100.9	100.9	100.9	100.9
104.9	106.0	104.0	103.8	101.4	100.3	100.4	100.0
99.8	99.6	99.6	100.2	100.4	99.4	101.3	100.3
99.7	99.0	100.4	101.5	101.9	101.2	102.5	101.5
100.9	101.8	103.3	105.2	105.7	105.7	104.3	101.8
99.0	96.4	98.1	99.2	100.2	99.8	101.0	101.3
98.9	100.4	100.6	100.4	98.6	96.2	102.7	101.5
100.3	101.3	97.9	97.1	96.8	94.9	98.3	97.2
100.5	101.5	97.8	96.9	96.6	94.5	98.2	97.0
97.8	98.5	98.4	97.9	97.9	100.0	100.0	100.0
99.9	100.0	100.0	100.6	100.0	100.0	100.0	100.0
98.6	97.6	97.6	97.6	97.9	98.6	100.0	100.0
103.2	102.2	103.6	104.4	102.7	104.1	100.5	100.0
107.0	107.2	107.5	107.5	107.5	107.5	101.9	100.0
101.7	100.3	102.1	103.2	100.8	102.7	100.0	100.0

项目名称	全年	1月	2月	3月	4月
五、家用电器及音像器材	102.7	103.4	103.7	105.5	105.3
1.家庭设备	101.8	103.3	103.5	104.3	103.7
2.文娱用耐用消费品	105.0	103.8	104.7	109.1	109.5
3.专业音像器材	100.8	100.3	100.3	100.3	101.0
六、文化办公用品	100.0	99.3	99.4	100.1	100.2
七、日用品	100.5	100.4	100.9	100.9	101.2
1.日用百货	100.8	100.5	101.2	101.1	102.0
2.厨具餐具茶具	101.0	101.0	102.2	101.4	101.4
3.清洗用品	99.9	99.4	99.4	99.9	100.3
4.其他日用品	100.8	101.8	102.2	102.0	100.4
八、体育娱乐用品	100.4	100.7	100.7	100.7	100.5
1.体育户外用品	99.8	99.5	99.5	99.5	99.5
2.娱乐用品	100.7	101.3	101.3	101.3	101.0
九、交通、通信用品	100.5	99.5	100.1	100.2	99.5
1.交通运输机械	100.0	97.9	100.3	100.3	100.3
2.通信器材	101.1	101.2	100.0	100.1	98.6
十、家具	110.0	111.0	111.0	111.0	111.0
十一、化妆品	100.6	100.8	100.5	101.2	100.3
十二、金银饰品	109.7	92.6	106.1	104.5	104.5
十三、中西药品及医疗保健用品	100.4	100.8	100.7	100.7	100.9
1.医疗卫生器具	102.1	103.5	103.5	103.5	103.5
2.中药	102.0	104.4	104.1	104.1	104.1
3.西药	100.1	100.2	100.2	100.2	100.5
4.保健器具及用品	99.6	99.2	99.2	99.2	99.3
十四、书报杂志及电子出版物	102.6	104.8	104.7	103.7	103.7
1.教材及参考书	106.2	111.5	111.5	109.0	109.0
2.书报杂志	100.0	100.0	100.0	100.0	100.0
3.计算机办公软件	100.0	100.8	100.4	100.4	100.1
十五、燃料	97.1	88.4	92.7	92.0	92.8
1.煤炭及制品	99.1	96.8	95.3	95.7	98.5
2.石油及制品	96.7	86.8	92.1	91.2	91.7
十六、建筑材料及五金电料	102.1	101.2	102.0	102.1	102.0
1.建筑装璜材料	100.1	98.3	99.5	99.6	99.6
2.五金水暖	106.7	108.3	108.3	108.3	108.0

续表

5月	6月	7月	8月	9月	10月	11月	12月
104.1	102.0	102.2	100.9	101.4	103.2	100.8	100.0
101.9	100.7	100.4	100.2	100.7	102.2	101.0	100.0
109.9	105.2	106.9	102.5	103.3	106.0	100.1	100.0
100.7	100.4	100.4	101.0	101.2	101.2	101.2	101.1
100.2	100.3	99.8	100.0	99.9	100.3	100.5	100.0
100.6	100.4	100.6	100.8	100.4	100.3	99.9	100.1
101.4	101.0	100.9	101.5	100.5	100.0	99.1	100.0
100.0	99.4	101.2	101.2	101.2	101.2	101.4	100.0
100.0	100.0	100.0	99.8	100.0	100.0	100.0	100.3
100.5	100.4	100.9	100.7	100.3	100.6	100.4	100.0
100.5	100.6	100.6	100.6	99.9	100.0	100.0	100.0
99.5	100.0	100.0	100.0	100.0	100.0	100.0	100.0
100.9	100.9	100.9	100.9	99.9	100.0	100.0	100.0
99.8	101.2	100.8	101.3	101.6	102.3	100.2	100.0
100.3	101.3	99.9	100.0	100.0	100.0	100.0	100.0
99.4	101.1	101.7	102.6	103.2	104.6	100.4	100.0
111.0	111.0	111.0	111.0	111.0	111.0	111.0	100.0
101.1	101.7	100.5	100.4	100.2	100.8	100.1	100.0
104.9	108.5	115.2	119.9	117.3	112.9	116.7	115.5
100.8	100.4	100.0	99.9	100.0	100.0	100.3	100.0
103.5	101.7	101.7	101.7	101.7	101.7	100.0	100.0
104.1	102.3	100.5	100.3	100.3	100.3	100.5	100.0
100.1	100.1	99.8	99.9	99.9	99.9	100.3	100.0
99.7	99.7	99.7	99.7	99.7	99.7	100.0	100.0
103.7	103.7	103.7	103.7	100.0	100.0	100.0	100.0
109.0	109.0	109.0	109.0	100.0	100.0	100.0	100.0
100.0	100.0	100.0	100.0	100.0	100.0	100.0	100.0
99.8	99.8	99.8	99.8	99.8	100.0	100.0	100.0
91.3	95.9	97.3	99.3	103.0	103.3	103.9	107.8
99.2	99.2	101.1	101.2	101.2	101.2	100.0	100.0
89.8	95.3	96.5	98.9	103.4	103.8	104.7	109.4
102.0	101.8	101.9	102.3	102.6	102.5	102.7	101.6
99.6	100.1	100.3	100.7	101.2	101.2	101.4	100.0
107.7	105.7	105.8	106.1	105.8	105.6	105.6	105.5

4-6 全年及分月农业生产资料价格指数(2017 年)

项目名称	全年	1月	2月	3月	4月	5月	6月	7月	8月	9月	10月	11月	12月
农业生产资料价格指数	100.5	101.0	101.0	101.0	100.9	100.7	100.4	100.2	100.3	100.2	100.2	100.4	100.3
一、农用手工工具	100.0	100.0	100.0	100.0	100.0	100.0	100.0	100.0	100.0	100.0	100.0	100.0	100.0
农用手工工具	100.0	100.0	100.0	100.0	100.0	100.0	100.0	100.0	100.0	100.0	100.0	100.0	100.0
二、饲料	100.0	100.0	100.0	100.0	100.0	100.0	100.0	100.0	100.0	100.0	100.0	100.0	100.0
混合饲料	100.0	100.0	100.0	100.0	100.0	100.0	100.0	100.0	100.0	100.0	100.0	100.0	100.0
其他饲料	100.0	100.0	100.0	100.0	100.0	100.0	100.0	100.0	100.0	100.0	100.0	100.0	100.0
三、仔畜幼禽及产品畜	100.0	100.0	100.0	100.0	100.0	100.0	100.0	100.0	100.0	100.0	100.0	100.0	100.0
仔畜	100.0	100.0	100.0	100.0	100.0	100.0	100.0	100.0	100.0	100.0	100.0	100.0	100.0
幼禽	100.0	100.0	100.0	100.0	100.0	100.0	100.0	100.0	100.0	100.0	100.0	100.0	100.0
产品畜	100.0	100.0	100.0	100.0	100.0	100.0	100.0	100.0	100.0	100.0	100.0	100.0	100.0
四、半机械化农具	100.0	100.0	100.0	100.0	100.0	100.0	100.0	100.0	100.0	100.0	100.0	100.0	100.0
半机械化农具	100.0	100.0	100.0	100.0	100.0	100.0	100.0	100.0	100.0	100.0	100.0	100.0	100.0
五、机械化农具	100.0	100.0	100.0	100.0	100.0	100.0	100.0	100.0	100.0	100.0	100.0	100.0	100.0
机械化农具	100.0	100.0	100.0	100.0	100.0	100.0	100.0	100.0	100.0	100.0	100.0	100.0	100.0
六、化学肥料	100.0	100.0	100.0	100.0	100.0	100.0	100.0	100.0	100.0	100.0	100.0	100.0	100.0
氮肥	100.0	100.0	100.0	100.0	100.0	100.0	100.0	100.0	100.0	100.0	100.0	100.0	100.0
磷肥	100.0	100.0	100.0	100.0	100.0	100.0	100.0	100.0	100.0	100.0	100.0	100.0	100.0
钾肥	100.0	100.0	100.0	100.0	100.0	100.0	100.0	100.0	100.0	100.0	100.0	100.0	100.0
复合肥料	100.0	100.0	100.0	100.0	100.0	100.0	100.0	100.0	100.0	100.0	100.0	100.0	100.0
七、农药及农药器械	100.0	100.0	100.0	100.0	100.0	100.0	100.0	100.0	100.0	100.0	100.0	100.0	100.0
1.化学农药	100.0	100.0	100.0	100.0	100.0	100.0	100.0	100.0	100.0	100.0	100.0	100.0	100.0
杀虫剂	100.0	100.0	100.0	100.0	100.0	100.0	100.0	100.0	100.0	100.0	100.0	100.0	100.0
杀菌剂	100.0	100.0	100.0	100.0	100.0	100.0	100.0	100.0	100.0	100.0	100.0	100.0	100.0
除草剂	100.0	100.0	100.0	100.0	100.0	100.0	100.0	100.0	100.0	100.0	100.0	100.0	100.0
生长调节剂	100.0	100.0	100.0	100.0	100.0	100.0	100.0	100.0	100.0	100.0	100.0	100.0	100.0
2.农药器械	100.0	100.0	100.0	100.0	100.0	100.0	100.0	100.0	100.0	100.0	100.0	100.0	100.0
农药器械	100.0	100.0	100.0	100.0	100.0	100.0	100.0	100.0	100.0	100.0	100.0	100.0	100.0
八、农机用油	110.2	122.6	122.4	122.0	119.3	115.2	105.8	102.0	103.6	102.0	103.0	105.7	104.4
农用柴油	110.1	123.4	123.2	122.8	119.7	115.3	105.0	100.9	102.7	100.9	102.0	106.2	104.8
润滑油	111.6	114.3	114.3	114.3	114.3	114.3	114.3	114.3	114.3	114.3	114.3	100.0	100.0
九、其他农用生产资料	100.8	102.3	101.9	101.9	102.1	100.2	100.2	100.2	100.2	100.2	100.2	100.2	100.2
农用种子	100.9	103.1	102.5	102.5	102.5	100.0	100.0	100.0	100.0	100.0	100.0	100.0	100.0
农用薄膜	100.0	100.0	100.0	100.0	100.0	100.0	100.0	100.0	100.0	100.0	100.0	100.0	100.0
未列名的其他农用生产资料	102.8	100.0	100.0	100.0	103.8	103.8	103.8	103.8	103.8	103.8	103.8	103.8	103.8
十、农业生产服务	100.4	100.0	100.0	100.0	100.0	100.5	100.5	100.5	100.5	100.5	100.5	100.5	100.5
排灌费	100.0	100.0	100.0	100.0	100.0	100.0	100.0	100.0	100.0	100.0	100.0	100.0	100.0
机械作业费	100.0	100.0	100.0	100.0	100.0	100.0	100.0	100.0	100.0	100.0	100.0	100.0	100.0
农业用电	100.0	100.0	100.0	100.0	100.0	100.0	100.0	100.0	100.0	100.0	100.0	100.0	100.0
农业用工	100.8	100.0	100.0	100.0	100.0	101.2	101.2	101.2	101.2	101.2	101.2	101.2	101.2

主要统计指标解释

居民消费价格指数是反映一定时期内城乡居民所购买的生活消费品和服务项目价格变动趋势和程度的相对数，是对城市居民消费价格指数和农村居民消费价格指数进行综合汇总计算的结果。通过该指数可以观察和分析消费品的零售价格和服务项目价格变动对城乡居民实际生活费支出的影响程度。

商品零售价格指数是反映一定时期内城乡商品零售价格变动趋势和程度的相对数。商品零售价格的变动与国家的财政收入、市场供需的平衡、消费与积累的比例关系有关。因此,该指数可以从一个侧面对上述经济活动进行观察和分析。

农业生产资料价格指数指反映一定时期内农业生产资料价格变动趋势和程度的相对数。其编制目的是了解农业生产中投入物质资料价格的变动状况,服务于国民经济核算。1994 年以前,农业生产资料价格指数仅仅是商品零售价格指数的一个类别,此后,从商品零售价格指数中分离出来,单独编制。

第五篇

人民生活 Chapter 5

People's livelihood

责任编辑:王映泉

5-1 历年城乡居民收支

单位:元

年份	城镇居民人均可支配收入	城镇居民人均消费性支出					农村居民人均可支配收入	农村居民人均消费性支出				
			食品烟酒	居住	医疗保健	文教娱乐			食品烟酒	居住	医疗保健	文教娱乐
1990	1647	1401	734	110	36	113	928	952	417	308	22	28
1991	1818	1504	848	81	33	128	848	787	466	116	15	41
1992	2114	1818	898	80	19	127	1006	832	488	108	24	43
1993	2719	2233	1070	149	33	204	1274	852	308	95	30	45
1994	4009	2928	1418	131	70	221	1997	1544	328	338	45	117
1995	4797	3901	1865	718	42	274	3110	2489	1014	909	90	78
1996	5553	4634	2041	456	50	318	3789	2860	1355	774	116	193
1997	5956	4265	2151	307	174	456	4102	2834	1335	655	152	166
1998	6342	4829	2093	566	210	508	4177	3072	1387	866	65	150
1999	6734	4962	2032	699	220	566	4303	3025	1394	617	147	235
2000	7276	5742	2438	364	236	951	4455	3251	1207	891	180	280
2001	8060	6154	2460	440	228	655	4683	3030	1261	843	135	196
2002	8365	5809	2434	702	289	520	4945	3418	1288	1027	160	358
2003	9488	6818	2594	933	441	727	5246	3637	1250	735	210	351
2004	10670	7442	2808	847	565	1035	5891	4038	1800	334	297	376
2005	12203	8378	3241	734	501	1033	6558	4557	1907	429	470	555
2006	13701	8712	3319	852	519	1192	7190	5164	2027	786	295	630
2007	16062	9859	3728	962	426	1785	8050	5570	2161	690	302	1014
2008	18558	11380	4439	869	575	2053	9008	6359	2512	697	399	1182
2009	20603	12658	4577	936	777	2210	10002	7313	2792	987	471	1318
2010	22930	14438	5101	1057	749	2631	11372	8289	2930	1349	492	1492
2011	26339	16555	5795	1230	634	3007	13453	9685	3584	1462	660	1780
2012	29631	18996	6602	1255	730	3485	15162	10917	3926	1614	711	2059
2013	32387	20877	7320	1333	794	3799	16920	12361	4584	1736	1023	2122
2014	34280	22830	6803	1620	999	4155	17419	12081	3600	1921	1201	2091
2015	37404	24555	7231	1682	1102	4543	18986	13124	3883	2017	1321	2271
2016	40509	25928	7597	1753	1158	4884	20608	14570	4269	2164	1510	2668
2017	44138	27390	7697	1860	1218	5201	22515	15957	4602	2425	1635	2897

注:2014 年以前农村居民人均可支配收入为农民人均纯收入。

5–2 全体居民家庭收入消费情况（2017 年）

单位：元

指标名称	单位	2017 年	2016 年	增幅(%)
人均可支配收入	**元**	**33032**	**30092**	**9.8**
工资性收入	元	20903	19102	9.4
经营净收入	元	6784	6186	9.7
财产性收入	元	972	855	13.7
转移性收入	元	4373	3949	10.7
生活消费支出	**元**	**21518**	**19853**	**8.4**
食品	元	6107	5817	5.0
衣着	元	2480	2260	9.7
居住	元	2150	1973	9.0
生活用品及服务	元	1366	1275	7.1
交通通信	元	3245	2869	13.1
教育文化娱乐	元	4018	3699	8.6
医疗保健	元	1432	1346	6.4
其他用品及服务	元	720	614	17.3

5-3 城镇居民家庭收入消费情况(2017 年)

单位:元

指标名称	单位	2017 年	2016 年	增幅(%)
人均可支配收入	**元**	**44138**	**40509**	**9.0**
工资性收入	元	29771	27476	8.4
经营净收入	元	5902	5313	11.1
财产性收入	元	1080	948	13.9
转移性收入	元	7385	6772	9.1
生活消费支出	**元**	**27390**	**25928**	**5.6**
食品	元	7697	7597	1.3
衣着	元	3795	3544	7.1
居住	元	1860	1753	6.1
生活用品及服务	元	1616	1545	4.6
交通通信	元	4934	4508	9.4
教育文化娱乐	元	5201	4884	6.5
医疗保健	元	1218	1158	5.2
其他用品及服务	元	1069	939	13.8

5-4 农村居民家庭收入消费情况(2017 年)

单位:元

指标名称	单位	2017 年	2016 年	增幅(%)
人均可支配收入	元	**22515**	**20608**	**9.3**
工资性收入	元	12505	11478	8.9
经营净收入	元	7620	6981	9.2
财产性收入	元	870	771	12.8
转移性收入	元	1520	1378	10.3
生活消费支出	元	**15957**	**14570**	**9.5**
食品	元	4602	4269	7.8
衣着	元	1235	1144	8.0
居住	元	2425	2164	12.1
生活用品及服务	元	1129	1040	8.6
交通通信	元	1645	1443	14.0
教育文化娱乐	元	2897	2668	8.6
医疗保健	元	1635	1510	8.3
其他用品及服务	元	389	332	17.2

5-5 居民家庭基本情况(2017 年)

单位:元/人

指标	2017 年	2016 年	2017 年为 2016 年%
调查户数(户)	183	183	100.0
户均家庭常住人口数(人)	2.6	2.7	98.1
户均就业人口数(人)	2.1	2.1	101.0
人均住房建筑面积(平方米)	54.4	53.6	101.5
可支配收入	33032	30093	109.8
工资性收入	20903	19103	109.4
经营净收入	6784	6186	109.7
财产净收入	972	855	113.7
转移净收入	4373	3949	110.7
# 离退休金	3180	2889	110.1
出售资产所得	7	5	140.0
借贷性所得	590	587	100.5
# 提取储蓄存款	550	453	121.4
生活消费支出	21518	19853	108.4
借贷支出	1699	1784	95.2
# 存入储蓄款	1520	1325	114.7

5–6 城镇居民家庭基本情况(2017 年)

单位:元/人

指标	2017 年	2016 年	2017 年为 2016 年%
调查户数(户)	110	110	100.0
户均家庭常住人口数(人)	2.6	2.7	97.4
户均就业人口数(人)	1.8	1.7	105.3
人均住房建筑面积(平方米)	48.1	47.5	101.3
可支配收入	44138	40509	109.0
工资性收入	29771	27476	108.4
经营净收入	5902	5313	111.1
财产净收入	1080	948	113.9
转移净收入	7385	6772	109.1
# 离退休金	4594	4192	109.6
出售资产所得	7	6	116.7
借贷性所得	350	347	100.9
# 提取储蓄存款	356	347	102.6
生活消费支出	27390	25928	105.6
借贷支出	2540	2689	94.5
# 存入储蓄款	2210	2131	103.7

5-7 农村居民家庭基本情况(2017年)

单位:元/人

指标	2017年	2016年	2017年为2016年%
调查户数(户)	73	73	100.0
户均家庭常住人口数(人)	2.6	2.6	99.2
户均就业人口数(人)	2.1	2.1	99.5
人均住房建筑面积(平方米)	64.2	63.0	101.9
可支配收入	22515	20608	109.3
工资性收入	12505	11478	108.9
经营净收入	7620	6981	109.2
财产净收入	870	771	112.8
转移净收入	1520	1378	110.3
# 离退休金	965	883	109.3
出售资产所得	3	2	150.0
借贷性所得	1002	957	104.7
# 提取储蓄存款	626	616	101.6
生活消费支出	15957	14570	109.5
借贷支出	388	390	99.5
# 存入储蓄款	90	86	104.7

主要统计指标解释

可支配收入　指调查户在调查期内获得的、可用于最终消费支出和储蓄的总和，即调查户可以用来自由支配的收入。可支配收入既包括现金，也包括实物收入。按照收入的来源，可支配收入包含四项，分别为：工资性收入、经营净收入、财产净收入、转移净收入。计算公式为：

可支配收入 = 工资性收入 + 经营净收入 + 财产净收入 + 转移净收入

其中：经营净收入 = 经营收入 - 经营费用 - 生产性固定资产折旧 - 生产税

财产净收入 = 财产性收入 - 财产性支出

转移净收入 = 转移性收入 - 转移性支出

工资性收入　指就业人员通过各种途径得到的全部劳动报酬和各种福利，包括受雇于单位或个人、从事各种自由职业、兼职和零星劳动得到的全部劳动报酬和福利。

消费支出　指住户用于满足家庭日常生活消费需要的全部支出，包括用于消费品的支出和用于服务性消费的支出。根据用途不同，消费支出可划分为食品烟酒、衣着、居住、生活用品及服务、交通通信、教育文化娱乐、医疗保健、其他用品及服务八大类。根据来源不同，消费支出可划分为现金消费支出、实物消费支出(含自产自用、来自单位、来自政府和其他社会组织)。

第六篇

财政　金融

Chapter 6

Government Finance, Banking

责任编辑：卢　静

6-1 历年一般公共预算收入、一般公共预算支出

单位：万元

年份	一般公共预算收入	一般预算支出
1979	–	1648
1980	–	1840
1985	8955	3670
1990	13252	7697
1991	13181	8180
1992	15041	8874
1993	19112	10750
1994	10459	15355
1995	14281	18424
1996	18176	22685
1997	20300	26166
1998	23281	29892
1999	24131	32979
2000	29345	34320
2001	35734	45619
2002	42272	53304
2003	55136	64104
2004	64207	82401
2005	76305	92131
2006	96153	113253
2007	131021	148024
2008	165087	195966
2009	227155	247726
2010	312665	341331
2011	423512	476495
2012	516092	577633
2013	611749	663692
2014	685712	736171
2015	783980	855622
2016	724112	857588
2017	725403	937857

6-2 财政收入结构

单位:万元

指标	2017年	2016年	2015年
地方财政收入			
一般公共预算收入	725403	724112	783980
税收收入	511301	532261	650360
增值税(25%部分)	129863	90039	54839
营业税改征增值税	73511	25597	6386
营业税	852	163406	343988
企业所得税(40%部分)	67607	46443	51884
个人所得税(40%部分)	40113	39931	59275
资源税	16	75	69
城建税	25093	29143	37368
房产税	24502	20500	19024
印花税	5601	6984	7182
城镇土地使用税	17937	16237	16598
土地增值税	68725	32691	18133
车船使用和牌照税	4506	4366	3905
耕地占用税	6709	5717	4388
契税	46266	51132	27321
专项收入	24125	32976	37590
行政性收费及国资收入	179452	149637	82373
罚没等其他收入	10525	9238	13657
政府性基金收入	873794	584876	584590
土地出让金收入	868144	578748	581620
农业土地开发资金收入	1856	3252	1158
散装水泥基金收入	-	200	100
墙体材料基金收入	130	512	300
污水处理费	3634	2119	512
城市公用事业附加收入	30	45	48
中央财政收入	**368407**	**281800**	**332684**
增值税(75%部分)	205556	151208	164515
消费税	1271	1031	1431
企业所得税(60%部分)	101411	69665	77826
个人所得税(60%部分)	60169	59896	88912

6-3 财政支出结构

单位：万元

指标	2017 年	2016 年	2015 年
财政支出			
一般公共预算支出	937857	857533	855534
一般公共服务	105953	89415	76166
国防	1067	399	-
公共安全	58390	50825	39633
教育	197950	182476	243905
科学技术	30459	21149	25708
文化体育与传媒	8699	8443	15994
社会保障和就业	98358	91717	79180
医疗卫生与计划生育	113781	104468	91353
节能环保	5882	10839	11635
城乡社区事务	125355	116245	85708
农林水事务	115562	101076	100909
交通运输	13936	27829	11258
资源勘探信息等事务	22970	18373	25222
商业服务业等事务	7531	2543	1949
金融监管等事务	555	820	965
国土海洋气象等事务	5915	4093	3522
住房保障	4376	6672	10878
粮油物资储备管理	1418	2502	2598
债务付息支出	16987	11327	1432
债务发行费用支出	85	201	277
其他支出	2628	6121	27242
基金支出	891584	632694	591469
政府性基金支出	891584	632694	591469

6-4 历年一般公共预算收入占地区生产总值的比重

单位：万元

年份	一般公共预算收入	地区生产总值	一般公共预算收入占地区生产总值的比重(%)
1979	–	29780	
1980	–	34857	
1985	8955	77785	11.5
1990	13252	152333	8.7
1991	13181	158113	8.3
1992	15041	199978	7.5
1993	19112	286509	6.7
1994	10459	420778	2.5
1995	14281	654534	2.2
1996	18176	758815	2.4
1997	20300	831323	2.4
1998	23281	907798	2.6
1999	24131	976756	2.5
2000	29345	1075073	2.7
2001	35734	1172650	3.0
2002	42272	1276995	3.3
2003	55136	1429704	3.9
2004	64207	1732519	3.7
2005	76305	2130870	3.6
2006	96153	2622882	3.7
2007	131021	3120695	4.2
2008	165087	3792198	4.4
2009	227155	4194392	5.4
2010	312665	5060561	6.2
2011	423512	5982986	7.1
2012	516092	6729872	7.7
2013	611749	7724300	7.9
2014	685712	8505750	8.1
2015	783980	9305522	8.4
2016	724112	10216507	7.1
2017	725403	11359000	6.4

6-5 分区镇一般公共预算收入

单位：万元

地区	2017 年	2016 年	2015 年	2014 年	2013 年	2012 年
海门市	**725403**	**724112**	**783980**	**685712**	**611749**	**516092**
开发区	92557	101685	147738	130149	119753	93878
海门工业园区	34113	51231	59130	49025	38465	26386
海门港新区	24030	35969	38141	34599	34121	19874
临江新区	24785	23317	15889	13039	9791	8132
海门高新区	111270	94588	86399	78493	68921	55689
三厂工业园区	27201	25767	24561	17743	12539	11329
常乐镇	31693	27245	26233	26232	17069	14396
悦来镇	8965	13695	7714	7102	5215	5558
四甲镇	12036	14084	7318	6409	5672	5787
余东镇	7332	10882	9558	8588	6385	4147
正余镇	12145	11337	7690	7394	5659	4614
海永镇	4489	9008	3789	3417	2882	2971

6-6 历年金融机构存贷款

单位:万元

年份	存款余额(本外币)		人均储蓄存款(元)	贷款余额(本外币)
		储蓄存款		
1978	7619	2842		11980
1979	12564	3352		15315
1980	9669	4076		14631
1985	31033	17621		34877
1990	106894	81895	800	81806
1991	139439	108432	1055	97614
1992	170149	133476	1296	87725
1993	220434	173415	1684	139093
1994	300113	238842	2317	186575
1995	412398	340133	3289	245931
1996	564415	452220	4371	300313
1997	668279	548262	5310	347588
1998	799877	647568	6246	384758
1999	895671	728287	7023	399571
2000	97622	793705	7664	405894
2001	1145914	941379	9128	447729
2002	1362949	1090805	10616	547987
2003	1657745	1275346	12437	746816
2004	1902409	1443393	14140	844012
2005	2158962	1673955	16477	1006331
2006	2519837	1924835	19019	1198990
2007	2731328	2026049	20089	1408843
2008	3326200	2550688	25476	1558835
2009	4430790	3089002	34696	2273585
2010	5526955	3638597	40090	2919352
2011	6133784	4109233	45521	3438050
2012	7246819	4834844	53583	4279365
2013	8764147	5592341	61965	5322431
2014	10210313	6282440	69627	6402978
2015	11749729	6978148	77166	6932930
2016	13791294	7520738	83102	8258836
2017	14336983	7650028	84437	9696244

注:自 2005 年起,人均储蓄存款为按常住人口计算。

6-7 金融机构本外币存贷款(2017年末)

单位:万元

指 标	2017年末	比年初增加
一、各项存款	**14336983**	**545690**
(一)境内存款	14331666	545973
1. 住户存款	8133260	425571
(1)活期存款	1556629	154915
活期储蓄存款	1556629	154915
(2)定期及其他存款	6576631	270655
定期储蓄存款	6093399	-26059
2. 非金融企业存款	4383430	156075
(1)活期存款	1829355	-76123
(2)定期及其他存款	2554076	232197
3. 广义政府存款	1764835	-26100
(1)财政性存款	63838	-5083
(2)机关团体存款	1700997	-21017
4. 非银行业金融机构存款	50141	-9572
(二)境外存款	5317	-283
二、各项贷款	**9696244**	**1437408**
(一)境内贷款	9695620	1437085
1. 住户贷款	2406033	515844
(1)短期贷款	825570	148066
消费贷款	179191	68773
经营贷款	646379	79292
(2)中长期贷款	1580463	367778
消费贷款	1408985	369724
经营贷款	171477	-1946
2. 非金融企业及机关团体贷款	7289588	921241
(1)短期贷款	2912405	176407
(2)中长期贷款	3969903	760727
(3)票据融资	404896	-16001
(4)各项垫款	2383	108
(二)境外贷款	624	323

6-8 金融机构人民币存贷款(2017年末)

单位:万元

指标	2017年末	比年初增加
一、各项存款	**14236525**	**551029**
(一)境内存款	14231446	551434
1.住户存款	8094248	428358
(1)活期存款	1539536	158703
活期储蓄存款	1539536	158703
(2)定期及其他存款	6554712	269654
定期储蓄存款	6072906	-26154
2.非金融企业存款	4322378	158675
(1)活期存款	1782281	-74010
(2)定期及其他存款	2540097	232686
3.广义政府存款	1764681	-26092
(1)财政性存款	63838	-5083
(2)机关团体存款	1700843	-21009
4.非银行业金融机构存款	50139	-9507
(二)境外存款	5079	-405
二、各项贷款	**9676231**	**1433067**
(一)境内贷款	9675608	1432743
1.住户贷款	2405903	515829
(1)短期贷款	825441	148051
消费贷款	179062	68758
经营贷款	646379	79292
(2)中长期贷款	1580463	367778
消费贷款	1408985	369724
经营贷款	171477	-1946
2.非金融企业及机关团体贷款	7269704	916914
(1)短期贷款	2892522	172080
(2)中长期贷款	3969903	760727
(3)票据融资	404896	-16001
(4)各项垫款	2383	108
(二)境外贷款	624	323

主要统计指标解释

财政收入　是国家(各级政府)通过财政各个环节筹集的财政资金的总称，它是保证国家和各级政府行使其职能不可缺少的财力。

财政支出　是国家政权为行使其职能，对筹集的财政资金进行有计划的分配使用的总体。国家财政支出，体现政府的活动范围和方向反映财政资金的分配关系。

中央财政和地方财政　财政是国家为了实现其职能，凭借政治权力，对一部分社会产品进行分配和再分配的经济活动。中央财政和地方财政，是指财政体制上划分中央政府和地方政府以及地方各级政府之间财政管理权限的一项分配制度。它是经济管理体制的重要组成部分。它在财政管理中居于主导地位。它具体规定了各级政府筹集资金、支配使用资金的权力、范围和责任，使各级政府在财政管理上有责有权。这对于正确处理中央和地方，以及地方各级之间的分配关系，充分发挥各级政府的积极性，更好地完成国家财政收支任务，促进社会主义建设有着极其重要的意义。中央财政收入和地方财政收入，是指中央和地方各级负责组织征收的收入，不是按财政体制计算的收入分成数。其收入中还包括了国外借款。

在现行分税制财政管理体制下，财政总收入又分为中央级收入和地方级收入。中央级收入主要包括消费税和增值税的75%部分，以及其他属中央预算固定收入科目的收入，如关税。地方级财政收入主要是指财政收入中扣除中央级收入后的部分。

存款　企业、机关、团体或居民根据可以收回的原则，把货币资金存入银行或其他信用机构保管并取得一定利息的一种信用活动形式。根据存款对象的不同可划分为企业存款、财政存款、机关团体存款、基本建设存款、城镇储蓄存款、农村存款等项目。它是银行信贷资金的主要来源。

贷款　银行或其他信用机构根据必须归还的原则，按一定利率，为企业、个人等提供资金的一种信用活动形式。我国银行贷款，分流动资金贷款、固定资金贷款、城乡个体工商户贷款以及农户贷款等科目。

第七篇

固定资产投资 Chapter 7

Investment in Fixed Assets

责任编辑:宋金娟

7-1 主要年份全社会固定资产投资完成额

单位:万元

年份	固定资产投资额		
		工业投资	房地产开发投资
1986	11303		
1987	17135		
1988	19808		
1989	27847		
1990	19906		741
1991	31819		786
1992	58612		782
1993	102853		2507
1994	173962		6963
1995	319228		32027
1996	275184		7632
1997	277611		14741
1998	323410		15776
1999	300781	71341	19910
2000	337039	86357	17625
2001	321300	120164	33589
2002	436568	209800	43043
2003	665247	427995	44521
2004	807568	596333	58346
2005	1188738	1000335	69058
2006	1475077	1205043	89720
2007	1710595	1436899	126020
2008	2007422	1697562	154425
2009	2355198	1960866	198352
2010	2814262	2302805	235047
2011	3006563	2290282	284388
2012	3708633	2632891	364342
2013	4234886	2847336	400705
2014	5013987	3156634	437146
2015	5653176	3439397	393424
2016	6131858	3675275	497695
2017	6336549	3720867	519741

注:2011 年之前固定资产投资、工业投资口径为全社会

7–2 分地区固定资产投资完成额

单位:万元

区镇	2017 年	2016 年	2015 年	2014 年	2013 年	2012 年
全市合计	**6336549**	**6131858**	**5653176**	**5013987**	**4234886**	**3708633**
开发区	1090050	1043148	1127021	1010830	861360	753671
海门工业园区	634954	640567	819330	703530	597477	501398
海门港新区	1227327	1282143	1142571	950304	699000	643250
临江新区	396583	380155	318375	273159	232949	178370
海门高新区	630049	584623	462340	477209	400203	343422
三厂工业园区	381654	362857	311288	254414	207910	159150
常乐镇	273320	251810	219660	210550	184070	167260
悦来镇	301275	272685	191927	117663	199272	173020
四甲镇	292884	272260	227220	198894	165130	142710
余东镇	280120	251110	209190	182500	147620	125810
正余镇	310098	287330	227000	190278	163800	141130
海永镇	3744	5475	3830	7510	9290	17300

7-3 分类别项目投资完成情况(不含房地产)(2017 年)

单位:万元

指标名称	2017 年	增长(%)
一、计划总投资(万元)		
1. 建设项目计划总投资	12026827	33.8
其中:本年新开工项目	6603660	8.3
2. 自开始建设至本年底累计完成投资	8336166	25.9
二、自年初累计完成投资(万元)	**5816808**	**9.7**
其中:本月完成投资	698019	10.6
其中:本年新开工	3870657	-4.9
其中:国有经济控股	231811	12.1
其中:住宅	0	
其中:基础设施投资	400458	-10.8
其中:民间投资	5137031	9.7
其中:技改投资	1759497	-24.0
其中:高新投资	1207136	12.6
其中:高耗能投资	633686	85.3
其中:城建投资	219191	85.3
其中:服务业投资	2095941	12.8
1. 按构成分		
建筑工程	2782174	25.6
安装工程	125727	-60.0
设备工器具购置	2710685	0.8
其他费用	198222	129.4
其中:建设用地费	155525	109.7

7-3 续表1

单位:万元

指标名称	2017年	增长(%)
2. 按建设性质分		
其中:(1)新建	3175700	25.4
其中:(2)扩建	1110765	40.9
其中:(3)改建	1487274	-25.0
其中:(7)单纯购置	43069	
3. 按登记注册类型分		
内资企业	5161273	9.7
国有企业	208124	52.6
集体企业	31213	-25.1
股份合作企业		
联营企业		-100.0
国有联营企业		
集体联营企业		
国有与集体联营企业		
其他联营企业		-100.0
有限责任公司	639482	-27.2
国有独资公司	18517	-61.9
其他有限责任公司	620965	-25.2
股份有限公司	32055	49.4
私营企业	4198589	16.5
私营独资企业	147402	-24.2
私营合伙企业	6201	-71.1
私营有限责任公司	3913927	18.0
私营股份有限公司	131059	83.5

7-3 续表 2

单位：万元

指标名称	2017 年	增长(%)
其他企业	51810	134.4
港、澳、台商投资企业	461116	12.9
合资经营企业(港或澳、台资)	185106	48.7
合作经营企业(港或澳、台资)		
港、澳、台商独资经营企业	276010	-1.7
港、澳、台商投资股份有限公司		
其他港、澳、台商投资企业		-100.0
外商投资企业	182489	3.3
中外合资经营企业	76401	2.5
中外合作经营企业		
外资企业	105938	3.7
外商投资股份有限公司	150	
其他外商投资企业		
个体经营	11930	-14.7
个体户	11930	-14.7
个人合伙		
4. 按产业分		
①第一产业		
②第二产业	3720867	8.0
工业	3720867	8.0
能源工业	20997	-15.2
原材料工业	651486	33.5
机电工业	1876289	4.0
轻纺工业	1171409	5.5

7-3 续表 3

单位:万元

指标名称	2017 年	增长(%)
③第三产业	2095941	12.8
5、按国民经济行业分		
农、林、牧、渔业		
农业		
林业		
畜牧业		
渔业		
农、林、牧、渔服务业		
采矿业		
煤炭开采和洗选业		
石油和天然气开采业		
黑色金属矿采选业		
有色金属矿采选业		
非金属矿采选业		
开采辅助活动		
其他采矿业		
制造业	3663897	8.1
农副食品加工业	105774	-6.6
食品制造业	13092	128.1
酒、饮料和精制茶制造业	18410	608.1
烟草制品业		
纺织业	336530	2.9
纺织服装、服饰业	41065	-40.5
皮革、毛皮、羽毛及其制品和制鞋业	9550	-24.7

7–3 续表 4

单位：万元

指标名称	2017 年	增长(%)
木材加工和木、竹、藤、棕、草制品业	41345	–21.5
家具制造业	49384	108.9
造纸和纸制品业	37823	–2.2
印刷和记录媒介复制业	26400	91.2
文教、工美、体育和娱乐用品制造业	121553	13.3
石油加工、炼焦和核燃料加工业		
化学原料和化学制品制造业	229844	37.5
医药制造业	127867	–11.6
化学纤维制造业	4600	–46.2
橡胶和塑料制品业	193767	12.2
非金属矿物制品业	322532	35.6
黑色金属冶炼和压延加工业	22058	–3.7
有色金属冶炼和压延加工业	59252	–1.7
金属制品业	406470	0.4
通用设备制造业	471013	0.1
专用设备制造业	359462	22.6
汽车制造业	81875	486.1
铁路、船舶、航空航天和其他运输设备制造业	30498	–12.1
电气机械和器材制造业	400261	–9.7
计算机、通信和其他电子设备制造业	84352	–10.0
仪器仪表制造业	42358	–15.6
其他制造业	8962	51.9
废弃资源综合利用业	17800	
金属制品、机械和设备修理业		

7-3 续表5

单位：万元

指标名称	2017年	增长(%)
电力、热力、燃气及水生产和供应业	56970	2.8
电力、热力生产和供应业	20997	-5.3
燃气生产和供应业		-100.0
水的生产和供应业	35973	17.4
建筑业		
房屋建筑业		
土木工程建筑业		
建筑安装业		
建筑装饰和其他建筑业		
批发和零售业	336960	-18.0
批发业	133745	-18.9
零售业	203215	-17.4
交通运输、仓储和邮政业	215830	-57.7
铁路运输业		
道路运输业	14365	-66.2
水上运输业	51034	-74.9
航空运输业		
管道运输业		-100.0
装卸搬运和运输代理业	20088	12.3
仓储业	102990	-51.2
邮政业	27353	-13.1
住宿和餐饮业	141246	86.9
住宿业	97360	76.7
餐饮业	43886	114.1

7-3 续表 6

单位：万元

指标名称	2017 年	增长(%)
信息传输、软件和信息技术服务业	81839	165.0
电信、广播电视和卫星传输服务		
互联网和相关服务	39411	67.6
软件和信息技术服务业	42428	476.5
金融业	5200	-45.2
货币金融服务	500	-89.3
资本市场服务	4700	
保险业		
其他金融业		-100.0
房地产业	4700	
房地产业	4700	
租赁和商务服务业	408249	22.1
租赁业	9512	-63.8
商务服务业	398737	29.4
科学研究和技术服务业	353329	87.9
研究和试验发展	122149	242.7
专业技术服务业	30025	-57.1
科技推广和应用服务业	201155	144.0
水利、环境和公共设施管理业	191237	167.8
水利管理业	19299	138.1
生态保护和环境治理业	12880	
公共设施管理业	159058	151.2
居民服务、修理和其他服务业	15090	2.7
居民服务业	7890	-19.8

7-3 续表 7

单位：万元

指标名称	2017 年	增长(%)
机动车、电子产品和日用产品修理业	7200	3500.0
其他服务业		-100.0
教育	245182	414.7
教育	245182	414.7
卫生和社会工作	30795	-38.6
卫生	6990	-47.4
社会工作	23805	-35.5
文化、体育和娱乐业	59310	-38.6
新闻和出版业		
广播、电视、电影和影视录音制作业	730	-92.2
文化艺术业	15470	-49.7
体育	27010	
娱乐业	16100	-71.5
公共管理、社会保障和社会组织	6974	-63.9
中国共产党机关	764	-87.4
国家机构	4900	
人民政协、民主党派		
社会保障		
群众团体、社会团体和其他成员组织	1310	-88.8
基层群众自治组织		-100.0
国际组织		
国际组织		
三、本年新增固定资产(万元)	**3942073**	**14.9**
四、项目个数(个)		

7-3 续表 8

单位：万元

指标名称	2017 年	增长(%)
1. 施工项目个数	897	-3.4
其中：本年新开工	610	-14.6
2. 本年投产项目个数	601	-9.1
五、房屋建筑面积(平方米)		
1. 本年施工房屋面积	5521455	-8.0
其中：住宅	0	
2. 本年竣工房屋面积	1972925	-16.8
其中：住宅	0	
六、本年资金来源合计	**5833052**	**8.9**
1. 上年末结余资金	37435	-54.1
2. 本年资金来源小计	5795617	9.9
(1)国家预算资金	0	
其中：中央预算资金	0	
(2)国内贷款	0	-100.0
(3)债券	0	
(4)利用外资	16370	-27.2
其中：外商直接投资	0	
(5)自筹资金	5761647	11.5
(6)其他资金来源	17600	
七、各项应付款合计	**0**	**-100.0**
其中：工程款	0	-100.0

7-4 按计划总投资分组项目投资情况(2017年)

单位:万元、个

指标名称	固定资产投资	工业投资	三产投资
固定资产投资项目			
计划总投资	12026827	7364657	4662170
# 本年新开工	6603660	4129738	2473922
本年完成投资	5816808	3720867	2095941
# 本年新开工	3870657	2406652	1464005
# 设备工器具购置	2710685	2265047	445638
项目个数	907	572	335
# 本年新开工	610	369	241
本年投产项目个数	611	366	245
5000万元及以上项目			
计划总投资	9842665	6088101	3754564
# 本年新开工	4949934	3203028	1746906
本年完成投资	4106025	2760661	1345364
# 本年新开工	2384399	1603265	781134
项目个数	360	255	105
# 本年新开工	197	139	58
本年投产项目个数	175	122	53
亿元及以上项目			
计划总投资	9194794	5706252	3488542
# 本年新开工	4479880	2941489	1538391
本年完成投资	3646018	2499900	1146118
# 本年新开工	1990706	1382131	608575
项目个数	278	207	71
# 本年新开工	137	106	31

7-4 续表

单位:万元、个

指标名称	固定资产投资		
		工业投资	三产投资
本年投产项目个数	114	85	29
5亿元及以上项目			
计划总投资	4359446	2126963	2232483
# 本年新开工	2033974	1055774	978200
本年完成投资	1164489	694141	470348
# 本年新开工	521802	346529	175273
项目个数	38	21	17
# 本年新开工	18	12	6
本年投产项目个数	3		3
10亿元及以上项目			
计划总投资	3353053	1678066	1674987
# 本年新开工	1601874	778874	823000
本年完成投资	767482	495919	271563
# 本年新开工	299998	216377	83621
项目个数	21	13	8
# 本年新开工	10	7	3
本年投产项目个数	1		1
20亿元及以上项目			
计划总投资	1313000	200000	1113000
# 本年新开工	713000		713000
本年完成投资	216480	72700	143780
# 本年新开工	55590		55590
项目个数	5	1	4
# 本年新开工	2		2
本年投产项目个数			

7-5 固定资产投资主要比例(2017 年)

指标名称	2017 年
固定资产投资额(万元)	**6336549**
按产业分	
第一产业	0
第二产业	3720867
# 工业	3720867
第三产业	2615682
# 房地产	519741
按建设性质分	
新建	3175700
扩建	1110765
改建	1487274
其他	562810
投资比例(%)	
三次产业投资比例(%)	
第一产业	0.0
第二产业	58.7
# 工业	58.7
第三产业	41.3
# 房地产	8.2
建设性质投资比例(%)	
新建	50.1
扩建	17.5
改建	23.5
其他	8.9

7-6 房地产开发企业投资、资金和土地情况(2017年)

计量单位:万元

指标名称	2017年	2016年	同比增长(%)
(一)投资额和新增固定资产			
计划总投资	4627144	3379627	36.9
自开始建设累计完成投资	1824923	1792736	1.8
本年完成投资	519741	497695	4.4
其中:配套工程投资			
按构成分:建筑工程	491009	483957	1.5
按构成分:安装工程	8744	2082	320.0
按构成分:设备工器具购置	1970	8	24525.0
按构成分:其他费用	18018	11648	54.7
其中:旧建筑物购置费			
其中:土地购置费	13106	11648	12.5
按工程用途分:商品住宅	380939	425624	-10.5
其中:90平方米以下	57477	56904	1.0
其中:144平方米以上	69460	141317	-50.8
其中:别墅、高档公寓	10274	5392	90.5
按工程用途分:办公楼	46152	12881	258.3
按工程用途分:商业营业用房	62570	49835	25.6
按工程用途分:其他	30080	9355	221.5
本年新增固定资产	180209	491691	-63.3
(二)资金来源情况			
本年资金来源合计	2263508	1089930	107.7
1.上年末结余资金	242510	105458	130.0
2.本年资金来源小计	2020998	984472	105.3
银行贷款	163271	113032	44.4
(2)利用外资			
(3)自筹资金	221679	219637	0.9
其中:自有资金	0	115827	-100.0
(4)其他资金来源	1636048	651803	151.0
其中:定金及预收款	1310295	362129	261.8
其中:个人按揭贷款	202443	169221	19.6
本年各项应付款合计	337252	242044	39.3
其中:工程款	270823	198935	36.1
(三)土地开发情况			
待开发土地面积	117159		
本年购置土地面积	392035		
本年土地成交价款	108447		

7-7 主要年份房地产开发房屋施工、竣工及销售情况

单位：万平方米

年份	施工面积	竣工面积	销售面积
1996	14.37	9.46	8.94
1997	26.08	20.56	14.21
1998	27.46	22.79	17.91
1999	34.13	22.72	19.34
2000	30.30	21.72	26.53
2001	46.07	17.88	18.55
2002	56.19	42.63	34.16
2003	46.77	19.64	25.12
2004	67.64	29.59	27.39
2005	90.19	53.56	51.79
2006	116.69	54.99	52.04
2007	133.69	28.60	46.02
2008	208.37	59.46	46.94
2009	258.74	64.73	83.21
2010	291.76	65.20	80.24
2011	348.56	180.02	91.22
2012	289.87	57.25	70.06
2013	379.96	97.42	99.01
2014	448.79	119.60	73.33
2015	397.29	80.25	81.68
2016	411.83	149.55	107.02
2017	477.61	49.97	146.44

7-8 房地产开发房屋施工、竣工及销售情况

单位：套、平方米

	合计	按用途分						
		住宅	90平米以下住房	144平米以上住房	别墅、高档公寓	办公楼	商业营业用房	其他房屋
房屋施工面积	4776051	3858378	673836	675247	126851	187756	378094	351823
其中：新开工面积	2196870	1645874	130026	291872	68648	163239	147037	240720
房屋竣工面积	499653	389553	54232	50420	0	1528	29422	79150
其中：不可销售面积	46566	1063	0	0	0	0	0	45503
商品住宅竣工套数	—	3269	641	169	0	—	0	—
竣工房屋价值	157244	130027	12065	14935	0	273	8860	18084
批准预售面积	491827	461435	36912	175239	40763	1528	28864	0
批准预售套数	0	3385	454	827	145	—	0	—
商品房销售面积	1464446	1391151	191327	292353	57068	11012	42867	19416
其中：本月销售面积	398953	383382	69590	61712	2290	8021	7550	0
其中：现房销售面积	430710	395983	67228	89635	17260	1640	13671	19416
其中：期房销售面积	1033736	995168	124099	202718	39808	9372	29196	0
商品房销售额	1214786	1137313	104311	356034	64532	9971	64518	2984
其中：本月销售额	183288	168546	13923	80195	3486	8094	6648	0
其中：现房销售额	229559	213898	46919	70532	18783	751	11926	2984
其中：期房销售额	985227	923415	57392	285502	45749	9220	52592	0
商品住宅销售套数	0	11983	2511	1670	251	—	0	—
其中：现房销售套数	0	3501	929	471	89	—	0	—
其中：期房销售套数	0	8482	1582	1199	162	—	0	—
空置面积	676640	444820	116554	70028	36805	19552	134171	78097
其中：空置1-3年面积	365085	248453	108385	33945	14183	9303	82265	25064
其中：空置3年以上面积	100020	52407	0	13417	13417	7579	38620	1414

7-9 房地产开发经营情况(2017 年)

计量单位:千元

指标名称	2017 年	2016 年	同比增长(%)
年初存货	18391541	17785157	3.4
流动资产合计	37011010	29110944	27.1
其中:应收账款	706045	248899	183.7
存货	18463159	14232259	29.7
固定资产合计	847363	1465549	-42.2
固定资产原价	1040480	1062451	-2.1
累计折旧	225023	245150	-8.2
其中:本年折旧	47821	44409	7.7
在建工程	155538	84820	83.4
资产总计	43782089	34765160	25.9
流动负债合计	31254515	23830369	31.2
其中:应付账款	3961146	2974163	33.2
非流动负债合计	5025473	4697897	7.0
负债合计	36279988	30226163	20.0
所有者权益合计	7502101	6236894	20.3
其中:实收资本	6025286	4771339	26.3
营业收入	7822255	9607717	-18.6
其中:主营业务收入	7758858	9532580	-18.6
商品房屋销售收入	7699709	9186732	-16.2

7-9 续表

计量单位:千元

指标名称	2017 年	2016 年	同比增长(%)
房屋出租收入	55937	341343	-83.6
其他收入	3182	4495	-29.2
营业成本	6378070	8393414	-24.0
主营业务成本	6374171	8320037	-23.4
主营业务税金及附加	439726	527876	-16.7
其他业务利润	35924	19605	83.2
销售费用	255037	209337	21.8
管理费用	311639	272466	14.4
其中:税金	0	14167	-100.0
财务费用	132006	103430	27.6
其中:利息收入	76378	14128	440.6
利息支出	68931	27050	154.8
资产减值损失	2923	500	484.6
投资收益	12660	845	1398.2
营业利润	323325	84733	281.6
营业外收入	50012	63884	-21.7
营业外支出	36486	48788	-25.2
利润总额	336851	99829	237.4
应交所得税	177188	78600	125.4
应付职工薪酬	219194	151136	45.0

主要统计指标解释

固定资产投资 固定资产投资是社会固定资产再生产的主要手段。固定资产投资额是以货币表现的建造和购置固定资产活动的工作量,它是反映固定资产投资规模、速度、比例关系和使用方向的综合性指标。

房地产开发投资 包括各种经济类型的房地产开发公司、商品房建设公司及其他房地产开发单位统一开发的包括统代建、拆迁还建的住宅、厂房、仓库、饭店、宾馆、度假村、写字楼、办公楼等房屋建筑物和配套的服务设施、土地开发工程,如道路、给水、排水、供电、供热、通讯、平整场地等基础设施工程的投资。还包括非房地产企业实际从事房地产开发或经营活动,不包括单纯的土地交易活动。

固定资产投资的资金来源 根据固定资产投资的资金来源不同,分为上年末结余资金、本年资金来源。其中本年资金来源又分为国家预算内资金、国内贷款、债券、利用外资、自筹资金和其他资金来源6种。

固定资产投资按国民经济行业分 建设项目归哪个行业,按其建成投产后的主要产品或主要用途及社会经济活动性质来确定。一般情况下,一个建设项目或一个企业、事业单位只能属于一种国民经济行业。为了更准确地反映国民经济各行业之间的比例关系,联合企业(总厂)所属分厂屑于不同行业的,原则上按分厂划分行业。

固定资产投资按构成分 固定资产投资活动按其工作内容和实现方式分为建筑工程、安装工程、设备、工具、器具购置,其他费用4个部分。

施工项目 指报告期内曾进行建筑或安装工程施工活动的建设项目。包括报告期内新开工项目、报告期以前开工跨人报告期继续施工的项目以及报告期施过工并在报告期内全部构建成投产或停缓建的项目。

全部建成投产项目 工业项目是指设计文件规定形成生产能力的主体工程及其相应配套的辅助设施全部构成,经负荷试运转,证明具备生产设计规定合格产品的条件,并经过验收鉴定合格或达到竣工验收标准,与生产性工程配套的生产福利设施可以满足近期正常生产的需要,正式移交生产的建设项目。非工业项目是指设计文件规定的主体工程和相应的配套工程全部建成,能够发挥设计规定的全部效益,经验收鉴定合格或达到竣工验收标准,正式移交使用的建设项目。

新增生产能力 指通过固定资产投资活动而增加的设计能力或工程效益,它是用实物形态表示的固定资产投资的成果。新增生产能力的计算,是以能独立发挥生产能力或效益的单项工程(或项目)为对象。当单项工程(或项目)建成,经有关部门鉴定合格,正式移交投入生产,即可计算新增生产能力。

新增生产能力或工程效益有以下几种表现形式:

(1)以建设项目或单项工程建成后的年产能力表示。如煤炭开采,石油开采等。

(2)以建设项目或单项工程建成后处理原料的能力表示。如选矿工程的年处理矿石能力,洗煤厂年洗原煤能力等。

(3)以新增的主要设备数量或容量表示。如棉纺定枚数,发电机组容量等。

(4)以建筑物容积、容量、面积或长度表示。如水库容量,铁路公路里程等。

新增生产能力的数量一般按设计能力计算。设计能力是指设计文件中规定的正常情况下能够达到的生产能力,而不论投产后的实际产量如何。以设备数量、建筑物容积、面积、长度等表示的新增生产能力(或效益)则按建成的实际数量计算。

施工房屋建筑面积 房屋建筑面积是从房屋外墙线算起的各层平面面积的总和,包括房屋结构(如柱、墙)占用的面积和地下室面积。多层建筑按各自然层面积总和计算,包括房屋内的楼隔层、突出墙面的眺望间、门斗、有柱雨罩的面积。不包括突出墙面结构的构件、艺术装饰等所占的面积,如台阶等。凹阳台,挑阳台按其水平投影面积一半计算建筑面积。

竣工房屋建筑面积 指在报告期内房屋建筑按照设计要求,已全部完工,达到住人和使用条件,经验收鉴定合格,正式移交使用单位的建筑面积。

房屋建筑面积竣工率 指一定时期内房屋竣工面积占同期房屋施工面积的比率。它是从房屋建筑施工速度的角度反映投资效果和建筑业经济效益的指标。

新增固定资产 指通过投资活动所形成的新的固定资产价值。包括已经建成投入生产或交付使用的工程价值和达到固定资产标准的设备、工具、器具的价值及有关应摊人的费用。它是以价值形式表示的固定资产投资成果的综合性指标,可以综合反映不同时期、不同部门、不同地区的固定资产投资成果。

建设项目投产率 指一时期内全部建成投入生产项目个数占同期正式施工项目个数的比率。它是从项目建设速度的角度反映投资效果的指标。

固定资产交付使用率 指一定时期新增固定资产与同期完成投资额的比率。它是反映各个时期固定资产动用速度,衡量建设过程中投资效果的一个综合性指标。

规模以上固定资产投资 具体包括:1.计划总投资或实际需要总投资500万元及以上的项目投资;2.房地产开发投资。

第八篇

对外经济

Chapter 8

Foreign Economy

责任编辑:卢　静

8-1 主要年份外贸出口和利用外贸

单位:万美元、个

年份	进出口总额	出口总额	实际利用外资	新批外商投资项目数	新批协议注册外资额	对外承包劳务合同额	对外承包劳务营业额
1986							
1990							
1991							
1992							
1993		1517	995	142	3914	526	5142
1994		3524	1572	69	2111	1277	770
1995	8570	7232	3353	86	10495	1958	1251
1996	11887	8585	2266	32	3750	3000	1667
1997	13068	9297	3174	13	5244	3846	2800
1998	14012	6476	962	12	8122	4578	3744
1999	9013	6400	427	17	3434	4790	4420
2000	11041	8181	1299	28	5792	4732	4853
2001	13775	9686	2510	31	4590	4928	4737
2002	16855	12638	2650	61	6179	5084	5762
2003	21209	17675	10996	228	34782	7622	8729
2004	32129	27130	14819	224	56150	5488	9248
2005	39469	32805	25390	190	71133	8068	11043
2006	57923	47907	48707	180	94545	9444	11429
2007	72953	61649	39566	131	84629	11518	13146
2008	89609	71447	29770	71	69588	13523	16704
2009	86718	67498	32163	91	59269	15679	25035
2010	123175	93282	34925	60	58696	18631	32705
2011	158430	113812	11305	26	18672	20634	37280
2012	169196	123813	12205	38	30671	21127	45715
2013	187600	154409	24770	25	54095	25025	53012
2014	203581	145459	15518	32	61502	45174	66534
2015	225399	141851	21883	29	60818	49735	74602
2016	391443	357864	23962	32	59183	43313	72481
2017	507824	476050	29348	27	46041	31342	78943

注:1. 1998 年开始进出口数据为海关统计资料;

2. 从 2002 年开始,实际利用外资采用新口径。

8-2 外向型经济主要指标

指标名称	单位	2017	2016	2015
对外贸易(海关口径)				
进出口总额	万美元	507824	391443	225399
进口总额	万美元	31774	33579	83548
出口总额	万美元	476050	357864	141851
利用外资				
新批外商投资项目数	个	27	32	29
新批协议注册外资额	万美元	46041	59183	60462
实际利用外资额	万美元	29348	23962	21883
境外投资				
境外投资项目数	个	10	18	8
境外投资中方协议投资额	万美元	13103	14000	14469
对外承包劳务				
合同额	万美元	31342	43313	49735
营业额	万美元	78943	72481	74609
期末在外人数	人	5475	5852	6675

8-3 分区镇

	2017			2016			2015		
	进出口总额	出口	进口	进出口总额	出口	进口	进出口总额	出口	进口
合计	**507824**	**476050**	**31774**	**391443**	**357864**	**33579**	**225399**	**141851**	**83548**
海门开发区	114527	101377	13150	52779	36194	16585	102537	35451	67086
海门工业园区	306875	306033	842	257806	257761	45	33752	33622	130
海门港新区	24708	22008	2700	23379	18956	4423	17266	14146	3119
临江新区	12683	7638	5045	13591	7506	6084	12650	5724	6925
海门高新区	18163	16048	2115	19201	16715	2486	28882	26265	2616
三厂工业园区	11945	9666	2279	8815	8481	334	12771	12524	246
常乐镇	3557	2696	861	3483	2767	717	4254	3550	703
悦来镇	3698	3210	488	3425	2933	492	3320	2976	344
四甲镇	6153	5564	589	4735	4349	386	5365	4782	582
余东镇	1169	1119	50	1321	1223	98	1448	1368	80
正余镇	4345	691	3654	2905	978	1927	3150	1438	171
海永镇	–	–	–	–	–	–	–	–	–

进出口情况

单位：万美元

2014			2013			2012		
进出口总额	出口	进口	进出口总额	出口	进口	进出口总额	出口	进口
203581	**145459**	**58122**	**187600**	**154409**	**33191**	**169196**	**123813**	**45383**
83637	42733	40904	59428	43648	15780	69524	42126	27398
36942	36804	137	56009	55766	242	30728	30336	392
11738	10419	1318	8847	7594	1253	7857	6545	1312
12195	3870	8324	11593	3208	8385	9693	3411	6282
20136	18381	1755	18532	17253	1278	16544	15143	1401
13779	11667	2111	15539	12034	3505	16244	11048	5196
4834	3853	980	4201	3522	679	4674	3841	833
9750	9396	353	4799	4411	388	5404	4636	768
5707	5144	563	5389	4811	577	5479	4544	935
1627	1507	119	1207	1081	125	1458	1225	233
3224	1673	1551	2044	1067	977	1594	958	636
–	–	–	–	–	–	–	–	–

8-4 分区镇实际利用外资额

单位	2017	2016	2015	2014	2013	2012
合计	**29348**	**23962**	**21883**	**15518**	**24770**	**12205**
海门开发区	12973	10094	6564	5295	15000	1943
海门工业园区	415	2800	1460	305	2019	741
海门港新区	1552	6095	2065	5043	3851	7895
临江新区	2800	2785	1310	402	1359	1050
海门高新区	3510	3152	5491	705	1368	1458
三厂工业园区	1200	1020	1252	1005	500	169
常乐镇	1000	1456	850	1245	560	590
悦来镇	1021	1130	805	1398	804	514
四甲镇	166	800	600	1312	560	150
余东镇	100	800	904	800	810	362
正余镇	1000	800	809	800	560	446
海永镇		501	501	517	301	300

8-5 按贸易方式分进出口总额(2017年)

单位:万美元

项 目	进出口总额	出 口	进 口
总计	**507824**	**476050**	**31774**
一般贸易	137755	117962	19793
加工贸易	92727	81038	11689
来料加工装配贸易	14146	12136	2010
进料加工贸易	78581	68902	9679
外商投资进口设备	86	0	86
保税仓库进出境货物	108	0	108
其他	277148	277050	98

8-6 对主要国家或地区进出口情况(2017 年)

单位:万美元

地区	进出口总额		
		出口	进口
总计	**507824**	**476050**	**31774**
亚洲	**295730**	**280333**	**15397**
# 香港	62131	62122	9
印度	41744	40232	1511
印度尼西亚	3761	3761	0
日本	11742	9926	1816
马来西亚	9400	8823	577
新加坡	2350	1413	937
韩国	7534	4687	2847
泰国	26659	22794	3865
台湾	5708	4303	1405
# 东盟组织	58225	51983	6242
非洲	**52188**	**49092**	**3096**
# 纳米比亚	193	193	0
南非(阿扎尼亚)	3165	3165	0
欧洲	**63151**	**54118**	**9033**
# 比利时	2127	1950	176
英国	7382	7055	327
德国	9027	5986	3041
法国	1832	1581	251
意大利	5207	3466	1740
荷兰	4782	3230	1552
西班牙	4577	4136	441
# 欧盟组织	49709	41367	8342
拉丁美洲	**49032**	**48704**	**328**
# 巴西	18347	18094	253
墨西哥	5024	4960	64
巴拿马	1331	1331	0
北美洲	**40429**	**38059**	**2371**
# 加拿大	1772	1510	262
美国	38658	36548	2109
大洋洲	**7265**	**5744**	**1521**
# 澳大利亚	5932	4417	1515

8-7 主要商品进出口总额(2017年)

单位:万美元

项　目	进出口总额	出　口	进　口
总计	**507824**	**476050**	**31774**
活动物;动物产品	176	176	0
植物产品	4876	929	3947
动植物油脂蜡及其分解产品	115	0	115
食品饮料酒及醋、烟草及制品	967	960	7
矿产品	3883	102	3781
化学工业及相关工业产品	18864	17589	1275
塑料橡胶及其制品	36338	33982	2356
生皮皮革毛皮及制品	20590	20530	60
木及木制品、他编结材料制品	303	272	32
纸浆、纸、纸板及其制品	4249	4139	110
纺织原料及纺织制品	84499	83156	1343
鞋帽伞杖鞭羽毛制品、人造花	45563	45559	4
石料及其制品、陶瓷玻璃及制品	15863	13658	2206
珍珠宝石贵金属、仿首饰、硬币	5551	5137	414
贱金属及其制品	51532	47854	3677
机器、电子产品、电气设备及零件	73412	61895	11517
车辆、航空器、船舶及运输设备	62587	62550	37
光学检测医疗设备、钟表乐器	7288	6558	731
杂项制品	71134	70976	158
纺织品	93079	92052	1026
机电产品	203851	190076	13775
高新技术产品	19655	17426	2229
农产品	6793	2066	4727

8-8 出口总值前20家企业名录(2017年)

序号	单位名称
1	招商局重工(江苏)有限公司
2	南通沐坤国际贸易有限公司
3	海门市涵绣国际贸易有限公司
4	南通沃坤国际贸易有限公司
5	南通嵩叠国际贸易有限公司
6	南通市格尔特国际贸易有限公司
7	南通市加雷斯国际贸易有限公司
8	南通市福载国际贸易有限公司
9	燕达(海门)重型装备制造有限公司
10	南通沃乾国际贸易有限公司
11	南通市地厚国际贸易有限公司
12	海门沃达兴国际贸易有限公司
13	南通嵩坤国际贸易有限公司
14	南通红月亮国际贸易有限公司
15	南通市池通鸿国际贸易有限公司
16	南通中远重工有限公司
17	路特利举升机(海门)有限公司
18	南通奥泉国际贸易有限公司
19	海门中铁迅达国际贸易有限公司
20	江苏铁锚电动工具有限公司

8-9 旅游人数和旅游收入

指标	单位	2017	2016	2015
国内旅行社个数(市内)	个	6	6	6
旅游人数(注 1)	万人	408.23	348.83	295.37
国际旅游者人数	人	118400	101300	100600
# 外国人	人	56300	49800	49000
港澳台同胞	人	62100	51500	50700
接待海外旅游者住宿客房出租间天数	间天	180300	159700	143600
接待海外旅游者住宿客房核定出租间天数	间天	196300	176300	159200
星级饭店(宾馆)数	个	6	6	7
星级饭店客房总数	间	836	836	855
旅游总收入(注 2)	万元	375700	320600	271100
旅游外汇收入	万美元	1296.87	1136.32	1042.33

注:1. 含出境居民和国内过夜游客

2. 含国内旅游收入

主要统计指标解释

利用外资　指我国各级政府、部门、企业和其他经济组织通过对外借款、吸收外商直接投资以及用其他方式筹措境外现汇、设备、技术等。

新签协议个数　是指报告期内新批准的外国政府贷款和国际金融组织贷款等对外借款协议项目个数、新批准设立的外商直接投资企业个数、海洋石油勘探开发以签订的独立勘探开发的合同份数、新签订的外商其他投资合同份数。

协议外资金额　指报告期内新签协议(合同)中规定的外资金额。具体包括:①经批准对外正式签订的借款协议中规定的借款金额;②新批外商直接投资企业的合同规定的外商投资额(即合同外资金额);③新签订的加工装配和补偿贸易协议中规定的商提供设备价款,以及国际租赁协议中我方应付的设备租金。

合同外资金额　指新批外商投资企业的合同规定的可使用的外方投资额。

实际利用外资　是指协议(合同)正式签订并经批准后,在协议(合同)执行过程中实际发生的资本拨交价值。它是衡量一个国家或地区实际利用外资规模的总量指标。具体包括:①实际提取的对外借款数或拨交使用金额;②外商投资企业中外方实际投入的资本(即外商实际投资),包括现金、实物、工业产权、专有技术等,外商投资收益的再投资也包括在内;③"三来一补"(加工装配和补偿贸易)业务中外商作价提供的设备实际进口到货金额(即我方应付的设备款),以及国际租赁业务中租赁的设备实际进口到货后,我方应付的租金总额等。

进出口总额　指实际进出我国国境的货物总金额。包括对外贸易实际进出口货物、来料加工装配进出口货物,国家间、联合国及国际组织无偿援助物资和赠送品,华侨、港澳台同胞和外籍华人捐赠品,租赁期满归承租人所有的租赁货物,进料加工进出口货物,边境地方贸易及边境地区小额贸易进出口货物(边民互市贸易除外),外商投资企业进出口货物和公用物品,到、离岸价格在规定限额以上的进出口货样和广告品(无商业价值、无使用价值和免费提供出口的除外),从保税仓库提取在中国境内销售的进口货物以及其他进出口货物。进出口总额用以观察一个国家或地区在对外贸易方面的总规模,海关统计制度规定:出口货物按离岸价格统计,进口货物按到岸价格统计。

对外劳务合作　指以收取工资的形式向业主或承包商提供技术和劳动服务的活动。我国对外承包公司在境外开办的合营企业,中国公司同时有提供劳务的,其劳务部分也纳入劳务合作统计。劳务合作营业额按报告期内向雇主提交的结算数(包括工资、加班费和奖金等)统计。

对外承包劳务合同额　指对外承包劳务企业在报告期内签订的对外承包工程、劳务合作和设计咨询项目的合同金额。

对外承包劳务营业额　指对外承包劳务企业在报告期内完成的以货币表现的承包工程工作量、劳务合作收入、设计咨询收入(包括以前年度签订合同和本年新签订的合同在报告期完成的工作量)。

国际旅游接待人数　指来我国参观、访问、旅行、探亲、访友、休养、考察、参加会议和从事经济、科技、文化、教育、体育、宗教等活动的外国人、港澳台同胞的人数。不包括外国在我国的常驻机构,如使领馆、通讯社、企业办事处的工作人员和来我国常驻的外国专家、留学生以及在口岸逗留不过夜人员。

外　国　人　是指外国国籍的人。外籍华人应包括在外国人中,它是指加入外国国籍的中国血统华人。

华　　侨　是指居住在国外但未加入居住国和其他国家国籍的中国同胞。

港澳同胞　是指居住在我国港澳地区的中国同胞。

台湾同胞　是指居住在我国台湾省的同胞。凡以加入外国国籍,或定居在其他国家、地区的台湾同胞应分别统计在"外国人"或"华侨"项内。

国际旅游外汇收入　指入境旅游的外国人、港澳台同胞在中国大陆旅游过程中发生的一切旅游支出,对于国家或地区来说就是国际旅游外汇收入。

国内旅游人数　指报告期内在中国(大陆)观光游览、度假、探亲访友、就医疗养、购物、参加会议或从事经济、文化、体育、学教活动的中国(大陆)居民,其出游的目的不是通过所从事的活动得取报酬。统计时,国内游客按每出游一次统计 1 人次。

第九篇

能源 资源 环境保护

Chapter 9

Energy, Resources and Environmental Protection

责任编辑:张 宇 卢 静

9-1 2006-2017 年单位 GDP 能耗、电耗

年份	单位 GDP 能耗（吨标煤/万元）	单位 GDP 能耗增幅（%）	单位 GDP 电耗（千瓦时/万元）	单位 GDP 电耗增幅（%）
2006	0.679		721.1	
2007	0.655	-3.54	668.5	-7.3
2008	0.618	-5.65	618.7	-7.5
2009	0.587	-5.08	594.1	-4.0
2010	0.565	-3.75	590.0	-0.7
2011	0.480	-3.67	515.1	-1.0
2012	0.462	-3.73	500.5	-2.8
2013	0.444	-3.89	492.0	-1.7
2014	0.412	-7.15	453.2	-7.9
2015	0.377	-6.45	423.5	-6.6
2016	0.294	-4.27	385.4	-2.16
2017	-	-6.92	-	2.12

注:2011-2015 年单位 GDP 能耗、电耗的指标计算,GDP 使用的 2010 价格;2016、2017 单位 GDP 能耗、电耗的指标计算,GDP 使用的 2015 价格。

9-2 规模以上工业企业

	原煤(吨)	无烟煤(吨)	一般烟煤(吨)	焦炭(吨)	天然气(万立方米)	液化天然气(吨)
总计	**686883**	**4200**	**682683**	**4868**	**2001**	**10166**
按地区分	—	—	—	—	—	—
海门开发区	214353	0	214353	604	1388	8386
海门工业园区	30145	0	30145	0	3	0
海门港新区	26572	0	26572	472	467	0
临江新区	71376	4200	67176	0	120	0
海门高新区	8358	0	8358	0	17	0
三厂工业园区	197564	0	197564	60	0	1767
常乐镇	12803	0	12803	267	6	13
悦来镇	109512	0	109512	3465	0	0
四甲镇	0	0	0	0	0	0
余东镇	9374	0	9374	0	0	0
正余镇	6826	0	6826	0	0	0
海永镇	0	0	0	0	0	0
江苏省国营江心沙农场	0	0	0	0	0	0
按轻重工业分						
轻工业	248515	4200	244315	0	129	179
重工业	438367	0	438367	4868	1872	9987
按行业分						
制造业	374638	4200	370438	4868	2001	10166
农副食品加工业	18	0	18	0	0	0
食品制造业	61	0	61	0	0	0
纺织业	170758	4200	166558	0	0	179
纺织服装、服饰业	2753	0	2753	0	0	0

主要能源品种消费量(2017年)

汽油(吨)	煤油(吨)	柴油(吨)	燃料油(吨)	液化石油气(吨)	热力(百万千焦)	电力(万千瓦时)	生物质废料用于燃料(吨标准煤)
15187	**416**	**10560**	**3252**	**1994**	**4828987**	**288039**	**186940**
—	—	—	—	—	—	—	—
2434	0	2732	0	668	110848	60165	0
3496	0	127	0	0	0	28953	0
152	0	274	0	0	0	30599	0
22	0	1200	0	510	3063793	30976	186940
1522	0	1016	0	0	27369	34560	0
253	0	95	53	0	1626977	39950	0
2835	416	2532	3199	0	0	8266	0
1977	0	1030	0	0	0	19756	0
286	0	140	0	815	0	15577	0
773	0	291	0	0	0	6063	0
1391	0	1060	0	0	0	10695	0
0	0	0	0	0	0	1093	0
0	0	0	0	0	0	364	0
7502	0	1490	0	1113	1272502	77478	0
7685	416	9070	3252	880	3556485	210561	186940
15172	416	10522	3252	1994	4828987	280737	0
810	0	0	0	0	17000	4658	0
26	0	0	0	0	301060	4835	0
1911	0	777	0	603	632304	28461	0
386	0	96	0	0	3000	2553	0

	原煤(吨)	无烟煤(吨)	一般烟煤(吨)	焦炭(吨)	天然气(万立方米)	液化天然气(吨)
皮革、毛皮、羽毛及其制品和制鞋业	3759	0	3759	0	0	0
木材加工和木、竹、藤、棕、草制品业	0	0	0	0	0	0
家具制造业	0	0	0	0	0	0
造纸和纸制品业	3519	0	3519	0	3	0
印刷和记录媒介复制业	670	0	670	0	0	0
文教、工美、体育和娱乐用品制造业	47576	0	47576	0	0	0
化学原料和化学制品制造业	57252	0	57252	0	120	21
医药制造业	663	0	663	0	6	0
化学纤维制造业	3717	0	3717	0	0	0
橡胶和塑料制品业	1662	0	1662	0	0	0
非金属矿物制品业	45750	0	45750	0	0	0
黑色金属冶炼和压延加工业	20536	0	20536	3890	0	1580
有色金属冶炼和压延加工业	4118	0	4118	871	0	0
金属制品业	9232	0	9232	0	598	8242
通用设备制造业	163	0	163	107	258	144
专用设备制造业	1508	0	1508	0	805	0
汽车制造业	0	0	0	0	0	0
铁路、船舶、航空航天和其他运输设备制造业	0	0	0	0	0	0
电气机械和器材制造业	923	0	923	0	0	0
计算机、通信和其他电子设备制造业	0	0	0	0	211	0
仪器仪表制造业	0	0	0	0	0	0
电力、热力、燃气及水生产和供应业	312245	0	312245	0	0	0
电力、热力生产和供应业	312245	0	312245	0	0	0
燃气生产和供应业						
水的生产和供应业	0	0	0	0	0	0

续表

汽油(吨)	煤油(吨)	柴油(吨)	燃料油(吨)	液化石油气(吨)	热力(百万千焦)	电力(万千瓦时)	生物质废料用于燃料(吨标准煤)
161	0	35	0	0	0	1674	0
0	0	0	0	0	0	57	0
0	0	0	0	0	0	84	0
28	0	178	0	0	0	1402	0
52	0	0	0	0	0	827	0
2568	0	168	0	510	0	13220	0
1111	293	1557	0	0	3462238	41452	0
315	0	20	0	0	136138	3661	0
140	0	0	0	0	0	1158	0
381	0	333	0	0	7887	7996	0
546	0	1949	0	0	0	37299	0
276	0	268	53	0	42680	10882	0
121	0	395	0	0	0	9872	0
875	0	238	0	0	145090	24255	0
1614	123	1097	0	0	0	16210	0
1893	0	2413	3199	815	0	16429	0
35	0	51	0	0	0	769	0
92	0	96	0	0	0	2053	0
1179	0	625	0	65	0	34182	0
446	0	177	0	0	81590	8407	0
207	0	49	0	0	0	8338	0
16	0	39	0	0	0	7303	186940
0	0	39	0	0	0	6126	186940
16	0	0	0	0	0	1177	0

9-3 规模以上工业企业能源购进、消费与库存（2017 年）

能源品种	计量单位	年初库存量	购进量		消费量			期末库存量
				其中购自省外	工业生产消费	非工业生产消费	运输工具消费	
能源合计	**吨标准煤**	**3120**	**689987**	**180449**	**686883**	**0**	**0**	**6215**
原煤	吨	0	4200	0	4200	0	0	0
# 无烟煤	吨	0	0	0	0	0	0	0
炼焦烟煤	吨	3120	685787	180449	682683	0	0	6215
一般烟煤	吨	0	0	0	0	0	0	0
褐煤	吨	0	4868	0	4868	0	0	0
焦炭	吨	0	2001	0	2001	0	0	0
天然气	万立方米	0	10166	0	10166	0	0	0
液化天然气	吨	0	15247	0	15174	13	11653	0
汽油	吨	0	416	0	416	0	0	0
煤油	吨	0	10567	45	10554	6	5615	0
柴油	吨	0	3252	0	3252	0	0	0
燃料油	吨	0	1994	0	1994	0	0	0
液化石油气	吨	0	4828987	0	4828987	0	0	0
热力	百万千焦	0	281914	0	288039	0	0	0
电力	万千瓦时	0	186940	0	186940	0	0	0
生物质废料用于燃料	吨标准煤		165173		165173			

9-4 规模以上工业企业分行业综合能耗(2017年)

指标	企业单位数	综合能源消费量(吨标准煤)	工业总产值(万元)	万元产值能耗(吨标准煤/万元)
总计	**572**	**1045668**	**21633290**	**0.05**
按轻重工业分				
轻工业	250	334207	4754997	0.07
重工业	322	711460	16878293	0.04
按行业分				
制造业	567	873110	21574163	0.04
农副食品加工业	9	7510	376197	0.02
食品制造业	4	16290	152864	0.11
纺织业	102	184738	1397278	0.13
纺织服装、服饰业	23	5914	254688	0.02
皮革、毛皮、羽毛及其制品和制鞋业	13	5031	272457	0.02
木材加工和木、竹、藤、棕、草制品业	2	70	5143	0.01
家具制造业	1	103	3270	0.03
造纸和纸制品业	5	4575	53943	0.08
印刷和记录媒介复制业	5	1571	46447	0.03
文教、工美、体育和娱乐用品制造业	43	55129	1245127	0.04
化学原料和化学制品制造业	49	215868	2956647	0.07
医药制造业	13	10189	367675	0.03
化学纤维制造业	1	4284	16382	0.26
橡胶和塑料制品业	27	12329	362922	0.03
非金属矿物制品业	45	82162	796424	0.10
黑色金属冶炼和压延加工业	13	36926	337898	0.11
有色金属冶炼和压延加工业	17	16675	496081	0.03
金属制品业	37	65381	1310851	0.05
通用设备制造业	60	27642	1902568	0.01
专用设备制造业	17	44244	1808664	0.02
汽车制造业	5	1071	49034	0.02
铁路、船舶、航空航天和其他运输设备制造业	6	2799	213332	0.01
电气机械和器材制造业	50	45425	5791034	0.01
计算机、通信和其他电子设备制造业	15	16559	363956	0.05
仪器仪表制造业	5	10623	993280	0.01
电力、热力、燃气及水生产和供应业	5	172558	59127	2.92
电力、热力生产和供应业	3	171088	41188	4.15
燃气生产和供应业				
水的生产和供应业	2	1470	17939	0.08

9-5 规模以上工业企业用水情况(2017年)

指标名称	计量单位	取水量		外供水量	
		本期	上年同期	本期	上年同期
总计	**立方米**	**96646339**	**94587189**	**65040933**	**62591417**
地表淡水	立方米	76033308	73585879	0	0
地下淡水	立方米	7878559	8118462	0	0
自来水	立方米	11647132	11834914	65040933	62311969
其他水	立方米	1087339	1047933	0	279448

补充指标

指标名称	计量单位	本期	上年同期
外排水量	立方米	18568843	18829373
重复用水量	立方米	8772106	8798987

9-6 规模以上工业企业综合能耗(2017年)

综合能源消费量		万元产值能耗(吨标准煤/万元)	
指标值(吨标准煤)	增幅(%)	指标值(吨标准煤)	增幅(%)
1045668	-12.46	0.05	-16.67

9-7 全社会用电情况

单位：万千瓦时

指标	2017	2016	2015
全社会用电总计	**424294**	**385968**	**360430**
全行业用电合计	**345551**	**321122**	**304609**
第一产业	7761	11201	9689
第二产业	287747	264471	255721
第三产业	50043	45450	39199
城乡居民生活用电合计	**78743**	**64846**	**55821**
城镇居民	26977	21981	19668
乡村居民	51766	42865	36153
全行业用电分类	**345551**	**321122**	**304609**
农、林、牧、渔业	7761	11201	9689
工业	281744	259137	250184
轻工业	99959	91449	88178
重工业	181785	167688	162006
建筑业	6003	5334	5537
交通运输、仓储和邮政业	1255	1210	1008
信息传输、计算机服务和软件业	3840	3715	3436
商业、住宿和餐饮业	22903	20291	16965
金融、房地产、商务及居民服务业	9381	8482	7277
公共事业及管理组织	12664	11752	10513

9-8 分区镇工业用电情况

单位：万千瓦时

区镇名称	2017	2016	2015	2014	2013	2012
全市合计	**281744**	**259137**	**250184**	**245506**	**237811**	**223602**
海门市开发区	79285	71390	72538	71956	69488	63298
海门工业园区	23999	21355	19390	18826	17858	16731
海门港新区	22746	21647	20012	41071	18772	17002
临江新区	28418	23465	21169	94910	19319	18873
海门高新区	23687	22560	20111	41371	22381	19543
三厂工业园区	33497	30583	28308	28536	29826	26966
常乐镇	9607	9606	9428	11055	11116	10215
悦来镇	9581	9636	8705	8465	8095	7377
四甲镇	9736	9082	8960	8805	8975	8211
余东镇	6964	5666	5216	5213	5011	5624
正余镇	8540	7562	6656	6549	6216	5531
海永镇	–	–	–	–	–	–

9-9 工业污染排放及处理利用情况

指　　标	单 位	2017 年	2016 年
一、企业基本情况		海门市	海门市
汇总工业企业数	个	156	185
工业总产值(当年价格)	亿元	287.03	246.74
取水量	万吨	2102.28	1616.51
煤炭消耗量	万吨	54.52	60.27
其中:燃料煤消耗量	万吨	54.49	60.26
燃料煤平均含硫量	%	0.51	0.84
燃料煤平均灰分	%	13.32	20.05
燃料煤平均干燥无灰基挥发分	%	33.84	32.53
燃料油消耗量(不含车船用)	万吨	0.00	0.27
燃料油平均含硫量	%	0.66	0.20
焦炭消耗量	万吨	0.03	0.05
焦炭平均含硫量	%	0.08	0.00
焦炭平均灰分	%	0.50	0.00
天然气消耗量	亿立方米	0.94	0.17
其他燃料消耗量	万吨标煤	10.88	0.25
用电量	亿千瓦时	14.07	10.53
工业锅炉数	台	57	79
其中:35 蒸吨及以上的	台	7	4
其中:20(含)-35 蒸吨之间的	台	6	4
其中:10(含)-20 蒸吨之间的	台	12	1
其中:10 蒸吨以下的	台	38	74
工业锅炉蒸吨数	蒸吨	766	661
其中:20 蒸吨以上的蒸吨数	蒸吨	472	300
其中:安装脱硫设施的蒸吨数	蒸吨	450	300
其中:10-20(含)蒸吨之间的蒸吨数	蒸吨	168	20
其中:10(含)蒸吨以下的蒸吨数	蒸吨	127	341

9-9 续表1

指标	单位	2017年	2016年
工业窑炉数	座	37	55
二、工业废水			
废水治理设施数	套	125	147
废水治理设施处理能力	万吨/日	8.38	9.51
废水治理设施设备运行费用	万元	8152.19	8549.70
工业废水处理量	万吨	1111.33	1215.94
工业废水排放量	万吨	1257.59	1349.83
其中：直接排入环境的	万吨	137.71	168.01
排入污水处理厂的	万吨	1119.88	1181.82
化学需氧量产生量	吨	22885.84	16122.26
化学需氧量排放量	吨	996.67	1053.62
氨氮产生量	吨	736.25	735.94
氨氮排放量	吨	98.18	117.84
总氮产生量	吨	1257.87	1104.90
总氮排放量	吨	152.84	293.64
总磷产生量	吨	65.61	150.66
总磷排放量	吨	17.62	28.17
石油类产生量	吨	42.27	122.85
石油类排放量	吨	4.12	21.22
挥发酚产生量	千克	1347	929
挥发酚排放量	千克	398	466
氰化物产生量	千克	2261	9640
氰化物排放量	千克	125	190
废水砷产生量	千克	0	0
废水砷排放量	千克	0	0
废水铅产生量	千克	0	0
废水铅排放量	千克	0	0
废水镉产生量	千克	0	0
废水镉排放量	千克	0	0
废水汞产生量	千克	0	20
废水汞排放量	千克	0	1

9-9 续表 2

指标	单位	2017 年	2016 年
废水总铬产生量	千克	6717	11297
废水总铬排放量	千克	444	253
废水六价铬产生量	千克	4856	11264
废水六价铬排放量	千克	307	242
三、工业废气			
工业废气排放量	亿立方米	66.92	73.07
废气治理设施数	套	509	367
废气治理设施处理能力	万立方米/时	569.14	381.03
废气治理设施运行费用	万元	12751.30	5524.10
脱硫设施数	套	45	10
脱硝设施数	套	15	5
除尘设施数	套	112	64
VOCs 处理设施数	套	119	51
二氧化硫产生量	吨	5999.25	11011.62
二氧化硫排放量	吨	1218.14	3028.99
氮氧化物产生量	吨	2433.61	3076.50
氮氧化物排放量	吨	1259.98	1833.62
烟(粉)尘产生量	吨	109031.97	75818.41
烟(粉)尘排放量	吨	1496.05	1767.00
挥发性有机物(VOCs)产生量	吨	1853.01	2189.44
挥发性有机物(VOCs)排放量	吨	691.57	284.58
废气砷产生量	千克	0	0
废气砷排放量	千克	0	0
废气铅产生量	千克	0	0
废气铅排放量	千克	0	0

9-9 续表 3

指标	单位	2017 年	2016 年
废气镉产生量	千克	0	0
废气镉排放量	千克	0	0
废气汞产生量	千克	0	0
废气汞排放量	千克	0	0
废气总铬产生量	千克	273	0
废气总铬排放量	千克	11	0
废气六价铬产生量	千克	91	0
废气六价铬排放量	千克	5	0
四、工业固体废物			
一般工业固体废物产生量	万吨	34.31	20.82
一般工业固体废物综合利用量	万吨	27.37	20.25
其中:综合利用往年贮存量(一般固体废物)	万吨	0.02	0.05
一般工业固体废物处置量	万吨	5.87	0.06
其中:处置往年贮存量(一般固体废物)	万吨	0.04	0.00
一般工业固体废物贮存量	万吨	1.13	0.56
一般工业固体废物倾倒丢弃量	万吨	0.00	0.00
危险废物产生量	万吨	2.29	1.47
危险废物综合利用量	万吨	0.57	0.00
其中:综合利用往年贮存量(危险废物)	万吨	0.00	0.00
其中:送外单位综合利用量	万吨	0.03	0.00
危险废物处置量	万吨	1.70	0.69
其中:处置往年贮存量(危险废物)	万吨	0.27	0.00
送外单位处置量_其中:送持证单位处置量	万吨	1.60	0.69
危险废物贮存量	万吨	0.29	0.78
危险废物累计贮存量	万吨	0.59	0.78
危险废物倾倒丢弃量	万吨	0.00	0.00
危险废物内部年综合利用/处置能力	万吨	0.07	0.00

主要统计指标解释

能源消费量 指能源使用单位在报告期内实际消费的一次能源或二次能源的数量。就每种能源的实物消耗而言,是其消费量;如果将实际消费的各种能源折标准量相加所得到的能源消费量合计数据是企业投入消费的全部能源,没有扣除能源品种加工转换的重复因素。耗能工质(如水、氧气、压缩空气等),不论是外购的还是自产自用的,均不统计在能源消费量中。

工业生产能源消费 指工业企业为进行工业生产活动所消费的能源。主要包括:(1)用于本企业产品生产、工业性作业的能源,包括用作原料、材料、燃料、动力;作为能源加工转换企业,还包括用作加工转换的能源。(2)产品生产过程中作为辅助材料使用的能源。(3)生产工艺过程使用的能源。(4)新技术研究、新产品试制、科学试验使用的能源。(5)为了工业生产活动而在进行的各种修理过程中使用的能源。(6)生产区内的劳动保护用能等。

非工业生产能源消费 指在工业企业能源消费中,除"工业生产能源消费"以外的能源消费,即非工业生产用能和工业企业附属的不从事工业生产活动的非独立核算单位用能。比如本企业施工单位进行技术更新改造、维修等过程用能,非生产区的劳动保护用能,科研单位、农场、车队、学校、医院、食堂、托儿所等单位用能。但是必须注意,上述单位如果是独立核算的,其用能既不能包括在"工业企业能源消费"中,亦不能包括在"非工业生产能源消费"中。生产交通运输工具的企业(如造船厂、汽车制造厂),向成品轮船、汽车中添加动力用油,应算作企业的非工业生产消费。

能源加工、转换投入 能源加工、转换是为了特定的用途,将一种能源(一般为一次能源),经过一定的工艺,加工或转换成另外一种能源(二次能源)。

用作能源加工、转换的能源不能算作用于原材料。两者的区别是:用作加工、转换,投入的是能源,产出的主要产品还是能源,或产出的产品属于加工、转换过程中产生的不作能源使用的其他副产品和联产品。而用作原材料时,投入的是能源,产出的主要产品却是能源范畴以外的产品,包括产出的某种产品在广义上可以用作能源(比如可以燃烧以提供热量),但通常意义上不作能源使用的产品。

能源加工转换产出量 指经过能源加工转换装置产出的二次能源产品(包括不作能源使用的其他副产品和联产品),比如火力发电产出的电力,热电联产同时产出的电力、蒸汽、热水,洗煤产出的洗精煤、洗中煤、洗煤泥等,炼焦产出的焦炭、焦炉煤气和其他焦化产品,炼油产出的汽油、煤油、柴油、燃料油、液化石油气、炼厂干气和其他石油制品(石脑油、各种原料油、溶剂油、石蜡、润滑油、石油沥青等),制气产出的是焦炉煤气、其他煤气、焦炭和其他焦化产品(煤焦油、粗苯等)。

用作原材料的能源消费 指能源产品不作能源使用,即不作燃料、动力使用,而作为生产另外一种产品(非能源产品)的原料或作为辅助材料使用,作原料使用时通常构成这种产品的实体。它与用作加工、转换的区别是:用作加工、转换,投入的是能源,产出的主要产品还是能源(或产出的产品属于加工、转换过程中产生的不作能源使用的其他副产品和联产品)。而用作原材料时,投入的是能源,产出的主要产品却是能源范畴以外的产品,包括产出的某种产品在广义上可以用作能源(比如可以燃烧以提供热量),但通常意义上不作能源使用的产品。

综合能源消费量 指报告期内工业企业在工业生产活动中实际消费的各种能源的总和净值。计算综合能源消费量时,需要先将使用的各种能源折算成标准燃料后再进行计算。

综合能源消费量=工业生产消费的能源合计-加工转换产出能源合计 -回收利用能源合计。

终端能源消费量 是全国能源平衡表和地区能源平衡表中使用的概念，能源消费分两个部分，即加工转换消费和终端消费。终端能源消费,是在能源核算时,为反映能源的实际消费情况而设置的一个综合指标,它是指没有经过加工转换的一次能源或经过加工转换后的二次能源直接用作原料、材料、燃料、动力以及工艺性消费的数量,不包括用于加工转换的能源。

标准煤 亦称煤当量,指具有统一规定的标准热值的一种能源标准计量单位。我国规定每千克标准煤的热值为7000千卡。将不同品种、不同含量的能源按各自不同的热值,以7000千卡为一个计量单位换算成标准燃料,即为标准煤。

当量值 是指某种能源本身所含的热量,当量热值是固定不变的。

等价值 是指为了获得一个度量单位的某种二次能源(如汽油、柴油、电力、蒸气等)或耗能工质(如压缩空气、氧气、各种水等)所消耗的以热值表示的一次能源量。等价热值,实质上是除当量热值外,加上了能源转换过程中的能量损失,因此等价热值是个变动值,它与能源加工转换技术有关。随着技术水平的提高,等价值会不断降低,而趋向于二次能源所具有的能量。等价值可由下面的计算公式求得:等价热值当量热值/转化效率。

单位 GDP 能耗 是反映能源消费水平和节能降耗状况的主要指标,指一定时期内一个国家(地区)每生产一个单位的国内(地区)生产总值所消耗的能源。

计算公式为:单位 GDP 能耗=$\frac{\text{能源消费总量}}{\text{GDP}}$(注:十三五期间,GDP 均按 2015 年价格计算)

单位 GDP 能耗上升或下降(±%)=$(\frac{\text{能源消费总量增长指数}}{\text{GDP 增长指数}}-1)\times100\%$

单位 GDP 电耗 是指一定期内一个国家(地区)每生产一个单位的国内(地区)生产总值所消耗的电力。

计算公式为:单位 GDP 电耗=$\frac{\text{全社会用电量}}{\text{GDP}}$(注:十三五期间,GDP 均按 2015 年价格计算)

单位 GDP 电耗上升或下降(±%)=$(\frac{\text{全社会用电量增长指数}}{\text{GDP 增长指数}}-1)\times100\%$

取水量 指工业企业法人单位从各种水源实际提取的新水量。取水源包括地表水、地下水、自来水、污水处理达标水、未达标污水、收集雨水利用、以及企业从市场购得的其他水或水的产品(如纯净水、矿泉水等)。工业取水量包括采盐业所取的海水、汲取的地下卤水、盐湖水,包括海水淡化企业所取的海水,包括自来水生产企业所取的地表水和地下水,包括污水处理厂处理的污水。

取水量不包括重复用水量;不包括企业采自河流、水库、湖泊、海洋的水用于冷却,不重复使用,又排回到河流、水库、湖泊、海洋的水,我们称之为河湖海冷却水;不包括水力发电厂的发电动力用水量。

取水量按取水企业和供水单位商定的结算水表的流量计算。如没有水表,应按取水企业和供水单位商定的、或有关管理部门规定的计算方法计算取水量。

外供水量 指供水单位向用水单位提供的符合用水单位质量要求的水量。主要有自来水生产企业向城镇用户供应的自来水量;或者是纯净水、矿泉水生产企业向社会销售的产品水量;或者是污水处理厂将污水处理后得到的中水或符合用户要求标准的水质向用户单位提供的水量;或者是海水淡化水企业外供的淡化水量,或者是一些工业企业提取的低下水、地表水向外单位用户提供的水量。不包括向自然界直接排放的水量。

地表水 指河流、湖泊、水库、海洋等地表水源的水。地表水分为淡水和咸水。海水和内陆咸水湖的水为咸水。一般的河流、湖泊、水库的水是淡水。

地下水 指在地质岩层或土层中的水源,地下水的开采一般是通过钻井从地下抽取水量。地下水也分为淡水和咸水。

自来水 指地表水、地下水等经过供水企业加工处理,经认定达到自来水供水标准,通过城镇自来水管道网供应的水。

其他水 指上述水源没有涵盖的,或者界定不清的水。比如一些产品水,如纯净水、矿泉水、海水淡化水,或者污水处理厂处理的水等。其他水不应包括茶饮料、碳酸饮料、果汁饮料、酒类等大量用水的产品。

重复用水量 工业企业重复用水量就是指在企业内部,对生产和生活排放的废水直接或经过处理后回收再利用的水量,不包括企业从城市污水处理厂购买的中水或符合企业用水标准的水。企业废水在报告期每重复利用一次,计算一次重复用水量。重复用水量不包括河湖海冷却水用量。

河湖海冷却水用量 指企业采自河流、水库、湖泊、海洋的水用于冷却,不重复使用,又直接排回到的河流、水库、湖泊、海洋的水。河湖海冷却水用量是作为单独一项指标统计,不应包含在取水量的指标中。河湖海冷却水用量一般多见于发电厂。

废水排放量 指用水单位将所取水使用后,向本单位外排放的水量。废水排放可能经过本企业的净化处理,达到环保排放标准,也可能没有经过净化处理排放。废水排放量不包括河湖海冷却水。

废水排放量企业有计量装置的,按计量装置计量数据计算排放量。没有计量装置的,应依据有关管理部门规定的计算方法计算排水量,如没有具体的计算方法规定,可将取水量视为排水量填报。

废水处理达标水排放量 指用水单位所用的水,经过污水处理达到环保部门认可排放标准的水,向本单位外排放的水量。

废水未处理或未达标排放量 指用水单位所用的水,未经污水处理或经简单处理却没有达到环保部门认可排放标准的水,向本单位外排放的水量。

第十篇 10

农　业 Chapter

Agriculture

责任编辑：陈　辉　卢　静

10-1 主要年份农村基本情况

年份	乡个数(个)	镇个数(个)	乡村从业人员(万人)			
				农林牧渔劳动力	工业劳动力	建筑劳动力
1949	111	3	296450	241557		
1952	147	3	308698	255869		
1957	67	2	336740	280534		
1962	31	4	351932	294992		
1965	31	2	394466	360888		
1970	31	2	468753	455597		
1975	31	2	505676	474436	15206	3810
1978	31	2	520310	444877	42788	8004
1980	31	2	540327	427552	66597	8926
1985	31	3	547968	313766	115206	53014
1990	23	11	547841	291678	112228	73048
1991	23	11	567014	328430	111439	75252
1992	19	11	585417	314122	113807	76217
1993	19	11	574411	305505	108408	80939
1994	13	17	571348	294911	106912	85623
1995	13	17	565844	272013	108614	93214
1996	11	19	561823	268940	108849	95904
1997	11	19	572543	281959	106737	99965
1998	11	19	570156	287405	95273	101112
1999	11	19	564409	284735	89621	101219
2000	4	18	562701	281164	86854	103340
2001	1	21	561902	272872	89657	105628
2002	1	21	540782	250598	90989	104182
2003	1	21	507946	243313	93263	107603
2004	1	21	530479	203849	100045	110900
2005	1	21	537243	206574	92908	108103
2006	1	21	512873	163745	96382	107051
2007	1	21	508755	145601	102761	106609
2008	1	21	503063	139481	103787	107391
2009	1	21	503397	133966	106868	109624
2010	1	21	500818	129483	107668	110301
2011	1	21	499249	131142	104393	110804
2012	1	11	496739	125196	113756	114161
2013	1	11	492220	120670	113832	114205
2014	1	11	489900	117170	114032	114500
2015	0	12	490100	115800	114100	114200
2016	0	12	488800	115700	114000	113600
2017	0	12	489600	109000	116500	117000

10-2　主要年份耕地、播种面积

单位：公顷

年份	年末实有耕地面积	粮食作物播种面积	棉花播种面积	油料作物播种面积
1949	72414	107613	13491	3906
1952	72007	96271	23278	4124
1957	70643	77907	30840	1929
1962	62158	86345	18752	723
1965	61375	75364	26976	1833
1970	60053	73518	27079	1379
1975	59136	65527	26832	1367
1978	58503	65412	26530	1415
1980	59047	67210	27148	2170
1985	59416	62466	17020	4273
1990	59347	70773	14933	12246
1991	59310	68780	15480	14346
1992	59210	68300	15113	14406
1993	59000	66526	11598	18545
1994	58850	66380	11920	21820
1995	58480	65573	13500	21890
1996	58300	68686	10930	22670
1997	56912	70213	10700	21440
1998	56760	65680	10733	20320
1999	56805	62593	3611	28659
2000	56706	56811	2693	33799
2001	60810	52170	4630	32220
2002	60772	49310	3870	33210
2003	60697	48040	4680	32140
2004	60039	48130	6300	30570
2005	60031	46470	8000	30320
2006	60159	45900	7990	29770
2007	60160	45240	8240	29190
2008	60160	43290	10660	30350
2009	60101	42730	10700	30210
2010	59773	42310	10400	30400
2011	59773	40970	11430	30120
2012	53342	38920	10620	29780
2013	53323	37810	9560	29290
2014	53301	38810	9150	28590
2015	53084	39240	9140	28030
2016	53311	39940	8500	26820
2017	53311	41000	7000	27110

10-3 主要年份农林牧渔业主要产品产量

年 份	主要农产品产量			水产品产量（吨）	生猪年末存栏头数（头）	羊年末存栏数（只）
	粮 食（吨）	棉 花（吨）	油 料（吨）			
1965	220651	22774	2914	12585	169438	206384
1970	219000	16835	2093	7174	240213	214498
1975	242859	27500	3294	16239	238803	319158
1978	267434	25991	5827	12130	249011	337582
1980	269831	16281	4984	13000	200296	269717
1985	225219	7156	21321	14716	148000	277400
1990	288961	9798	40103	20109	58800	437700
1991	250916	10495	43470	22494	56300	442700
1992	288173	12091	46012	24048	59000	418200
1993	265660	7453	46308	30323	36187	463620
1994	257035	8140	54203	40119	39100	488400
1995	282487	11336	58414	47640	38242	543957
1996	281688	13014	60984	40043	33500	612500
1997	314574	10887	57118	63046	53000	512600
1998	278153	9970	42667	64190	55600	552300
1999	284557	3580	81024	61622	57876	603204
2000	262217	3029	101723	62036	61985	659535
2001	238035	5343	86859	64850	62418	694490
2002	210120	4934	91428	65276	63214	706656
2003	208779	5944	96731	67845	64779	731300
2004	213543	8033	96180	68499	66615	740314
2005	177239	9000	93990	70025	68400	763500
2006	187732	9590	94196	71582	71100	360000
2007	191374	10012	92865	75029	81000	327000
2008	187066	13111	88507	77685	89100	350000
2009	188484	11717	96270	79385	90800	380000
2010	188484	11717	96270	80823	92500	410800
2011	178376	12859	94547	82000	93300	450300
2012	184305	13063	92830	87087	94600	458900
2013	183800	11472	95388	86996	96600	474500
2014	189600	10700	91000	94272	99100	468300
2015	194615	10645	92270	95738	100400	459900
2016	191627	10593	85772	91321	100300	461100
2017	198367	8645	87368	92010	99000	302000

10-4 主要年份农林牧渔业总产值

单位：万元

年 份	农林牧渔总产值	农 业	林 业	牧 业	渔 业	农林牧渔服务业
1965	–	–	–	–	–	–
1970	–	–	–	–	–	–
1975	–	–	–	–	–	–
1978	–	–	–	–	–	–
1980	–	–	–	–	–	–
1985	40219	27796	309	9186	2928	–
1990	85283	56441	300	16871	11671	–
1991	73191	43574	261	16188	13168	–
1992	81739	47852	498	18489	14900	–
1993	88252	47482	199	21503	19068	–
1994	179915	90396	347	47774	41398	–
1995	252661	143582	871	54313	53895	–
1996	268695	169370	1092	42722	55511	–
1997	291301	177591	1085	42678	69947	–
1998	303182	179072	1114	42517	80479	–
1999	310931	197738	1123	42209	69861	–
2000	324568	205846	1099	43675	73948	–
2001	342316	228040	1143	40740	72393	–
2002	361611	232062	1240	53478	74831	–
2003	313361	158561	1456	56481	75974	20889
2004	355406	177772	1847	63809	88520	23458
2005	380709	180134	2128	69728	102212	26507
2006	397063	193346	3678	67925	102999	29115
2007	409373	193662	4128	75884	105273	30426
2008	475658	228967	4322	92385	116435	33549
2009	542551	259044	4530	100086	138230	40661
2010	599831	296557	4667	104669	150244	43694
2011	660399	326839	4910	112155	160567	55928
2012	737042	368544	5400	103000	180020	80078
2013	804290	398845	5900	115299	196246	88000
2014	863767	427837	7208	116361	210861	101500
2015	908461	455275	10439	122613	212778	107356
2016	941171	469257	10468	125666	218045	111735
2017	999911	497972	11091	129751	220954	140143

注：本表按当年价格计算。

10–5 乡村实有

	一、劳动年龄内人口数			二、超过劳动年龄而实际参加劳动的人数
	合计	上学学生数	丧失劳动能力的人数	
海门市	**439800**	**23000**	**14900**	**87700**
开发区	17467	2292	1118	8164
海门工业园区	41857	2019	2098	8162
海门港新区	90547	3670	2112	12344
临江新区	20085	1063	1473	4743
海门高新区	42189	3176	1154	14622
三厂工业园区	20442	705	65	4604
常乐镇	40346	2553	904	6680
悦来镇	78256	2027	541	9370
四甲镇	31221	2258	2878	7532
余东镇	27727	1762	1352	5545
正余镇	27012	1255	959	5402
海永镇	2651	220	246	530

劳动力(2017年)

单位:人

三、乡村实有从业人员				四、从业人员构成情况		
小计	其中:劳动年龄内从业人员数	1、男从业人员	2、女从业人员	1、从业牧渔从业人员		2、工业从业人员
				小计	其中:种植业从业人员	
489600	**401900**	**253000**	**236600**	**112300**	**87100**	**116200**
24258	15175	9879	5296	2710	2288	5831
43222	39838	20315	19523	9312	8819	13118
97823	86877	47184	39693	21662	16601	18034
23174	19022	10958	8064	6612	5831	6041
49652	39013	23503	15510	12083	10170	13832
21893	19737	10176	9561	3313	2233	4374
46457	37793	20431	17362	14979	12827	12354
82689	76229	43500	32729	17419	10122	16325
35759	28963	16031	12932	9621	7954	9183
30539	25965	16267	9598	9278	8176	7513
31515	25757	14778	10979	8060	6271	6914
2619	2431	1278	1153	651	308	579

	四、从业人员构成情况			
	3、建筑从业人员	4、交通运输业、仓储业和邮政从业人员	5、信息传输、计算机服务和软件业从业人员	6、批发与零售业从业人员
海门市	**114000**	**23000**	**4800**	**67300**
开发区	6201	810	294	1503
海门工业园区	6644	2877	271	15153
海门港新区	19916	4910	1131	10050
临江新区	6970	2387	352	5653
海门高新区	9229	1771	483	4156
三厂工业园区	3596	1710	69	4465
常乐镇	13883	1546	321	4154
悦来镇	16576	2376	519	5082
四甲镇	10249	1883	442	7614
余东镇	9902	1127	460	7087
正余镇	10140	1277	326	2680
海永镇	894	226	32	103

续表

单位：人

四、从业人员构成情况							
7、住宿和餐饮业从业人员	8、金融、保险业从业人员	9、房地产、社会服务从业人员	10、卫生、体育和社会福利业从业人员	11、教育、文化、艺术和广播电视事业从业人员	12、科学研究和综合技术服务事业从业人员	13、乡经济组织管理从业人员	14、其他从业人员
12700	**2300**	**18400**	**2800**	**2500**	**900**	**2000**	**10400**
382	134	499	89	99	22	45	721
1842	217	1662	183	483	281	169	733
2344	355	5368	436	334	87	200	2153
1425	101	2497	491	84	27	74	245
1163	381	904	330	350	184	469	983
664	55	951	79	66	21	51	379
510	190	759	187	111	30	126	816
1123	257	769	210	259	94	292	1051
1179	297	1295	275	368	62	129	1062
944	139	2341	213	147	49	174	790
875	104	1014	107	99	43	152	1162
49	0	40	0	0	0	19	5

10-6 农业主要能源和物质消耗(2017 年)

指标	计量单位	数量
乡、村办水电站数	个	0
装机容量	万千瓦	0
发电量	万千瓦小时	0
农村用电量	万千瓦小时	274552
农用化肥施用量(按折纯法)	吨	43998
氮肥	吨	16520
磷肥	吨	10030
钾肥	吨	2750
复合肥	吨	14698
农用塑料薄膜使用量	吨	3012
# 地膜使用量	吨	1155
地膜覆盖面积	公顷	18200
农用柴油使用量	吨	4320
农药使用量	吨	1020
旱涝保收面积	千公顷	_
机电排灌面积	千公顷	_

10-7 农林牧渔业总产值(2017年)

指标名称	按现行现价格计算	按可比价格计算
农林牧渔业总产值	999911	974802
一、农业产值	497972	484408
1.谷物及其他作物	172064	167377
(1)谷物	56990	
其中:小麦	7136	
稻谷	8334	
玉米	37194	
(2)薯类	19134	
(3)油料	46207	
其中:花生	14191	
油菜籽	29959	
(4)豆类	20988	
其中:大豆	7082	
(5)棉花	21047	
(6)生麻	0	
(7)糖料	6980	
(8)烟草	0	
(9)其他农作物	718	
其中:饲料作物	75	
2.蔬菜、食用菌及花卉盆景园艺	232856	226514
(1)蔬菜(含菜用瓜)	226952	
(2)食用菌	698	
(3)花卉	343	
(4)其他园艺作物	4863	
3.水果、坚果、饮料和香料	75174	73126
(1)水果(含果用瓜)	75174	

10-7 续表1

指标名称	按现行现价格计算	按可比价格计算
其中:苹果	0	
梨	822	
柑橘	478	
(2)食用坚果		
(3)茶及饮料原料		
其中:茶		
(4)香料作物		
4.中药材	17878	17391
二、林业产值	11091	10810
(一)林木的培育和种植	11091	10810
1.育种育苗	493	
2.造林	1567	
3.抚育和管理	9031	
(二)竹木采运		
其中:村及村以下		
(三)林产品		
三、牧业产值	129751	127581
(一)牲畜饲养	34619	34040
1.牛的饲养		
2.羊的饲养	32728	
3.其他牲畜饲养		
4.奶产品	1891	
其中:生牛奶	1891	
5.毛绒产品		
其中:羊毛		
山羊绒		
6.其他牲畜副产品		

10-7 续表 2

指标名称	按现行现价格计算	按可比价格计算
(二)猪的饲养	19670	19341
1.肉猪	19670	
2.猪的副产品		
(三)家禽饲养	70446	69268
1.肉禽	31885	
2.禽蛋	38561	
3.羽绒		
(四)狩猎和捕捉动物		
(五)其他畜牧业	5016	4932
其中:蚕茧	1833	
家兔		
四、渔业产值	220954	215145
(一)海水水产品	150830	146865
其中:养殖		
1.鱼类	51800	
2.虾蟹类	16833	
3.贝类	64632	
4.藻类	149	
5.其他	17416	
(二)淡水产品	70124	68280
其中:养殖		
1.鱼类	37405	
2.虾蟹类	25858	
3.贝类	143	
4.藻类	0	
5.其他	6718	
五、农林牧渔服务业	140143	136858

10-8 主要农产品生产情况(2017年)

指标名称	播种面积	单产	总产量
	千公顷	公斤/公顷	吨
农作物总播种面积	115.01		
一、粮食作物	40.68	4876	198371
(一)夏收粮食	15.79	2999	47347
1、夏收谷物	5.90	4491	26499
(1)小麦	4.80	4646	22301
(2)元麦	0.60	3955	2373
(3)大麦	0.50	3650	1825
2、夏收豆类(蚕豌豆)	9.89	2108	20848
(二)秋收粮食	24.89	6068	151024
1、秋收谷物	16.39	7064	115774
(1)稻谷	2.70	8819	23811
①早稻			
②中稻和单季晚稻	2.70	8819	23811
③双季晚稻			
稻谷中:籼稻			
粳稻	2.70	8819	23811
糯稻			
(2)玉米	13.22	6862	90716
(3)谷子	0.14	1329	186
(4)高粱			
(5)荞麦			
(6)其它谷物	0.33	3215	1061
2、秋收豆类	6.39	2000	12781
其中:大豆	5.96	2014	12003
绿豆	0.03	1533	46
红小豆	0.40	1830	732
3、秋收薯类	2.11	10649	22469

10-8 续表

指标名称			
	播种面积	单产	总产量
	千公顷	公斤/公顷	吨
二、油料	27.11	3223	87368
其中:花生	6.12	3400	20808
油菜籽	20.69	3195	66105
芝麻	0.30	1517	455
胡麻籽			
葵花籽			
三、棉花(皮棉)	7.00	1235	8645
四、生麻			
其中:生黄麻			
生红麻(洋麻)			
生苎麻			
生大麻(线麻)			
生亚麻			
五、糖料	0.47	55000	25850
(一)甘蔗	0.47	55000	25850
(二)甜菜			
六、烟叶(未加工烟草)			
其中:烤烟(未去梗烤烟叶)			
七、中草药材	0.55		
八、蔬菜(含菜用瓜)	30.64	29398	900760
九、瓜果类	7.25	29039	210536
其中:西瓜	3.00	28443	85329
香瓜(甜瓜)	2.02	28328	57223
草莓	2.18	27438	59815
十、其他农作物	1.31		
其中:青饲料	0.34		
绿肥	0.11		
薄荷	0.10	130	13
留兰香			
附:常年种蔬菜面积	9.00		
饲料用青贮玉米面积			

10–9 畜牧业产量（2017 年）

品种	指标	2017	2016	增幅%
猪	饲养量	24.01	24.19	–0.7
	当年出栏	14.11	14.16	–0.4
	年末存栏	9.9	10.03	–1.3
羊	饲养量	64.01	94.03	–31.9
	当年出栏	33.81	47.92	–29.4
	年末存栏	30.2	46.11	–34.5
禽	饲养量	1726.73	1653.19	4.4
	当年出栏	1296.23	1332.64	–2.7
	年末存栏	430.5	320.55	34.3

10-10 分区镇农业总产值

单位:万元

区镇	2017	2016	2015	2014	2013	2012
海门市	**999911**	**941171**	**908491**	**863767**	**804290**	**737042**
开发区	38545	36281	35022	33299	28843	26558
海门工业园区	95057	89473	86366	82090	77134	74532
海门港新区	226816	213492	206079	195940	190984	174995
临江新区	76510	72015	69514	66094	60638	55513
海门高新区	79593	74917	72316	68758	58343	50224
三厂工业园区	35573	33483	32277	30689	26233	23863
常乐镇	93032	87567	84526	80368	75912	68883
悦来镇	121011	113902	109947	104538	100082	91776
四甲镇	75633	71190	68719	65338	60382	55433
余东镇	61782	58153	56134	53372	48916	45087
正余镇	89276	84031	81113	77122	72664	66523
海永镇	7083	6667	6478	6159	4159	3654

10-11　分区镇农业总产值构成(2017年)

单位:万元

区镇	合计	种植业	林业	牧业	渔业	农林牧渔服务业
海门市	**999911**	**497972**	**11091**	**129751**	**220954**	**140143**
开发区	38545	19151	50	4943	9003	5398
海门工业园区	95057	47229	947	12244	21322	13315
海门港新区	226816	113258	3074	28986	48950	31766
临江新区	76510	38015	1187	9614	16979	10715
海门高新区	79593	39548	946	10401	17551	11147
三厂工业园区	35573	17674	493	4470	7954	4981
常乐镇	93032	46224	708	12390	20680	13029
悦来镇	121011	60126	952	16306	26679	16947
四甲镇	75633	37580	869	9804	16787	10592
余东镇	61782	30698	810	7963	13659	8652
正余镇	89276	44358	1003	11718	19665	12502
海永镇	7083	4111	52	912	1725	1097

10–12 分区镇农业增加值构成（2017 年）

单位：万元

区镇	合计	种植业	林业	牧业	渔业	农林牧渔服务业
海门市	**629059**	**351595**	**7128**	**57374**	**143981**	**68981**
开发区	24249	13537	296	2211	5549	2657
海门工业园区	59802	33384	729	5453	13683	6553
海门港新区	142694	79660	1735	13012	32650	15636
临江新区	48133	26871	585	4389	11014	5274
海门高新区	50073	27954	609	4566	11457	5487
三厂工业园区	22379	12493	273	2041	5120	2452
常乐镇	58528	32674	712	5337	13391	6413
悦来镇	76130	42500	926	6942	17419	8342
四甲镇	47582	26563	579	4339	10887	5214
余东镇	38868	21699	479	3544	8887	4259
正余镇	56165	31354	684	5122	12851	6154
海永镇	4456	2906	480	416	1073	540

10-13 农业机械年末拥有量(2017 年)

	计量单位	数量
农业机械总动力	**千瓦**	**386084**
# 柴油机	千瓦	235220
汽油机	千瓦	13116
电动机	千瓦	137748
其它	千瓦	
拖拉机及配套机械		
拖拉机	台	2356
	千瓦	83077
大中型(14.7 千瓦及以上)	台	1350
	千瓦	73517
# 14.7–18.4 千瓦(含 14.7 千瓦)	台	4
	千瓦	71
18.4–36.7 千瓦(含 18.4 千瓦)	台	403
	千瓦	11310
36.7–58.8 千瓦(含 36.7 千瓦)	台	452
	千瓦	23620
58.8 千瓦及以上	台	491
	千瓦	38516
# 轮式	台	1343
	千瓦	73192
小型(2.2–14.7 千瓦,含 2.2 千瓦)	台	1006
	千瓦	9560
# 手扶式	台	964
	千瓦	8764
拖拉机配套农具	台	4569
大中型	台	2161
小型	台	2408
种植业机械		
耕整地机械		

10-13 续表 1

	计量单位	数量
耕整机	台(套)	276
	千瓦	1461
机耕船	艘	
	千瓦	
机引犁	台	121
旋耕机	台	2290
深松机	台	16
机引耙	台	28
种植施肥机械		
播种机	台	899
# 免耕播种机	台	583
精少量播种机	台	239
水稻种植机械		
水稻直播机	台	12
水稻插秧机	台	107
	千瓦	1520
# 乘坐式	台	63
	千瓦	1004
水稻浅栽机	台	
	千瓦	
化肥深施机	台	
地膜覆盖机	台	5
农用排灌机械		
排灌动力机械	台	33699
	千瓦	52850
# 柴油机	台	740
	千瓦	6338
电动机	台	32862
	千瓦	46074

10-13 续表 2

	计量单位	数量
农用水泵	台	33034
节水灌溉类机械	套	176
田间管理机械		
机动喷雾(粉)机	台	6545
	千瓦	9296
茶叶修剪机	台	
	千瓦	
收获机械		
联合收获机	台	220
	千瓦	12839
稻麦联合收割机	台	204
	千瓦	11776
# 自走式	台	167
半喂入式	台	27
	千瓦	1658
玉米联合收获机	台	16
	千瓦	1063
# 自走式	台	16
割晒机	台	
	千瓦	
其他收获机械	台	1065
	千瓦	13027
# 大豆收获机	台	
	千瓦	
油菜籽收获机	台	138
	千瓦	8426
马铃薯收获机	台	
	千瓦	
甜菜收获机	台	
	千瓦	

10-13 续表3

	计量单位	数量
花生收获机	台	
	千瓦	
棉花收获机	台	
	千瓦	
蔬菜收获机	台	5
	千瓦	241
茶叶采摘机	台	
	千瓦	
青饲料收获机	台	6
	千瓦	51
牧草收获机	台	
	千瓦	
秸秆粉碎还田机	台	795
秸秆捡拾打捆机	台	75
	千瓦	2472
玉米收获专用割台	台	16
大豆收获专用割台	台	
油菜籽收获专用割台	台	
收获后处理机械		
机动脱粒机	台	2716
	千瓦	5057
谷物烘干机	台	148
	千瓦	1161
种子加工机械	台	13
	千瓦	71
保鲜储藏设备	台(套)	79
	千瓦	582
设施农业设备		
水稻工厂化育秧设备	套	6

10-13 续表4

	计量单位	数量
温室	平方米	83149800
# 设施总面积	平方米	82959800
连栋温室	平方米	2074700
日光温室	平方米	150000
塑料大棚	平方米	80735100
农产品初加工机械		
农产品初加工动力机械	台	6912
	千瓦	56985
# 柴油机	台	1097
	千瓦	10224
电动机	台	5815
	千瓦	46761
农产品初加工作业机械	**台**	**5316**
# 粮食加工机械	台	3903
油料加工机械	台	300
棉花加工机械	台	485
果蔬加工机械	台(套)	557
茶叶加工机械	台(套)	
畜牧养殖机械	台(套)	3089
	千瓦	16667
# 饲草料加工机械	台(套)	2208
	千瓦	13404
畜牧饲养机械	台(套)	848
	千瓦	3080
畜产品采集加工机械	台(套)	17
	千瓦	159
# 挤奶机	台	16
	千瓦	144
剪羊毛机	台	
	千瓦	

10-13 续表 5

	计量单位	数量
渔业机械	**台**	**4546**
	千瓦	**57075**
# 增氧机	台	3148
	千瓦	7271
投饵机	台	737
	千瓦	400
林果业机械	**台**	
	千瓦	
# 挖坑机	台	
	千瓦	
果树修剪机	台	
	千瓦	
运输机械		
农用运输车	台	
	千瓦	
三轮汽车	台	
	千瓦	
低速载货汽车	台	
	千瓦	
手扶变型运输机	台	1504
	千瓦	31483
农用挂车	台	
农田基本建设机械	**台**	**677**
	千瓦	**30718**
其他机械		
# 农用飞机	架	
农业机械原值和净值		
农业机械原值	万元	62393
农业机械净值	万元	24689

10-14 农机化作业情况(2017年)

指标名称	计量单位	数量
农机化作业总体情况		
机耕面积	公顷	47510
机播面积	公顷	23187
机电灌溉面积	公顷	59805
机械植保面积	公顷	78589
机收面积	公顷	19622
主要农作物农机化作业情况		
小麦		
小麦机耕面积	公顷	9066
小麦机播面积	公顷	8904
小麦机收面积	公顷	8673
水稻		
水稻机耕面积	公顷	4146
水稻机械种植面积	公顷	4146
# 水稻机播面积	公顷	1644
水稻机插面积	公顷	2502
水稻机浅栽面积	公顷	
水稻机收面积	公顷	4123
玉米		
玉米机耕面积	公顷	13340
玉米机播面积	公顷	2427
玉米机收面积	公顷	2330
大豆		
大豆机耕面积	公顷	4470
大豆机播面积	公顷	4200
大豆机收面积	公顷	2766
油菜		
油菜机耕面积	公顷	8416
油菜机播面积	公顷	1020

10-14 续表 1

指标名称	计量单位	数量
油菜机收面积	公顷	1730
马铃薯		
马铃薯机耕面积	公顷	
马铃薯机播面积	公顷	
马铃薯机收面积	公顷	
花生		
花生机耕面积	公顷	7152
花生机播面积	公顷	
花生机收面积	公顷	
棉花		
棉花机耕面积	公顷	920
棉花机播面积	公顷	
棉花机收面积	公顷	
单项农机化作业情况		
机械深耕面积	公顷	667
机械深松面积	公顷	310
机械化免耕播种面积	公顷	
# 机械化免耕覆盖播种面积	公顷	
保护性耕作面积	公顷	
精少量播种面积	公顷	2178
机械深施化肥面积	公顷	
机械铺膜面积	公顷	102
农田机械节水灌溉面积	公顷	2579
机械播种牧草面积	公顷	
机械收获牧草数量	吨	
机械化秸秆还田面积	公顷	11656
秸秆捡拾打捆面积	公顷	
机械化青贮秸秆数量	吨	63000
农机运输作业量	万吨.公里	2343
# 农业运输作业量	万吨.公里	43

10–14 续表 2

指标名称	计量单位	数量
农田基本建设作业量	立方米	421
农用飞机作业面积	公顷	
农机专业合作社作业服务面积	公顷	125965
农机跨区作业面积	公顷	4867
# 跨区机耕面积	公顷	2250
跨区机播面积	公顷	2100
跨区机收面积	公顷	517
# 跨区机收小麦	公顷	300
跨区机收水稻	公顷	217
跨区机收玉米	公顷	
农产品初加工机械化作业情况		
实际脱出农产品总量	吨	1251000
# 机械脱出农产品数量	吨	557000
# 机械脱粒粮食数量	吨	202200
实际清选农产品总量	吨	1243900
# 机械清选农产品数量	吨	732800
实际保质农产品总量	吨	1243900
# 机械保质农产品数量	吨	412200
# 机械烘干粮食数量"	吨	90000
机械初加工农产品数量	吨	508300
# 加工粮食数量	吨	217000
加工油料数量	吨	16300
加工棉花数量	吨	400
加工果蔬数量	吨	274600
加工茶叶数量	吨	
畜牧业机械化作业情况		
收获的饲草秸秆总量	吨	1749300
# 机械收获饲草秸秆量	吨	1351700
饲草料加工总量	吨	602000
# 机械化饲草料加工数量	吨	593000

10-14 续表 3

指标名称	计量单位	数量
畜禽总数(折算为羊单位)	个	2177000
# 机械饲喂的畜禽数量(折算为羊单位)	个	818000
机械清粪的畜禽数量(折算为羊单位)	个	798000
环控畜禽总数(折算为羊单位)	个	1112870
# 机械环控的畜禽数量(折算为羊单位)	个	752300
产奶家畜数量(折算为羊单位)	个	5200
# 机械挤奶的家畜数量(折算为羊单位)	个	5200
产毛畜禽数量(折算为羊单位)	个	
# 机械剪毛的畜禽数量(折算为羊单位)	个	
蛋禽数量(折算为羊单位)	个	135600
# 机械捡蛋的蛋禽数量(折算为羊单位)	个	18700
林果业机械化作业情况		
林果业(果茶桑)种植面积	公顷	1902
# 机械中耕面积	公顷	1603
机械施肥面积	公顷	591
机械植保面积	公顷	1892
机械修剪面积	公顷	1586
林果业(果茶桑)采收产量	吨	102378
# 机械采收产量	吨	2668
# 机械田间转运产量	吨	58650
设施农业机械化作业情况		
设施耕整地机械化面积	公顷	6837
设施种植机械化面积	公顷	2028
设施采运机械化面积	公顷	1917
设施灌溉施肥机械化面积	公顷	5642
设施环境调控机械化面积	公顷	3232
补充资料:免耕播种面积		
# 小麦免耕播种面积	公顷	
水稻免耕播种面积	公顷	
玉米免耕播种面积	公顷	

10-15 农机化管理服务与经营效益情况(2017年)

指标名称	计量单位	数量
农机化培训	**人次**	**1361**
培训农机管理人员	人次	290
培训农机技术人员	人次	450
培训农机监理人员	人次	36
培训农机操作人员	人次	491
农机维修		
维修拖拉机	台次	6026
维修联合收获机	台次	1109
维修水稻插秧机	台次	35
维修运输机械	台次	6210
维修其它农机具	台次	9780
农机鉴定		
推广鉴定证书当年发证数量	件	—
农机监理装备		
监理车辆	辆	1
安全检测设备	套	1
# 拖拉机检测设备	套	1
农机化投入情况		
农机化总投入	万元	8584
# 一般行政事业支出	万元	1580
基本建设	万元	2630
科研	万元	60
推广培训	万元	87
农业机械购置	万元	3260
其他	万元	967
经营效益情况		
总收入	万元	28860
成本与费用	万元	21190
利润总额	万元	7670

主要统计指标解释

农林牧渔业总产值　指以货币表现的农、林、牧、渔业全部产品和对农业生产进行各种支持性服务活动的总量，它反映一定时期内农业总规模和总成果。从2003年开始农林牧渔业总产值执行新的国民经济行业分类标准，包括农业、林业、牧业、渔业、农林牧渔服务业，不再包括包民家庭兼营商品性工业。农林牧渔业总产值中的农、林、牧、渔四业的计算方法通常是按农、林、牧、渔业产吕及其副产品的产量分别乘以各自单位产品价格求得，现行价格从2003年开始使用生产价格调查的价格；少数生产周期较长，当年没有产品或产品产量不易统计的，则采用间接方法匡算其产值；然后将四业产品产值与农林牧渔服务业产值相加即为农林牧渔业总产值。

粮食产量　指全社会的产量。包括国有经济经营的、集体统一经营的和农民家庭经营的粮食产量，还包括工矿企业办的农场和其他生产单位的产量。粮食除包括稻谷、小麦、玉米、高粱、谷子及其他杂粮外，还包括薯类和豆类。其产量计算方法，豆类按去豆荚后的干豆计算；薯类(包括甘薯和马铃薯，不包括芋头和木薯)按5公斤鲜薯折1公斤粮食计算。

棉花产量　指全社会的产量，产量按皮棉计算。

油料产量　指全部油料作物的生产量。包括花生、油菜籽、芝麻、向日葵籽、胡麻籽、(亚麻籽)和其他油料。不包括大豆、大本油料和野生油料。花生以带壳干花生计算。

水产品产量　指人工养殖的水产品和天然生长的水产品的捕捞量。包括海水的鱼类、虾蟹类、贝类和藻类以及内陆水域的鱼类、虾蟹类和贝类，不包括淡水水生植物。

猪、牛、羊肉产量　指当年出栏并已屠宰、除去头蹄下水后带骨肉(即胴体重)的重量。

期初(末)畜禽存栏头(只)数　指报告期初(末)农村各种合作经济组织和国营农场、农民个人、机关、团体、学校、工矿企业、部队等单位以及城镇居民饲养的大牲畜、猪、羊、家禽等畜的存栏数。

耕地面积　是指年初可用来种植农作物并经常进行耕种、能够正常收获土地。包括当年实际耕种的熟地、当年新开荒地、休闲不满三年随时可以复耕的地和当年休闲以及以种植农作物为主并附带种植桑树、茶树、果树和其他林木的土地、沿海、沿湖地区已围垦利用的“海涂”、“湖田”等面积。不包括临时种值农作物的坡度在25度以上的陡坡地、在河套、湖畔、库区临时开发的成片或零星土地，属于专业性的桑园、茶图、果园、果木苗圃、林地、芦苇地、天然或人工草地面积、也不包括已列为国家和省(区、市)退耕计划但临时耕种的土地。

农作物播种面积　指实际播种或移植有农作物的面积。凡是实际种植有农作物的面积，不论种植在耕地上还是种植在非耕地上，均包括在农作物播种面积中。在播种季节基本结束后，因遭灾而重新改种和补种的农作物面积，也包括在内。

有效灌溉面积　指具有一定的水源，地块比较平整，灌溉工程或设备已经配套，在一般年景下当年能够进行正常灌溉的耕地面积。在一般情况下，有效灌溉面积应等于灌溉工程或设备已经配备，能够进行正常灌溉的水男和水浇地面积之和。

农用化肥施用量　指本年内实际用于农业生产的化肥数量，包括氮肥、磷肥、钾肥和复合肥。化肥施用量要求按折纯量计算数量。折纯量是指把氮肥、磷肥、钾肥分别按含氮、含五氧化二磷、含氧化钾的百分之一百成份进行折算后的数量。复合肥按其所含主要成分析算。

农业机械总动力　指主要用于农、林、牧、渔业的各种动力机械的动力总和。包括耕地机械、排灌机械、收获机械、农用运输机械、植物保护机械、牧业机械、林业机械、渔业机械和其他农业机械(内燃机按引擎马力折成瓦(特)计算、电动机按功率折成瓦(特)计算)。不包括专门用于乡、镇、村、组办工业、基本建设、非农业运输、科学试验和教学等非农业生产方面用的动力机械与作业机械。

第十一篇 工 业

Chapter 11

Industry

责任编辑:张　宇

11-1 主要年份规模以上工业企业主要经济指标

单位：万人、万元

年份	规模以上工业企业从业人员平均人数	规模以上工业总产值	资产合计	流动资产合计	主营业务收入	利润总额	利税总额
1978				6835	16986	2343	2758
1979				8869	18888	2867	3361
1980				9342	24376	3489	4048
1981				11978	27724	3602	4158
1982				12456	30832	3160	3694
1983				12874	37079	4241	5385
1984				13940	43256	3540	4681
1985				32163	59093	6824	9003
1986				36612	71796	6319	9232
1987				34196	96100	7991	10122
1988				48143	138989	9822	12849
1989				95187	143796	3692	11155
1990				103820	149889	3639	13733
1991				124249	186555	4379	15227
1992				203982	247864	7226	18145
1993				191243	375493	9783	26845
1994				242631	416371	7181	24667
1995				305645	495504	2812	27303
1996				326587	482202	3713	34549
1997				342839	595902	4213	33361
1998		680868		288784	526119	5062	25754
1999		784348		420664	714213	6719	37433
2000	5	891076	568209		699604	12375	41122
2001	5	1054863	588238	315810	857175	26710	60793
2002	5	1333682	657725	337811	1104201	33671	72297
2003	5	1633110	760402	429736	1492761	71947	120241
2004	5	2431743			2338309		
2005	6	3366585	1187107		3263915	185896	308559
2006	6	4883709	1561048		4829145	268294	428416
2007	8	6320511	2054654	1267329	6242472	435591	708868
2008	8	8000306	2595162		7907904	608980	983452
2009	9	9459221	3256492		9342866	743769	1207240
2010	9	11037005	3680261	2075544	10939987	1002780	1536283
2011	10	12365551	4279079	2336126	12158918	1329658	1966219
2012	10	14146136	4797090	2636402	14018880	1530333	2310204
2013	11	16364036	5835385	3176754	16263762	1794930	2716590
2014	12	18016183	8197070	4220706	17846058	1957678	2958221
2015	12	18922947	8853375	4285961	18772727	2064915	3116985
2016	12	20869674	10017261	4830980	20571036	2197159	3241082
2017	11	21633240	10927063	5247747	21479440	2252298	3279184

11-2 规模以上工业企业单位数

单位:个

指标名称	2017 年	2016 年	2015 年
总计	**655**	**621**	**648**
# 亏损企业	31	11	18
# 国有控股企业	4	7	7
# 轻工业	296	284	307
重工业	359	337	341
# 大型企业	10	11	10
中型企业	62	59	62
小型企业	571	542	564
微型企业	12	9	12
按登记注册类型分组			
国有企业	1	2	2
集体企业	5	4	5
股份合作企业	5	5	5
股份有限公司	11	8	8
外商及港澳台商投资企业	230	233	262
其他经济类型企业	403	369	366
按行业分			
农副食品加工业	9	9	9
食品制造业	5	3	3
纺织业	127	126	160
纺织服装、服饰业	28	26	27
皮革、毛皮、羽毛及其制品和制鞋业	16	16	16

11-2 续表

单位:个

指标名称	2017年	2016年	2015年
木材加工和木、竹、藤、棕、草制品业	2	1	2
家具制造业	1	1	2
造纸和纸制品业	5	5	6
印刷和记录媒介复制业	5	3	3
文教、工美、体育和娱乐用品制造业	54	52	52
石油加工、炼焦和核燃料加工业	0	0	0
化学原料和化学制品制造业	51	50	48
医药制造业	13	13	13
化学纤维制造业	1	1	1
橡胶和塑料制品业	31	26	25
非金属矿物制品业	47	40	40
黑色金属冶炼和压延加工业	15	15	15
有色金属冶炼和压延加工业	22	22	22
金属制品业	38	37	39
通用设备制造业	67	65	61
专用设备制造业	24	23	21
汽车制造业	5	4	1
铁路、船舶、航空航天和其他运输设备制造业	9	9	8
电气机械和器材制造业	53	48	47
计算机、通信和其他电子设备制造业	16	16	17
仪器仪表制造业	5	5	5
电力、热力生产和供应业	3	3	3
燃气生产和供应业	0	0	1
水的生产和供应业	2	1	1

11-3 规模以上工业企业现价产值

单位:万元

指标名称	2017 年	2016 年	2015 年
总计	**21633240**	**20869674**	**18922947**
# 新产品产值	3506596	3727234	3468142
# 国有控股企业	536950	269456	241373
大中型企业	239903	200839	9737014
# 轻工业	4762089.16	4909543	4594986
重工业	16836266.09	15960131	14327961
# 民营工业	13816703	12865208	11497520
私营企业	11509572	10826673	9720585
按登记注册类型分组			
国有企业	15033	62442	51390
集体企业	29664	38304	34763
股份合作企业	105173	197881	161256
股份制企业	13950030	12580275	11225424
外商及港澳台商投资企业	7342642	7786419	7229811
其他经济类型企业	190748	178727	220303
按行业分组			
农副食品加工业	376197	315688	349823
食品制造业	152864	108029	87962
纺织业	2439728	2544945	1349084
纺织服装、服饰业	249600	277840	298950
皮革、毛皮、羽毛及其制品和制鞋业	272457	429021	404102
木材加工和木、竹、藤、棕、草制品业	5143	2804	3810

11-3 续表

单位:万元

指标名称	2017年	2016年	2015年
家具制造业	3270	3740	4692
造纸和纸制品业	82432	71623	46189
印刷和记录媒介复制业	10980	16694	39568
文教、工美、体育和娱乐用品制造业	171568	173121	1239861
化学原料和化学制品制造业	2817622	2872880	2754328
医药制造业	367675	404500	340352
化学纤维制造业	20369	17918	12441
橡胶和塑料制品业	365058	312233	371068
非金属矿物制品业	799202	640227	571236
黑色金属冶炼和压延加工业	344888	380007	291641
有色金属冶炼和压延加工业	279630	578426	749292
金属制品业	1330970	1075770	1065642
通用设备制造业	1851646	1838058	1601415
专用设备制造业	1805041	1789060	1523195
汽车制造业	56882	21808	4040
铁路、船舶、航空航天和其他运输设备制造业	243512	252015	222593
电气机械和器材制造业	6101174	5486678	4576148
计算机、通信和其他电子设备制造业	363956	313527	297181
仪器仪表制造业	1004309	822208	659754
金属制品、机械和设备修理业	41188	6159	39510
电力、热力生产和供应业	17939	38470	6437
水的生产和供应业	17939	15408	12632

11-4 规模以上工业企业销售产值

单位:万元

指标名称	2017 年	2016 年	2015 年
总计	**21598355**	**20844049**	**18889092**
# 出口交货值	1366157	1429637	1433569
# 国有控股企业	525944	268298	235957
大中型企业	239903	200839	138728
# 轻工业	4762089	4906944	4578793
重工业	16836266	15937105	14310299
# 民营工业	13804048	12847612	11471611
私营企业	11513025	10815007	9703683
按登记注册类型分组			
国有企业	15033	62442	48935
集体企业	29664	38304	34763
股份合作企业	105174	197881	161256
股份制企业	13926470	12580275	11199281
外商及港澳台商投资企业	7331368	7786419	7224746
其他经济类型企业	190646	178727	220110
按行业分组			
农副食品加工业	398800	318500	349300
食品制造业	147900	108500	83800
纺织业	1395200	1450800	1343700
纺织服装、服饰业	254700	277800	298900
皮革、毛皮、羽毛及其制品和制鞋业	272400	428900	403800

11-4 续表

单位：万元

指标名称	2017 年	2016 年	2015 年
木材加工和木、竹、藤、棕、草制品业	5100	2800	3800
家具制造业	3300	3700	4700
造纸和纸制品业	53900	47800	46200
印刷和记录媒介复制业	46400	46800	39600
文教、工美、体育和娱乐用品制造业	1239600	1309500	1237100
化学原料和化学制品制造业	2952100	2993700	2756400
医药制造业	365000	403500	337700
化学纤维制造业	16400	14100	12400
橡胶和塑料制品业	362900	309800	371100
非金属矿物制品业	795600	619200	570300
黑色金属冶炼和压延加工业	330000	304300	283600
有色金属冶炼和压延加工业	496100	766000	749300
金属制品业	1294400	1121800	1061800
通用设备制造业	1901700	1880300	1600900
专用设备制造业	1808900	1780700	1519400
汽车制造业	49000	13900	4000
铁路、船舶、航空航天和其他运输设备制造业	213300	228000	220100
电气机械和器材制造业	5780400	5227200	4577100
计算机、通信和其他电子设备制造业	363600	314000	296600
仪器仪表制造业	993300	813100	659800
电力、热力生产和供应业	40300	37600	38700
水的生产和供应业	17900	15400	12600

11-5 规模以上工业企业

指标名称	企业单位数(个)	亏损企业(个)	流动资产合计	其中:应收帐款
总计	**655**	**31**	**524.77**	**166.97**
亏损企业	31	31	8.62	2.29
国有控股企业	9	1	57.74	8.65
轻工业	296	13	149.88	37.69
重工业	359	18	374.90	129.28
大型企业	10	0	92.81	35.45
中型企业	62	4	118.22	36.38
小型企业	571	27	309.60	93.68
微型企业	12	0	4.14	1.46
按登记注册类型分组:				
内资企业	425	18	335.88	98.84
国有企业	1	0	29.16	0.21
集体企业	5	0	0.41	0.12
股份合作企业	5	1	0.85	0.16
联营企业	1	0	0.14	0.03
有限责任公司	61	4	74.77	24.15
股份有限公司	11	2	15.05	5.22
私营企业	341	11	215.50	68.95
其他企业	0	0	0.00	0.00
港、澳、台商投资企业	116	6	122.60	47.24
合资经营企业(港或澳、台资)	29	1	24.50	8.86
合作经营企业(港或澳、台资)	1	0	0.35	0.12
港澳台商独资经营企业	86	5	97.75	38.26
港澳台商投资股份有限公司	0	0	0.00	0.00
其他港澳台商投资企业	0	0	0.00	0.00

主要经济指标(2017年)

单位:亿元

存货	其中:产成品	资产合计	负债合计	营业收入	其中:主营业务收入	营业成本
114.68	**37.17**	**1092.71**	**537.83**	**2149.41**	**2147.94**	**1839.59**
3.44	0.91	17.14	10.92	8.61	8.57	7.86
10.35	4.60	91.11	71.48	53.25	53.18	42.57
28.01	14.18	320.63	168.39	472.40	471.70	396.27
86.67	22.98	772.08	369.44	1677.02	1676.25	1443.33
25.06	1.72	170.07	99.01	360.37	360.37	309.80
31.65	11.59	356.69	140.45	831.10	830.74	714.40
57.39	23.59	559.89	294.57	953.66	952.55	811.56
0.58	0.27	6.06	3.80	4.29	4.29	3.82
73.96	25.45	703.52	345.43	1420.94	1419.92	1210.16
0.00	0.00	30.95	28.29	1.11	1.08	0.81
0.03	0.01	1.17	0.54	2.97	2.97	2.80
0.30	0.19	2.99	1.38	9.72	9.72	8.49
0.01	0.00	0.34	0.17	0.20	0.20	0.13
20.88	7.43	142.72	76.54	138.88	138.75	113.75
4.07	0.96	56.14	25.39	121.04	120.90	105.10
48.67	16.86	469.21	213.12	1147.02	1146.30	979.07
0.00	0.00	0.00	0.00	0.00	0.00	0.00
26.36	5.85	232.95	122.50	429.37	429.26	372.47
5.60	2.31	52.02	21.20	169.54	169.47	148.36
0.11	0.02	0.63	0.20	0.34	0.34	0.30
20.64	3.53	180.30	101.10	259.49	259.45	223.81
0.00	0.00	0.00	0.00	0.00	0.00	0.00
0.00	0.00	0.00	0.00	0.00	0.00	0.00

指标名称	其中:主营业务成本	营业税金及附加	其中:主营业务税金及附加	销售费用
总计	**1838.50**	**8.29**	**8.27**	**25.18**
亏损企业	7.84	0.06	0.05	0.26
国有控股企业	42.45	0.42	0.41	0.98
轻工业	395.66	2.46	2.46	7.51
重工业	1442.84	5.83	5.81	17.67
大型企业	309.80	0.40	0.40	3.30
中型企业	714.09	3.53	3.53	8.73
小型企业	810.78	4.34	4.32	13.08
微型企业	3.82	0.02	0.02	0.07
按登记注册类型分组:				
内资企业	1209.40	6.13	6.11	18.85
国有企业	0.79	0.01	0.01	0.06
集体企业	2.80	0.00	0.00	0.01
股份合作企业	8.49	0.04	0.04	0.15
联营企业	0.13	0.01	0.01	0.01
有限责任公司	113.63	0.92	0.91	2.19
股份有限公司	105.09	0.55	0.55	1.67
私营企业	978.46	4.59	4.58	14.77
其他企业	0.00	0.00	0.00	0.00
港、澳、台商投资企业	372.43	1.08	1.08	3.11
合资经营企业(港或澳、台资)	148.35	0.55	0.55	0.95
合作经营企业(港或澳、台资)	0.30	0.00	0.00	0.01
港澳台商独资经营企业	223.78	0.53	0.53	2.16
港澳台商投资股份有限公司	0.00	0.00	0.00	0.00
其他港澳台商投资企业	0.00	0.00	0.00	0.00

续表 1

单位:亿元

管理费用	其中:税金	财务费用	其中:利息收入	利息支出	资产减值损失	公允价值变动收益
44.96	**1.31**	**7.41**	**0.44**	**6.80**	**0.08**	**0.00**
0.82	0.04	0.24	0.00	0.15	0.01	0.00
1.94	0.03	0.67	0.13	0.54	0.01	0.00
14.40	0.44	2.30	0.06	2.15	0.00	0.00
30.56	0.87	5.11	0.38	4.65	0.08	0.00
3.34	0.06	0.40	0.10	0.45	0.01	0.00
15.33	0.51	2.39	0.09	2.27	0.02	0.00
26.20	0.73	4.58	0.26	4.06	0.06	0.00
0.09	0.00	0.03	0.00	0.01	0.00	0.00
30.90	0.92	5.19	0.34	4.79	0.07	0.00
0.14	0.00	−0.02	0.02	0.00	0.00	0.00
0.05	0.00	0.00	0.00	0.00	0.00	0.00
0.27	0.00	0.02	0.00	0.02	0.00	0.00
0.01	0.00	0.00	0.00	0.00	0.00	0.00
5.17	0.23	1.48	0.16	1.22	0.03	0.00
2.32	0.09	0.42	0.00	0.35	0.04	0.00
22.94	0.60	3.27	0.16	3.19	0.01	0.00
0.00	0.00	0.00	0.00	0.00	0.00	0.00
7.29	0.15	1.12	0.03	1.04	0.00	0.00
3.27	0.04	0.20	0.01	0.19	0.00	0.00
0.02	0.00	0.01	0.00	0.01	0.00	0.00
4.00	0.11	0.91	0.02	0.84	0.00	0.00
0.00	0.00	0.00	0.00	0.00	0.00	0.00
0.00	0.00	0.00	0.00	0.00	0.00	0.00

指标名称	投资收益	营业利润	营业外收入	其中:政府补助
总计	**0.27**	**224.16**	**1.91**	**0.73**
亏损企业	-0.01	-0.65	0.09	0.01
国有控股企业	0.00	6.67	0.17	0.14
轻工业	0.02	49.48	0.27	0.08
重工业	0.25	174.68	1.65	0.64
大型企业	0.16	43.28	0.20	0.10
中型企业	0.07	86.76	0.50	0.28
小型企业	0.04	93.87	1.21	0.35
微型企业	0.00	0.25	0.00	0.00
按登记注册类型分组:				
内资企业	0.23	149.87	0.88	0.43
国有企业	0.00	0.11	0.01	0.00
集体企业	0.00	0.11	0.00	0.00
股份合作企业	0.00	0.75	0.00	0.00
联营企业	0.00	0.04	0.00	0.00
有限责任公司	0.00	15.33	0.22	0.13
股份有限公司	0.03	10.96	0.20	0.09
私营企业	0.20	122.56	0.46	0.21
其他企业	0.00	0.00	0.00	0.00
港、澳、台商投资企业	0.00	44.29	0.84	0.20
合资经营企业(港或澳、台资)	0.00	16.21	0.12	0.10
合作经营企业(港或澳、台资)	0.00	0.01	0.00	0.00
港澳台商独资经营企业	0.00	28.08	0.72	0.10
港澳台商投资股份有限公司	0.00	0.00	0.00	0.00
其他港澳台商投资企业	0.00	0.00	0.00	0.00

续表 2

单位：亿元

营业外支出	利润总额	亏损企业亏损总额	利税总额	本年应付职工薪酬	应交增值税	平均用工人数(万人)
0.84	**225.23**	**0.61**	**327.92**	**65.07**	**94.42**	**11.28**
0.05	-0.61	0.61	-0.33	1.10	0.23	0.22
0.01	6.84	0.12	9.61	2.29	2.37	0.27
0.08	49.66	0.16	73.25	19.96	21.13	4.21
0.76	175.57	0.45	254.67	45.11	73.28	7.07
0.02	43.46	0.00	63.46	12.61	19.60	1.83
0.11	87.15	0.16	127.07	22.35	36.39	3.32
0.72	94.37	0.45	137.06	30.00	38.37	6.10
0.00	0.25	0.00	0.33	0.11	0.06	0.03
0.11	150.64	0.38	222.46	38.23	65.71	6.94
0.00	0.11	0.00	0.15	0.15	0.03	0.02
0.00	0.11	0.00	0.25	0.05	0.14	0.01
0.00	0.76	0.00	1.40	0.61	0.61	0.08
0.00	0.04	0.00	0.10	0.02	0.05	0.01
0.04	15.52	0.13	22.18	6.05	5.75	0.86
0.01	11.15	0.15	17.25	1.89	5.54	0.35
0.06	122.95	0.11	181.14	29.46	53.60	5.61
0.00	0.00	0.00	0.00	0.00	0.00	0.00
0.66	44.47	0.07	63.82	17.73	18.27	2.55
0.07	16.26	0.03	23.68	5.96	6.87	0.81
0.00	0.01	0.00	0.02	0.03	0.01	0.01
0.59	28.20	0.04	40.12	11.74	11.39	1.73
0.00	0.00	0.00	0.00	0.00	0.00	0.00
0.00	0.00	0.00	0.00	0.00	0.00	0.00

指标名称	企业单位数(个)	亏损企业(个)	流动资产合计	其中:应收帐款
外商投资企业	114	7	66.30	20.90
中外合资经营企业	40	6	25.63	8.20
中外合作经营企业	0	0	0.00	0.00
外资企业	74	1	40.66	12.70
外商投资股份有限公司	0	0	0.00	0.00
其他外商投资企业	0	0	0.00	0.00
按经济组织类型分组				
独资企业	175	6	170.64	52.85
合作、合伙企业	11	1	1.96	0.65
股份有限公司	19	2	28.79	11.60
有限责任公司	450	22	323.38	101.87
分行业				
农副食品加工业	9	0	4.87	1.16
食品制造业	5	0	5.75	1.19
酒、饮料和精制茶制造业	0	0	0.00	0.00
烟草制品业	0	0	0.00	0.00
纺织业	127	6	49.69	16.58
纺织服装、服饰业	28	2	5.25	1.15
皮革、毛皮、羽毛及其制品和制鞋业	16	2	3.42	1.23
木材加工和木、竹、藤、棕、草制品业	2	0	0.85	0.23
家具制造业	1	0	0.07	0.00
造纸和纸制品业	5	0	2.79	0.79
印刷和记录媒介复制业	5	0	3.27	0.99

续表 3

单位:亿元

存货	其中:产成品	资产合计	负债合计	营业收入	其中:主营业务收入	营业成本
14.36	5.86	156.23	69.89	299.10	298.76	256.96
6.88	2.67	71.23	28.89	134.71	134.46	116.01
0.00	0.00	0.00	0.00	0.00	0.00	0.00
7.48	3.19	85.01	41.01	164.40	164.31	140.96
0.00	0.00	0.00	0.00	0.00	0.00	0.00
0.00	0.00	0.00	0.00	0.00	0.00	0.00
28.59	7.07	301.23	173.46	442.17	442.01	380.94
0.59	0.31	5.43	2.60	14.29	14.29	12.28
7.37	2.01	83.86	42.75	196.05	195.90	166.90
78.13	27.77	702.19	319.02	1496.91	1495.75	1279.47
2.23	0.76	14.04	5.82	37.41	37.41	33.70
1.07	0.39	17.85	8.49	14.82	14.79	13.20
0.00	0.00	0.00	0.00	0.00	0.00	0.00
0.00	0.00	0.00	0.00	0.00	0.00	0.00
10.25	6.55	103.85	56.26	137.75	137.73	117.03
0.80	0.32	19.00	5.20	25.35	25.35	21.97
0.65	0.25	10.58	3.15	27.71	27.71	24.72
0.18	0.09	1.22	0.69	0.50	0.50	0.40
0.03	0.03	0.11	0.06	0.30	0.30	0.27
0.71	0.20	4.20	1.98	5.39	5.39	4.20
0.84	0.23	4.72	1.92	4.74	4.12	3.87

指标名称	其中:主营业务成本	营业税金及附加	其中:主营业务税金及附加	销售费用
外商投资企业	256.67	1.09	1.09	3.22
中外合资经营企业	115.78	0.48	0.48	1.38
中外合作经营企业	0.00	0.00	0.00	0.00
外资企业	140.90	0.61	0.61	1.84
外商投资股份有限公司	0.00	0.00	0.00	0.00
其他外商投资企业	0.00	0.00	0.00	0.00
按经济组织类型分组				
独资企业	380.83	1.23	1.23	4.17
合作、合伙企业	12.28	0.06	0.06	0.23
股份有限公司	166.89	0.62	0.62	2.23
有限责任公司	1278.49	6.38	6.36	18.55
分行业				
农副食品加工业	33.70	0.10	0.10	0.33
食品制造业	13.17	0.08	0.08	0.19
酒、饮料和精制茶制造业	0.00	0.00	0.00	0.00
烟草制品业	0.00	0.00	0.00	0.00
纺织业	117.01	0.83	0.83	2.05
纺织服装、服饰业	21.97	0.22	0.22	0.50
皮革、毛皮、羽毛及其制品和制鞋业	24.72	0.15	0.15	0.34
木材加工和木、竹、藤、棕、草制品业	0.40	0.00	0.00	0.02
家具制造业	0.27	0.00	0.00	0.01
造纸和纸制品业	4.20	0.04	0.04	0.18
印刷和记录媒介复制业	3.33	0.02	0.02	0.07

续表 4

单位:亿元

管理费用	其中:税金	财务费用	其中:利息收入	利息支出	资产减值损失	公允价值变动收益
6.77	0.23	1.10	0.08	0.97	0.02	0.00
2.48	0.10	0.65	0.03	0.54	0.00	0.00
0.00	0.00	0.00	0.00	0.00	0.00	0.00
4.29	0.14	0.45	0.04	0.43	0.01	0.00
0.00	0.00	0.00	0.00	0.00	0.00	0.00
0.00	0.00	0.00	0.00	0.00	0.00	0.00
8.78	0.26	1.38	0.08	1.30	0.01	0.00
0.44	0.01	0.04	0.00	0.04	0.00	0.00
3.19	0.09	0.64	0.07	0.64	0.04	0.00
32.56	0.95	5.34	0.29	4.81	0.03	0.00
0.19	0.00	0.06	0.00	0.05	0.00	0.00
0.44	0.05	0.19	0.01	0.17	0.00	0.00
0.00	0.00	0.00	0.00	0.00	0.00	0.00
0.00	0.00	0.00	0.00	0.00	0.00	0.00
4.16	0.18	0.79	0.01	0.75	0.00	0.00
0.75	0.02	0.08	0.00	0.06	0.00	0.00
0.43	0.03	0.11	0.00	0.08	0.00	0.00
0.04	0.00	0.00	0.00	0.00	0.00	0.00
0.02	0.00	0.00	0.00	0.00	0.00	0.00
0.36	0.02	0.13	0.00	0.13	0.00	0.00
0.08	0.00	0.00	0.00	0.00	0.00	0.00

指标名称	投资收益	营业利润	营业外收入	其中:政府补助
外商投资企业	0.04	29.99	0.20	0.10
中外合资经营企业	0.02	13.73	0.13	0.06
中外合作经营企业	0.00	0.00	0.00	0.00
外资企业	0.02	16.26	0.07	0.04
外商投资股份有限公司	0.00	0.00	0.00	0.00
其他外商投资企业	0.00	0.00	0.00	0.00
按经济组织类型分组				
独资企业	0.02	45.67	0.79	0.14
合作、合伙企业	0.00	1.24	0.00	0.00
股份有限公司	0.19	22.62	0.29	0.09
有限责任公司	0.06	154.63	0.84	0.50
分行业				
农副食品加工业	0.00	3.03	0.00	0.00
食品制造业	0.00	0.72	0.05	0.01
酒、饮料和精制茶制造业	0.00	0.00	0.00	0.00
烟草制品业	0.00	0.00	0.00	0.00
纺织业	0.00	12.88	0.05	0.00
纺织服装、服饰业	0.00	1.83	0.00	0.00
皮革、毛皮、羽毛及其制品和制鞋业	0.01	1.97	0.00	0.00
木材加工和木、竹、藤、棕、草制品业	0.00	0.03	0.00	0.00
家具制造业	0.00	0.00	0.00	0.00
造纸和纸制品业	0.00	0.49	0.00	0.00
印刷和记录媒介复制业	0.00	0.69	0.05	0.05

续表 5

单位:亿元

营业外支出	利润总额	亏损企业亏损总额	利税总额	本年应付职工薪酬	应交增值税	平均用工人数(万人)
0.07	30.12	0.16	41.63	9.11	10.43	1.79
0.06	13.80	0.15	18.88	3.37	4.60	0.68
0.00	0.00	0.00	0.00	0.00	0.00	0.00
0.01	16.32	0.00	22.75	5.75	5.83	1.11
0.00	0.00	0.00	0.00	0.00	0.00	0.00
0.00	0.00	0.00	0.00	0.00	0.00	0.00
0.61	45.85	0.04	65.30	18.08	18.22	2.96
0.00	1.24	0.00	2.10	0.84	0.80	0.13
0.01	22.90	0.15	33.35	4.25	9.83	0.66
0.22	155.25	0.42	227.17	41.90	65.56	7.53
0.00	3.03	0.00	5.01	2.05	1.88	0.31
0.01	0.76	0.00	1.33	0.65	0.48	0.11
0.00	0.00	0.00	0.00	0.00	0.00	0.00
0.00	0.00	0.00	0.00	0.00	0.00	0.00
0.02	12.92	0.01	20.14	5.64	6.40	1.28
0.00	1.83	0.01	3.69	1.63	1.64	0.41
0.00	1.97	0.01	3.82	1.28	1.69	0.29
0.00	0.03	0.00	0.05	0.07	0.02	0.02
0.00	0.00	0.00	0.00	0.05	0.00	0.01
0.00	0.49	0.00	0.71	0.27	0.18	0.06
0.00	0.74	0.00	0.96	0.17	0.20	0.04

指标名称	企业单位数(个)	亏损企业(个)	流动资产合计	其中:应收帐款
文教、工美、体育和娱乐用品制造业	54	2	21.16	6.95
石油加工、炼焦和核燃料加工业	0	0	0.00	0.00
化学原料和化学制品制造业	51	1	63.82	17.38
医药制造业	13	1	11.41	2.18
化学纤维制造业	1	0	0.42	0.23
橡胶和塑料制品业	31	1	13.02	3.95
非金属矿物制品业	47	2	20.55	9.10
黑色金属冶炼和压延加工业	15	1	14.02	4.72
有色金属冶炼和压延加工业	22	4	14.85	5.14
金属制品业	38	0	51.83	18.32
通用设备制造业	67	2	35.27	10.35
专用设备制造业	24	1	76.95	30.31
汽车制造业	5	0	2.10	0.41
铁路、船舶、航空航天和其他运输设备制造业	9	1	4.55	1.58
电气机械和器材制造业	53	1	66.31	25.48
计算机、通信和其他电子设备制造业	16	3	12.71	5.02
仪器仪表制造业	5	0	7.51	2.06
其他制造业	0	0	0.00	0.00
废弃资源综合利用业	0	0	0.00	0.00
金属制品、机械和设备修理业	1	0	0.00	0.00
电力、热力生产和供应业	3	1	3.02	0.23
燃气生产和供应业	0	0	0.00	0.00
水的生产和供应业	2	0	29.31	0.23

续表 6

单位:亿元

存货	其中:产成品	资产合计	负债合计	营业收入	其中:主营业务收入	营业成本
3.93	2.49	61.45	32.74	124.38	124.38	100.46
0.00	0.00	0.00	0.00	0.00	0.00	0.00
16.69	4.88	114.04	44.21	293.82	293.58	254.80
4.16	1.32	26.59	13.07	36.95	36.95	27.30
0.16	0.10	0.70	0.53	1.64	1.64	1.47
2.61	0.89	23.63	8.81	35.91	35.90	31.32
3.56	1.68	39.32	23.56	80.21	80.16	67.43
5.56	1.29	25.50	6.13	32.88	32.87	26.20
4.46	0.77	33.18	16.84	49.08	49.08	43.03
12.59	5.66	101.53	59.19	130.16	130.03	106.75
7.60	1.64	73.03	32.99	189.84	189.76	164.92
15.35	1.76	168.38	88.05	180.20	180.20	153.92
0.27	0.00	3.79	2.56	4.59	4.54	3.90
1.54	0.45	11.45	8.37	21.19	21.19	17.46
15.99	3.27	139.70	53.59	573.57	573.38	504.18
2.56	1.65	20.85	12.14	36.44	36.44	30.27
0.78	0.46	36.03	18.83	99.13	99.13	82.02
0.00	0.00	0.00	0.00	0.00	0.00	0.00
0.00	0.00	0.00	0.00	0.00	0.00	0.00
0.00	0.00	0.00	0.00	0.00	0.00	0.00
0.11	0.00	6.86	4.24	4.07	4.04	3.72
0.00	0.00	0.00	0.00	0.00	0.00	0.00
0.01	0.01	31.13	28.40	1.40	1.37	1.06

11–5

指标名称	其中:主营业务成本	营业税金及附加	其中:主营业务税金及附加	销售费用
文教、工美、体育和娱乐用品制造业	100.46	0.57	0.57	1.27
石油加工、炼焦和核燃料加工业	0.00	0.00	0.00	0.00
化学原料和化学制品制造业	254.57	0.79	0.79	2.22
医药制造业	27.30	0.23	0.23	1.63
化学纤维制造业	1.47	0.01	0.01	0.00
橡胶和塑料制品业	31.31	0.15	0.15	0.50
非金属矿物制品业	67.33	0.34	0.34	1.99
黑色金属冶炼和压延加工业	26.19	0.29	0.29	0.49
有色金属冶炼和压延加工业	43.03	0.06	0.06	0.33
金属制品业	106.73	0.66	0.66	1.01
通用设备制造业	164.87	1.09	1.08	3.56
专用设备制造业	153.92	0.39	0.39	1.08
汽车制造业	3.86	0.02	0.02	0.03
铁路、船舶、航空航天和其他运输设备制造业	17.46	0.06	0.06	0.42
电气机械和器材制造业	504.16	1.49	1.49	4.67
计算机、通信和其他电子设备制造业	30.27	0.28	0.27	0.89
仪器仪表制造业	82.02	0.38	0.38	1.32
其他制造业	0.00	0.00	0.00	0.00
废弃资源综合利用业	0.00	0.00	0.00	0.00
金属制品、机械和设备修理业	0.00	0.00	0.00	0.00
电力、热力生产和供应业	3.72	0.02	0.02	0.00
燃气生产和供应业	0.00	0.00	0.00	0.00
水的生产和供应业	1.05	0.01	0.01	0.06

续表 7

单位:亿元

管理费用	其中:税金	财务费用	其中:利息收入	利息支出	资产减值损失	公允价值变动收益
3.67	0.09	0.31	0.01	0.32	0.00	0.00
0.00	0.00	0.00	0.00	0.00	0.00	0.00
5.10	0.17	0.95	0.03	0.95	0.02	0.00
2.85	0.01	0.43	0.00	0.38	0.00	0.00
0.02	0.00	0.02	0.00	0.02	0.00	0.00
1.09	0.02	0.08	0.01	0.08	0.00	0.00
1.79	0.06	0.35	0.00	0.34	0.00	0.00
1.12	0.09	0.10	0.00	0.09	0.00	0.00
0.52	0.03	0.54	0.02	0.43	0.00	0.00
4.09	0.08	1.07	0.14	0.85	0.00	0.00
4.43	0.14	0.46	0.03	0.40	0.01	0.00
1.40	0.06	0.22	0.03	0.21	0.01	0.00
0.28	0.01	0.00	0.00	0.00	0.00	0.00
0.68	0.01	0.18	0.00	0.19	0.00	0.00
7.64	0.15	0.72	0.10	0.69	0.04	0.00
1.26	0.04	0.41	0.01	0.42	0.01	0.00
2.20	0.05	0.15	0.00	0.15	0.00	0.00
0.00	0.00	0.00	0.00	0.00	0.00	0.00
0.00	0.00	0.00	0.00	0.00	0.00	0.00
0.00	0.00	0.00	0.00	0.00	0.00	0.00
0.17	0.01	0.07	0.00	0.03	0.00	0.00
0.00	0.00	0.00	0.00	0.00	0.00	0.00
0.17	0.00	−0.02	0.02	0.00	0.00	0.00

指标名称	投资收益	营业利润	营业外收入	其中:政府补助
文教、工美、体育和娱乐用品制造业	0.00	18.10	0.02	0.00
石油加工、炼焦和核燃料加工业	0.00	0.00	0.00	0.00
化学原料和化学制品制造业	0.00	29.94	0.09	0.05
医药制造业	0.01	4.52	0.07	0.01
化学纤维制造业	0.00	0.13	0.00	0.00
橡胶和塑料制品业	0.02	2.79	0.06	0.05
非金属矿物制品业	0.00	8.31	0.08	0.06
黑色金属冶炼和压延加工业	0.00	4.68	0.04	0.03
有色金属冶炼和压延加工业	0.00	4.59	0.01	0.00
金属制品业	0.00	16.57	0.10	0.04
通用设备制造业	0.00	15.36	0.02	0.01
专用设备制造业	0.00	23.18	0.11	0.11
汽车制造业	0.00	0.35	0.00	0.00
铁路、船舶、航空航天和其他运输设备制造业	0.00	2.38	0.10	0.10
电气机械和器材制造业	0.23	55.05	0.39	0.20
计算机、通信和其他电子设备制造业	0.00	3.32	0.01	0.00
仪器仪表制造业	0.00	13.06	0.01	0.00
其他制造业	0.00	0.00	0.00	0.00
废弃资源综合利用业	0.00	0.00	0.00	0.00
金属制品、机械和设备修理业	0.00	0.00	0.00	0.00
电力、热力生产和供应业	0.00	0.09	0.65	0.00
燃气生产和供应业	0.00	0.00	0.00	0.00
水的生产和供应业	0.00	0.11	0.01	0.00

续表 8

单位:亿元

营业外支出	利润总额	亏损企业亏损总额	利税总额	本年应付职工薪酬	应交增值税	平均用工人数(万人)
0.01	18.11	0.01	22.58	3.74	3.90	0.89
0.00	0.00	0.00	0.00	0.00	0.00	0.00
0.03	30.00	0.00	43.71	7.58	12.92	1.12
0.05	4.54	0.12	7.02	1.75	2.25	0.27
0.00	0.13	0.00	0.20	0.05	0.07	0.01
0.04	2.82	0.01	4.55	1.87	1.58	0.37
0.01	8.38	0.04	12.47	2.82	3.75	0.54
0.00	4.71	0.00	7.09	1.53	2.08	0.21
0.00	4.59	0.07	5.79	0.74	1.13	0.19
0.07	16.60	0.00	23.08	3.76	5.82	0.64
0.01	15.38	0.01	24.30	5.74	7.84	0.96
0.02	23.27	0.04	31.55	7.75	7.89	1.03
0.00	0.35	0.00	0.64	0.27	0.27	0.10
0.00	2.48	0.00	3.15	0.78	0.62	0.12
0.02	55.43	0.03	84.08	10.96	27.17	1.72
0.00	3.32	0.16	5.00	1.22	1.41	0.20
0.00	13.07	0.00	16.56	2.28	3.11	0.33
0.00	0.00	0.00	0.00	0.00	0.00	0.00
0.00	0.00	0.00	0.00	0.00	0.00	0.00
0.00	0.00	0.00	0.00	0.00	0.00	0.00
0.57	0.17	0.09	0.28	0.26	0.09	0.03
0.00	0.00	0.00	0.00	0.00	0.00	0.00
0.00	0.12	0.00	0.16	0.17	0.03	0.02

11-6 分区镇规模以上工业企业单位数

单位：个

区镇名称	2017	2016	2015	2014	2013
海门市	**655**	**621**	**648**	**626**	**585**
开发区	142	138	141	143	133
海门工业园区	111	104	116	108	108
海门港新区	77	66	68	66	54
临江新区	34	35	33	32	32
海门高新区	64	60	66	67	64
三厂工业园区	42	40	39	39	37
常乐镇	32	33	39	35	31
悦来镇	51	49	48	47	43
四甲镇	23	22	25	22	17
余东镇	32	33	34	31	32
正余镇	45	39	37	34	32
海永镇	1	1	1	1	1

11-7 分区镇规模以上工业企业现价产值

单位:万元

区镇名称	2017	2016	2015	2014	2013	2012
海门市	**21633240**	**20869674**	**18922947**	**18016183**	**16364035**	**14385702**
海门开发区	3353784	3288589	3169187	3725357	3361166	2940242
海门工业园区	2575393	2417936	2194465	2109572	2001457	1983995
海门港新区	3176409	2930956	2580179	2320600	2073002	1820795
临江新区	1310660	1311148	1184251	1108308	1004867	1031016
海门高新区	2852256	2675524	2413425	2363576	2274862	1926836
三厂工业园区	1296374	1364884	1225048	1121332	977545	790600
常乐镇	722955	1262533	1163589	1023375	930054	740073
悦来镇	1879304	1643422	1414735	1188856	1069563	907778
四甲镇	892879	942069	822943	709174	577258	373100
余东镇	615458	602002	553709	488064	470018	368092
正余镇	2935787	2402644	2159626	1826871	1595288	1475401
海永镇	16096	23976	24004	26530	25369	25224

11-8 规模以上高新技术产业产值(2017 年)

单位:万元,%

区镇名称	本年累计	累计增长	占规模工业比重
海门市	**12643172**	**7.78**	**58.44**
海门开发区	2397457	1.98	71.49
海门工业园区	613837	19.19	23.83
海门港新区	2313491	9.01	72.83
临江新区	860777	-7.35	65.68
海门高新区	1480314	14.98	51.90
三厂工业园区	540975	4.20	41.73
常乐镇	497437	-44.88	68.81
悦来镇	308801	22.70	16.43
四甲镇	709479	23.86	79.46
余东镇	118489	25.95	19.25
正余镇	2796231	28.15	95.25

11-9 规模以上新兴产业产值(2017 年)

单位:万元,%

区镇名称	本年累计	累计增长	占规模工业比重
海门市	**7689360**	**5.72**	**35.54**
海门开发区	1369437	0.75	40.83
海门工业园区	579612	19.03	22.51
海门港新区	952936	15.18	30.00
临江新区	749178	-10.61	57.16
海门高新区	715121	-3.94	25.07
三厂工业园区	332809	0.20	25.67
常乐镇	181788	-46.45	25.15
悦来镇	442892	38.90	23.57
四甲镇	458640	-15.01	51.37
余东镇	184779	30.68	30.02
正余镇	1716283	27.92	58.46

11-10 大中型工业企业名录(2017年)

企业名称	企业规模	单位负责人	企业地址
江苏泰森食品有限公司	大型	李益铭	海门市东灶港镇港西大道999号
南通健林鞋业有限公司	大型	季建忠	江苏省海门市六匡镇三条桥
江苏黑鹰化学工业有限公司	大型	郭建华	海门市常乐镇工业园区
南通回力橡胶有限公司	大型	倪雪文	江苏省海门市包场镇通光大街8号
南通冠东模塑股份有限公司	大型	郑新平	江苏省海门市海门港福州路388号
招商局重工(江苏)有限公司	大型	周志禹	滨江街道新安江路1号
金轮针布(江苏)有限公司	大型	徐志凌	海门市四甲镇富强路86号
江苏通光信息有限公司	大型	陆兵	海门市包场镇
江苏通光光缆有限公司	大型	张忠	海门港大生路3966号中2号
海门市鑫源新材料有限公司	大型	陆兵	海门市包场镇通光大街88号
海门泰森禽业发展有限公司	中型	李益铭	江苏省海门市东灶港镇西首(海门盐场内)
江苏中宝食品有限公司	中型	邱卫池	海门市货隆镇货隆路57号
南通市常海食品添加剂有限公司	中型	庄俊	海门市开发区青龙化工园区大庆路南侧
江苏白兔纺织集团股份有限公司	中型	成佰新	江苏省南通市海门市经济技术开发区秀山东路677号
南通华润大生纺织有限公司	中型	朱英臣	江苏省海门市三厂镇中华中路269号
江苏通海染整有限公司	中型	王庆杰	海门市三阳镇友爱村十组
南通东盛之花印染有限公司	中型	杜昌忠	江苏海门经济开发区青龙化工园区
江苏金呢工程织物股份有限公司	中型	陆平	海门市六匡镇三条桥
紫琅衬布(南通)有限公司	中型	沈荣	海门市三厂镇中华西路353号
南通之禾时装有限公司	中型	叶寿增	海门市海门镇通源路631号内2号房
南通宝石服装有限公司	中型	张祖巍	江苏省海门市悦来镇三条桥东首
南通三轮时装有限公司	中型	赵卫星	海门市余东镇新河东路19号
南通八津谷服装有限公司	中型	张祖巍	江苏省海门市悦来镇三条桥东首
乾钟鞋业(海门)有限公司	中型	金承大	江苏省海门镇瑞江路668号
南通维达鞋业有限公司	中型	季建忠	江苏省海门市六匡镇三条桥
南通玉灿鞋业有限公司	中型	宋加升	江苏省海门市三厂镇新东街
南通奥斯特鞋业有限公司	中型	袁建新	海门市余东镇凤城南路288号
江苏希诺实业有限公司	中型	黄伟军	海门市树勋镇工业园区希诺路一号
凯盛家纺股份有限公司	中型	顾萍	海门镇人民西路858号
南通新锦江印染有限公司	中型	施洪生	江苏省海门市三厂镇丁陆村
南通凯旋体育用品有限公司	中型	毛志荣	江苏省海门市四甲镇
南通三星健身器材有限公司	中型	傅军平	海门市悦来镇悦来村14组
江苏联海生物科技有限公司	中型	陈玉和	海门灵甸工业集中区纬四路
江苏英力科技发展有限公司	中型	顾红健	海门市三厂镇大庆路18号
南通海迪化工有限公司	中型	倪海平	江苏省海门市汤家镇西首
南通龙翔新材料科技股份有限公司	中型	漆后建	海门市海门港

11-10 续表

企业名称	企业规模	单位负责人	企业地址
江苏景越塑料科技有限公司	中型	江凌	海门市滨海新区港西大道 999 号
江苏雄风科技有限公司	中型	张宝余	江苏省海门市正余镇科技工业园区
上海现代制药海门有限公司	中型	吴泉	海门市临江镇灵甸工业集中东区 3 号内 2 号房
南通四海植物精华有限公司	中型	倪继达	海门市常乐镇工业集中区(常中村)
江苏晨牌药业集团股份有限公司	中型	李建新	江苏省海门市人民中路 172 号
南通海林汽车橡塑制品有限公司	中型	张禹林	海门市正余镇双烈村
泰山石膏(南通)有限公司	中型	李学国	海门市滨江街道深圳路 288 号
海门市利国玻璃制品有限责任公司	中型	蔡建国	海门市瑞祥大桥处
中兴能源装备有限公司	中型	仇云龙	江苏省海门市三厂镇中兴村
南通恒秀铝热传输材料有限公司	中型	孙国君	海门市海门镇南海路北侧(张南村 18 组)
海科工业有限公司	中型	徐建	海门市滨江街道珠海路 1 号内 1 号房
江苏宝钢精密钢丝有限公司	中型	吴文华	滨江街道香港路 2566 号
南通大力神钢绳有限公司	中型	顾其林	江苏省海门市三厂镇大生路 128 号
海门市森达装饰材料有限公司	中型	朱善忠	海门市天补镇通启路 23 号
南通申海工业科技有限公司	中型	程道广	海门市青龙港大庆路 27 号
路特利举升机(海门)有限公司	中型	steven	江苏省海门经济开发区秀山东路 1388 号
江苏远威重工有限公司	中型	倪伟健	海门市滨海新区港西大道 999 号
江苏铁锚工具有限公司	中型	周海春	海门市滨海新区铁锚路 88 号
海门市黄海机械密封件厂	中型	陈水生	海门市东灶港镇工业园区
金轮蓝海股份有限公司	中型	陆挺	江苏省海门市四甲镇富强路 86 号
江苏凌志环保设备有限公司	中型	凌美琴	海门市滨海新区广东路 9 号
南通中远重工有限公司	中型	张明华	南通军用码头东首
江苏海峰电力机械集团股份有限公司	中型	张雪峰	海门市正余镇青正村
江苏中联风能机械股份有限公司	中型	花世华	海门市正余镇工业集中区西区
南通振康焊接机电有限公司	中型	汤志康	江苏省海门市正余镇双烈村
南通爱尔思轻合金精密成型有限公司	中型	翟春江	江苏省海门市货隆镇工业园区
江苏中兴精密机械有限公司	中型	江义福	江苏省海门市货隆镇工业园区
海门市沪海有色铸造有限公司	中型	翟锋	海门市货隆镇新街村二组
江苏中兴创元高压电气有限公司	中型	江义福	江苏省海门市货隆镇工业园区
江苏亨通电子线缆科技有限公司	中型	金春敏	海门市经济技术开发区南海东路 518 号
江苏通光强能输电线科技有限公司	中型	张强	海门市开发区海门港大生路 3966 号
江苏三通科技有限公司	中型	施善国	海门市三厂镇望江路 100 号
南通东辰安费诺汽车电子有限公司	中型	RICHARDADAMNORWITT	海门市海门街道河海西路 599 号内 2 号房
燕达(海门)重型装备制造有限公司	中型	雷建民	江苏省海门市滨海新区港西大道 999 号
江苏大岛机械集团有限公司	中型	施潜新	海门市三星工业园区
江苏世泰实验器材有限公司	中型	孙利	海门市海门镇新秀路 48 号

11-11 规模以上工业企业名录(2017 年)

序号	单位详细名称	单位负责人
1	江苏泰森食品有限公司	李益铭
2	南通健林鞋业有限公司	季建忠
3	江苏黑鹰化学工业有限公司	郭建华
4	南通回力橡胶有限公司	倪雪文
5	南通冠东模塑股份有限公司	郑新平
6	招商局重工(江苏)有限公司	周志禹
7	金轮针布(江苏)有限公司	徐志凌
8	江苏通光信息有限公司	陆　兵
9	江苏通光光缆有限公司	张　忠
10	海门市鑫源新材料有限公司	陆　兵
11	海门泰森禽业发展有限公司	李益铭
12	江苏中宝食品有限公司	邱卫池
13	南通市常海食品添加剂有限公司	庄　俊
14	江苏白兔纺织集团股份有限公司	成佰新
15	南通华润大生纺织有限公司	朱英臣
16	江苏通海染整有限公司	王庆杰
17	南通东盛之花印染有限公司	杜昌忠
18	江苏金呢工程织物股份有限公司	陆　平
19	紫琅衬布(南通)有限公司	沈　荣
20	南通之禾时装有限公司	叶寿增
21	南通宝石服装有限公司	张祖巍
22	南通三轮时装有限公司	赵卫星
23	南通八津谷服装有限公司	张祖巍
24	乾钟鞋业(海门)有限公司	金承大
25	南通维达鞋业有限公司	季建忠
26	南通玉灿鞋业有限公司	宋加升

11-11 续表1

序号	单位详细名称	单位负责人
27	南通奥斯特鞋业有限公司	袁建新
28	江苏希诺实业有限公司	黄伟军
29	凯盛家纺股份有限公司	顾　萍
30	南通新锦江印染有限公司	施洪生
31	南通凯旋体育用品有限公司	毛志荣
32	南通三星健身器材有限公司	傅军平
33	江苏联海生物科技有限公司	陈玉和
34	江苏英力科技发展有限公司	顾红健
35	南通海迪化工有限公司	倪海平
36	南通龙翔新材料科技股份有限公司	漆后建
37	江苏景越塑料科技有限公司	江　凌
38	江苏雄风科技有限公司	张宝余
39	上海现代制药海门有限公司	吴　泉
40	南通四海植物精华有限公司	倪继达
41	江苏晨牌药业集团股份有限公司	李建新
42	南通海林汽车橡塑制品有限公司	张禹林
43	泰山石膏(南通)有限公司	李学国
44	海门市利国玻璃制品有限责任公司	蔡建国
45	中兴能源装备有限公司	仇云龙
46	南通恒秀铝热传输材料有限公司	孙国君
47	海科工业有限公司	徐　建
48	江苏宝钢精密钢丝有限公司	吴文华
49	南通大力神钢绳有限公司	顾其林
50	海门市森达装饰材料有限公司	朱善忠
51	南通申海工业科技有限公司	程道广
52	路特利举升机(海门)有限公司	steven

11-11 续表 2

序号	单位详细名称	单位负责人
53	江苏远威重工有限公司	倪伟健
54	江苏铁锚工具有限公司	周海春
55	海门市黄海机械密封件厂	陈水生
56	金轮蓝海股份有限公司	陆　挺
57	江苏凌志环保设备有限公司	凌美琴
58	南通中远重工有限公司	张明华
59	江苏海峰电力机械集团股份有限公司	张雪峰
60	江苏中联风能机械股份有限公司	花世华
61	南通振康焊接机电有限公司	汤志康
62	南通爱尔思轻合金精密成型有限公司	翟春江
63	江苏中兴精密机械有限公司	江义福
64	海门市沪海有色铸造有限公司	翟　锋
65	江苏中兴创元高压电气有限公司	江义福
66	江苏亨通电子线缆科技有限公司	金春敏
67	江苏通光强能输电线科技有限公司	张　强
68	江苏三通科技有限公司	施善国
69	南通东辰安费诺汽车电子有限公司	RICHARDADAMNORWITT
70	燕达(海门)重型装备制造有限公司	雷建民
71	江苏大岛机械集团有限公司	施潜新
72	江苏世泰实验器材有限公司	孙　利
73	海门市合兴油脂有限责任公司	邵利豪
74	南通鑫鸿水产品有限公司	薛立新
75	永井食品(海门)有限公司	谭晓翔
76	海门市东绿蔬菜有限公司	唐　勇
77	江苏海创农产品开发有限公司	郭　木
78	南通联海维景生物有限公司	唐　波

11-11 续表 3

序号	单位详细名称	单位负责人
79	可可琳纳食品海门有限公司	曾 佳
80	南通顺星农副产品有限公司	钱新新
81	海门市佳宝食品有限公司	吴瑾璟
82	海门市冠东食品有限公司	徐建华
83	海门市棉纺织五厂	施裕灵
84	海门市万年织布厂	张汉涛
85	海门市芳华纺织有限公司	王汉方
86	海门市天鑫无胶棉厂	陈宴生
87	海门市海龙纺织品有限公司	郁建斌
88	南通浩博纺织品有限公司	陈志新
89	南通展阳纤维有限公司	杨 柳
90	南通乐源纺织品有限公司	范锦池
91	海门市万隆纺织有限公司	陶国华
92	南通菲里亚纺织有限公司	蔡春野
93	海门市四甲棉业有限公司	施林汐
94	南通杰瑞纺织品有限公司	崔庙根
95	海门市汇丰纺织品有限公司	张 峰
96	南通茂业织布有限公司	茅连刚
97	海门市华安纺织品有限公司	陆利明
98	海门宜枫织造有限公司	杨剑东
99	海门市声荣纺织印染有限公司	费 明
100	海门市新世纪印染有限公司	曹志冲
101	江苏顾艺数码科技有限公司	顾陈斌
102	南通金三色印染有限公司	卢学义
103	海门市飞龙印染有限公司	马振飞
104	海门市新龙印染有限公司	蒋 新

11-11 续表4

序号	单位详细名称	单位负责人
105	南通欣昌家居饰品有限公司	朱新昌
106	南通铭升印染有限公司	张洪星
107	龙舜印染(南通)有限公司	张洪星
108	海门市浩昇印染厂	高贵忠
109	江苏涌金化纤有限公司	龚新平
110	南通荣泰纺织有限公司	张锦荣
111	海门市织针三厂	崔庙根
112	南通亿林针织服装有限公司	王　新
113	龙威复纺纤维(海门)有限公司	郁建斌
114	海门市安娜丽姿家用纺织品有限公司	施卫华
115	南通蕾曼思纺织品有限公司	周菊萍
116	上海水星家纺海门有限公司	李裕杰
117	南通永隆纺织品有限公司	蔡建宏
118	海门市凯丝莱纺织品有限公司	黄　洪
119	南通翔博纺织品有限公司	刘　菊
120	海门市长泰纺织品有限公司	施叶美
121	海门市晨彩家用纺织品有限公司	林加财
122	海门昊煜翔纺织品有限公司	樊铁文
123	南通市嗄莎纺织品有限公司	谢丽萍
124	南通福克丝家用纺织品有限公司	王雪华
125	江苏凯帝卧室用品有限公司	陈　建
126	海门市兴旺卧室用品有限责任公司	刘志远
127	海门市盛发纺织品有限公司	宋林群
128	南通杰琪纺织品有限公司	龚丽红
129	南通历峰纺织品有限公司	沈　惜
130	海门市驰骋纺织品有限公司	黄志兰

11-11 续表 5

序号	单位详细名称	单位负责人
131	南通琦萱纺织品有限公司	王　辉
132	海门市艺英达纺织有限公司	周庆华
133	海门市彭氏纺织品有限公司	陆春花
134	海门市雅泰纺织品有限公司	陈海飞
135	海门市龙鑫越纺织品有限公司	陈燕平
136	海门豪天纺织品有限公司	张丽英
137	南通天新缘纺织品有限公司	宋　勤
138	江苏曼诺普家纺有限公司	欧玉风
139	南通宝威纺织品有限公司	胡险妹
140	南通欧克莱纺织品有限公司	梅海明
141	南通凌天纺织品有限公司	陆春花
142	海门丰汇德纺织品有限公司	沈　惠
143	江苏鑫百盛纺织科技有限公司	朱礼建
144	南通豪垠纺织品有限公司	沈耀娟
145	南通市梵泰斯针织制衣有限公司	胡建玉
146	南通巴黎春天生态纺织品有限公司	吴刚荣
147	南通阿比狼纺织有限公司	徐鸽萍
148	海门市金山纺织品有限公司	施卫新
149	南通欧陆纺织品有限公司	陆冬花
150	南通辰星纺织品有限公司	张　健
151	南通乔瑞纺织品有限公司	顾倚安
152	海门市雪兔家居用品有限公司	祝庆林
153	南通富安得家纺有限公司	何新红
154	南通星瑶纺织品有限公司	陶海忠
155	南通吉名昌纺织品有限公司	高洪海
156	江苏巨丰家用纺织品有限责任公司	祁　星

11-11 续表 6

序号	单位详细名称	单位负责人
157	江苏三联家用纺织品有限公司	陈　兴
158	郁金香(南通)纺织制品有限公司	顾　娟
159	南通春怡卧室用品有限公司	李春权
160	江苏凡人居纺织品有限公司	龚　杰
161	南通诗意家用纺织品有限公司	宋云芳
162	江苏欧罗曼家纺有限公司	樊　斌
163	南通金美罗家用纺织品有限公司	秦　健
164	顾家(南通)纺织制品有限公司	黄玲珑
165	江苏瀚邦投资管理有限公司	陆　燕
166	南通欧比亚卧室用品有限公司	徐　铸
167	海门市韩世寝室用品有限公司	王秀国
168	南通威德家用纺织品有限公司	徐文良
169	南通富之岛寝具发展有限公司	张　冲
170	南通丰盛纺织品有限公司	宋海军
171	海门市天意梦思卧室用品有限公司	王世祥
172	南通铭家纺织品有限公司	郁　平
173	海门市卡丹诺家用纺织品有限公司	朱裕忠
174	海门市夏星家用纺织品厂	陆洪发
175	海门市清香缘家用纺织品有限公司	张洪涛
176	海门可美寓家用纺织品有限公司	黄　胜
177	江苏圣路易丝家用纺织品有限责任公司	陈　卫
178	江苏东隆三兴家纺有限公司	郭连学
179	南通玲永织物有限公司	徐　成
180	伊布凡威帝纺织品(南通)有限公司	徐德娟
181	海门源野纺织品有限公司	沈新华
182	南通白兔永新纱线有限公司	成佰新

11-11 续表 7

序号	单位详细名称	单位负责人
183	南通兴达贝妮梦家用纺织品有限公司	杨卫荣
184	南通迪凯纺织品有限公司	黄　华
185	南通梦洁家纺有限公司	姜天武
186	多多爱纺织品(南通)有限公司	陈厚留
187	南通雅多纺织品有限公司	袁伯荣
188	南通晟晨家用纺织品有限公司	高　卿
189	南通庭园寝饰用品有限公司	张建军
190	海门市新易达纺织品有限公司	姚　健
191	海门缔成纺织品有限公司	周莉娟
192	南通嵩睿纺织品有限公司	徐　宏
193	南通宾尼织造有限公司	陈鹤林
194	海门市新叶卧室用品有限公司	洪新民
195	海门市宏鑫纤维有限公司	陈沈利
196	维柏思特衬布(南通)有限公司	沈　荣
197	南通富都无纺织物有限公司	朱兆平
198	海门市信德衬布有限公司	郁　燕
199	海门市东兴帆布厂	蔡惠芳
200	江苏水龙江山消防发展有限公司	蒋嵩斌
201	南通吉美斯纺织有限公司	汤新华
202	南通市日盛园林工具配件厂	李　勇
203	南通市佳君衬衫有限公司	成菊兰
204	海门尚东服饰有限公司	王　辉
205	南通东莲纺织品有限公司	刘　健
206	南通卫轮服装有限公司	赵卫星
207	海门市恒盛制衣有限公司	施明辉
208	南通通灵制衣有限公司	花茂林

11-11 续表 8

序号	单位详细名称	单位负责人
209	金凯森时装(南通)有限公司	王　新
210	雅姿服饰(南通)有限公司	杨　巍
211	南通锦方服饰有限公司	陆锦方
212	南通威乐普服饰有限公司	李　伟
213	海门宏业宝碳新能源有限公司	娄亚飞
214	南通凯林制衣有限公司	毛一飞
215	海门市麒龙针织内衣厂	沈美宁
216	海门市繁荣针织品有限公司	黄建辉
217	江苏缤缤西尔克制衣有限公司	蒋少雷
218	海门市东大制衣有限公司	崔惠斌
219	海门市腾达针织制衣有限公司	周达飞
220	百老汇(南通)纺织品有限公司	梁启忠
221	南通金瑞开针织制衣有限公司	沈　红
222	海门市琦玮毛衫织造有限公司	王　炯
223	南通欧米服装有限公司	沈　妍
224	海门市天艺服饰有限责任公司	宋裕平
225	南通市包健特种职业服装有限公司	成玉明
226	南通奔时代帽业有限公司	张雪梅
227	南通如来手套有限公司	黄更平
228	南通源盛手套有限公司	徐建华
229	海门市三兴制衣有限公司	黄石飞
230	海门市舒利珀鞋业有限公司	李太镇
231	海门市思奇鞋业有限公司	陈琥珀
232	海门市通达鞋业有限公司	岑志华
233	海门市东邦鞋业有限公司	周建元
234	海门桑尔鞋材有限公司	许其宾

11-11 续表 9

序号	单位详细名称	单位负责人
235	海门市健达橡塑制品有限责任公司	丁正华
236	施凯乐橡胶制品(江苏)有限公司	柯　格
237	江苏诺明安全设备有限公司	陆汉忠
238	海门协翔实业有限公司	施启星
239	南通恒茂展柜有限公司	李汉堂
240	南通富皇家具有限公司	张洪杰
241	海门市海天纸业有限公司	张家斌
242	江苏新丰溢复合材料有限公司	王道银
243	南通伟伟包装制品有限公司	季仁卫
244	南通传人印务包装有限公司	戴志丰
245	南通市远大彩印包装有限公司	张　辉
246	南通天业纸制品有限公司	戴志飞
247	江苏省朗晖实业发展有限公司	李俊东
248	荣立(南通)包装材料有限公司	季　荣
249	华辰印刷(海门)有限公司	黄　磊
250	南通亿成印务有限公司	陆　军
251	南通美仑纺织品有限公司	周　杰
252	江苏天马纺织品有限公司	赵　飞
253	海门市祥发卧室用品有限责任公司	刘建祥
254	海门市大岛刺绣工艺品有限公司	施潜新
255	江苏美罗家用纺织品有限公司	秦　鹏
256	海门市福禄宝纺织品有限公司	袁　勤
257	南通市博创纺织品有限公司	吴慧琴
258	海门鸿洋纺织品有限公司	陆　雅
259	南通奥兰纺织品有限公司	陈术威
260	南通怡龙纺织品有限公司	陈　平

11-11 续表 10

序号	单位详细名称	单位负责人
261	海门市天龙针纺织品有限责任公司	陶永明
262	海门市东海纺织有限公司	徐洪勋
263	海门市盛源卧室用品有限公司	陈　飞
264	南通青松纺织品有限公司	蔡云松
265	南通曼仙妮纺织品有限公司	陈　亮
266	南通东方巨龙纺织品有限公司	郁　飞
267	海门市晋帛家用纺织品有限公司	仇前斌
268	南通大岛纺织品有限公司	施潜新
269	南通美天家用纺织品有限公司	蒋祖平
270	情人草寝饰用品(南通)有限公司	沈展望
271	南通鼎顺家用纺织品有限公司	曹惠斌
272	新嘉澍纺织绣品(南通)有限公司	顾　健
273	南通华正纺织品有限公司	黄跃权
274	心愿家纺(南通)有限公司	杨　华
275	南通恒洋纺织品有限公司	沈　锋
276	南通伊丽梦纺织品有限公司	施卫平
277	海门市睡舒宝家用纺织品有限公司	施耀辉
278	南通智利华纺织品有限公司	薛永平
279	情蒂恋(南通)纺织品有限公司	何仰仲
280	海门市三星兴达电脑刺绣厂	吴阶平
281	海门市冠东玻璃制品有限公司	徐建华
282	南通菲尔德卫生防护用品有限公司	陈　冲
283	南通赛德龙玻璃制品有限公司	俞志平
284	南通天福体育用品有限公司	王彩萍
285	南通一振恒体育用品有限公司	王群娣
286	南通哈韦斯特体育用品有限公司	俞卫群

11-11 续表 11

序号	单位详细名称	单位负责人
287	南通高桥体育用品有限公司	朱 彧
288	南通凯润体育用品有限公司	顾一新
289	南通夏克体育用品有限公司	俞桂平
290	百速(海门)体育用品有限公司	张国松
291	海门市金球体育用品有限公司	宋兰芳
292	江苏杰美斯网球有限公司	章贾明
293	南通福斯特运动用品有限公司	郭 倩
294	南通同德运动用品有限公司	范交达
295	本杰(南通)防护用品有限公司	张卫东
296	南通嘉和塑料五金制品有限公司	徐回春
297	江苏三阳运动器材有限公司	章贾明
298	南通美佳扑克卡片有限公司	江 琴
299	海门久生化工有限公司	顾卫明
300	江苏容汇通用锂业股份有限公司	李南平
301	江苏当升材料科技有限公司	王 科
302	百朗德生物化学海门有限公司	金基洙
303	海门市化工原料厂有限公司	倪海平
304	海门市环宇化工厂	顾荷斌
305	南通市亚诺合成化工有限公司	张 伟
306	南通联普化学有限公司	张 云
307	南通市海圣药业有限公司	杨劲松
308	海门市新港医药科技有限公司	王 健
309	海门市五洋化工有限公司	陈广涛
310	海门兆丰化工有限公司	夏鹤松
311	南通市争妍颜料化工有限公司	赵觉新
312	海宇化工(南通)有限公司	俞洪新

11-11 续表 12

序号	单位详细名称	单位负责人
313	南通天龙化工有限公司	张　斌
314	南通宝晟得精细化工有限公司	徐　斌
315	南通嘉禾化工有限公司	周耀明
316	南通金琪化工有限公司	徐伟群
317	南通正拓气体有限公司	仲　原
318	海门陆江锌材料有限公司	吴俊昌
319	海门市鸿祥电子科技有限公司	冯炳祥
320	海门市禾丰化学肥料有限公司	李炳石
321	海门贝斯特精细化工有限公司	徐　斌
322	海门市海峰化工助剂有限公司	赵正平
323	海门市华林工艺品有限公司	凌建华
324	海门力德化工新材料有限公司	冯建兵
325	开美化学科技(南通)有限公司	陈建新
326	海门市新龙翔特种塑料有限公司	何启新
327	南通华谊汽车橡塑制品有限公司	张澎椿
328	南通回力胶粉有限公司	倪雪文
329	海门市南翔橡塑有限公司	彭巾南
330	金誉橡塑(海门)有限公司	季和平
331	南通大华橡胶有限公司	张乃浩
332	海门埃夫科纳化学有限公司	王志军
333	江苏嘉丰化学股份有限公司	缪小君
334	南通新玮镍钴科技发展有限公司	朱恒新
335	江苏飞拓界面工程科技有限公司	周德龙
336	海门市海信化工助剂厂	徐新民
337	江苏泰昌焊丝有限公司	乔仁弟
338	海门市威菱焊材制造有限公司	过　强

11-11 续表 13

序号	单位详细名称	单位负责人
339	江苏铂宝焊材有限公司	周新春
340	江苏华海船舶信号制造有限公司	俞建雄
341	海门慧聚药业有限公司	杨登贵
342	巴塞利亚药业(中国)有限公司	周　游
343	江苏晨牌邦德药业有限公司	张振平
344	海门瑞一医药科技有限公司	薛　嵩
345	江苏万高药业股份有限公司	姚俊华
346	江苏汉晨药业有限公司	程浩文
347	江苏恒丰强生物技术有限公司	龙　谭
348	南通华尔康医疗科技股份有限公司	吴永高
349	南通市邦通医疗卫生材料有限公司	冯　波
350	南通帝马卫生材料有限公司	包献冲
351	海门市德鑫化纤有限公司	陈建达
352	江苏兴东绝缘材料有限公司	昝建新
353	南通鹏程塑胶有限公司	卞建忠
354	南通市鑫峰橡胶有限公司	赵强甫
355	南通美田胶带有限公司	陶玉新
356	江苏金鑫橡胶科技有限公司	严火彪
357	海门市江海橡胶有限公司	江志忠
358	海门市凤城橡胶厂	江志忠
359	南通万润橡塑有限公司	严冬雨
360	海门市通宇橡塑制品有限公司	徐忠卫
361	南通康大橡胶有限公司	保海康
362	江苏金轮橡胶有限公司	严火标
363	南通恒逸橡胶有限公司	史　峰
364	南通佳宇橡胶有限公司	彭文龙

11-11 续表14

序号	单位详细名称	单位负责人
365	海门市扬子医疗器械有限公司	龚祖平
366	南通金池塑胶有限公司	张卫明
367	江苏裕康复合材料有限公司	陆　仟
368	华通联合(南通)塑胶工业有限公司	彭春晖
369	南通纵横塑胶有限公司	黄　健
370	南通美感邦塑业有限公司	伍公权
371	江苏华通管业有限公司	张红宾
372	南通美固复合材料有限公司	沈奇贤
373	海门市生华海绵有限责任公司	施建中
374	怡盛海绵(南通)有限公司	秦洪超
375	海门市大生源合成皮革有限公司	汪　晖
376	南通环球塑料工程有限公司	范广亮
377	江苏德晋塑料包装有限公司	王雅灿
378	南通塑邦聚合体有限公司	赵洪生
379	海门市启新塑业有限公司	何启新
380	海门海螺水泥有限责任公司	谢寿斌
381	南通市锡宜水泥有限公司	蒋杏清
382	海门市鸿祥建筑材料有限公司	冯炳祥
383	南通华宇混凝土有限公司	宋李琴
384	海门市新通海沙建材有限公司	姜　斌
385	南通市中南商品混凝土有限公司	倪向阳
386	海门德隆建材有限公司	汤恩华
387	海门浦海混凝土制品有限公司	汤恩华
388	海门市帕源道路工程材料有限公司	徐振家
389	南通三瑛混凝土有限公司	陈忠华
390	海门俊辉混凝土有限公司	李　永

11-11 续表 15

序号	单位详细名称	单位负责人
391	海门丰顺混凝土有限公司	韩 鑫
392	南通市康民全预制构件有限公司	侯海泉
393	海门市海弘建筑材料有限公司	袁 琪
394	海门市贝斯特钢化玻璃有限公司	倪学平
395	海门山峰玻璃科技有限公司	沈三忠
396	南通白金顿玻璃制品有限公司	查小纯
397	江苏春戈玻璃有限公司	张永春
398	海门市凯雅光学玻璃有限公司	汤建春
399	海门市成骏玻璃有限公司	李振萍
400	南通恒嘉厨具有限公司	倪 棕
401	海门市德顺玻璃制品有限公司	茅晓娟
402	海门市瑞祥玻璃制品有限公司	吴善达
403	海门三龙玻璃制品有限公司	顾 森
404	南通欣荣厨具有限公司	郁 明
405	南通日升保温容器有限公司	成广华
406	南通中荣环保空调设备有限公司	曹雪忠
407	江苏蓝泰复合材料有限公司	杜 军
408	南通奥圣通风机械工程有限公司	曹建华
409	南通路博石英材料股份有限公司	司继成
410	江苏正禾新型墙体材料有限公司	杨建刚
411	江苏华宇碳素有限公司	周 斌
412	海门市岸桥碳制品有限公司	张美英
413	南通永捷碳素技术有限公司	陈达平
414	南通市宏达电碳有限责任公司	吴国忠
415	南通环球电碳有限公司	葛耀平
416	海门市万年石墨制品厂	施雪康

11-11 续表 16

序号	单位详细名称	单位负责人
417	海门市曙光碳业有限公司	周炳余
418	海门市恒昌碳业有限公司	张建强
419	海门市兰生英岛碳业有限公司	顾　勇
420	南通市中信德电器有限公司	周炳忠
421	南通通福碳业有限公司	葛建忠
422	海门市海菱碳业有限公司	周晓斌
423	南通凯迪碳业有限公司	江　华
424	海门市茂盛球墨铸造有限公司	汤茂生
425	海门市申泰耐磨铸造有限公司	洪玉群
426	南通山宝路桥机械有限公司	汤志琴
427	南通浩顺铸件有限公司	丁国兴
428	海门市佳龙铸造有限公司	汤春华
429	海门东兴铸造厂	江向东
430	南通市凯利矿山机械设备有限公司	王水林
431	南通鑫利达铸造有限公司	杜卫忠
432	南通新凤祥液压铸造有限公司	顾凤祥
433	南通恒兴亚铸造有限公司	刘铁庆
434	南通恒金复合材料有限公司	孙国君
435	南通金盛不锈钢有限公司	陈如忠
436	南通金恒不锈钢制管有限公司	倪雪芳
437	海门市金易焊接材料有限公司	蔡德丰
438	江苏天力锌业有限公司	崔福兴
439	南通浩大精密合金带材有限公司	冯　敏
440	南通鑫隆金属铸造有限公司	沈建新
441	江苏包罗铜材集团股份有限公司	张　益
442	海门市亚泰精密铜材有限公司	崔国平

11-11 续表 17

序号	单位详细名称	单位负责人
443	海门市欣亚铜业有限公司	范亚希
444	海门市江滨永久铜管有限公司	张　戍
445	海门澳亿铜业有限公司	顾卫忠
446	海门新泰铜材有限公司	黄建新
447	海门市常茂铜材有限公司	蔡　燕
448	南通金秀铜材有限公司	孙国君
449	南通雄泰铜业有限公司	姜　雄
450	海门市永兴铜业有限公司	张锦明
451	海门市荣鑫铜业有限公司	仇亚生
452	南通诚峰铜业有限公司	朱　云
453	江苏凌宇铜材有限公司	王慧海
454	海门市博鑫铜业有限公司	黄裕忠
455	南通帝茂铜业有限公司	陆关平
456	海门市东亚铝业有限公司	林卫东
457	南通新兴特种金属材料有限公司	潘达新
458	南通忠联精密锻造有限公司	陆友荣
459	上海建工(江苏)钢结构有限公司	朱国宏
460	江苏佳铝实业股份有限公司	陆　永
461	海门市益德安钢结构有限公司	陈　耀
462	海门市龙鑫钢制品有限公司	黄海兵
463	海门市圣杰建筑铝合金门窗有限公司	吴　耀
464	海门市乾鑫铝合金门窗有限公司	陈　波
465	金丰环球装饰工程(天津)有限公司南通加工厂	蔡善冲
466	海门市品一铝业有限公司	黄　超
467	华盛建筑装饰工程(南通)有限公司	曹美萍
468	南通美莱达科技有限公司	钟淑云

11-11 续表 18

序号	单位详细名称	单位负责人
469	南通市交通钢绳有限责任公司	施鑫磊
470	南通申博金属制品有限公司	施鑫磊
471	南通东良金属制品有限公司	杨金飞
472	南通新奥五金有限公司	潘　强
473	海门亿峰热处理有限公司	汤品荣
474	南通玉洁镀饰有限公司	俞水生
475	赐宝新型薄板(江苏)有限公司	何国芳
476	锦江酒店设备器具制造有限公司	吴桂林
477	南通通美医疗器材设备制造有限公司	吴志平
478	海门市凤龙不锈钢制药设备有限公司	张福平
479	南通易搏瓶盖有限公司	陈晓平
480	南通华廷制针有限公司	陈立新
481	江苏麦斯针业有限公司	高利平
482	海门市新龙锻压件有限公司	黄新宝
483	江苏一重锻造有限公司	沈　健
484	南通韦杰标牌有限公司	虞俊杰
485	南通美迪金属制品有限公司	袁玉辉
486	江苏三协铝业科技有限公司	吴雅清
487	索翠鑫(南通)铜业有限公司	袁玉辉
488	南通西马特机器制造有限公司	王豫康
489	海门市机械厂	陈利平
490	南通澳斯派克焊机有限公司	黄惠德
491	南通泽富精密机电成套设备制造有限公司	周　琦
492	南通双燕金属材料有限公司	李银花
493	南通宝达工程机械有限公司	万春山
494	力神(海门)液压设备有限公司	沈晓明

11-11 续表 19

序号	单位详细名称	单位负责人
495	江苏海隆重机有限公司	杨砚华
496	江苏海新船务重工有限公司	孟咸宏
497	金建(海门)钢结构有限公司	顾建忠
498	海门市科轩机电设备有限公司	黄　锋
499	江苏宇达机械有限公司	陆羡新
500	海门圣帕斯电梯配件有限公司	章上游
501	江苏高科物流科技股份有限公司	何志钢
502	江苏龙秦机械科技有限公司	滕　波
503	海门市海真真空设备有限公司	徐玉兰
504	南通市威士真空设备有限公司	许俊峰
505	南通龙鹰真空泵业有限公司	樊　忠
506	南通金坤机械设备有限公司	管向东
507	康奈可(海门)车用空调压缩机有限公司	古川浩治
508	威璐仕(南通)机械有限公司	张　健
509	海门市油威力液压工业有限责任公司	陈东升
510	海门市液压件厂有限责任公司	陈国强
511	海门维拓斯液压阀业有限公司	陈东升
512	华林液压(南通)有限公司	沈晓明
513	天宏轴承南通有限公司	刘　靓
514	海门市兴马机械有限公司	薛　娟
515	江苏兄弟粉末冶金有限公司	曹东美
516	南通旺鑫新材料有限公司	陆海雷
517	南通骏宇齿条有限公司	薛志骏
518	新加华齿条(南通)有限公司	沈　建
519	南通市净海暖通设备有限公司	曹广清
520	南通市升昊暖通设备有限公司	张永强

11-11 续表 20

序号	单位详细名称	单位负责人
521	南通市华德机泵有限公司	袁士彬
522	南通海发水处理工程有限公司	倪燕彬
523	海门市雪盾冷冻设备有限公司	何培松
524	南通市长三角空调设备有限公司	曹淑萍
525	南通克莱克空气处理设备有限公司	吴克军
526	南通市吉龙冷冻设备有限公司	吴志敏
527	江苏大艺工具有限公司	黄建平
528	南通欧泰机电工具有限公司	徐林华
529	海门欣荣电器有限公司	王根荣
530	南通川木电动工具制造有限公司	姚红兵
531	南通华达矽钢冲压有限公司	李建华
532	江苏苏日电动工具有限公司	潘国兴
533	海门市长江电动工具厂	徐永豪
534	江苏永和制药机械有限公司	郁永平
535	海门市飞达标准件厂	严劲华
536	海门市欣力标准件厂	陈正平
537	海门市海四达电子有限公司	陆振群
538	海门市华桂标准件有限公司	王建华
539	南通威尔精密螺丝有限公司	杭纳新
540	南通华夏电子科技有限公司	季晨忠
541	南通通泰紧固件有限公司	倪亚菊
542	南通华盛五金装饰有限公司	张志平
543	海门市德胜新华标准件厂	朱大川
544	海门市德胜新新联合螺丝厂	陆社革
545	江苏通东弹簧有限公司	王翠兰
546	南通加森齿条有限公司	沈　建

11-11 续表 21

序号	单位详细名称	单位负责人
547	海门市华信五金有限公司	赵春华
548	南通鼎鑫金属制品有限公司	王惠祥
549	海门市华洋五金标准件有限公司	陈利平
550	上海冶金矿山机械厂海门分厂	东　毅
551	南通市三星矿山机械设备有限公司	王水林
552	海门市麒龙机械制造有限公司	沈龙隆
553	海门市石油机械厂有限公司	施潜新
554	南通海隆钢管有限公司	曹育红
555	江苏环宇建筑设备制造有限公司	陆建飞
556	浩博(海门)机械制造有限公司	陈淑惠
557	江苏神宇盾构设备有限公司	陆洪新
558	海科工程股份有限公司	桑肖彬
559	明圣化工机械(南通)有限公司	孙明汇
560	海门市东大能源科技有限公司	余从苏
561	南通市新科橡塑机械有限公司	茅正芳
562	南通市翔海电光源有限公司	祁国祥
563	海门市麒新纺织机械有限公司	陈碧辉
564	海门市春华电子科技有限公司	施云飞
565	江苏瑞斯凯赛医疗器械有限公司	刘　勇
566	海门依科过滤设备有限公司	张正国
567	江苏莱克科技有限公司	李　平
568	南通立源水业科技发展有限公司	徐立群
569	海门市三电晟宇汽车零部件有限公司	陆永杰
570	南通合硕电子有限公司	濮祥真
571	南通斌奥工业科技有限公司	葛　萍
572	南通龙洲汽车配件有限公司	葛　萍

11-11 续表 22

序号	单位详细名称	单位负责人
573	海门亿峰机械零部件制造有限公司	汤品荣
574	海门市铁路机车车辆配件厂有限公司	秦祖刚
575	南通进望铸造有限公司	赵亚进
576	南通沪江船舶科技有限公司	施春荧
577	南通林磊船舶机械有限公司	周国安
578	南通海舟船舶设备有限公司	顾　斌
579	海门锦华船务有限公司	朱俊华
580	海门市协通精密机械制造有限公司	陈伟明
581	海门市巨威自行车车件有限公司	谢裕龙
582	首帆动力科技江苏有限公司	杜剑峰
583	亚洲新能源(中国)有限公司	徐　建
584	南通泰格动力机械有限公司	陈维加
585	江苏泰格游艇制造有限公司	李箭敏
586	美奥迪电机(海门)有限公司	狄尔戈·卡拉罗
587	江苏卡帕电气科技有限公司	顾晓坤
588	南通宝达电机有限公司	张元忠
589	南通市黄海电动工具有限公司	刘　勇
590	华滨电机(海门)有限公司	胡晨光
591	南通圣亿精密机械有限公司	陈志明
592	南通泰利电力科技有限公司	张　楠
593	南通市哈默船舶设备有限公司	陈汉冲
594	南通和泰通信科技有限公司	仇宝鑫
595	江苏永生电气有限公司	潘晓林
596	江苏磐石新能源开发股份有限公司	智　刚
597	南通英菲新能源有限公司	宋　卫
598	江苏中南新材料有限公司	叶　鹰

11-11 续表 23

序号	单位详细名称	单位负责人
599	南通飞宇电器设备有限公司	陈小平
600	海门市中德电子发展有限公司	赵　玉
601	海门市华高新材料科技有限公司	王爱东
602	南通海腾铜业有限公司	李志龙
603	南通市万盟铝线有限公司	李　伟
604	友德汽车电器(海门)有限公司	陆爱斌
605	南通均安电器有限公司	陆小美
606	江苏鑫海腾线缆有限公司	李志龙
607	海门锦星汽车线束有限公司	陆贵清
608	南通隆泰通信材料科技有限公司	钱亚珍
609	江苏斯德雷特通光光纤有限公司	Ankit Agarwal
610	海门通能通讯科技有限公司	陆　兵
611	南通智博电子线缆有限公司	施村东
612	南通和泰通讯器材有限公司	张庙兰
613	江苏通光电子线缆股份有限公司	张　强
614	江苏通光海洋光电科技有限公司	唐进明
615	南通金鑫电池有限公司	张立华
616	南通恒嘉环保科技有限公司	倪　棕
617	南通东升电光源有限公司	陈国军
618	南通圣菲亚照明电器有限公司	姜洪江
619	南通三鑫车灯配件有限公司	赵俊康
620	江苏东洲通信设备有限公司	沈　彬
621	南通赛博通信有限公司	陆亚进
622	南通康达鑫电子有限公司	施学义
623	南通三鑫电子科技股份有限公司	沈卫星
624	海门市银燕电子有限公司	俞　豪

11-11 续表 24

序号	单位详细名称	单位负责人
625	海门市富凯电子科技有限责任公司	周建林
626	海门昇运铝材有限公司	白建政
627	宝钢磁业(江苏)有限公司	唐宝根
628	海门明乐电子元件有限公司	唐进明
629	南通汇丰电子科技有限公司	蔡成俊
630	江苏三瑛电子有限公司	郁方为
631	海门市正大电子有限公司	黄一梅
632	南通亚光电子有限公司	徐 卫
633	海门天尼电子有限公司	徐玉兰
634	南通天禾机械科技有限公司	陈春水
635	南通飞鹰电子有限公司	俞 豪
636	海门伽玛星探伤设备有限公司	何 陈
637	南通伟恩汽车配件有限公司	赵志刚
638	海门市兴海工船舶工程有限公司	胡 春
639	南通联海生物热电有限公司	陈玉和
640	海门鑫源环保热电有限公司	朱雪平
641	海门市大千热电有限公司	余 平
642	海门市自来水公司	施 惠
643	海门市三星供水服务站	沈 伟
644	衫金服装辅料(南通)有限公司	陈识智
645	南通雅日纺织品有限公司	宋 雷
646	海门市悦中化工厂	季建宾
647	南通美迪制冷配件有限公司	陈 琴
648	南通荣华混凝土有限公司	裴相标
649	海门市金箍棒铜业有限公司	陈 平
650	江苏昌源金属构件有限公司	俞建明
651	江苏狼山钢绳索具制造有限公司	顾其林
652	海门市康瑞金属制品有限公司	陈 威
653	亚洲新能源科技工程有限公司	胡国栋
654	中国能源工程(海门)辰鑫环保工程有限公司	俞建明
655	南通宝加利新材料有限公司	崔宇明

主要统计指标解释

工业　指从事自然资源的开采，对采掘品和农产品进行加工和再加工的物质生产部门。具体包括：(1)对自然资源的开采，如采矿、晒盐等(但不包括禽兽捕猎和水产捕捞)；(2)对农副产品的加工、再加工，如粮油加工、食品加工、缫丝、纺织、制革等；(3)对采掘品的加工、再加工，如炼铁、炼钢、化工生产、石油加工、机器制造、木材加工等，以及电力、自来水、煤气的生产和供应等；(4)对工业品的修理、翻新，如机器设备的修理、交通运输工具(如汽车)的修理等。

工业统计调查单位为独立核算法人工业企业。

独立核算法人工业企业指从事工业生产经营活动的单位。独立核算法人工业企业应同时具备以下条件：①依法成立，有自己的名称、组织机构和场所，能够承担民事责任；②独立拥有和使用资产，承担负债，有权与其他单位签订合同；③独立核算盈亏，并能够编制资产负债表。

国有及国有控股企业　指国有企业加上国有控股企业。国有企业(即原全民所有制工业或国营工业)指企业全部资产归国家所有，并按《中华人民共和国企业法人登记管理条例》规定登记注册的非公司制的经济组织。包括国有企业、国有独资公司和国有联营企业。1957 年以前的公私合营和私营工业，后均改造为国营工业，1992 年改为国有工业，这部分工业的资料不单独分列时，均包括在国有企业内。国有控股企业是对混合所有制经济的企业进行的"国有控股"分类。它是指这些企业的全部资产中国有资产(股份)相对其他所有者中的任何一个所有者占资(股)最多的企业。该分组反映了国有经济控股情况。

本篇涉及的其他企业登记注册类型的解释详见综合篇。

轻工业　指主要提供生活消费品和制作手工工具的工业。按其所使用的原料不同，可分为两大类：(1)以农产品为原料的轻工业，是指直接或间接以农产品为基本原料的轻工业。主要包括食品制造、饮料制造、烟草加工、纺织、缝纫、皮革和毛皮制作、造纸以及印刷等工业；(2)以非农产品为原料的轻工业，是指以工业品为原料的轻工业。主要包括文教体育用品、化学药品制造、合成纤维制造、日用化学制品、日用玻璃制品、日用金属制品、手工工具制造、医疗器械制造、文化和办公用机械制造等工业。

重工业　指为国民经济各部门提供物质技术基础的主要生产资料的工业。按其生产性质和产品用途，可以分为下列三类：(1)采掘(伐)工业，是指对自然资源的开采，包括石油开采、煤炭开采、金属矿开采、非金属矿开采等工业；(2)原材料工业，指向国民经济各部门提供基本材料、动力和燃料的工业。包括金属冶炼及加工、炼焦及焦炭、化学、化工原料、水泥、人造板以及电力、石油和煤炭加工等工业；(3)加工工业，是指对工业原材料进行再加工制造的工业。包括装备国民经济各部门的机械设备制造工业、金属结构、水泥制品等工业，以及为农业提供的生产资料如化肥、农药等工业。

根据上述划分原则，修理业中以重工业产品为修理作业对象的划为重工业，反之划为轻工业。

资产总计　指企业过去的交易或者事项形成的、由企业拥有或者控制的、预期会给企业带来经济利益的资源。资产一般按流动性分为流动资产和非流动资产。其中流动资产可分为货币资金、交易性金融资产、应收票据、应收账款、预付款项、其他应收款、存货等；非流动资产可分为长期股权投资、固定资产、无形资产及其他非流动资产等。根据会计"资产负债表"中"资产总计"项目的期末余额数填报。

流动资产合计　资产满足以下条件之一应归为流动资产：(1)预计在一个正常营业周期中变现、出售或耗用，主要包括存货、应收账款等；(2)主要为交易目的而持有；(3)预计在资产负债表日起一年内(含一年)变现；(4)自资产负债日起一年内，交换其他资产或清偿负债的能力不受限制的现金或现金等价物。包括货币资金、应收票据、应收账款、存货等项目。根据会计"资产负债表"中"流动资产合计"项目的期末余额数填报。

固定资产原价　指固定资产的成本，包括企业在购置、自行建造、安装、改建、扩建、技术改造某项固定资产时所发生的全部支出总额。根据会计"固定资产"科目的期末借方余额填报。

累计折旧　指企业在报告期末提取的历年固定资产折旧累计数。根据会计"累计折旧"科目的期末贷方余额填报。

负债合计　指企业过去的交易或者事项形成的，预期会导致经济利益流出企业的现时义务。负债一般按偿还期长短分为流动负债和非流动负债。根据会计"资产负债表"中"负债合计"项目的期末余额数填报。

流动负债合计　负债满足下列条件之一的应归为流动负债：(1)预计在一个正常营业周期中清偿；(2)主要为交易目的而持

有；(3)自资产负债表日起一年内到期应予清偿；(4)企业无权自主地将清偿推迟至资产负债表日后一年以上。包括短期借款、应付票据、应付账款、应付职工薪酬、应交税费等项目。根据会计“资产负债表”中“流动负债合计”项目的期末余额数填报。

所有者权益合计　指企业资产扣除负债后由所有者享有的剩余权益。公司的所有者权益又称股东权益。包括实收资本、资本公积、盈余公积、未分配利润等。根据会计“资产负债表”中“所有者权益合计”项目的期末余额数填报。

主营业务收入　指企业确认的销售商品、提供劳务等主营业务的收入。根据会计“主营业务收入”科目的期末贷方余额填报。

主营业务成本　指企业经营主要业务所发生的成本总额。根据会计“主营业务成本”科目的期末借方余额填报。

主营业务税金及附加　指企业经营主要业务应负担的营业税、消费税、城市维护建设税、教育费附加等。根据会计“主营业务税金及附加”科目的期末借方余额填报。

利润总额　指企业在一定会计期间的经营成果，是生产经营过程中各种收入扣除各种耗费后的盈余，反映企业在报告期内实现的盈亏总额。根据会计“利润表”中“利润总额”项目的本期金额数填报。

应交增值税　指企业按税法规定，从事货物销售或提供加工、修理修配劳务等增加货物价值的活动本期应交纳的税金。计算公式为：

应交增值税=销项税额−(进项税额−进项税额转出)−出口抵减内销产品应纳税额−减免税款+出口退税

进项税额指企业在报告期内购入货物或接受应税劳务而支付的、准予从销项税额中抵扣的增值税额。

销项税额指企业在报告期内销售货物或提供应税劳务应收取的增值税额。

总资产贡献率　反映企业全部资产的获利能力，是企业经营业绩和管理水平的集中体现，是评价和考核企业盈利能力的核心指标。计算公式为：

$$\text{总资产贡献率}(\%)=\frac{\text{利润总额}+\text{税金总额}+\text{利息支出}}{\text{平均资产总额}}\times 100\%$$

公式中：税金总额为主营业务税金及附加与应交增值税之和；平均资产总额为期初期末资产之和的算术平均值。

资产负债率　该指标既反映企业经营风险的大小，也反映企业利用债权人提供的资金从事经营活动的能力。计算公式为：

$$\text{资产贡献率}(\%)=\frac{\text{负债总额}}{\text{资产总额}}\times 100\%$$

资产与负债均为报告期期末数。

成本费用利润率　反映企业投入的生产成本及费用的经济效益，同时也反映企业降低成本所取得的经济效益。计算公式为：

$$\text{成本费用利润率}(\%)=\frac{\text{利润总额}}{\text{成本费用总额}}\times 100\%$$

公式中：成本费用总额为主营业务成本、销售费用、管理费用、财务费用之和。

产品销售率　该指标反映工业产品已实现销售的程度，是分析工业产销衔接情况，研究工业产品满足社会需求的指标。计算公式为：

$$\text{产品销售率}(\%)=\frac{\text{工业销售产值}}{\text{工业总产值}}\times 100\%$$

第十二篇 建筑业

Chapter 12 Construction

责任编辑:宋金娟

12-1 主要年份建筑业指标

年 份	建筑企业个数(个)	期末从业人员(人)	年末自有固定资产		年末自有机械设备		
			原值(千元)	净值(千元)	净值(千元)	机械数(台)	总功率(千瓦)
1984	35	38263	1129	936	850	3319	21086
1985	38	45802	1719	1379	1264	4905	24706
1986	44	54418	2997	2463	1797	6898	37855
1987	44	56307	4074	3277	2392	8101	44393
1988	43	52350	4879	3900	2693	9370	50270
1989	19	45066	5198	3760	2767	9408	48227
1990	18	43381	6295	4329	2926	9275	49206
1991	20	45626	6981	4558	3052	9766	59861
1992	20	49986	8403	5589	3923	9529	62549
1993	20	48541	11852	8135	6128	8787	73329
1994	20	49490	21199	14631	11938	9423	97690
1995	22	54575	29420	19760	14857	9996	15040
1996	53	54452	39351	25715	20042	11244	177853
1997	68	53046	45142	26723	22630	12145	134808
1998	63	60207	47447	27619	21155	11129	118420
1999	63	61005	55857	34151	26699	10653	119708
2000	59	65040	69213	41605	30336	13594	123960
2001	77	67509	101207	68118	36388	13823	142325
2002	77	65372	125039	84486	53406	19006	244401
2003	84	81129	114805	77075	53743	19407	230025
2004	103	102696	134111	102807	67019	19957	264842
2005	122	127101	158040	107155	77334	24728	340901
2006	153	157170	204942	129518	89445	42324	414936
2007	143	152387	250769	155307	105104	43176	646910
2008	183	162288	288452	120120	124986	44156	755224
2009	177	179288	350182	185648	136611	44439	768065
2010	169	209618	394827	214588	109133	39414	833433
2011	188	238349	450060	280243	134465	45322	938436
2012	188	266224	516756	344590	188634	45771	1101847
2013	181	305122	689420	423464	199083	57939	1334794
2014	175	324663	694819	512723	252760	58245	1154964
2015	172	315863	7231543	5258141	1836569	41815	1213299
2016	176	320259	7329126	4765864	4416596	31874	635116
2017	170	332185	10399013	5700735	5265174	47225	1282451

12-1

年 份	施工机械功率(千瓦)	建筑业总产值(万元)	施工产值(千元)	建筑业增加值(万元)	工程项目(个)	
					施工	竣工
1984	19780	22064	22064	5431	1620	1059
1985	23316	33137	33076	8618	1565	986
1986	36410	45712	45628	12132	1071	1071
1987	42900	60611	60100	16325	1684	1094
1988	48380	66294	65735	18221	1467	976
1989	46590	70681	70550	17765	1172	782
1990	49106	75986	75463	18982	1110	667
1991	59861	90801	90801	22697	1120	670
1992	62549	133413	132642	33353	1293	810
1993	68549	217166	217166	54291	1158	644
1994	52453	353703	353703	86649	1074	536
1995	96381	498505	485588	128953	1084	589
1996	162119	572951	561746	140951	1023	560
1997	123389	601444	582156	131680	1017	484
1998	101980	622511	528777	123729	901	499
1999	102238	657036	538063	153737	1167	713
2000	113209	705672	661027	127687	976	491
2001	133698	768420	7541010	151128	955	444
2002	227524	912490	810903	186926	1324	968
2003	216042	1090852	–	224929	–	–
2004	225109	1636484	–	277092	–	–
2005	–	1747836	–	424425	1969	851
2006	–	2290773	–	618631	3042	1316
2007	–	3035673	–	782644	3987	1793
2008	–	3603101	–	829176	4404	1899
2009	–	4393839	–	975006	4656	2338
2010	–	5810749	5078823	1361307	6023	2434
2011	–	7277531	7046783	1482132	6884	2729
2012	–	9361291	9101822	2433043	–	–
2013	–	12020890	10888935	2720547	–	–
2014	–	14990484	–	3158924	–	–
2015	–	15129933	–	–	–	–
2016	–	15514713	–	–	–	–
2017	–	17428353	–	–	–	–

续表

房屋面积(平方米)		利润总额(万元)	交纳税金(万元)	从业从员劳动报酬(万元)
施工	竣工			
1340483	983900	760	137	2532
1658974	989100	631	111	3935
2379626	148900	1098	578	6029
3063900	2037400	1175	899	11093
3587700	2069800	1121	1408	13183
4041700	1940600	882	1302	15041
3512600	1914300	580	1169	14687
3467600	1850000	322	1130	15910
3490000	1527300	585	1153	19351
4360000	2070000	800	1459	27307
5751442	1833751	2460	3744	44739
7560000	2310000	2687	5321	66368
10345450	2903181	2477	6527	92897
10840619	3454900	3538	9354	93043
11815690	4502870	3741	8348	91276
9928800	3985900	3341	8219	79460
11533127	5366074	3861	8941	116114
12477384	5838351	6674	12438	109045
12166779	4577200	7652	13517	133844
13904936	5836312	12773	25857	141294
17265269	5118816	20375	29106	168616
20708335	6379286	39666	45700	175877
26677404	9458936	64112	66104	294155
33962195	8239562	99497	93566	435003
42324706	18841238	116524	108845	519732
50989513	23768827	222731	113084	549701
70371530	12783598	205605	171357	820697
137573380	19934609	233549	263071	1095378
101055464	22006853	314563	369601	1746356
168672840	26161154	498220	465891	1696857
137737924	28618890	552320	522930	2167791
143062885	32865521	584742	436823	2047765
145561504	39960818	557583	416969	2076314
157885540	36805433	790768	499675	2303498

12-2 分经济类型、资质等级

指标	总计	内资企业	港、澳、台商投资企业
企业个数	141	138	2
建筑业企业合同情况(千元)			
签订的建筑合同额本期	239709869	239449260	160814
上年结转建筑合同额本期	119382879	119300379	20900
本年新签建筑合同额本期	120326990	120148881	139914
承包工程完成情况(千元)			
直接从建设单位承揽工程完成的产值本期	162961963	162770841	115134
自行完成施工产值本期	162961084	162769962	115134
分包出去工程的产值本期	879	879	0
从建设单位以外承揽工程完成的产值本期	9897475	9861108	24067
建筑业总产值本期(千元)	172858559	172631070	139201
装饰装修产值本期	7656204	7656204	0
在外省完成的产值本期	126579878	126561628	5950
建筑工程产值本期	164745999	164518510	139201
安装工程产值本期	4674992	4674992	0
其他建筑业产值本期	3437568	3437568	0
竣工产值本期(千元)	129163912	128834163	158511
房屋施工面积本期(平方米)	157885540	157680521	36957
房屋新开工面积本期	53819474	53789332	0
实行投标承包面积本期			

建筑业生产情况（2017 年）

外商投资企业	特级	一级	二级	三级	其他
1	4	24	46	66	1
99795	165049706	42968511	23616404	8066559	8689
61600	89242974	16756330	10564037	2811116	8422
38195	75806732	26212181	13052367	5255443	267
75988	122916011	23151028	11672261	5218796	3867
75988	122916011	23151028	11672152	5218026	3867
0	0	0	109	770	0
12300	3617336	3459987	1615362	1204790	0
88288	126533347	26611015	13287514	6422816	3867
0	2253572	5219571	53655	129406	0
12300	94269093	19821263	8840391	3649131	0
88288	122211472	23055642	13191732	6283286	3867
0	971459	3555373	58782	89378	0
0	3350416	0	37000	50152	0
171238	87881225	21705557	9564107	10013023	0
168062	106983204	24398672	18267125	8236539	0
30142	35234722	8801083	6982803	2800866	0

12-3 分行业建筑业生产情况(2017 年)

指标	房屋建筑业	土木工程建筑业	建筑安装业	建筑装饰和其他建筑业
企业个数	**80**	**31**	**10**	**20**
建筑业企业合同情况(千元)				
签订合同额	225986377	3076370	1095303	9551819
上年结转合同额	115427679	851579	189453	2914168
本年新签合同额	110558698	2224791	905850	6637651
承包工程完成情况(千元)				
直接从建设单位承揽工程完成的产值	155695219	2254066	493174	4519504
自行完成施工产值	155694837	2253646	493174	4519427
分包出去工程的产值	382	420	0	77
从建设单位以外承揽工程完成的产值	6017205	1055730	2755717	68823
建筑业总产值	161712042	3309376	3248891	4588250
装饰装修产值	3445079	28758	0	4182367
在外省完成的产值	119767226	1431935	2295789	3084928
建筑工程产值	156587036	3270041	366974	4521948
安装工程产值	1694536	32237	2881917	66302
其他建筑业产值	3430470	7098	0	0
竣工产值	116571923	3204682	6442171	2945136
房屋施工面积	156755878	73327	23745	1032590
房屋新开工面积	53337882	7900	12500	461192
实行投标承包面积				

12-4 分行业建筑业企业产品产量情况(2017年)

指标	总计	房屋建筑业	土木工程建筑业	建筑安装业	建筑安装和其他建筑业
合计(平方米)	36805433	36744162	44813		16458
住宅房屋	33190880	33174422	0		16458
商业及服务用房屋	575751	567895	7856		0
商厦房屋(批发和零售用房)	50100	50100	0		0
宾馆用房屋(住宿用房)	97657	89801	7856		0
餐饮用房屋(餐饮用房)	100040	100040	0		0
商务会展用房屋	258449	258449	0		0
其他商业及服务用房屋(居民服务业用房)	69505	69505	0		0
办公用房屋	1426786	1426786	0		0
科研、教育、医疗用房屋	89807	89807	0		0
科学研究用房屋	25	25	0		0
教育用房屋	89772	89772	0		0
医疗用房屋(卫生医疗用房)	10	10	0		0
文化、体育、娱乐用房屋	78040	78040	0		0
厂房及建筑物	1418903	1381946	36957		0
厂房	1205101	1168144	36957		0
仓库	40	40	0		0
其他未列明的房屋建筑物	25226	25226	0		0

12-5 分经济类型、资质等级建筑业企业产品产量(2017年)

指标	总计	内资企业	港、澳、台商投资企业	外商投资企业	特级	一级	二级	三级
合计(平方米)	36805433	36636957	36957	131519	24186025	7021209	3497635	2100564
住宅房屋	33190880	33188230	0	2650	22170317	6433022	2770731	1816810
商业及服务用房屋	575751	494081	0	81670	485975	0	0	89776
商厦房屋(批发和零售用房)	50100	50100	0	0	50000	0	0	100
宾馆用房屋(住宿用房)	97657	94987	0	2670	87091	0	0	10566
餐饮用房屋(餐饮用房)	100040	100040	0	0	100000	0	0	40
商务会展用房屋	258449	179449	0	79000	179409	0	0	79040
其他商业及服务用房屋(居民服务业用房)	69505	69505	0	0	69475	0	0	30
办公用房屋	1426786	1423749	0	3037	1047765	313454	53910	11657
科研、教育、医疗用房屋	89807	89807	0	0	59942	0	29805	60
科学研究用房屋	25	25	0	0	0	0	0	25
教育用房屋	89772	89772	0	0	59942	0	29805	25
医疗用房屋(卫生医疗用房)	10	10	0	0	0	0	0	10
文化、体育、娱乐用房屋	78040	78040	0	0	31000	47000	0	40
厂房及建筑物	1418903	1337784	36957	44162	380726	215947	643189	179041
厂房	1205101	1127547	36957	40597	364534	209704	463897	166966
仓库	40	40	0	0	0	0	0	40
其他未列明的房屋建筑物	25226	25226	0	0	10300	11786	0	3140

12-6 建筑业出省生产情况(2017年)

省(自治区、直辖市)名称	建筑业总产值(千元)
北　京	8041511
天　津	7326964
河　北	12259158
山　西	733874
内 蒙 古	2619275
辽　宁	5575370
吉　林	746317
黑 龙 江	1970577
上　海	11868549
浙　江	1715961
安　徽	3936876
福　建	1248127
江　西	531772
山　东	30450452
河　南	8076079
湖　北	1733062
湖　南	2501083
广　东	2933906
广　西	3997887
海　南	3758959
重　庆	373360
四　川	4725510
贵　州	2680272
云　南	1638195
西　藏	0
陕　西	3551518
甘　肃	280308
青　海	112799
宁　夏	724060
新　疆	468097

12-7 建筑业财务状况(2017年)

单位:千元

指标名称	全市合计	指标名称	全市合计
一、年初存货	30112741	三、损益及分配	
二、期末资产负债		营业收入	145212428
流动资产合计	131169495	其中:主营业务收入	145054932
其中:应收工程款	40179936	营业成本	131942771
存货	37512622	其中:主营业务成本	131644996
固定资产合计	6710828	税金及附加	1320988
固定资产减值准备	129842	其中:主营业务税金及附加	1320363
固定资产原价	10265347	其他业务利润	8749
其中:房屋和构筑物	3100356	销售费用	79334
机器设备	5475047	管理费用	2818077
运输工具	419762	财务费用	1751037
累计折旧	4688336	其中:利息收入	64383
其中:本年折旧	630810	利息支出	1396792
在建工程	847282	资产减值损失	279886
资产总计	142567911	公允价值变动收益(损失以“-”号记)	-80
流动负债合计	89120691	投资收益(损失以“-”号记)	552753
其中:应付账款	29184166	其他收益	1002
非流动负债合计	6236127	营业利润	7791526
负债合计	95361438	营业外收入	25083
所有者权益合计	47206473	营业外支出	22122
其中:实收资本	9938440	利润总额	7794487
国家资本	60000	所得税费用	1767894
集体资本	129830	四、人工成本及增值税	
法人资本	5739344	应付职工薪酬(本年贷方累计发生额)	22559961
个人资本	3965348	应交增值税	3624127
港澳台资本	26828	五、其他资料	
外商资本	17090	建筑业企业在境外完成的营业收入	4731236

12-8 分经济类型、资质等级劳务分包建筑企业生产经营情况(2017年)

单位:千元

指标	总计	内资	一级	其它
产值情况				
建筑业总产值	1424975	1424975	1421845	3130
装饰装修产值	23812	23812	23812	0
固定资产折旧	9942	9942	9891	51
营业收入	1316907	1316907	1313777	3130
主营业务收入	1316907	1316907	1313777	3130
营业成本	1145587	1145587	1142587	3000
主营业务成本	1145587	1145587	1142587	3000
营业税金及附加	32223	32223	32008	215
主营业务税金及附加	32093	32093	31878	215
销售费用	1320	1320	1320	0
管理费用	21818	21818	21203	615
财务费用	11754	11754	11766	-12
营业利润	116024	116024	115562	462
利润总额	113188	113188	112926	262
本年应付职工薪酬	475019	475019	472599	2420
本年应交增值税	19416	19416	19406	10

主要统计指标解释

建筑业总产值　建筑业总产值是以货币表现的建筑安装企业在一定时期内生产的建筑业产品的总和。建筑业总产值包括三部分内容：

① 建筑工程产值：指列入建筑工程预算内的各种工程价值。

② 设备安装工程产值：指设备安装工程价值。

③ 其他产值：包括房层构筑物修理产值、非标准设备制造产值、总包企业向分包企业收取的管理费以及不能明确划分的施工活动所完成的产值。

竣工产值　指在报告期内，按照设计所规定的工程内容全部完成，达到了设计规定的交工条件，经有关部门检查验收鉴定合格的单位工程价值之和。

房屋建筑施工面积　指在报告期内施工的全部房层建筑面积。包括本期内新开工的；上期施工跨入本期继续施工、上期停建本期复工的房屋建筑面积；不包括上期开工后又停工，本期未施工的房层建筑面积。

房屋建筑竣工面积　指在报告期内，按照设计所规定的工程内容全部完成，达到了设计规定的交工条件，经有关部门检查验收鉴定合格的房屋建筑面积。

住宅竣工面积　指房层建筑竣工面积中供居住用的房层建筑竣工面积。

自有机械设备年末总台数　指归本企业(或单位)所有，属于本企业固定资产的生产性机械设备年末总台数。包括施工机械、生产设备、运输设备以及其他设备。

自有机械设备年末总功率　指本企业(或单位)自有施工机构、生产设备、运输设备以及其他设备等列为在册固定资产的生产性机械设备年末总功率、按设定能力或查定能力计算。包括机械本身的动力和为该机械服务的单独动力设备，如电动机等。计量单位用千瓦，动力换算可按 1 马力=0.735 千瓦折合成千瓦数。电焊、变压器、锅炉不计算动力。

第十三篇 交通 邮电

Chapter 13

Transportaion and Post

责任编辑:卢　静

13-1 全社会车辆、公路拥有量

指标	单位	2017年	2016年	2015年
年末车辆数	**辆**	**220280**	**202995**	**201175**
汽车	辆	188295	166291	140345
# 私人汽车	辆	173802	154704	129964
# 大型汽车	辆	4000	3627	3296
小型汽车	辆	182934	162664	137049
农用运输车	辆	1554	1655	2507
摩托车	辆	30431	35049	58323
公路总里程	**公里**	**2517**	**2481**	**2454**
按等级分				
高速	公里			
一级	公里	389	335	281
二级	公里	110	135	148
三级	公里	227	216	221
四级	公里	1790	1796	1790
等外	公里	0	0	14
按行政等级分				
国道	公里	66	66	14
省道	公里	109	77	97
县道	公里	346	309	309
乡道	公里	779	825	826
村道	公里	1216	1204	1209
专用公路	公里			
公路桥梁	**座**	**1086**	**1095**	**1077**
公路桥梁长度	米	36523	34943	31611
内河航道总里程	**公里**	**348**	**348**	**348**
# 水深1米以上里程	公里	343	343	343
船闸	**座**	**2**	**2**	**2**
# 交通部门管理	座			

13-2 主要年份交通运输主要指标

年份	公路通车里程（公里）	内河航道里程（公里）	货物运输量（万吨）	货物周转量（万吨公里）	旅客运输量（万人）
1962	117.70	408.00	30.08	1135.93	35.80
1965	117.70	451.00	46.58	1916.46	19.57
1970	130.40	451.00	59.27	2214.51	–
1975	154.40	393.00	96.46	6655.99	–
1978	187.32	393.00	179.70	10454.31	–
1980	209.90	314.00	175.50	11620.11	–
1985	236.57	328.50	419.67	21467.64	186.15
1986	238.67	328.50	337.00	20897.00	143.00
1987	256.40	328.50	488.00	20647.00	164.00
1988	263.80	328.50	279.00	21335.00	160.00
1989	263.80	328.50	348.00	16224.00	206.00
1990	287.56	328.50	344.00	12827.00	74.00
1991	288.00	328.50	297.00	13721.00	512.00
1992	288.56	328.50	347.90	14395.20	539.03
1993	294.71	330.50	287.70	11600.50	1053.00
1994	294.71	330.50	598.09	47639.70	584.12
1995	294.71	328.50	487.70	59927.00	470.80
1996	736.00	337.50	712.53	74451.80	888.62
1997	736.00	337.50	676.90	70728.89	879.73
1998	1025.00	340.50	441.50	37287.00	973.30
1999	1103.00	340.50	565.90	43696.40	999.70
2000	1004.00	342.50	592.00	43795.00	1097.00
2001	1004.00	342.50	649.50	41342.00	801.60
2002	1004.00	342.50	613.00	38074.00	660.00
2003	1041.00	342.50	561.00	34185.00	693.00
2004	1507.00	342.50	605.00	38778.00	470.00
2005	1638.00	342.50	537.00	32026.00	775.50
2006	1974.00	342.50	844.00	43454.00	781.00
2007	2083.00	342.50	688.00	52347.00	739.00
2008	2180.16	342.50	791.00	49817.00	850.00
2009	2256.00	342.50	814.00	50383.00	870.00
2010	2384.33	342.50	1035.00	69895.00	1026.00
2011	2455.33	348.00	1144.00	74360.00	1116.80
2012	2457.18	348.00	1168.00	81637.00	1525.00
2013	2464.07	348.00	1313.00	94360.00	1564.00
2014	2488.00	348.00	640.00	96119.00	705.00
2015	2454.47	347.99	762.61	126512.35	421.75
2016	2481.48	347.99	790.94	131391.42	482.15
2017	2516.61	347.99	862.58	144934.86	431.64

13-3 邮电通讯业基本情况

指标	单位	2017 年	2016 年	2015 年
邮政局	处	38	38	57
邮电业务收入	万元	24923	26356	98229
函件	万件	74	186	343
机要文件	万件	0.15	0.13	0.12
包件	万件	0.99	0.95	1.72
特快专递	万件	2158.46	953.86	391.95
汇票	万张	4.07	3.61	18.26
报纸累计份数	万份	2572	2730	2929
杂志累计份数	万份	110	107	108
邮政储蓄余额	亿元	96.19	86.84	73.51
集邮	万枚	41.59	49.29	37.68
邮路长度	公里	312	312	520
农村投递线路	公里	6174	6174	6685
固定电话用户	万户	23.10	23.59	27.21
移动电话用户	万户	110.95	128.13	93.63
固定互联网宽带用户	万户	37.56	17.69	27.61

主要统计指标解释

公路里程　指一定时期内实际达到《公路工程技术标准 JTJ01—88》规定的等级公路，并经公路主管部门正式验收交付使用的公路里程数。其计算单位为 km。它包括大中城市的郊区公路以及通过小城镇街道部分的公里里程，也包括桥梁、渡口的长度，但不包括大中城市的街道、厂矿、林区生产用道和农业生产用道的里程。两条或多条公路共同经由同一路段，只计算一次，不得重复计算里程长度，公路里程是反映公路建设发展规模的重要指标，也是计算运输网密度等指标的基础资料。

内河航道里程　也称“内河通航里程”，是反映内河水运网规模、水平和发展情况的主要指标，是指在一定时期内，能通航运输船舶及排筏的天然河流、湖泊水库、运河及通航渠道的长度。包括全年季节性通航累计三个月以上的航道，但不包括仅供零散流放竹、木排的河道。

货(客)运量　指在一定时期内，各运输部门实际运送的货物(旅客)数量。是反映运输业为国民经济和人民生活服务的数量指标，也是制定和检查运输生产计划，研究运输发展规模和速度的重要指标。货运按吨计算，客运按人计算。货物不论运输距离长短，货物类别，均按实际重量统计；旅客不论行程远近或票价多少，均按一人一次作为客运量统计。半价票、小孩票也按一人统计。

货物(旅客)周转量　指在一定时期内，由各种运输工具运送的货物(旅客)数量与其相应运输距离的乘积之总和，是反映运输业生产总成果的重要指标，也是编制和检查运输生产计划，计算运输效率、劳动生产率以及核算运输单位成本的主要基础资料。通常以吨公里和人公里为计算单位、计算货物周转量通常接发出站与到达站之间最短距离，也就是计验距离计算。

邮电业务总量　指以货币表现的邮电部门用于传递信息和提供其他邮电服务的总数量。它综合反映了一定时期邮电工作的总成果，是研究邮电业务量构成和发展趋势的重要指标。根据邮电管理体制不同，分为中央国营业务总量和地方国营业务总量。它用各种邮电分类业务量，如函件件数、电报价数、长话次数、市内电话和农村电话的年均户数、订销报刊累计份数等，分别乘以相应的平均单价(不变价)，加总后再加上出租电路和设备的收入、代用户维护电话交换机和线路等设备的收入、其他业务收人求得。

移动电话用户　指在邮电部门登记，通过移动电话交换机进入移动电话网，占有移动电话号码的电话用户。用户数量以实际办理登记手续进入邮电部门移动电话网的户数进行计算，一部或一台移动电话统计为一户。

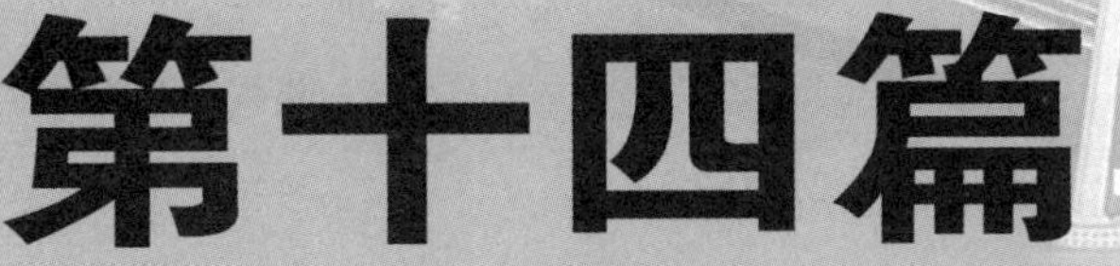

第十四篇

国内贸易 Chapter 14

Domestic Trade

责任编辑:蔡丽娟

14-1 主要年份社会消费品零售总额

单位:万元

年份	社会消费品零售总额	批发零售贸易业	住宿、餐饮业	其他
1980	18184	17580	517	87
1985	31355	29304	796	1255
1990	63681	59578	1468	2635
1991	70715	66670	1645	2400
1992	86031	80901	2281	2849
1993	108353	100285	2872	5196
1994	142942	133368	3877	5697
1995	228258	219457	7446	1355
1996	275541	265522	8120	1899
1997	310096	297257	9027	3812
1998	330887	314054	9867	6966
1999	356722	342671	11179	2872
2000	386178	370907	12241	3030
2001	423182	405784	14224	3174
2002	470620	450453	16833	3334
2003	523054	498871	20526	3657
2004	650700	611553	33920	5227
2005	752200	693312	57211	1677
2006	871078	799004	70143	1931
2007	1024542	930876	91271	2395
2008	1268145	1122898	143680	1567
2009	1483273	1376154	107119	0
2010	1749662	1630293	119369	0
2011	2049320	1883826	147104	18390
2012	2371222	2175532	181040	14650
2013	2523911	2310043	213868	0
2014	2824761	2605399	219362	0
2015	3111480	2870393	241087	0
2016	3446036	3174622	271414	0
2017	3662526	3365552	296974	0

14-2 分行业社会消费品零售总额(2017年)

单位:万元、%

指标	2017	增幅
社会消费品零售总额	3662526	9.2
按地区分		
城镇	2530534	9.1
# 城区	1785532	9.5
乡村	1131992	9.3
按行业分		
批发零售贸易业	3365552	9.1
批发业	597561	10.7
零售业	2767991	8.8
住宿和餐饮业	296974	9.4
住宿业	14406	7.8
餐饮业	282568	9.5

14-3 分区镇限额以上社会消费品零售额

单位：万元

地区	2017	2016	2015	2014	2013	2012
全市合计	**1169780**	**1096609**	**960795**	**764469**	**578327**	**467975**
海门开发区	289409	232454	181014	148112	163464	129376
海门工业园区	156571	137588	124901	99833	44832	24047
海门港新区	93829	96767	83149	61988	41591	35277
临江新区	9731	9786	8988	6676	6473	5190
海门高新区	306468	345215	339001	293544	232172	210828
三厂工业园区	55965	56300	44694	35702	19241	13415
常乐镇	34746	30976	22073	13674	6722	4404
悦来镇	55094	45006	35892	28418.0	20510	14992
四甲镇	46169	38453	32034	23911	13818	8934
余东镇	71347	64742	52344	29149	14708	10752
正余镇	50451	39322	36706	23463	14798	10760

14-4 批发业零售业、住宿餐饮业经营情况(2017 年)

单位:万元、%

指标	2017	增幅
一、批发零售业销售总额	**13447991**	**9.6**
批发业销售总额	9981987	10.1
零售业销售总额	3466004	8.2
二、住宿餐饮业营业额	**427204**	**12.4**
住宿业营业额	43446	11.8
餐饮业营业额	383759	12.5

14-5 限额以上批发和零售业分类销售额(2017 年)

单位:万元、%

指标	2017	2016	增幅
商品销售额合计	**2655412**	**2551131**	**4.1**
粮油、食品类	232614	236999	-1.8
其中:粮油类	65278	65481	-0.3
肉禽蛋类	35382	36932	-4.2
水产品类	11588	11246	3.0
蔬菜类	45019	51740	-13.0
干鲜果品类	44055	37520	17.4
饮料类	27277	28628	-4.7
烟酒类	166433	153130	8.7
服装、鞋帽、针纺织品类	493288	475666	3.7
服装类	61664	61257	0.7
鞋帽类	14100	16790	-16.0
针纺织品类	417525	397858	4.9
化妆品类	10457	9138	14.4
金银珠宝类	23456	24713	-5.1
日用品类	46358	45973	0.8
其中:儿童玩具类	5822	5969	-2.5
五金、电料类	29151	31078	-6.2
体育、娱乐用品类	11073	10006	10.7
书报杂志类	9168	9542	-3.9

14-5 续表

单位：万元、%

指标	2017	2016	增幅
电子出版物及音像制品类	1189	588	102.4
家用电器和音像器材类	90515	85803	5.5
中西药品类	21378	21853	-2.2
其中：西药类	15186	15668	-3.1
中草药及中成药类	3642	3154	15.5
文化办公用品类	26542	21536	23.2
其中：计算机及其配套产品	3785	1760	115.0
家具类	19025	15317	24.2
通讯器材类	13870	11713	18.4
煤炭及制品类	47647	126460	-62.3
石油及制品类	202134	189632	6.6
化工材料及制品类	234901	230546	1.9
其中：化肥类	742	581	
金属材料类	220968	154391	43.1
建筑及装潢材料类	344871	319581	7.9
机电产品及设备类	30386	32830	-7.4
汽车类	260531	265911	-2.0
种子饲料类	9468	8124	16.6
棉麻类	1700	5434	-68.7
其他类	41896	38256	9.5

14-6 限额以上批发零售业、

指标名称	限额以上法人企业	所属全部贸易住餐活动单位
总计	**255**	**342**
一、批发和零售业	**235**	**322**
（一）批发业	**124**	**131**
其中：国有控股	3	3
1、按登记注册类型分组		
内资	119	125
国有	2	2
集体		
股份合作		
联营企业		
有限责任公司	17	17
股份有限公司		
私营企业	98	104
其他内资	2	2
港澳台投资企业	3	4
外商投资企业	2	2
2、按国民经济行业分组		
行业类别(GB/T4754-2011)		
农、林、牧产品批发	5	5
食品、饮料及烟草制品批发	9	9
纺织、服装及家庭用品批发	22	22
文化、体育用品及器材批发	10	10
医药及医疗器材批发	2	2
矿产品、建材及化工产品批发	60	66
机械设备、五金产品及电子产品批发	9	10
贸易经纪与代理	1	1

住宿餐饮业基本情况(2017 年)

单位:个、平方米

其他行业及外省法人所属限额以上批零住餐产业活动单位个数	限额以上批零住餐法人企业所属在本行政区外批零住餐活动单位个数		营业面积	从业人员
	本县以外	本市以外		
2	**98**	**37**	**359754**	**9647**
2	**88**	**27**	**314464**	**8493**
	12	**1**	**32971**	**3934**
	7	1		74
	12	1	32701	3886
	1			50
	1	1	9351	666
	5			
	5		22570	3084
			780	86
			150	33
			120	15
	1	1	2300	116
	3		2530	477
	1		1250	1713
			750	199
			8654	120
	7		16667	965
			220	223
				7

14-6

指标名称	限额以上法人企业	所属全部贸易住餐活动单位
其他批发业	6	6
3、按经营方式分组		
独立门店	105	107
连锁总店(总部)		
连锁门店		
其他	19	24
4、按单位规模分组		
大型	1	1
中型	25	25
小型	80	87
微型	18	18
(二)零售业	**111**	**191**
其中:国有控股	5	61
1、按经济注册类型分组		
内资	106	184
国有	3	7
集体	1	1
股份合作		
联营企业		
有限责任公司	19	19
股份有限公司	1	53
私营企业	82	104
其他内资		
港澳台投资企业	3	5
外商投资企业	2	2

续表 1

单位：个、平方米

其他行业及外省法人所属限额以上批零住餐产业活动单位个数	限额以上批零住餐法人企业所属在本行政区外批零住餐活动单位个数		营业面积	从业人员
	本县以外	本市以外		
			600	114
			32325	3587
			646	347
			80	1512
			14720	1359
			17711	996
			460	67
2	**76**	**26**	**281493**	**4559**
	24		7140	287
1	71	22	264511	3704
			1200	109
			500	10
	12		69895	866
	24		1540	80
1	35	22	191376	2639
	5	4	15016	812
1			1966	43

指标名称	限额以上法人企业	所属全部贸易住餐活动单位
2、按国民经济行业分组		
行业类别(GB/T4754-2011)		
综合零售	13	31
食品、饮料及烟草制品专门零售	12	18
纺织、服装及日用品专门零售	3	3
文化、体育用品及器材专门零售	9	63
医药及医疗器材专门零售	4	4
汽车、摩托车、燃料及零配件专门零售	40	40
家用电器及电子产品专门零售	10	12
五金、家具及室内装饰材料专门零售	5	5
货摊、无店铺及其他零售业	15	15
3、按经营方式分组		
独立门店	103	173
连锁总店(总部)	5	11
连锁门店		
其他	3	7
4、按零售业态分组		
有店铺零售	**104**	**184**
食杂店		
便利店		
折扣店		
超市	7	23
大型超市	3	5
仓储会员店		
百货店	3	3
专业店	74	136

续表 2

单位:个、平方米

其他行业及外省法人所属限额以上批零住餐产业活动单位个数	限额以上批零住餐法人企业所属在本行政区外批零住餐活动单位个数		营业面积	从业人员
	本县以外	本市以外		
1	1		93669	1939
	1		20830	205
	4	4	2200	53
	1		18802	326
	30	20	7000	216
1	27		106110	1181
	12	2	4150	186
			3000	157
			25732	296
			249193	3319
			24914	1064
2			6906	54
			480	122
2	76	26	277473	4452
	1		15950	420
1	1		39564	1055
			38155	464
1	73	26	118014	1866

14-6

指标名称	限额以上法人企业	所属全部贸易住餐活动单位
专卖店	16	16
家具建材商店		
购物中心		
厂家直销中心	1	1
无店铺零售	7	7
5、按单位规模分组		
大型	1	3
中型	24	96
小型	48	52
微型	38	40
二、住宿和餐饮业	**20**	**20**
(一)住宿业	**13**	**13**
其中:国有控股		
1、按登记注册类型分组		
内资	12	12
国有		
集体		
股份合作		
联营企业		
有限责任公司	1	1
股份有限公司		
私营企业	11	11
其他内资		
港澳台投资企业		
外商投资企业	1	1
2、按国民经济行业分组		
旅游饭店	4	4

续表 3

单位：个、平方米

其他行业及外省法人所属限额以上批零住餐产业活动单位个数	限额以上批零住餐法人企业所属在本行政区外批零住餐活动单位个数		营业面积	从业人员
	本县以外	本市以外		
	1		50790	614
			15000	33
			4020	107
			14664	785
			101227	2253
			109376	1175
			49320	292
	10	**10**	**45290**	**1154**
			13490	**435**
			8990	230
			50	6
			8940	224
			4500	205
			9000	247

14–6

指标名称	限额以上法人企业	所属全部贸易住餐活动单位
一般旅馆		
其他住宿服务	1	1
3、按星级等级分组		
一星		
二星		
三星	1	1
四星	1	1
五星		
其他	11	11
4、按经营方式分组		
独立门店	13	13
连锁总店(总部)		
连锁门店		
其他		
5、按单位规模分组		
大型		
中型	1	1
小型	9	9
微型	3	3
(二)餐饮业	**7**	**7**
其中:国有控股	1	1
1、按登记注册类型分组		
内资	7	7
国有		
集体	1	1

续表 4

单位：个、平方米

其他行业及外省法人所属限额以上批零住餐产业活动单位个数	限额以上批零住餐法人企业所属在本行政区外批零住餐活动单位个数		营业面积	从业人员
	本县以外	本市以外		
			300	
				21
			4500	205
			8990	209
			13490	435
			4500	205
			6640	215
			2350	15
	10	**10**	**31800**	**719**
			450	37
	1	1	31800	719
			450	20

指标名称	限额以上法人企业	
		所属全部贸易住餐活动单位
股份合作		
联营企业		
有限责任公司	1	1
股份有限公司		
私营企业	4	4
其他内资	1	1
港澳台投资企业		
外商投资企业		
2、按国民经济行业分组		
行业类别(GB/T4754–2011)		
正餐服务	7	7
快餐服务		
饮料及冷饮服务		
其他饮料及冷饮服务		
其他餐饮业		
3、按经营方式分组		
独立门店	7	7
连锁总店(总部)		
连锁门店		
其他		
4、按单位规模分组		
大型		
中型	1	1
小型	6	6
微型		

续表 5

单位：个、平方米

其他行业及外省法人所属限额以上批零住餐产业活动单位个数	限额以上批零住餐法人企业所属在本行政区外批零住餐活动单位个数		营业面积	从业人员
	本县以外	本市以外		
			10000	393
	1	1	20900	269
			450	37
	2	2		
	7	7		
	2	2	31800	719
	8	8		
			31800	719
			10000	393
			21800	326

14-7 限额以上批发零售贸易业

指标名称	商品购进额	销售总额	通过公共网络实现的商品销售额	通过非自营平台实现的商品销售额	使用银行卡支付的商品销售额
总计	**2084445**	**819**	**2309591**	**34384**	**809**
(一)批发业	**1428124**	**166**	**1569472**	**704**	
其中:国有控股	20783		21820		
1、按登记注册类型分组					
内资	1362204	166	1500881	704	
国有	16786		16918		
集体					
股份合作					
联营企业					
有限责任公司	283745		304638		
股份有限公司					
私营企业	1022041	166	1139665	704	
其他内资	39632		39661		
港澳台投资企业	61867		63135		
外商投资企业	4052		5455		
2、按国民经济行业分组					
行业类别(GB/T4754-2011)					
农、林、牧产品批发	27075		28848		
食品、饮料及烟草制品批发	76818		81898		
纺织、服装及家庭用品批发	285707		354831		
文化、体育用品及器材批发	63588		83364		
医药及医疗器材批发	15208		15134		
矿产品、建材及化工产品批发	877537	166	919290	704	
机械设备、五金产品及电子产品批发	38437		39579		
贸易经纪与代理	5187		5327		
其他批发业	38567		41201		
3、按经营方式分组					
独立门店	1050785	165	1185124		
连锁总店(总部)					

商品购进、销售、库存总额(2017 年)

单位:万元

使用银行卡支付的商品销售额	批发额	出口	零售额	通过公共网络实现的零售额	通过非自营平台实现的零售额	年末库存总额	商品销售总额中由本企业统一收银的出租店面或柜台的销售额
153905	**1386870**	**70416**	**922721**	**2990**	**558**	**69020**	**12474**
117077	**1356309**	**66565**	**213163**			**25905**	**6789**
	21820					453	
116976	1291614	66565	209268			24908	6789
	16918					79	
	273369		31269			1922	
116976	971714	66565	167951			22907	6789
	29614		10047			1	
101	61565		1570			940	
	3130		2325			57	
	25815		3033			225	
	59183		22715			2432	
	266171	59483	88659			4381	2459
	55499	2473	27864			1161	
3028	14157		977			1483	
114049	855212	4610	64078			14311	
	37492		2088			1639	4330
	5327						
	37452		3749			271	
117077	1013842	17781	171282			23293	6789

14–7

指标名称	商品购进额	销售总额	通过公共网络实现的商品销售额	通过非自营平台实现的商品销售额	使用银行卡支付的商品销售额
连锁门店					
其他	377339	1	384348	704	
4、按单位规模分组					
大型	190244		244849		
中型	480071		500739		
小型	651653	1	711454	704	
微型	106156	165	112430		
(二)零售业	**656322**	**653**	**740119**	**33679**	**809**
其中:国有控股	20548		22826	960	
1、按经济注册类型分组					
内资	558258	653	629807	33491	809
国有	3439		3455		
集体	499		501		
股份合作					
联营企业					
有限责任公司	108477		127375		
股份有限公司	8650		10305	960	
私营企业	437194	653	488170	32531	809
其他内资					
港澳台投资企业	81348		93729	188	
外商投资企业	16716		16583		
2、按国民经济行业分组					
行业类别(GB/T4754–2011)					
综合零售	186775		218258	188	
食品、饮料及烟草制品专门零售	35914		36078		
纺织、服装及日用品专门零售	9297		9535		
文化、体育用品及器材专门零售	38344		45532	963	
医药及医疗器材专门零售	7677		8894		
汽车、摩托车、燃料及零配件专门零售	316013	653	354014	29542	251

续表 1

单位：万元

使用银行卡支付的商品销售额	批发额	出口	零售额	通过公共网络实现的零售额	通过非自营平台实现的零售额	年末库存总额	商品销售总额中由本企业统一收银的出租店面或柜台的销售额
	342467	48785	41881			2612	
	167828		77022			856	
3028	429641	18914	71098			3503	
114049	651370	35615	60084			19992	6789
	107470	12037	4960			1553	
36828	**30561**	**3851**	**709558**	**2990**	**558**	**43115**	**5685**
	4678		18149			1925	
36828	30313	3851	599493	2990	558	41887	5685
	170		3285			288	
			501			6	
32878	9036		118339			4434	2625
			10305			1503	
3950	21108	3851	467062	2990	558	35657	3060
	147		93583			1058	
	101		16482			170	
33273	8174		210084			4528	
58	3479		32599			896	
	101		9434			52	
	11883	3851	33649	3		10310	
363			8894			1836	
3134			354014			22436	2625

指标名称	商品购进额	销售总额	通过公共网络实现的商品销售额	通过非自营平台实现的商品销售额	使用银行卡支付的商品销售额
家用电器及电子产品专门零售	27185		27692		
五金、家具及室内装饰材料专门零售	9124		10229	532	
货摊、无店铺及其他零售业	25992		29888	2455	558
3、按经营方式分组					
独立门店	553272	653	624586	32836	809
连锁总店(总部)	87216		99495	188	
连锁门店	12686		12593		
其他	3147		3444	655	
4、按零售业态分组					
有店铺零售	651628	653	733436	30690	251
食杂店					
便利店					
折扣店					
超市	51303		56672		
大型超市	89297		103408	188	
仓储会员店					
百货店	46176		58178		
专业店	294498		306890	1439	251
专卖店	161441	653	196391	29063	
家具建材商店					
购物中心					
厂家直销中心	8914		11897		
无店铺零售	4693		6684	2990	558
5、按单位规模分组					
大型	75585		87459	188	
中型	275038	653	329957	18704	
小型	216070		229368	12982	251
微型	76943		80742	1805	558

续表 2

单位：万元

使用银行卡支付的商品销售额	批发额	出口	零售额	通过公共网络实现的零售额	通过非自营平台实现的零售额	年末库存总额	商品销售总额中由本企业统一收银的出租店面或柜台的销售额
	1115		26577			1951	3028
	862		9368	532		535	
	4948		24940	2455	558	573	32
36170	28592	2028	595995	2334	558	38866	5685
658	147		99349			3955	
			12593			190	
	1823	1823	1621	655		105	
36828	28739	2028	704697			42864	5685
666	8027		48645			1388	
599	147		103261			2094	
32008			58178			1046	
701	15783	2028	291107			23125	1494
2854	1115		195276			14890	4191
	3666		8230			322	
	1823	1823	4861	2990	558	251	
	147		87313			972	
33265	12535		317422			23452	
3106	11445		217923	1185		16417	2657
457	6435	3851	74307	1805	558	2085	3028

14-8 限额以上批发零售贸易

指标名称	一、年初存货	二、期末资产负债		
		流动资产合计	其中:应收账款	存货
总计	**76135**	**521910**	**205660**	**77574**
(一)批发业	**23732**	**342799**	**176113**	**33981**
其中:国有控股	901	3358	364	387
1、按登记注册类型分组				
内资	23399	307056	142144	33885
国有	350	2368		59
集体				
股份合作				
联营企业				
有限责任公司	2981	55136	26844	2091
股份有限公司				
私营企业	20059	248974	115246	31733
其他内资	9	579	54	2
港澳台投资企业	183	33864	33479	35
外商投资企业	151	1880	491	61
2、按国民经济行业分组				
行业类别(GB/T4754-2011)				
农、林、牧产品批发	571	3596	869	187
食品、饮料及烟草制品批发	1321	10132	3187	1470
纺织、服装及家庭用品批发	4215	29174	12439	1957
文化、体育用品及器材批发	1160	20827	4901	1890
医药及医疗器材批发	1204	3787	1442	1319
矿产品、建材及化工产品批发	13942	263195	148692	26427
机械设备、五金产品及电子产品批发	1116	4537	2229	608
贸易经纪与代理		250	-71	
其他批发业	203	7302	2425	123
3、按经营方式分组				
独立门店	21005	257274	120312	31810
连锁总店(总部)				

企业财务状况(2017 年)

单位:万元、个

二、期末资产负债							
固定资产合计	固定资产原价	累计折旧	本年折旧	在建工程	资产总计	流动负债合计	其中:应付账款
129293	**172887**	**50391**	**10329**	**6258**	**716307**	**456486**	**104542**
37987	**52583**	**19303**	**2945**	**70**	**413772**	**258854**	**66355**
1703	3216	1514	150		5272	2698	852
35750	49459	18266	2817	70	375765	258234	65946
1233	2475	1242	124		3807	1537	12
11921	17057	5621	937		80233	50053	2371
22080	29107	11086	1702	70	290578	206436	63442
515	819	317	53		1147	208	120
2053	2853	910	109		35943	341	321
184	271	128	19		2064	280	88
2464	3854	1630	203		6458	2429	625
4773	7605	2849	625		15100	7025	2272
4053	6025	2269	284		35339	24690	13847
915	1832	1143	218		22238	4222	794
408	619	377	23		4312	3221	784
21478	27777	9102	1328	70	313913	210037	46306
1830	1771	513	45		6719	2821	1033
					250	82	54
2067	3101	1419	220		9445	4327	640
34532	45806	15940	2527	70	319185	172780	29996

指标名称	二、期末资产负债			
	非流动负债合计	负债合计	所有者权益合计	其中:实收资本
总计	**11841**	**469319**	**246987**	**193666**
(一)批发业	**3315**	**262633**	**151139**	**97940**
其中:国有控股		2698	2574	1488
1、按登记注册类型分组				
内资	3315	262012	113753	63972
国有		1537	2269	1288
集体				
股份合作				
联营企业				
有限责任公司	261	50703	29530	20613
股份有限公司				
私营企业	2973	209482	81096	41851
其他内资	82	289	858	220
港澳台投资企业		341	35602	33598
外商投资企业		280	1785	370
2、按国民经济行业分组				
行业类别(GB/T4754–2011)				
农、林、牧产品批发		2429	4029	1796
食品、饮料及烟草制品批发	211	7236	7863	4463
纺织、服装及家庭用品批发	686	25376	9963	2190
文化、体育用品及器材批发		4222	18016	3418
医药及医疗器材批发		3226	1086	650
矿产品、建材及化工产品批发	1844	212329	101584	81699
机械设备、五金产品及电子产品批发	575	3396	3323	2384
贸易经纪与代理		82	168	100
其他批发业		4337	5107	1240
3、按经营方式分组				
独立门店	3304	176547	142638	86749
连锁总店(总部)				

续表 1

单位：万元、个

二、期末资产负债						三、损益及分配	
1.国家资本	2.集体资本	3.法人资本	4.个人资本	5.港澳台资本	6.外商资本	营业收入	其中：主营业务收入
5350	**482**	**62927**	**76681**	**47656**	**570**	**2031947**	**2021428**
1488		**16258**	**46476**	**33598**	**120**	**1386735**	**1385864**
1488						19950	19946
1488		16008	46476			1326670	1325799
1288						15644	15641
200		10700	9713			272799	272709
		5108	36743			1003127	1002350
		200	20			35100	35100
				33598		55830	55830
		250			120	4236	4236
1288			508			26685	26681
200		2700	465	1098		73634	73634
			2190			296160	296070
		250	3048		120	69695	69695
			650			13525	13522
		12508	36691	32500		830868	830301
		800	1584			34294	34218
			100			5327	5327
			1240			36546	36416
488		9858	42685	33598	120	1035366	1034626

指标名称	三、损益及分配			
	营业成本	其中:主营业务成本	营业税金及附加	其中:主营业务税金及附加
总计	**1724208**	**1718355**	**13851**	**13779**
(一)批发业	**1165307**	**1164381**	**9495**	**9482**
其中:国有控股	18931	18931	40	40
1、按登记注册类型分组				
内资	1107991	1107065	9311	9298
国有	15314	15314	28	28
集体				
股份合作				
联营企业				
有限责任公司	223383	223293	2388	2388
股份有限公司				
私营企业	835319	834483	6847	6834
其他内资	33975	33975	48	48
港澳台投资企业	54234	54234	21	21
外商投资企业	3082	3082	164	164
2、按国民经济行业分组				
行业类别(GB/T4754-2011)				
农、林、牧产品批发	23116	23116	72	72
食品、饮料及烟草制品批发	67131	67131	159	159
纺织、服装及家庭用品批发	201949	201859	1605	1605
文化、体育用品及器材批发	52426	52426	1164	1164
医药及医疗器材批发	11269	11269	32	32
矿产品、建材及化工产品批发	744887	744181	5689	5677
机械设备、五金产品及电子产品批发	28676	28676	436	436
贸易经纪与代理	5187	5187	1	1
其他批发业	30667	30538	338	338
3、按经营方式分组				
独立门店	826974	826179	9117	9105
连锁总店(总部)				

续表 2

单位：万元、个

三、损益及分配							
其他业务利润	销售费用	管理费用	财务费用	其中：利息收入	利息支出	资产减值损失	公允价值变动收益（损失以“–”号记）
4721	**40206**	**56194**	**12863**	**361**	**2395**	**177**	
322	**16302**	**28481**	**8270**	**67**	**1069**	**80**	
204	468	468	–8	8			
322	16047	28054	8166	53	1069	80	
204	244	131	–7	8			
	6389	10001	3595	7	215		
118	9264	17814	4543	39	854	80	
	151	109	36				
	223	284	96	14	0		
	31	142	7				
204	565	633	44	8			
	1262	2699	255	1	100		
	1673	4910	1433	0	60		
10	1261	2277	106	11	20		
4	783	230	136	0	130		
	8986	15474	5748	43	753	80	
76	979	1177	377	4	7		
	109	13	34				
28	685	1069	138				
90	14299	24397	5670	51	960	80	

14–8

指标名称	三、损益及分配			
	投资收益(损失以"–"号记)	营业利润	营业外收入	营业外支出
总计	**116**	**185192**	**724**	**489**
(一)批发业	**112**	**159023**	**228**	**35**
其中:国有控股		50	71	4
1、按登记注册类型分组				
内资	112	157242	223	35
国有		–65	70	1
集体				
股份合作				
联营企业				
有限责任公司		27043	76	3
股份有限公司				
私营企业	112	129483	77	31
其他内资		782		1
港澳台投资企业		972	5	
外商投资企业		809		
2、按国民经济行业分组				
行业类别(GB/T4754–2011)				
农、林、牧产品批发		2256	70	1
食品、饮料及烟草制品批发		2129	88	9
纺织、服装及家庭用品批发		84591	46	8
文化、体育用品及器材批发		12460	0	
医药及医疗器材批发		1077	0	7
矿产品、建材及化工产品批发	112	50226	13	5
机械设备、五金产品及电子产品批发		2651	3	5
贸易经纪与代理		–17		
其他批发业		3650	8	1
3、按经营方式分组				
独立门店	112	154941	147	25
连锁总店(总部)				

续表 3

单位:万元、个

三、损益及分配		四、人工成本及增值税		亏损企业数(个)	亏损总额
利润总额	应交所得税	应付职工薪酬(本年贷方累计发生额)	应交增值税		
185427	**22362**	**43497**	**50049**	**22**	**5881**
159216	**19392**	**22683**	**36337**	**7**	**697**
117	4	420	50		
157430	19204	22432	35828	6	690
5	0	161			
27115	4076	3265	10747	1	446
129529	14936	18608	24721	5	245
781	192	398	361		
977	57	155	165		
809	131	96	344	1	7
2326	344	521	456		
2209	500	2139	1112		
84628	8294	10710	12771	3	92
12461	1005	1171	2985	2	143
1070	213	503	263		
50234	8189	6110	16903	1	446
2649	55	930	152		
-17	3	25	12	1	17
3657	789	575	1683		
155063	18432	20530	34263	4	194

指标名称	一、年初存货	二、期末资产负债		
		流动资产合计	其中:应收账款	存货
连锁门店				
其他	2728	85526	55801	2171
4、按单位规模分组				
大型	938	6215	1583	585
中型	3999	98671	57482	3713
小型	14200	179274	78298	28856
微型	4596	58639	38750	828
(二)零售业	**52402**	**179111**	**29547**	**43593**
其中:国有控股	3751	18197	407	2600
1、按经济注册类型分组				
内资	50762	169118	28517	42295
国有	158	2619	343	348
集体	9	53	4	6
股份合作				
联营企业				
有限责任公司	6715	23122	1906	5357
股份有限公司	1113	8921		1149
私营企业	42767	134404	26264	35435
其他内资				
港澳台投资企业	1556	8282	974	1252
外商投资企业	85	1711	56	46
2、按国民经济行业分组				
行业类别(GB/T4754-2011)				
综合零售	5722	23605	8642	4484
食品、饮料及烟草制品专门零售	1319	8786	3064	1202
纺织、服装及日用品专门零售	57	1667	86	4
文化、体育用品及器材专门零售	10248	25262	1268	9569
医药及医疗器材专门零售	1401	3535	750	1760
汽车、摩托车、燃料及零配件专门零售	25591	84807	10386	20291

续表 4

单位：万元、个

二、期末资产负债							
固定资产合计	固定资产原价	累计折旧		在建工程	资产总计	流动负债合计	
			本年折旧				其中：应付账款
3455	6777	3363	419		94587	86074	36359
1209	1731	555	54		7440	7431	7431
11529	15930	6436	1078		121614	91192	35844
24329	33558	11713	1648	70	212020	135161	17374
920	1365	598	165		72699	25071	5706
91307	**120304**	**31088**	**7383**	**6187**	**302535**	**197632**	**38187**
7403	10920	3520	434	982	27594	13935	4743
72839	97583	26784	5628	6074	268505	183068	36298
2020	3076	1059	23		4804	3555	72
43	67	33	2		96	48	
41862	49965	8589	2272	5993	82695	40917	12479
787	2053	1266	59		9816	4044	2202
28126	42423	15837	3272	82	171094	134505	21544
18140	22236	4139	1747	113	31564	13495	1889
328	485	166	9		2465	1069	
54675	66638	12060	3743	5134	99091	57205	13874
5517	7835	2845	275		16165	8851	2487
556	788	247	38		2744	1096	18
2263	3742	1812	139		27792	13342	8376
547	527	304	52		4672	2212	196
13765	22531	9251	2028	24	103701	89615	5791

指标名称	二、期末资产负债			
	非流动负债合计	负债合计	所有者权益合计	其中:实收资本
连锁门店				
其他	12	86086	8502	11191
4、按单位规模分组				
大型		7431	9	5
中型	144	91501	30112	23660
小型	2335	137795	74225	32288
微型	836	25906	46793	41987
(二)零售业	**8526**	**206687**	**95848**	**95726**
其中:国有控股	3449	17568	10027	4632
1、按经济注册类型分组				
内资	8482	192077	76428	81218
国有		3738	1065	932
集体		48	48	32
股份合作				
联营企业				
有限责任公司	2574	43805	38890	47596
股份有限公司	1376	5419	4397	200
私营企业	4532	139067	32027	32459
其他内资				
港澳台投资企业		13496	18068	14058
外商投资企业	44	1113	1352	450
2、按国民经济行业分组				
行业类别(GB/T4754-2011)				
综合零售	1023	58228	40863	48965
食品、饮料及烟草制品专门零售	486	9520	6645	2742
纺织、服装及日用品专门零售	54	1150	1594	283
文化、体育用品及器材专门零售	3215	16557	11235	8359
医药及医疗器材专门零售	164	2376	2296	618
汽车、摩托车、燃料及零配件专门零售	1428	91371	12330	19255

续表 5

单位：万元、个

二、期末资产负债						三、损益及分配	
1.国家资本	2.集体资本	3.法人资本	4.个人资本	5.港澳台资本	6.外商资本	营业收入	其中：主营业务收入
1000		6400	3791			351369	351239
			5			189358	189358
		9100	14560			456451	455783
1488		4000	24982	1698	120	637668	637465
		3158	6929	31900		103258	103258
3862	**482**	**46669**	**30206**	**14058**	**450**	**645212**	**635563**
3862			770			26848	22458
3862	482	46669	30206			558756	549122
932						3353	3353
	32					501	501
2730		35561	9305			121375	114086
200						10305	10305
	450	11108	20900			423221	420876
				14058		78370	78356
					450	8086	8086
		37888	1858	9219		184931	183309
932		30	1780			33163	33163
			233		50	8423	8423
200		1200	6959			42361	42361
		301	317			7866	7866
	482	7250	10970	153	400	302317	298695

指标名称	三、损益及分配			
	营业成本	其中:主营业务成本	营业税金及附加	其中:主营业务税金及附加
连锁门店				
其他	338332	338202	378	377
4、按单位规模分组				
大型	108265	108265	1030	1030
中型	416767	415964	2232	2219
小型	541439	541316	6024	6024
微型	98836	98836	209	209
(二)零售业	**558902**	**553974**	**4357**	**4297**
其中:国有控股	21143	17933	141	81
1、按经济注册类型分组				
内资	489105	484191	3901	3841
国有	2754	2754	2	2
集体	405	405	2	2
股份合作				
联营企业				
有限责任公司	103816	99769	1390	1330
股份有限公司	7617	7617	54	54
私营企业	374513	373646	2454	2454
其他内资				
港澳台投资企业	63296	63282	409	409
外商投资企业	6501	6501	47	47
2、按国民经济行业分组				
行业类别(GB/T4754-2011)				
综合零售	156142	156137	1615	1615
食品、饮料及烟草制品专门零售	28510	28510	70	70
纺织、服装及日用品专门零售	6294	6294	72	72
文化、体育用品及器材专门零售	34355	34355	325	325
医药及医疗器材专门零售	5570	5570	21	21
汽车、摩托车、燃料及零配件专门零售	275830	274131	1699	1699

续表 6

单位：万元、个

三、损益及分配							
其他业务利润	销售费用	管理费用	财务费用	其中：利息收入	利息支出	资产减值损失	公允价值变动收益(损失以“–”号记)
232	2003	4084	2599	16	110		
	225	2854	730				
31	6050	8260	3600	0	348		
291	9703	16884	3847	52	684	80	
	323	483	93	15	38		
4399	**23904**	**27714**	**4593**	**294**	**1326**	**97**	
1179	2033	2048	–151	154	0	96	
4391	19646	19881	4335	287	1326	97	
	191	510	0	1	0		
	36	49	0				
1952	5067	5992	430	71	9	1	
	1087	684	–84	84		96	
2440	13266	12646	3990	131	1317	0	
8	3954	7622	197	6	1		
	304	211	61				
2592	7839	15012	492	–2	19	1	
	1119	1254	110	2	45		
	306	427	91				
	1984	1340	40	85	3	96	
	930	324	24				
620	9417	6040	3179	121	809	0	

指标名称	三、损益及分配			
	投资收益(损失以“-”号记)	营业利润	营业外收入	营业外支出
连锁门店				
其他		4082	82	10
4、按单位规模分组				
大型		76254		
中型		19542	133	14
小型	57	59857	96	20
微型	55	3370		1
(二)零售业	**4**	**26169**	**496**	**454**
其中:国有控股		1883	84	63
1、按经济注册类型分组				
内资	4	22313	418	414
国有		242	40	55
集体		10		
股份合作				
联营企业				
有限责任公司		4679	31	40
股份有限公司		852	44	8
私营企业	4	16531	303	311
其他内资				
港澳台投资企业		2894	78	39
外商投资企业		962		
2、按国民经济行业分组				
行业类别(GB/T4754-2011)				
综合零售		3934	213	58
食品、饮料及烟草制品专门零售	4	2519	145	91
纺织、服装及日用品专门零售		1232		
文化、体育用品及器材专门零售		4222	46	11
医药及医疗器材专门零售		999	2	5
汽车、摩托车、燃料及零配件专门零售		6152	77	253

续表 7

单位：万元、个

三、损益及分配		四、人工成本及增值税		亏损企业数(个)	亏损总额
利润总额	应交所得税	应付职工薪酬(本年贷方累计发生额)	应交增值税		
4153	960	2152	2074	3	503
76254	7126	9636	11056		
19660	3417	6995	6778	1	446
59933	8093	5755	17489	3	201
3369	756	297	1013	3	50
26211	**2970**	**20815**	**13712**	**15**	**5184**
1903	195	2367	299	1	4
22317	2180	17471	12818	15	5184
227	2	363	9	1	4
10	1	45	8		
4670	512	5545	2186	3	2173
888		695	23		
16523	1666	10823	10593	11	3008
2932	600	3133	642		
962	190	211	253		
4088	748	7054	3864	4	1016
2573	242	839	634	1	4
1232	252	290	597		
4257	182	1789	383	1	43
996	100	776	303		
5976	557	5938	6105	8	4091

14-8

指标名称	一、年初存货	二、期末资产负债		
		流动资产合计	其中:应收账款	存货
家用电器及电子产品专门零售	1347	5666	1113	1017
五金、家具及室内装饰材料专门零售	3780	7261	937	3551
货摊、无店铺及其他零售业	2938	18523	3303	1716
3、按经营方式分组				
独立门店	48632	169935	28462	40250
连锁总店(总部)	3734	7291	816	3252
连锁门店				
其他	37	1886	269	92
4、按零售业态分组				
有店铺零售	52318	176931	28755	43243
食杂店				
便利店				
折扣店				
超市	1424	4468	1187	1270
大型超市	2525	6399	524	1934
仓储会员店				
百货店	1773	12737	6931	1280
专业店	28710	93024	16772	25328
专卖店	17622	54173	2968	13077
家具建材商店				
购物中心				
厂家直销中心	265	6129	373	353
无店铺零售	84	2180	792	350
5、按单位规模分组				
大型	1307	3871	260	972
中型	31765	97303	15938	25967
小型	16793	59515	6871	14569
微型	2537	18423	6478	2086

续表 8

单位:万元、个

二、期末资产负债							
固定资产合计	固定资产原价	累计折旧		在建工程	资产总计	流动负债合计	
			本年折旧				其中:应付账款
1385	1585	369	94		7127	2994	-275
4926	6009	1100	257		12591	10158	2057
7673	10651	3100	758	1030	28652	12160	5664
73474	97522	26122	5613	6107	270262	179620	36372
16939	21145	4215	1741	80	29341	15664	1503
894	1637	751	30		2932	2347	313
90745	119391	30727	7134	6187	299225	196631	37469
2382	3559	1272	260	43	6936	3265	404
16798	21394	4598	1705	80	28301	13885	2009
35495	41685	6190	1778	5011	63855	40054	11462
28130	40635	14452	2323	1034	128041	76574	18343
7535	11713	4044	1029	20	65557	62317	4802
405	405	172	39		6535	535	450
562	914	361	249		3310	1001	719
16670	20544	3875	1699	80	25615	12686	1419
55811	72052	16272	4183	6056	174217	121498	22936
11624	17859	6970	853	52	74938	51092	7769
7201	9849	3971	650		27765	12356	6063

指标名称	二、期末资产负债			
	非流动负债合计	负债合计	所有者权益合计	其中:实收资本
家用电器及电子产品专门零售	265	3276	3851	2196
五金、家具及室内装饰材料专门零售	-181	9977	2614	2834
货摊、无店铺及其他零售业	2073	14233	14419	10475
3、按经营方式分组				
独立门店	8453	188602	81660	85207
连锁总店(总部)	73	15737	13603	9831
连锁门店				
其他		2347	585	687
4、按零售业态分组				
有店铺零售	8526	205686	93539	94688
食杂店				
便利店				
折扣店				
超市	724	3989	2946	2168
大型超市		13885	14416	9469
仓储会员店				
百货店	299	40353	23501	37328
专业店	6928	84031	44010	27576
专卖店	575	62892	2666	12146
家具建材商店				
购物中心				
厂家直销中心		535	6000	6000
无店铺零售		1001	2309	1038
5、按单位规模分组				
大型		12686	12929	9219
中型	6271	127769	46449	56849
小型	1053	52612	22325	23670
微型	1203	13619	14146	5987

续表 9

单位:万元、个

二、期末资产负债						三、损益及分配	
1.国家资本	2.集体资本	3.法人资本	4.个人资本	5.港澳台资本	6.外商资本	营业收入	其中:主营业务收入
			2196			24671	24671
			2834			9520	9520
2730			3060	4685		31960	27556
3425	482	46619	29394	4839	450	558947	549299
		50	562	9219		82878	82878
437			250			3386	3386
3862	482	46669	29168	14058	450	638760	629112
		510	1658			48910	48910
		50	200	9219		81901	81775
		37328				54121	52624
3862	32	2781	15614	4839	450	269720	264148
	450	6000	5696			172712	170259
			6000			11396	11396
			1038			6452	6452
				9219		72326	72326
3367		45098	8384			298751	291837
247	482	1461	16346	4685	450	200100	197365
248		110	5476	153		74035	74035

指标名称	三、损益及分配			
	营业成本	其中：主营业务成本	营业税金及附加	其中：主营业务税金及附加
家用电器及电子产品专门零售	19381	19381	195	195
五金、家具及室内装饰材料专门零售	6957	6957	135	135
货摊、无店铺及其他零售业	25863	22639	224	164
3、按经营方式分组				
独立门店	489259	484331	3886	3826
连锁总店（总部）	66663	66663	469	469
连锁门店				
其他	2980	2980	2	2
4、按零售业态分组				
有店铺零售	553105	548177	4230	4170
食杂店				
便利店				
折扣店				
超市	44262	44262	56	56
大型超市	66252	66252	441	441
仓储会员店				
百货店	45627	45622	1118	1118
专业店	224325	220270	2359	2299
专卖店	163617	162749	219	219
家具建材商店				
购物中心				
厂家直销中心	9021	9021	37	37
无店铺零售	5797	5797	127	127
5、按单位规模分组				
大型	58608	58608	399	399
中型	265973	262758	1751	1691
小型	172985	171273	1895	1895
微型	61335	61335	311	311

续表 10

单位：万元、个

三、损益及分配							
其他业务利润	销售费用	管理费用	财务费用	其中：利息收入	利息支出	资产减值损失	公允价值变动收益（损失以“-”号记）
	512	793	222	10	91		
	284	745	329	0	307		
1187	1514	1779	106	77	53		
4399	19477	19148	4334	291	1323	97	
	4346	8019	252	2	3		
	82	546	6	1	0		
4399	23820	27460	4559	292	1326	97	
1717	294	2708	107		19		
126	4686	7490	205				
749	2860	4814	179	-2		1	
1787	11614	9251	2619	194	641	96	
20	4329	3163	1443	99	664	0	
	38	34	5		2		
	84	254	34	2			
	3682	7388	199				
3791	11534	12776	1637	218	555	97	
608	7040	5128	2432	75	561		
	1649	2422	326	1	210		

<table>
<tr><th rowspan="2">指标名称</th><th colspan="4">三、损益及分配</th></tr>
<tr><th>投资收益(损失以“-”号记)</th><th>营业利润</th><th>营业外收入</th><th>营业外支出</th></tr>
<tr><td>家用电器及电子产品专门零售</td><td></td><td>3567</td><td></td><td>0</td></tr>
<tr><td>五金、家具及室内装饰材料专门零售</td><td></td><td>1070</td><td>12</td><td>23</td></tr>
<tr><td>货摊、无店铺及其他零售业</td><td>0</td><td>2475</td><td>1</td><td>12</td></tr>
<tr><td>3、按经营方式分组</td><td></td><td></td><td></td><td></td></tr>
<tr><td>独立门店</td><td>4</td><td>22923</td><td>406</td><td>365</td></tr>
<tr><td>连锁总店(总部)</td><td></td><td>3130</td><td>80</td><td>34</td></tr>
<tr><td>连锁门店</td><td></td><td></td><td></td><td></td></tr>
<tr><td>其他</td><td></td><td>116</td><td>10</td><td>55</td></tr>
<tr><td>4、按零售业态分组</td><td></td><td></td><td></td><td></td></tr>
<tr><td>有店铺零售</td><td>4</td><td>26012</td><td>493</td><td>454</td></tr>
<tr><td>食杂店</td><td></td><td></td><td></td><td></td></tr>
<tr><td>便利店</td><td></td><td></td><td></td><td></td></tr>
<tr><td>折扣店</td><td></td><td></td><td></td><td></td></tr>
<tr><td>超市</td><td></td><td>1482</td><td>120</td><td>1</td></tr>
<tr><td>大型超市</td><td></td><td>2827</td><td>88</td><td>38</td></tr>
<tr><td>仓储会员店</td><td></td><td></td><td></td><td></td></tr>
<tr><td>百货店</td><td></td><td>-375</td><td>5</td><td>20</td></tr>
<tr><td>专业店</td><td>4</td><td>19875</td><td>247</td><td>149</td></tr>
<tr><td>专卖店</td><td></td><td>-57</td><td>33</td><td>247</td></tr>
<tr><td>家具建材商店</td><td></td><td></td><td></td><td></td></tr>
<tr><td>购物中心</td><td></td><td></td><td></td><td></td></tr>
<tr><td>厂家直销中心</td><td></td><td>2261</td><td></td><td></td></tr>
<tr><td>无店铺零售</td><td></td><td>157</td><td>3</td><td></td></tr>
<tr><td>5、按单位规模分组</td><td></td><td></td><td></td><td></td></tr>
<tr><td>大型</td><td></td><td>2051</td><td>76</td><td>31</td></tr>
<tr><td>中型</td><td></td><td>5430</td><td>258</td><td>342</td></tr>
<tr><td>小型</td><td>0</td><td>10620</td><td>22</td><td>42</td></tr>
<tr><td>微型</td><td>4</td><td>8068</td><td>140</td><td>39</td></tr>
</table>

续表 11

单位:万元、个

三、损益及分配		四、人工成本及增值税		亏损企业数(个)	亏损总额
利润总额	应交所得税	应付职工薪酬(本年贷方累计发生额)	应交增值税		
3567	338	919	587	1	31
1059	88	763	275		
2464	463	2447	965		
22964	2491	16451	13095	13	5118
3176	472	3936	585	1	62
71	7	428	32	1	4
26052	2959	20078	13683	15	5184
1602	210	674	2084	1	62
2877	542	3672	581	1	126
-390	-5	2708	1198	2	828
19973	2077	9668	9179	6	2486
-271	108	3144	588	5	1682
2261	25	212	52		
160	11	737	29		
2096	459	2995	433		
5346	328	10535	8317	7	1641
10600	1242	5991	3113	8	3543
8169	941	1294	1848		

14-9 限额以上住宿餐饮企业

指标名称	一、年初存货	二、期末资产负债		
		流动资产	其中:应收账款	存货
总计	**903**	**21660**	**832**	**419**
住宿业	**392**	**3939**	**214**	**389**
国有控股				
1、按登记注册类型分组				
内资	242	3294	189	174
国有				
集体				
股份合作				
联营企业				
有限责任公司	4	512		3
股份有限公司				
私营企业	238	2781	189	171
其他内资				
港澳台投资企业				
外商投资企业	151	646	25	215
2、按国民经济行业分组				
旅游饭店	213	1655	37	230
一般旅馆				
其他住宿服务	59	105	3	102
3、按星级等级分组				
一星				
二星				
三星	42	28	12	
四星	151	646	25	215
五星				
其他	200	3266	177	174

财务状况(2017 年)

单位:万元、个

二、期末资产负债							
固定资产合计	固定资产原价	累计折旧		在建工程	资产总计	流动负债合计	
			本年折旧				其中:应付账款
54678	**73679**	**19461**	**3005**	**4110**	**84102**	**27582**	**3066**
3807	**11159**	**7452**	**394**	**4110**	**13397**	**10424**	**342**
1543	2493	1049	81	4110	9147	7558	312
25	274	249	18		537	1254	4
1518	2219	800	63	4110	8609	6305	309
2264	8666	6403	314		4250	2865	29
2689	9094	6500	333		5776	2988	104
67	69	2	2		174	124	124
330	357	27	0		413	95	75
2264	8666	6403	314		4250	2865	29
1213	2135	1022	80	4110	8734	7464	238

指标名称	二、期末资产负债			
	非流动负债合计	负债合计	所有者权益合计	其中:实收资本
总计	**7874**	**35697**	**48405**	**51388**
住宿业	**157**	**10581**	**2816**	**4411**
国有控股				
1、按登记注册类型分组				
内资	157	7715	1431	2020
国有				
集体				
股份合作				
联营企业				
有限责任公司		1254	-717	500
股份有限公司				
私营企业	157	6462	2148	1520
其他内资				
港澳台投资企业				
外商投资企业		2865	1385	2391
2、按国民经济行业分组				
旅游饭店	106	3094	2682	2706
一般旅馆				
其他住宿服务		124	50	50
3、按星级等级分组				
一星				
二星				
三星	76	170	243	152
四星		2865	1385	2391
五星				
其他	81	7545	1189	1867

续表 1

单位:万元、个

二、期末资产负债						三、损益及分配	
1.国家资本	2.集体资本	3.法人资本	4.个人资本	5.港澳台资本	6.外商资本	营业收入	其中:主营业务收入
45	**12**	**36695**	**14039**		**598**	**25323**	**25278**
		1895	**1919**		**598**	**9514**	**9495**
		101	1919			6409	6391
			500			127	117
		101	1419			6282	6273
		1794			598	3105	3105
		1794	315		598	6344	6344
		50				200	200
			152			1010	1010
		1794			598	3105	3105
		101	1766			5400	5381

指标名称	三、损益及分配			
	营业成本	其中:主营业务成本	营业税金及附加	其中:主营业务税金及附加
总计	**12312**	**12287**	**257**	**254**
住宿业	**5607**	**5597**	**102**	**102**
国有控股				
1、按登记注册类型分组				
内资	4033	4023	99	99
国有				
集体				
股份合作				
联营企业				
有限责任公司	127	117	0	0
股份有限公司				
私营企业	3906	3906	98	98
其他内资				
港澳台投资企业				
外商投资企业	1574	1574	4	4
2、按国民经济行业分组				
旅游饭店	3576	3576	52	52
一般旅馆				
其他住宿服务	262	262	1	1
3、按星级等级分组				
一星				
二星				
三星	656	656	15	15
四星	1574	1574	4	4
五星				
其他	3377	3367	84	84

续表 2

单位：万元、个

三、损益及分配							
其他业务利润	销售费用	管理费用	财务费用	其中：利息收入	利息支出	资产减值损失	公允价值变动收益（损失以“-”号记）
	5683	**5304**	**633**	**2**	**9**		
	1791	**1125**	**80**	**1**	**2**		
	894	344	72	1	2		
	0	53	4				
	893	291	68	1	2		
	897	781	7				
	913	836	34	1	0		
		22	1		1		
	16	12	17	1	0		
	897	781	7				
	878	332	55	1	2		

指标名称	三、损益及分配			
	投资收益(损失以“-”号记)	营业利润	营业外收入	营业外支出
总计	**2**	**1136**	**29**	**8**
住宿业	**2**	**812**	**11**	**4**
国有控股				
1、按登记注册类型分组				
内资	2	970	2	1
国有				
集体				
股份合作				
联营企业				
有限责任公司		-58		
股份有限公司				
私营企业	2	1028	2	1
其他内资				
港澳台投资企业				
外商投资企业		-158	9	3
2、按国民经济行业分组				
旅游饭店		933	9	3
一般旅馆				
其他住宿服务		-86		
3、按星级等级分组				
一星				
二星				
三星		294		
四星		-158	9	3
五星				
其他	2	676	2	1

续表 3

单位：万元、个

三、损益及分配		四、人工成本及增值税			
利润总额	应交所得税	应付职工薪酬 （本年贷方累计发生额）	应交增值税	亏损企业数(个)	亏损总额
1157	**366**	**5557**	**608**	**6**	**2181**
818	**72**	**2150**	**143**	**4**	**502**
970	72	1163	107	3	351
-58		20	4	1	58
1028	72	1143	103	2	293
-152		987	36	1	152
940	25	1233	66	1	152
-86		120	6	1	86
294	0	112	11		
-152		987	36	1	152
676	72	1051	96	3	351

指标名称	一、年初存货	二、期末资产负债		
		流动资产	其中:应收账款	存货
4、按经营方式分组				
独立门店	392	3939	214	389
连锁总店(总部)				
连锁门店				
其他				
5、按单位规模分组				
大型				
中型	151	646	25	215
小型	162	2162	186	54
微型	80	1131	3	120
餐饮业	511	17721	618	30
国有控股	**7**	**135**		**6**
1、按登记注册类型分组				
内资	511	17721	618	30
国有				
集体	1	105	20	2
股份合作				
联营企业				
有限责任公司	238	10967		
股份有限公司				
私营企业	265	6514	599	23
其他内资	7	135		6
港澳台投资企业				
外商投资企业				
2、按国民经济行业分组				
行业类别(GB/T4754-2002)				

续表 4

单位:万元、个

二、期末资产负债							
固定资产合计	固定资产原价	累计折旧	本年折旧	在建工程	资产总计	流动负债合计	其中:应付账款
3807	11159	7452	394	4110	13397	10424	342
2264	8666	6403	314		4250	2865	29
1396	2090	738	51	4110	7865	6175	185
148	402	311	29		1281	1384	128
50871	62520	12010	2610		70705	17159	2724
10	**53**	**43**	**3**		**145**	**100**	
50871	62520	12010	2610		70705	17159	2724
240	283	43	9		355	5	
24608	33591	8983	2235		37047	4893	
26013	28594	2941	363		33159	12160	2724
10	53	43	3		145	100	

指标名称	二、期末资产负债			
	非流动负债合计	负债合计	所有者权益合计	其中:实收资本
4、按经营方式分组				
独立门店	157	10581	2816	4411
连锁总店(总部)				
连锁门店				
其他				
5、按单位规模分组				
大型				
中型		2865	1385	2391
小型	149	6324	1542	1350
微型	8	1392	-111	670
餐饮业	7717	25116	45589	46977
国有控股		**100**	**45**	**45**
1、按登记注册类型分组				
内资	7717	25116	45589	46977
国有				
集体		10	345	12
股份合作				
联营企业				
有限责任公司	2000	6893	30154	34800
股份有限公司				
私营企业	5717	18113	15046	12120
其他内资		100	45	45
港澳台投资企业				
外商投资企业				
2、按国民经济行业分组				
行业类别(GB/T4754-2002)				

续表 5

单位:万元、个

二、期末资产负债						三、损益及分配	
1.国家资本	2.集体资本	3.法人资本	4.个人资本	5.港澳台资本	6.外商资本	营业收入	其中:主营业务收入
		1895	1919		598	9514	9495
		1794			598	3105	3105
		51	1299			4969	4960
		50	620			1440	1430
45	12	34800	12120			15809	15783
45						**952**	**943**
45	12	34800	12120			15809	15783
	12					551	551
		34800				6940	6940
			12120			7366	7349
45						952	943

指标名称	三、损益及分配			
	营业成本	其中:主营业务成本	营业税金及附加	其中:主营业务税金及附加
4、按经营方式分组				
独立门店	5607	5597	102	102
连锁总店(总部)				
连锁门店				
其他				
5、按单位规模分组				
大型				
中型	1574	1574	4	4
小型	2984	2984	90	90
微型	1049	1039	9	9
餐饮业	6705	6690	155	152
国有控股	**467**	**467**	**1**	**0**
1、按登记注册类型分组				
内资	6705	6690	155	152
国有				
集体	317	317	10	10
股份合作				
联营企业				
有限责任公司	1919	1919	23	23
股份有限公司				
私营企业	4003	3987	122	119
其他内资	467	467	1	0
港澳台投资企业				
外商投资企业				
2、按国民经济行业分组				
行业类别(GB/T4754-2002)				

续表 6

单位：万元、个

三、损益及分配							
其他业务利润	销售费用	管理费用	财务费用	其中：利息收入	利息支出	资产减值损失	公允价值变动收益（损失以“-”号记）
	1791	1125	80	1	2		
	897	781	7				
	893	250	62	1	1		
	0	94	11		1		
	3892	4179	553	1	7		
		483	**0**	**0**			
	3892	4179	553	1	7		
	1	39	0				
	2965	2963	198				
	926	695	354	1	7		
		483	0	0			

指标名称	三、损益及分配			
	投资收益(损失以“-”号记)	营业利润	营业外收入	营业外支出
4、按经营方式分组				
独立门店	2	812	11	4
连锁总店(总部)				
连锁门店				
其他				
5、按单位规模分组				
大型				
中型		-158	9	3
小型	2	692	2	1
微型		278		
餐饮业		324	18	3
国有控股		**2**	**12**	
1、按登记注册类型分组				
内资		324	18	3
国有				
集体		184		
股份合作				
联营企业				
有限责任公司		-1128	6	3
股份有限公司				
私营企业		1267		
其他内资		2	12	
港澳台投资企业				
外商投资企业				
2、按国民经济行业分组				
行业类别(GB/T4754-2002)				

续表 7

单位：万元、个

三、损益及分配		四、人工成本及增值税			
利润总额	应交所得税	应付职工薪酬（本年贷方累计发生额）	应交增值税	亏损企业数(个)	亏损总额
818	72	2150	143	4	502
-152		987	36	1	152
693	61	967	94	1	207
278	11	196	13	2	144
339	295	3408	465	2	1679
14	**0**	**426**			
339	295	3408	465	2	1679
184	36	78	79		
-1125		1597	20	1	1125
1267	259	1307	367	1	554
14	0	426			

指标名称	一、年初存货	二、期末资产负债		
		流动资产	其中:应收账款	存货
正餐服务	511	17721	618	30
快餐服务				
饮料及冷饮服务				
其他餐饮服务				
行业类别(GB/T4754-2011)				
正餐服务	511	17721	618	30
快餐服务				
饮料及冷饮服务				
茶馆服务				
咖啡馆服务				
酒吧服务				
其他饮料及冷饮服务				
其他餐饮业				
小吃服务				
餐饮配送服务				
其他未列明餐饮业				
3、按经营方式分组				
独立门店	511	17721	618	30
连锁总店(总部)				
连锁门店				
其他				
4、按单位规模分组				
大型				
中型	238	10967		
小型	273	6753	618	30
微型				

续表 8

单位：万元、个

二、期末资产负债							
固定资产合计	固定资产原价	累计折旧	本年折旧	在建工程	资产总计	流动负债合计	其中：应付账款
50871	62520	12010	2610		70705	17159	2724
50871	62520	12010	2610		70705	17159	2724
50871	62520	12010	2610		70705	17159	2724
24608	33591	8983	2235		37047	4893	
26263	28929	3027	375		33658	12265	2724

指标名称	二、期末资产负债			
	非流动负债合计	负债合计	所有者权益合计	其中:实收资本
正餐服务	7717	25116	45589	46977
快餐服务				
饮料及冷饮服务				
其他餐饮服务				
行业类别(GB/T4754–2011)				
正餐服务	7717	25116	45589	46977
快餐服务				
饮料及冷饮服务				
茶馆服务				
咖啡馆服务				
酒吧服务				
其他饮料及冷饮服务				
其他餐饮业				
小吃服务				
餐饮配送服务				
其他未列明餐饮业				
3、按经营方式分组				
独立门店	7717	25116	45589	46977
连锁总店(总部)				
连锁门店				
其他				
4、按单位规模分组				
大型				
中型	2000	6893	30154	34800
小型	5717	18223	15435	12177
微型				

续表 9

单位：万元、个

二、期末资产负债						三、损益及分配	
1.国家资本	2.集体资本	3.法人资本	4.个人资本	5.港澳台资本	6.外商资本	营业收入	其中:主营业务收入
45	12	34800	12120			15809	15783
45	12	34800	12120			15809	15783
45	12	34800	12120			15809	15783
		34800				6940	6940
45	12		12120			8869	8843

指标名称	三、损益及分配			
	营业成本	其中：主营业务成本	营业税金及附加	其中：主营业务税金及附加
正餐服务	6705	6690	155	152
快餐服务				
饮料及冷饮服务				
其他餐饮服务				
行业类别(GB/T4754-2011)				
正餐服务	6705	6690	155	152
快餐服务				
饮料及冷饮服务				
茶馆服务				
咖啡馆服务				
酒吧服务				
其他饮料及冷饮服务				
其他餐饮业				
小吃服务				
餐饮配送服务				
其他未列明餐饮业				
3、按经营方式分组				
独立门店	6705	6690	155	152
连锁总店(总部)				
连锁门店				
其他				
4、按单位规模分组				
大型				
中型	1919	1919	23	23
小型	4786	4771	133	129
微型				

续表 10

单位:万元、个

三、损益及分配							
其他业务利润	销售费用	管理费用	财务费用	其中:利息收入	利息支出	资产减值损失	公允价值变动收益(损失以"-"号记)
	3892	4179	553	1	7		
	3892	4179	553	1	7		
	3892	4179	553	1	7		
	2965	2963	198				
	927	1217	355	1	7		

指标名称	三、损益及分配			
	投资收益(损失以"–"号记)	营业利润	营业外收入	营业外支出
正餐服务		324	18	3
快餐服务				
饮料及冷饮服务				
其他餐饮服务				
行业类别(GB/T4754–2011)				
正餐服务		324	18	3
快餐服务				
饮料及冷饮服务				
茶馆服务				
咖啡馆服务				
酒吧服务				
其他饮料及冷饮服务				
其他餐饮业				
小吃服务				
餐饮配送服务				
其他未列明餐饮业				
3、按经营方式分组				
独立门店		324	18	3
连锁总店(总部)				
连锁门店				
其他				
4、按单位规模分组				
大型				
中型		–1128	6	3
小型		1452	12	
微型				

续表 11

单位：万元、个

三、损益及分配		四、人工成本及增值税			
利润总额	应交所得税	应付职工薪酬（本年贷方累计发生额）	应交增值税	亏损企业数(个)	亏损总额
339	295	3408	465	2	1679
339	295	3408	465	2	1679
339	295	3408	465	2	1679
-1125		1597	20	1	1125
1464	295	1811	446	1	554

14-10 限额以上住宿和

指标名称	营业额	使用银行卡支付的营业额数	客房收入	通过公共网络实现的客房收入
总计	**26852**	**3526**	**10344**	**592**
(一)住宿业	**10470**	**1368**	**7201**	**592**
其中:国有控股				
1、按登记注册类型分组				
内资	7366	1368	5148	592
有限责任公司	131		82	
国有独资公司				
其他有限责任公司	131		82	
股份有限公司				
私营企业	7235	1368	5066	592
私营独资				
私营合伙				
私营有限责任公司	7235	1368	5066	592
私营股份有限公司				
外商投资企业	3105		2053	
中外合资经营	3105		2053	
2、按国民经济行业分组				
旅游饭店	6537	543	4370	
其他住宿业	228		3	3
3、按星级等级分组				
三星	1178		1178	
四星	3105		2053	
其他	6187	1368	3970	592
4、按经营方式分组				
独立门店	10470	1368	7201	592
连锁门店				
5、按单位规模分				
中型	3105		2053	
小型	5883	825	4515	589
微型	1483	543	633	3
(二)餐饮业	**16382**	**2158**	**3143**	
其中:国有控股	952			
1、按登记注册类型分组				
内资	16382	2158	3143	

餐饮业经营情况(2017 年)

单位:万元、间、个、位

通过非自营平台实现的客房收入	餐费收入	商品销售额	其他收入	客房数(间)	年末拥有床位数	年末拥有餐位数
296	**14155**	**1590**	**763**	**1443**	**2426**	**8324**
296	**3045**	**82**	**143**	**1052**	**1768**	**2064**
296	1993	82	143	737	1308	1064
	38		10	32	54	20
	38		10	32	54	20
296	1955	82	133	705	1254	1044
296	1955	82	133	705	1254	1044
	1051	0		315	460	1000
	1051	0		315	460	1000
	2154	14		489	783	1610
	211	14		1	1	50
				46	85	
	1051	0		315	460	1000
296	1993	82	143	691	1223	1064
296	3045	82	143	1052	1768	2064
	1051	0		315	460	1000
296	1181	55	133	636	1135	734
	813	27	10	101	173	330
	11111	**1509**	**620**	**391**	**658**	**6260**
	820	119	13			790
	11111	1509	620	391	658	6260

指标名称	营业额	使用银行卡支付的营业额数	客房收入	通过公共网络实现的客房收入
国有				
集体	584			
有限责任公司	6940		2555	
其他有限责任公司	6940		2555	
私营企业	7907	2158	588	
私营合伙	2340		146	
私营有限责任公司	5567	2158	442	
港澳台投资企业				
港澳台商独资				
外商投资企业				
外资企业				
2、按国民经济行业分组				
行业类别(GB/T4754-2002)				
正餐服务	16382	2158	3143	
快餐服务				
饮料及冷饮服务				
行业类别(GB/T4754-2011)				
正餐服务	16382	2158	3143	
快餐服务				
饮料及冷饮服务				
咖啡馆服务				
3、按经营方式分组				
独立门店	16382	2158	3143	
连锁总店(总部)				
连锁门店				
其他				
4、按单位规模分组				
中型	6940		2555	
小型	9442	2158	588	
微型				
补充资料:				
住宿业其他有限责任公司	131		82	
餐饮业其他有限责任公司	6940		2555	

续表

单位：万元、间、个、位

通过非自营平台实现的客房收入	餐费收入	商品销售额	其他收入	客房数(间)	年末拥有床位数	年末拥有餐位数
	407	176				100
	4087	17	282	320	536	2000
	4087	17	282	320	536	2000
	5797	1197	325	71	122	3370
	1262	608	325	10	20	300
	4535	589		61	102	3070
	11111	1509	620	391	658	6260
	11111	1509	620	391	658	6260
	11111	1509	620	391	658	6260
	4087	17	282	320	536	2000
	7024	1492	338	71	122	4260
	38		10	32	54	20
	4087	17	282	320	536	2000

14-11 连锁总店(公司)

指标名称	连锁总店数		连锁门店数(个)	
	本年	上年同期	本年	上年同期
总计	**4**	**3**	**62**	**29**
一、零售业	**4**	**3**	**62**	**29**
(一)按登记注册类型分组				
内资	3	2	59	26
港澳台投资企业	1	1	3	3
外商投资企业				
(二)按连锁经营业务的行业代码分组				
综合零售	1	1	3	3
家用电器及电子产品专门零售	1	1	2	2
(三)按零售业态分组				
大型超市	1	1	3	3
专业店	3	2	59	26

14-11

指标名称	其中:通过统一配送商品购进额(万元)		通过自有配送中心配送商品购进额(万元)	
	本年	上年同期	本年	上年同期
总计	**81710.8**	**73913.1**	**81710.8**	**73913.1**
一、零售业	**81710.8**	**73913.1**	**81710.8**	**73913.1**
(一)按登记注册类型分组				
内资	6125.6	5614.9	6125.6	5614.9
港澳台投资企业	75585.2	68298.2	75585.2	68298.2
外商投资企业				
(二)按连锁经营业务的行业代码分组				
综合零售	75585.2	68298.2	75585.2	68298.2
家用电器及电子产品专门零售	6125.6	5614.9	6125.6	5614.9
(三)按零售业态分组				
大型超市	75585.2	68298.2	75585.2	68298.2
专业店	6125.6	5614.9	6125.6	5614.9

经营情况(2017 年)

直营店(个)		年末从业人员数(人)		连锁门店商品购进额	
本年	上年同期	本年	上年同期	本年	上年同期
62	**29**	**998**	**924**	**87687.6**	**75361.8**
62	**29**	**998**	**924**	**87687.6**	**75361.8**
59	26	212	134	12102.4	7063.6
3	3	786	790	75585.2	68298.2
3	3	786	790	75585.2	68298.2
2	2	43	49	6125.6	5614.9
3	3	786	790	75585.2	68298.2
59	26	212	134	12102.4	7063.6

续表

营业面积(平方米)		连锁门店商品销售额(万元)		商品零售额(万元)	
本年	上年同期	本年	上年同期	本年	上年同期
27268	**23888**	**96685.1**	**85950.6**	**96685.1**	**85950.6**
27268	**23888**	**96685.1**	**85950.6**	**96685.1**	**85950.6**
7380	4000	9225.8	6824.5	9225.8	6824.5
19888	19888	87459.3	79126.1	87459.3	79126.1
19888	19888	87459.3	79126.1	87459.3	79126.1
1900	1900	5657.3	5164.3	5657.3	5164.3
19888	19888	87459.3	79126.1	87459.3	79126.1
7380	4000	9225.8	6824.5	9225.8	6824.5

14-12 亿元以上商品交易

指标名称	市场个数(个)	市场摊位总量(个)	年末已出租摊位数(个)	出租率(%)	今年
合计	**16**	**12880**	**12127**	**94.2**	**7620379**
一、按经营环境分					
(一)露天式					
(二)封闭式	10	9762	9425	96.5	7253220
(三)其他	6	3118	2702	86.7	367159
二、按经营方式分					
(一)批发	3	8124	7866	96.8	7109726
(二)零售	13	4756	4261	89.6	510653
三、按市场类别分					
综合市场	5	1540	1384	89.9	126184
综合贸易市场	5	1540	1384	89.9	126184
农产品综合市场	3	750	697	92.9	75984
其他综合市场	2	790	687	87	50200
专业市场	11	11340	10743	94.7	7494195
生产资料市场					
木材市场					
建材市场					
农产品市场	5	2359	2085	88.4	328069
蔬菜市场	1	350	350	100	21253
其他农产品市场	4	2009	1735	86.4	306816
食品、饮料及烟酒市场	3	1268	949	74.8	51320
其他食品、饮料及烟酒市场	3	1268	949	74.8	51320
纺织、服装、鞋帽市场	2	7514	7510	99.9	7082921
布料及纺织品市场	1	7254	7254	100	7068912
其他纺织服装鞋帽市场	1	260	256	98.5	14009
日用品及文化用品市场					
小商品市场					
家具、五金及装饰材料市场	1	199	199	100	31885
其他装修市场	1	199	199	100	31885

市场成交情况(2017年)

全年商品成交总额(万元)			营业面积	管理总额	摊位租金总额	税金总额	从业人员
去年同期	今年全年商品成交总额中						
	消费品零售额	通过互联网实现的成交额					
7087097	**3002631**	**1847205**	**271700**	**4182**	**7144**	**7393**	**16493**
6720133	2724752	1847205	187800	3086	5690	5921	11522
366964	277879		83900	1096	1454	1472	4971
6591431	2604506	1847205	117000	1558	1987	1760	8274
495666	398125		154700	2624	5157	5633	8219
124829	101121		31650	1583	2787	3077	2783
124829	101121		31650	1583	2787	3077	2783
73828	58259		12650	560	1339	339	1082
51001	42862		19000	1023	1448	2738	1701
6962268	2901510	1847205	240050	2599	4357	4316	13710
317058	239178		57600	1183	1255	1657	3990
20976	10299		15000	451	99	96	122
296082	228879		42600	732	1156	1561	3868
49391	37070		74800	305	690	293	1713
49391	37070		74800	305	690	293	1713
6565211	2595137	1847205	67650	1043	1591	1638	7532
6551058	2584710	1847205	60000	920	1450	1500	7254
14153	10427		7650	123	141	138	278
30608	30125		40000	68	821	728	475
30608	30125		40000	68	821	728	475

14-13 规模以上服务业企业

	单位数	年初存货	流动资产
总计	**288**	**173427**	**14583750**
按登记注册类型分组			
内资企业	288	173427	14583750
国有企业	5	13009	843382
集体企业	21	6733	190351
有限责任公司	52	56355	9945311
国有独资公司	2	0	311530
其他有限责任公司	50	56355	9633781
股份有限公司	6	844	57217
私营企业	149	74108	3443648
私营独资企业	4	2129	17513
私营合伙企业	13	1350	62438
私营有限责任公司	130	70629	3353377
私营股份有限公司	2	0	10320
其他企业	55	22378	103841
按企业控股情况分组			
国有控股	14	15814	1259853
集体控股	23	6736	340250
私人控股	241	148474	12905355
其他	9	2403	77507
按行业分组			
交通运输、仓储和邮政业	31	27912	386382
道路运输业	11	10898	44843
水上运输业	4	1163	72487

主要经济指标(2017 年)

单位:千元、人、个

应收账款	累计折旧	存货	本年折旧	资产总计	应付账款	负债合计
1182606	**1197030**	**365584**	**232587**	**31144470**	**755040**	**19202570**
1182606	1197030	365584	232587	31144470	755040	19202570
15690	50922	107729	16854	2180339	442	1239376
27307	41733	4375	8125	574741	6274	239814
294865	326332	112515	66311	20946890	287804	13633314
114611	80028	534	11782	819450	9011	488686
180254	246304	111981	54529	20127440	278793	13144628
29239	113982	857	27733	487857	1054	109716
794949	603953	121013	102565	6639411	447872	3886850
4075	1746	2345	271	24958	0	5085
39390	44061	3090	9951	994168	17760	513016
749749	542830	115578	88196	5353770	430112	3224451
1735	15316	0	4147	266515	0	144298
20556	60108	19095	10999	315232	11594	93500
169018	288357	111010	65871	3617795	11890	1895500
27307	43171	4378	8733	774817	6274	297087
969749	827297	247578	154630	26560922	736054	16887834
16464	35791	2618	2813	185124	822	118880
41975	278324	111132	53195	887530	12111	454571
4669	137500	0	39372	391930	2279	214436
7080	110965	1122	5726	143774	0	58668

	所有者权益	营业收入	主营业务收入
总计	**11941900**	**12558378**	**11396351**
按登记注册类型分组			
内资企业	11941900	12558378	11396351
国有企业	940963	180224	180224
集体企业	334927	1097527	1097527
有限责任公司	7313576	4748317	3954459
国有独资公司	330764	41185	41185
其他有限责任公司	6982812	4707132	3913274
股份有限公司	378141	547315	547315
私营企业	2752561	5131875	4918573
私营独资企业	19873	78850	71933
私营合伙企业	481152	277731	277731
私营有限责任公司	2129319	4498027	4291642
私营股份有限公司	122217	277267	277267
其他企业	221732	853120	698253
按企业控股情况分组			
国有控股	1722295	844965	844954
集体控股	477730	1128720	1128720
私人控股	9673088	10357417	9195401
其他	66244	222216	222216
按行业分组			
交通运输、仓储和邮政业	432959	1300829	1199058
道路运输业	177494	567679	539378
水上运输业	85106	151105	150575

续表 1

单位：千元、人、个

营业成本	主营业务成本	营业税金及附加	主营业务税金及附加	销售费用	管理费用	财务费用
8555597	**7819016**	**277643**	**250923**	**339955**	**1054185**	**162642**
8555597	7819016	277643	250923	339955	1054185	162642
109330	109330	4139	4139	1639	11221	2746
664100	663496	46682	46682	22473	114766	7048
3453588	2938969	69635	58268	101986	316384	26757
24762	24762	984	984	0	6085	2068
3428826	2914207	68651	57284	101986	310299	24689
434712	434712	22326	22326	4884	36963	6756
3296739	3163225	118899	112871	188150	531179	108338
48342	43905	1202	1179	0	7023	265
164861	164861	5507	5507	3360	36429	6789
2875256	2746179	109996	103991	181797	474270	101172
208280	208280	2194	2194	2993	13457	112
597128	509284	15962	6637	20823	43672	10997
636707	636707	27744	27350	2286	53961	11300
675119	674515	47003	47003	22704	125941	9525
7081769	6349702	199732	173406	311239	848226	140493
158092	158092	3164	3164	3726	25497	1324
1045876	977845	28536	27164	14205	86452	14147
537446	517389	22481	22033	0	34827	7020
94678	94678	2134	2131	1861	25523	-113

	利息收入	利息支出	投资收益
总计	**1197**	**37467**	**13021**
按登记注册类型分组			
内资企业	1197	37467	13021
国有企业	234	2920	0
集体企业	6	5212	1320
有限责任公司	422	6107	0
国有独资公司	0	5	0
其他有限责任公司	422	6102	0
股份有限公司	74	6764	0
私营企业	449	13526	11701
私营独资企业	0	0	0
私营合伙企业	90	492	0
私营有限责任公司	359	13034	11701
私营股份有限公司	0	0	0
其他企业	12	2938	0
按企业控股情况分组			
国有控股	589	9721	0
集体控股	6	7629	1320
私人控股	602	18956	11701
其他	0	1161	0
按行业分组			
交通运输、仓储和邮政业	406	13231	3355
道路运输业	98	6953	0
水上运输业	74	0	3355

续表 2

单位：千元、人、个

营业利润	营业外收入	营业外支出	利润总额	应交所得税	本年应付职工薪酬	应交增值税	从业人员平均人数
2084057	**10812**	**43989**	**2050904**	**195889**	**986152**	**336333**	**16144**
2084057	10812	43989	2050904	195889	986152	336333	16144
48194	0	0	48194	1294	9099	869	184
243779	571	157	244192	25692	72771	27584	1115
730279	1734	36976	695037	62705	273211	135614	4367
7286	0	0	7286	1050	8416	5753	137
722993	1734	36976	687751	61655	264795	129861	4230
39609	2175	167	41617	10827	46966	15975	1175
864246	6299	6689	863881	76342	497263	134710	7703
22018	0	0	22018	1191	7612	1659	124
60785	0	0	60785	7377	29768	7555	373
731212	6299	6689	730847	62949	458896	124996	7151
50231	0	0	50231	4825	987	500	55
157950	33	0	157983	19029	86842	21581	1600
107919	2180	131	109968	16458	113844	23395	2511
249749	1084	168	250664	27308	74867	28698	1163
1707148	7049	43690	1670532	148567	774649	279333	11944
18651	499	0	19150	3556	21202	4907	470
114610	3025	426	117209	17845	118371	34654	2382
–34491	5	100	–34586	6924	60192	18190	1497
30387	3018	253	33152	7402	25898	5648	347

14-13

	单位数	年初存货	流动资产
装卸搬运和仓储业	3	13009	157365
邮政业	4	22	36161
房地产业	21	6395	399398
房地产业	21	6395	399398
租赁和商务服务业	108	52601	12293786
租赁业	11	0	56766
商务服务业	97	52601	12237020
科学研究和技术服务业	91	75920	670070
研究和试验发展	3	3300	17920
专业技术服务业	27	44713	526202
科技推广和应用服务业	61	27907	125948
水利、环境和公共设施管理业	8	159	349567
生态保护和环境治理业	4	0	314260
公共设施管理业	4	159	35307
居民服务、修理和其他服务业	6	6243	17624
机动车、电子产品和日用产品修理业	6	6243	17624
教育	5	1424	29108
教育	5	1424	29108
卫生和社会工作	5	2100	32506
卫生	4	1421	27732
文化、体育和娱乐业	12	673	400783
新闻和出版业	1	0	6586
广播、电视、电影和影视录音制作业	5	223	377442
娱乐业	5	450	16650

续表 3

单位：千元、人、个

应收账款	累计折旧	存货	本年折旧	资产总计	应付账款	负债合计
2881	9383	107729	1531	174573	442	145439
22049	4032	19	3364	40468	0	7647
17143	16445	2683	3384	499215	11069	415434
17143	16445	2683	3384	499215	11069	415434
864870	666440	210704	123348	25575745	661534	16086570
27882	18010	14	8802	407294	52099	318728
836988	648430	210690	114546	25168451	609435	15767842
112631	143409	29107	27007	2021994	39342	1019077
692	7370	1075	830	30236	350	12803
79886	68808	4439	12938	1615729	19419	846117
32053	67231	23593	13239	376029	19573	160157
99269	32414	1865	5348	885506	12808	546826
91618	26301	1692	3517	824925	12647	527934
7651	6113	173	1831	60581	161	18892
6645	5879	6528	571	27084	–564	2790
6645	5879	6528	571	27084	–564	2790
5882	9524	1032	2363	101727	1009	20524
5882	9524	1032	2363	101727	1009	20524
21517	4731	1183	830	53285	15746	29503
21517	4715	1183	814	38515	15746	29226
11843	39830	543	16507	1087603	1818	627001
4222	0	0	0	28801	0	1458
6585	38575	173	16030	1032252	1180	614353
1021	1235	370	457	25655	630	11180

	所有者权益	营业收入	主营业务收入
装卸搬运和仓储业	29134	101457	101457
邮政业	32821	158824	150106
房地产业	83781	702629	684879
房地产业	83781	702629	684879
租赁和商务服务业	9489175	7543311	6763033
租赁业	88566	279171	266386
商务服务业	9400609	7264140	6496647
科学研究和技术服务业	1002917	1937636	1777040
研究和试验发展	17433	60356	60031
专业技术服务业	769612	940401	935264
科技推广和应用服务业	215872	936879	781745
水利、环境和公共设施管理业	338680	543594	463343
生态保护和环境治理业	296991	117538	37287
公共设施管理业	41689	426056	426056
居民服务、修理和其他服务业	24294	100405	98819
机动车、电子产品和日用产品修理业	24294	100405	98819
教育	81203	177731	177731
教育	81203	177731	177731
卫生和社会工作	23782	55976	55976
卫生	9289	45176	45176
文化、体育和娱乐业	460602	182008	162213
新闻和出版业	27343	42595	42595
广播、电视、电影和影视录音制作业	417899	43073	41134
娱乐业	14475	95135	77279

续表 4

单位：千元、人、个

营业成本	主营业务成本	营业税金及附加	主营业务税金及附加	销售费用	管理费用	财务费用
59053	59053	0	0	1639	1719	2686
137628	132175	357	201	469	8253	96
432914	425434	9501	8173	18662	74890	7844
432914	425434	9501	8173	18662	74890	7844
4892631	4380781	198971	185261	259261	628289	119009
96401	89022	29043	27477	0	67633	8405
4796230	4291759	169928	157784	259261	560656	110604
1353002	1262960	29384	19985	29952	182748	17182
33857	33656	444	444	1645	4267	1126
653350	651353	12526	12452	6265	124003	5877
665795	577951	16414	7089	22042	54478	10179
441346	395850	3956	3154	3242	36479	1335
78117	32621	830	28	121	10513	19
363229	363229	3126	3126	3121	25966	1316
75984	74877	949	941	277	6329	175
75984	74877	949	941	277	6329	175
148160	148160	2243	2243	2843	7252	386
148160	148160	2243	2243	2843	7252	386
34481	34481	30	30	3808	12796	943
29217	29217	30	30	3808	11838	657
117958	105383	4073	3972	7705	17452	1621
37118	37118	2510	2510	0	1598	60
20141	19591	725	712	5445	10634	129
59866	47841	820	732	2205	5163	1429

	利息收入	利息支出	投资收益
装卸搬运和仓储业	234	2920	0
邮政业	0	0	0
房地产业	82	4656	0
房地产业	82	4656	0
租赁和商务服务业	592	13666	9653
租赁业	0	7173	0
商务服务业	592	6493	9653
科学研究和技术服务业	101	4020	13
研究和试验发展	0	921	0
专业技术服务业	48	665	0
科技推广和应用服务业	53	2434	13
水利、环境和公共设施管理业	0	528	0
生态保护和环境治理业	0	0	0
公共设施管理业	0	528	0
居民服务、修理和其他服务业	0	52	0
机动车、电子产品和日用产品修理业	0	52	0
教育	12	0	0
教育	12	0	0
卫生和社会工作	4	653	0
卫生	4	653	0
文化、体育和娱乐业	0	661	0
新闻和出版业	0	0	0
广播、电视、电影和影视录音制作业	0	0	0
娱乐业	0	661	0

续表 5

单位：千元、人、个

营业利润	营业外收入	营业外支出	利润总额	应交所得税	本年应付职工薪酬	应交增值税	从业人员平均人数
36360	0	0	36360	0	954	0	13
12031	2	73	11960	57	15963	1640	256
156378	22	201	156199	16604	111124	28513	1936
156378	22	201	156199	16604	111124	28513	1936
1372274	5410	41541	1336168	107083	440505	196622	7000
61772	3703	47	65428	5456	31205	453	589
1310502	1707	41494	1270740	101627	409300	196169	6411
315498	870	125	316242	38346	235936	45076	3316
19078	0	0	19078	1200	2731	2869	55
135223	10	125	135107	16767	137407	17673	1497
161197	860	0	162057	20379	95798	24534	1764
54892	501	52	55341	5463	21592	17947	350
25594	499	52	26041	430	11816	2032	190
29298	2	0	29300	5033	9776	15915	160
16691	0	0	16691	2772	8707	3407	152
16691	0	0	16691	2772	8707	3407	152
16841	0	0	16841	3528	14018	5414	224
16841	0	0	16841	3528	14018	5414	224
4118	35	1604	2549	363	13219	291	255
-174	35	1604	-1743	35	12934	0	250
33239	459	40	33658	3885	22218	4409	517
1309	0	0	1309	20	4110	233	84
6023	459	40	6442	1395	9457	1196	242
25668	0	0	25668	2433	8272	2860	176

14-14 分区镇规模以上服务业营业收入

单位:个、万元、%

地区	单位	2017	2016	2015	2014	2013	2012
合计	**288**	**1255838**	**1549917**	**1296066**	**1124443**	**921997**	**680939**
海门开发区	50	150882	153875	124994	109025	100431	45067
海门工业园区	25	239990	221030	184973	163060	121601	102254
海门港新区	38	227516	223874	183355	166756	157759	136044
临江新区	18	55658	85013	70553	63005	53493	40602
海门高新区	63	237198	386741	323802	295401	249244	176063
三厂工业园区	24	7853	127925	107694	90894	59362	38034
常乐镇	20	147444	136019	116200	99673	83468	74550
悦来镇	15	4365	50908	41897	31657	26253	15664
四甲镇	12	60760	45265	38696	30625	20569	12946
余东镇	12	60887	65153	54594	37248	21980	16606
正余镇	11	63285	54114	49308	37099	27838	23110

主要统计指标解释

商品购进总额 指从本企业以外的单位和个人购进（包括从国外直接进品）作为转卖或加工后转卖的商品金额（含增值税）。本指标反映批发和零售业从国内外市场上购进商品的总价。

商品购进包括：(1)从工农业生产者、批发和零售业企业、住宿和餐饮企业、出版社或报社的出版发行部门和其他服务业企业购进的商口；(2)从机关团体、事业单位购进的商口；(3)从海关、市场管理部门购进的缉私和没收的商品；(4)从居民收购的废旧商品等。

不包括：(1)企业为本单位自身经营用，不是作为转卖而购进的商品，如材料物资、包装物、低值易耗品、办公用品等；(2)未通过买卖行为而收入的商品，如接受其他部门移交的商品、借入的商品、收入代其他单位保管的商品、其他单位赠送的样品、加工回收的成品等；(3)经本单位介绍，由买卖双方直接结算，本单位只收取手续费的业务；(4)销售退回和买方拒付货款的商品；(5)商品溢余。

商品销售额 指对本单位以外的单位和个人出售的商品金额(包括售给本单位消费用的商品，含增值税)，本指标反映批发和零售业在国内市场上销售商品的总量。

商品销售包括：(1)售给城乡居民和社会集团消费用的商品；(2)售给农业、工业、建筑业、运输邮电业、服务业、公用事业等国民经济各行业用于生产、经营用的商品，包括售予批发和零售业作为转卖或加工后转卖的商品；(3)对国(境)外直接出口的商品。

商品销售不包括：(1)未通过买卖行为付出的商品，如随机构变动移交给其他企业单位的商品、借出的商品、归还受其他单位委托代保管的商品、付出的加工原料和赠给其他单位的样品等；(2)经本单位介绍，由买卖双方直接结算，本单位只收取手续费的业务；(3)购货退回的商品；(4)商品损耗和损失；(5)出售本单位自用的废旧物资。

期末商品库存额 对于批发和零售业法人企业和个体经营户，是指取得所有权的全部商品金额(含增值税)；对于批发和零售业产业活动单位，是指期末实际在库且归属法人具有所有权的全部商品金额(含增值税)。这个指标反映批发和零售业的商品库存情况，以及对市场商口供应的保证程度。

库存商品包括：(1)存放在本单位(如门市部、批发部、采购站、经营处)的仓库、货场、货柜和货架中的商口；(2)挑选、整理、包装中的商品；(3)已记入购进而尚未运到本单位的商品，即发货单或银行承况凭证已到而货未到的商品；(4)寄放他处的商品，如因购货方拒绝付款而暂时存在购货方的商品；(5)委托其他单位代销(未作销售或调出)尚未售出的商品；(6)代其他单位购进尚未交付的商品。库存商品不包括：(1)所有权不属于本单位的商品，如商品已作销售但买方尚未取走的商品，代替他人保管、运输、加工的商品，代其他单位销售(未做购进或调入)而未售出的商品；(2)委托外单位加工的商品(包括本单位所属加工厂和其他生产单位加工生产尚未收回成品的商品)；(3)外贸企业代理其他单位从国外进口，尚未付给订货单位的商品；(4)代国家储备部门保管的商品。

社会消费品零售总额 指批发和零售业、住宿和餐饮业以及其他行业直接售给城乡居民和社会集团的消费品零售额。

批发和零售业零售额 指售给城乡居民用于生活消费和社会集团用于公共消费的商品金额。

住宿和餐饮业零售额 是指专门从事提供食宿服务、进行食品烹饪调制的住宿和餐饮业企业、产业活动单位和个体户，直接向居民和社会集团出售主食、菜肴、烟酒饮料和其他商品取得的餐费收入和商品销售额，包括各行业企业或单位附设的对外营业的旅馆、火车餐车、轮船餐车、轮船餐厅、机场餐厅的零售额，不包括机关、团体、学校、企事业单位不对外营业的职工食堂所出售的餐费收入。

其它行业零售额 是指批发和零售业、住宿和餐饮业以外的其他行业的单位和个体户，从事生活消费用品零售活动或者提供住宿服务所取得的商品销售额和餐费收入。

批发和零售业营业面积 指批发和零售企业或产业活动单位按建筑面积计算的直接对顾客销售商品的固定场地的面积，不包括办公室、仓库、加工场地等面积。

批发和零售企业从业人员 指在批发和零售企业工作并取得劳动报酬的全部人员数。包括在岗职工、再就业的离退休人员、在该企业(单位)工作的外方人员、港澳台方人员、兼职人员、借用的外单位人员和第二职业者。不包括离开本单位但仍保留劳动关系的职工。

批发、零售、住宿、餐饮企业统计限额标准(外贸企业一律包括在批发企业中,其年销售额以外币计量的,应折合人民币)

行业类别	统计指标	单位	限额标准
批发业	年主营业务收入	万元	2000及以上
零售业	年主营业务收入	万元	500及以上
住宿业	年主营业务收入	万元	200及以上
餐饮业	年主营业务收入	万元	200及以上

经营网点 指批发和零售企业设立的从事经营业务的自然单位数。凡具有独立固定的营业场所,配备一定的业务人员,不论单位大小,不论是否单独核算,按自然点计算。

零售网点 指批发和零售企业单位从事商品零售业务的自然单位数。凡具有独立固定的营业场所,配备一定的业务人员,不论单位大小,不论是否单独核算,按自然点计算。包括固定的售货亭。不包括同一营业场所内柜组以及临时或经常性的流动推销小组、流动售货车等。

独立商店 指独立经营,未与其他商业单位建立连锁关系的商店。

连锁企业 指在核心企业或总店的领导下,由分散的、经营同类商品或服务的企业或产业活动单位,通过规范化经营,实现规模效益的经济联合组织形式。一般连锁店应由若干个分店组成。其经营特征:(1)经营同类商品;(2)使用统一商号;(3)统一采购配送,采购与销售相分离(部分商品可根据物流合理和保质保鲜原则由供应商直接送货到门店,其余均由总部统一配送)。

直营连锁 也叫正规连锁。连锁门店均由总部独资或控股开设,在总部的直接领导下统一经营。

加盟连锁 也叫特许连锁。各连锁门店(被特许人)通过合同形式,取得使用总部(特许人)商标、商号、经营技术和销售总部开发的商品的特许权。各连锁门店大多为独立法人(不排除一些产业活动单位和个体经营户),但无自主经营权,统一接受总部指导。

连锁总店 负责连锁企业资源(商号、商誉、经营模式、服务标准、管理模式等等)的开发、配置、控制或使用等功能的企业核心管理机构。

连锁分店 指连锁总店所属各分散经营的企业或活动单位。

便利店 位于商业中心区、交通要道理以及车站、医院、学校、娱乐场所、办公楼、加油站等公共活动区;商圈范围小,顾客步行5分钟内到达,目标顾客主要为单身者、年轻人、顾客多为有目的的购买;营业面积一般在100平方米左右,利用率高;以即时食品、日用小百货为主,有即时消费性、小容量、应急性等特点,商品品种在3000种左右,售价一般高于市场平均水平;商品销售方式以开架自选为主,结算在收银处统一进行;营业时间一般在16小时以上,提供即时性食品的辅助设施,开设多项服务项目;信息管理系统程度较高。

折扣店 位于居民区、交通要道等租金相对便宜的地区;辐射半径2公里左右,目标顾客主要为商圈内的居民;自有品牌占有较大的比例,商品平均价格低于市场平均水平;以开架自选方式进行商品销售,并统一结算;用工精简,为顾客提供有限的服务;信息管理系统程度一般。

超市 位于市、区商业中心、居住区;辐射半径2公里左右,目标顾客以居民为主;营业面积在6000平方米以下;经营包装食品、生鲜食品和日用品。食品超市与综合超市商品结构有所不同;采用自选销售,出入口分设,在收银台统一结算;营业时间12小时以上;信息管理系统程度较高。

大型超市 位于市、区商业中心、城郊结合部、交通要道及大型居住区;辐射半径2公里以上,目标顾客以居民、流动顾客为主;实际营业面积在6000平方米以上;以大众化衣、食、日用品为主,品种齐全,注重自有品牌开发;采用自选销售方式,出入口分设,在收银台统一结算;设不低于营业面积40%的停车场;信息管理系统程度较高。

仓储会员店 位于城乡结合部的交通要道;辐射半径5公里以上,目标顾客以中小零售店、餐饮店、集团购买和流动顾客为主;营业面积一般在6000平方米以上;以大众化衣、食、日用品为主,自有品牌占相当部分,商品在4000种左右,实行低价、批量销售;采用自选销售,出入口分设,在收银台统一结算;设相当于营业面积的停车场;信息管理系统程度较高并对顾客实行会员制管理。

百货店 位于市、区级商业中心、历史形成的商业集聚地;目标顾客以追求时尚和品味的流动顾客为主;营业面积一般在6000平方米以上;综合性商品结构,门类齐全,以服饰、鞋类、箱包、化妆品、家庭用品、家用电器为主;采取柜台销售和开架面售相结合方式进行商品销售;注重服务,设餐饮、娱乐等服务项目和设施;信息管理系统程度较高。

专业店 位于市、区级商业中心以及百货店、购物中心内；目标顾客以有目的选购某类商品的流动顾客为主；营业面积根据商品特点而定；以销售某类商品为主，体现专业性、深度性、品种丰富，选择余地大；采取柜台销售或开架面售方式进行商品销售；从业人员具有丰富的专业知识；信息管理系统程度较高。

专卖店 一般位于市\区级商业中心；专业街以及百货店、购物中心内；目标顾客以中高档消费者和追求时尚的年轻人为主；以销售某一品牌系列商品为主，具有销售量少、质优、高毛利等特点；采取柜台销售或开架面售方式进行商品销售，商店陈列、照明、包装、广告讲究；注重品牌声誉，从业人员具备丰富的专业知识，提供专业性服务；信息管理系统程度一般。

家居建材商店 位于城乡结合部、交通要道或消费者自有房产比较高的地区；目标顾客以拥有自有房产的顾客为主；营业面积一般在6000平方米以上；经营商品以改善、建设家庭居住环境有关的装饰、装修等用品、日用杂品、技术及服务为主；采取开架自选方式销售商品；提供一站式购足和一条龙服务，停车位一般在300个以上；信息管理系统程度较高。

厂家直销中心 一般远离市区；目标顾客多为重视品牌的有目的的购买；单个建筑面积在100-200平方米左右；品牌商品生产商直接设立，商品均为本企业的品牌；采用自选式售货方式进行商品销售；各个租赁店使用各自的信息管理系统。

门店总数 指该连锁企业所拥有的全部门店（包括直营店和加盟店，下同）数量。其中，总店（如总公司有门店的话）作为一个直营店处理。此外，有的地区分出控股店，控股店按直营店统计。

直营店 由连锁企业总部投资开设，按连锁经营管理模式，由总部统一管理的店铺。

加盟店 特许连锁中，被特许人获得特许人授权后，使用其商标、商号、经营模式、专利和专有技术等经营资源建立的店铺。也包括自愿连锁的成员店。系统内企业，如新华书店、烟草公司、石油公司等，应注意是否具备连锁经营特征，如果不具备连锁经营特征，则不能纳入连锁统计范畴。

正餐 指提供各种中西式炒菜和主食，并由服务员送餐上桌的餐饮服务。包括各种中式正餐和西式正餐。

快餐 指服务员不送餐上桌，由顾客自己领取食物的一种自我服务的餐饮活动。包括各种中式快餐和西式快餐。

茶馆 以现场提供现场消费茶饮料为主，兼卖各式点心和小食品。包括各种茶艺馆、茶楼、茶铺等。

咖啡馆 指现场制作现场消费咖啡饮料为主，兼卖各式点心和小食品。包括各种咖啡馆、咖啡厅、咖啡屋等。

酒吧 以出售各种酒及酒精饮料为主，兼卖各式点心和小食品。

餐饮业营业面积 指餐饮企业(单位)按建筑面积计算的直接供顾客用餐的餐厅营业面积及从事食品加工、烹饪、调制的厨房面积，不包括办公用房、仓库等面积。

餐饮业营业总收入 指餐饮业和从事餐饮活动的单位的全部营业收入，包括商品零售额、服务费、卡拉OK收入等。

餐饮业商品零售额 指餐饮企业直接对居民和社会集团零售的各种商品。包括：经烹饪、调制加工后出售的各种食品、不经加工直接转卖的各种外购商品，附设非独立核算的专门销售商品的小卖部出售的各种食品及其他商品。

餐饮业网点数 指住宿和餐饮企业设立的从事餐饮业务的自然单位数(包括本企业自身)。凡具有固定的营业场所，配备一定的业务人员，不论单位大小，不论是否单独核算，均按自然点计算，即有一个营业点就算一个网点。不包括派出的流动饮料、流动饮食货车等，不论临时性还是经常性的均不作为网点统计(固定的饮食售货亭应作为网点统计)。

餐饮业从业人员数 指在该餐饮企业(单位)工作并取得劳动报酬的全部人员数。包括在岗职工、再就业的离退休人员、在该企业(单位)工作的外方人员、港、澳、台方人员、兼职人员、借用的外单位人员和第二职业者。不包括离开本单位但仍保留劳动关系的职工。

配送中心 是连锁企业的物流机构，承担着各门店所需商品的进货、库存、分货、加工、集配、运输、送货等任务。配送中心主要为本连锁企业服务，也可面向社会。

统一配送比重 指统一配送的商品金额(按购进价计算)与全部商品购进总额之比。

配送中心面积 指配送中心的仓库面积和操作场的建筑面积，不包括办公区面积。

运输车辆 指该配送中心拥有的机动车数量，不包括平板车、人力三轮车等非机动车辆。

门店数 指该连锁店所拥有的全部连锁门店数量，包括总店(如果总公司有门店的话)和全部直营分店、加盟分店数。其中，总店作为一个直营店处理。

亿元以上商品交易市场 指年成交额在亿元及以上的商品交易市场。商品交易市场是指经有关部门和组织批准设立，有固定场所、设施，有经营管理部门和监管人员，若干市场经营者入内，常年或实际开业三个月以上，集中、公开、独立地进行生活消费品、生产资料等现货商品交易以及提供相关服务的交易场所，包括各类消费品市场、生产资料市场等。

市场成交总额 指商品交易市场所有摊位商品交易总额之和。

市场管理费总额 指市场管理部门收取的各种管理费金额合计数。包括向工商管理部门缴纳的工商管理费、向摊主收取的水、电、卫生、治安等费用。

市场营业面积 指市场营业用场地、仓库等营业性建筑面积。不包括为市场经营服务的办公室和附设的旅馆、招待所、餐馆、停车场的面积。

摊位出租率 为实际出租摊位数占全部摊位数的比率。

摊位租金总额 指市场出租场地或摊位而得到的租金收入。

税金总额 指摊主向当地税务部门缴纳的税金。

市场累计固定资产投资额 指市场建立之日至今,累计专门用于市场建设的固定资产投资总额,不含用于市场附属设施(如附设的旅馆、招待所、餐馆、停车场等)的投资额。

第十五篇 教育 科技

Chapter 15

Education, Science and Technology

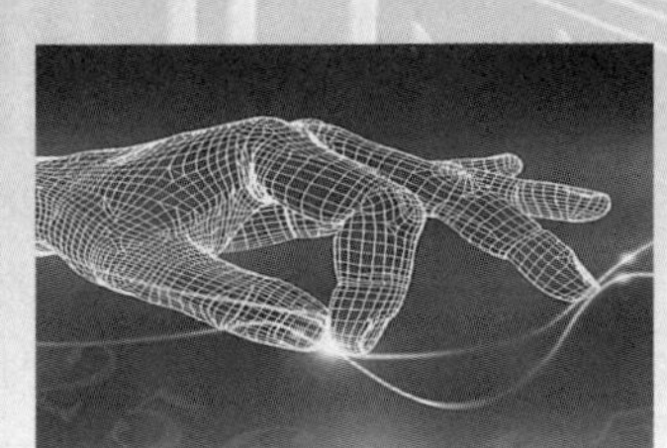

责任编辑:陈 辉 卢 静

15-1 历年教育主要指标

年 份	在校学生数			毕业生数			学龄儿童入学率%
	中学	初中	小学	中学	初中	小学	
1982	49164	–	90515	12708	–	22583	–
1983	50697	–	83907	12641	–	22297	–
1984	46113	–	86358	14568	–	11751	99.50
1985	38890	31824	87884	14197	12126	9135	98.82
1986	37329	29990	85506	12797	10702	13657	98.83
1987	38023	30754	82396	9776	7252	13116	98.96
1988	38999	32814	81156	9394	6937	12966	99.11
1989	37916	32300	78909	11616	9332	13471	99.62
1990	38602	33002	76207	10715	8806	12764	99.52
1991	39411	33480	73058	10984	9487	13110	99.40
1992	40188	34102	69796	11741	9969	12769	99.40
1993	39410	33303	69102	12524	10565	11750	99.61
1994	34244	28051	69704	12672	10693	12167	99.91
1995	40181	33303	70868	12423	10543	12260	99.83
1996	41286	33522	74440	11748	9797	11203	99.93
1997	41089	32709	79116	12947	10768	10951	99.92
1998	40316	31174	80719	13576	11012	10560	99.41
1999	41470	31770	80560	12865	10162	11780	99.90
2000	44940	34380	81522	12716	9791	13221	99.89
2001	49667	37839	80317	13087	9709	13707	99.93
2002	54636	40919	76560	14146	10944	14769	99.96
2003	58138	42878	71399	17749	13267	12573	100
2004	58310	41737	67310	17449	13086	12457	100
2005	56221	38724	63476	18884	13867	11581	100
2006	56053	38096	57331	19876	14488	14111	100
2007	55661	38189	52008	17952	12171	12742	100
2008	54532	37314	47925	19294	13539	9856	100
2009	51186	33448	45207	19283	13515	9836	100
2010	47648	29510	44277	16498	10927	7800	100
2011	43706	26162	44312	16632	11082	7799	100
2012	39987	23937	44411	14488	8529	7138	100
2013	36856	22396	45263	12987	7627	7022	100
2014	34494	21693	46272	12981	7623	7020	100
2015	33268	21507	47231	12095	7434	7308	100
2016	33001	22303	47415	11379	7043	7867	100
2017	33761	23376	47584	10676	6951	7895	100

15-2 教育事业基本情况(2017 年)

单位:个、人

指　标	学校数	教职工数		在校学生数	毕业生数	招生人数
			专任教师数			
总计	**135**	**9783**	**8336**	**109111**	**20525**	**28106**
普通中学	33	3931	3596	33761	10676	11588
# 高中	7	1482	1328	10385	3725	3389
初中	26	2449	2268	23376	6951	8199
职业中学	1	717	654	6132	1941	2059
小学	41	2848	2695	47584	7895	8055
特殊教育	1	36	32	180	13	10
# 聋哑学校				26		
幼儿园	58	2235	1349	21454		6394
各类中专	1	16	10	0		0

15-3 普通高中班级、学生、教职工数(2017 年)

单位:个、人

学校名称	班级数				在校学生数					教职工数	
	合计	一	二	三	合计	其中:女	一	二	三	合计	专任教师
合计	**258**	**80**	**82**	**96**	**10385**	**5515**	**3389**	**3379**	**3617**	**1482**	**1328**
海门中学	49	16	16	17	2311	1214	766	739	806	307	250
实验中学	42	14	14	14	1862	1029	639	623	600	244	225
证大中学	31	10	11	10	1355	754	474	478	403	182	174
包场中学	42	14	14	14	1687	848	553	554	580	219	193
四甲中学	36	12	12	12	1294	658	456	472	366	197	174
第一中学	54	12	13	29	1811	980	460	489	862	322	301
中南东洲国际高中	4	2	2	0	65	32	41	24	0	11	11

15-4 中等职业学校基本情况(2017 年)

单位:个、人

指　标	毕业生数	招生数	班级数	在校学生数					毕业班学生数	教职工数	
				合计	其中:女	一	二	三			专任教师
合计	**1941**	**2059**	**167**	**6132**	**2750**	**2063**	**1968**	**2101**	**2101**	**733**	**664**
海门中专	1941	2059	167	6132	2750	2063	1968	2101	2101	717	654
卫生学校	0	0	0	0	0	0	0	0	0	16	10

15-5 各区镇初中班级、学生、

单位	班级数				学生数
	合计	一	二	三	合计
全市计	**528**	**183**	**175**	**170**	**23376**
乡镇计	**230**	**77**	**76**	**77**	**8675**
三星初中	18	6	6	6	824
天补初中	10	4	3	3	414
三和初中	10	4	3	3	324
德胜初中	7	3	2	2	266
城北初中	7	3	2	2	210
常乐初中	6	2	2	2	189
三厂初中	12	4	4	4	509
汤家初中	12	4	4	4	356
长春初中	8	3	2	3	240
海永初中	3	1	1	1	79
悦来初中	16	4	6	6	549
万年初中	9	3	3	3	364
四甲初中	25	8	8	9	919
树勋初中	21	6	7	8	825
王浩初中	8	2	3	3	284
正余初中	12	4	4	4	507
包场初中	18	6	6	6	763
六甲初中	15	5	5	5	606
海门港新区实验学校	13	5	5	3	447
直属计	**298**	**106**	**99**	**93**	**14701**
能仁中学	42	12	16	14	2206
实验初中	39	16	12	11	1951
东洲中学	54	18	18	18	2766
海南中学	55	19	17	19	2527
开发区中学	36	13	12	11	1821
东洲国际学校	36	14	12	10	1904
中南国际学校	33	13	11	9	1487
业余体校	3	1	1	1	39

教职工数(2017 年)

单位:个、人

学生数				教职工数	
其中:女	一	二	三	合计	专任教师
11349	**8199**	**7954**	**7223**	**2449**	**2268**
4096	**3036**	**2916**	**2723**	**1201**	**1096**
352	386	243	195	83	80
173	162	148	104	77	61
132	122	96	106	66	61
122	98	81	87	42	38
90	89	62	59	39	32
75	49	69	71	47	41
212	194	155	160	81	71
149	125	127	104	60	56
121	96	59	85	47	43
45	22	36	21	15	13
283	175	193	181	93	84
173	133	113	118	46	43
466	289	323	307	110	108
411	243	294	288	98	91
137	74	110	100	33	29
282	160	184	163	53	48
352	237	243	283	91	82
293	198	201	207	71	66
228	184	179	84	49	49
7253	**5163**	**5038**	**4500**	**1248**	**1172**
1104	649	849	708	181	154
910	740	626	585	163	161
1444	964	970	832	214	202
1206	827	784	916	224	206
885	668	617	536	150	140
955	723	671	510	145	141
730	581	507	399	148	147
19	11	14	14	23	21

15-6 各区镇小学班级、学生、

	班级数					
	一	二	三	四	五	六
全市合计	**1024**	**176**	**174**	**168**	**166**	**173**
乡镇计	**632**	**100**	**104**	**106**	**104**	**109**
三星小学	78	15	13	14	13	13
天补小学	47	8	9	10	7	7
三和小学	20	3	3	3	3	4
德胜小学	23	5	5	4	3	3
瑞祥小学	12	2	2	2	2	2
能仁小学	30	5	5	5	5	5
城北小学	12	2	2	2	2	2
常乐小学	15	2	2	2	3	3
平山小学	13	2	2	2	2	2
三厂小学	24	3	4	4	4	4
东城小学	17	3	3	2	3	3
汤家小学	13	2	2	2	2	2
其林小学	18	3	3	3	3	3
海永小学	6	1	1	1	1	1
悦来小学	16	2	3	3	2	3
六匡小学	11	1	2	2	2	2
万年小学	14	2	2	2	2	3
三阳小学	15	2	2	3	2	3
临江小学	17	2	3	3	3	3
四甲小学	21	3	3	3	4	4
国强小学	12	2	2	2	2	2

教职工数(2017年)

单位:个、人

学生数								教职工数	
合计	其中:女	一	二	三	四	五	六	合计	专任教师
167	**47584**	**22970**	**8055**	**7890**	**7979**	**7744**	**7974**	**7942**	**2848**
2695	**109**	**28152**	**13504**	**4494**	**4494**	**4811**	**4527**	**4909**	**4917**
1734	1646	10	4410	1958	809	608	823	771	753
646	163	157	6	2293	1024	444	464	437	318
330	300	101	99	4	906	440	154	140	163
146	150	153	59	56	3	1101	515	277	269
176	130	117	132	56	54	2	312	123	41
50	45	52	57	67	48	44	5	1374	635
196	224	239	207	267	241	87	85	2	521
243	94	79	88	81	96	83	34	32	3
443	230	77	43	80	70	85	88	44	43
3	394	186	49	52	62	75	68	88	41
39	5	1101	555	137	161	196	193	183	231
81	74	3	605	290	99	104	89	104	116
93	53	47	3	559	285	76	103	78	89
98	115	43	42	3	684	346	92	101	124
109	125	133	49	47	1	204	101	39	39
37	35	30	24	17	17	3	716	367	91
128	118	104	134	141	56	47	2	345	180
49	55	69	51	61	60	36	31	3	670
351	87	113	115	95	129	131	41	39	3
601	299	78	83	116	90	117	117	47	40
3	635	316	86	109	94	112	119	115	50

	班级数					
	一	二	三	四	五	六
货隆小学	24	4	4	4	4	4
树勋小学	21	3	3	3	4	4
王浩小学	16	2	2	3	3	3
余东小学	21	3	3	3	4	4
正余小学	23	3	4	4	4	4
包场小学	26	4	4	4	4	5
刘浩小学	24	4	4	4	4	4
海洪小学	13	2	2	2	2	2
海门港新区实验学校	30	5	5	5	5	5
直属计	**392**	**76**	**70**	**62**	**62**	**64**
实验小学	48	8	8	8	8	8
海师附小	40	7	7	7	6	7
育才小学	30	5	5	5	5	5
东洲小学	47	8	8	7	8	8
开发区小学	37	6	7	6	6	6
通源小学	33	6	6	5	5	6
海南小学	42	7	6	8	7	7
实验附小	45	7	8	8	8	8
第一实验小学	17	8	6	1	1	1
新教育小学	5	5				
中南国际小学	26	5	5	4	4	4
江心沙学校	7	2	1	1	1	1
证大小学	12	2	3	2	2	2
业余体校	3				1	1

续表

单位：个、人

学生数								教职工数	
合计	其中：女	一	二	三	四	五	六	合计	专任教师
4	1098	551	167	174	185	169	210	193	60
59	4	890	412	145	114	142	147	170	172
69	67	3	694	370	92	106	124	122	115
135	43	41	4	800	359	125	135	139	126
128	147	56	53	4	1127	540	157	177	185
191	191	226	54	52	5	1437	688	184	214
243	260	256	280	79	79	4	1091	539	180
166	162	168	218	197	63	59	3	459	258
53	60	76	63	95	112	40	38	5	1338
673	**223**	**225**	**222**	**200**	**234**	**234**	**69**	**69**	**58**
19432	9466	3561	3396	3168	3217	3065	3025	1114	1049
8	2713	1321	444	484	423	449	455	458	150
141	6	1834	923	322	307	305	293	312	295
96	90	5	1510	759	249	235	253	252	247
274	92	87	8	2518	1215	416	439	376	434
412	441	149	140	6	1800	867	254	312	306
321	284	323	98	96	5	1652	803	311	274
274	275	259	259	100	94	7	2241	1124	312
323	434	382	394	396	119	116	6	2493	1216
342	442	443	470	444	352	123	122		746
328	368	264	52	39	23		27	26	
206	97	206						15	14
4	824	429	172	145	143	133	108	123	72
71	1	263	122	61	39	44	44	40	35

15-7 各区镇中心幼儿园班级、学生、教职工数(2017 年)

单位:个、人

单位	班级数	入园人数合计	在园人数合计	离园人数合计	教职工数	
					合计	专任教师
全市计	**590**	**6451**	**21432**	**7310**	**2231**	**1345**
乡镇计	**389**	**3758**	**13531**	**5130**	**1418**	**859**
三星	21	210	730	286	83	52
三星叠石桥幼儿园	12	100	454	193	44	24
阳光幼儿园	8	50	273	127	29	18
七彩童年幼儿园	15	150	525	168	32	30
小博士幼儿园	11	90	390	164	43	22
三星汇南幼儿园	4		132	86	10	8
天补	22	247	845	294	48	47
天补补南幼儿园	3	31	116	44	12	7
德胜	9	94	365	133	36	20
瑞祥	6	54	205	62	25	13
裕春幼儿园	6	60	210	90	27	14
三和幼儿园	6	54	192	86	28	15
海门镇	7	60	246	86	22	20
五港幼儿园	7	70	264	78	27	16
城北	5	38	165	61	20	12
江心沙	9	71	265	119	32	22
常乐	9	89	269	89	38	21
平山	6	50	180	91	27	13
三厂	13	119	410	131	53	33
通棉三厂幼儿园	13	150	450	180	54	31
汤家	9	86	287	113	36	18
其林	9	90	315	122	36	21
海永	3	31	105	38	11	6
悦来	9	102	346	133	35	18
六匡	6	75	231	79	27	12
万年	9	88	314	105	36	18
三阳	9	79	265	115	36	21
临江	11	81	345	132	46	22

15–7 续表

单位：个、人

单位	班级数	入园人数合计	在园人数合计	离园人数合计	教职工数	
					合计	专任教师
四甲	9	118	368	121	33	19
国强	9	84	266	109	35	22
货隆	15	163	541	197	47	30
树勋	14	136	453	187	50	28
王浩	9	93	325	127	39	25
余东福兴	12	120	413	139	48	24
正余	12	155	410	190	38	24
包场	9	70	336	95	22	21
包场镇北幼儿园	6	59	230	80	13	13
刘浩	12	84	407	180	41	24
刘浩纯贤幼儿园	3	33	103	33	10	6
海洪	6	56	201	71	21	15
东灶	6	49	213	87	23	13
海门港新区幼儿园	10	119	371	109	45	21
直属计	**201**	**2693**	**7901**	**2180**	**813**	**486**
东洲幼儿园	16	172	603	210	69	40
实验幼儿园	13	188	512	173	59	30
海南幼儿园	18	241	762	205	74	41
机关幼儿园	24	329	1032	288	94	55
少年宫幼儿园	15	202	668	197	68	52
锦绣幼儿园	13	158	551	182	57	33
通源幼儿园	16	218	654	198	63	46
开发区幼儿园	15	179	644	177	58	33
证大幼儿园	6	76	210	38	26	11
海西幼儿园	6	91	190	0	26	15
浦瑞幼儿园	5	80	182	0	26	11
月亮湾幼儿园	6	93	174	0	28	16
民生幼儿园	9	130	368	124	38	22
龙信幼儿园	12	195	449	115	46	26
蓓蕾幼儿园	18	240	615	200	61	37
三之三幼儿园	9	101	287	73	20	18

15-8 平均每万人中在校学生数、教师负担学生数及升学率

单位：个人

指标	2017 年	2016 年	2015 年
平均每万人中在校学生数			
人口数	100.10	100.04	100.16
学校数			
高中	8	8	9
# 普通高中	7	7	8
职业高中	1	1	1
初中	26	27	29
小学	41	40	40
在校学生数			
高中	16517	17002	18322
# 普通高中	10385	10698	11761
职业高中	6132	6304	6561
初中	23376	22303	21507
小学	47584	47415	47231
平均每万人中在校学生数			
高中	165.00	169.95	182.93
初中	233.53	222.94	214.73
小学	475.36	473.96	471.56
各级学校教师负担学生数			
普通中学			
在校学生数	33761	33001	33268
班级数	786	788	798
平均每班学生数	42.95	41.88	41.69
教职工数	3931	4025	3998
# 专任教师	3596	3644	3574
平均每班教职工数	5.00	5.11	5.01
# 专任教师	4.58	4.62	4.48
平均每一教职工负担学生数	8.59	8.20	8.32
# 专任教师	9.39	9.06	9.31
在普通中学中：			
高中			
在校学生数	10385	10698	11761
班级数	258	273	292
平均每班学生数	40.25	39.19	40.28

15-8 续表

单位：个人

指标	2017 年	2016 年	2015 年
专任教师数	1328	1405	1407
平均每班教师数	5.15	5.15	4.82
平均每一教师负担学生数	7.82	7.61	8.36
初中			
在校学生数	23376	22303	21507
班级数	528	515	506
平均每班学生数	44.27	43.3	42.5
专任教师数	2268	2239	2167
平均每班教师数	4.3	4.35	4.28
平均每一教师负担学生数	10.31	9.96	9.92
小学			
在校学生数	47584	47415	47231
班级数	1024	1012	1014
平均每班学生数	46.47	46.85	46.58
教职工数	2848	2840	2896
# 专任教师	2695	2683	2740
平均每班教职工数	2.78	2.81	2.86
# 专任教师	2.63	2.65	2.7
平均每一教师负担学生数	16.71	16.7	16.31
# 专任教师	17.66	17.67	17.24
升学率			
初中			
初中毕业生数	6951	7043	7434
高一级学生招生数	6909	6994	7382
升学率	99.4	99.3	99.3
小学			
小学毕业生数	7895	7867	7308
初中招生数	8199	7993	7376
升学率	103.9	101.6	100.9
学龄儿童			
6-11 周岁学龄儿童总数	45640	45754	45480
# 已入学学龄儿童数	45640	45754	45480
入学率	100%	100%	100%

15-9 事业单位技术人员

单位：人

指标	2017 年	2016 年	2015 年
合计	**11400**	**11439**	**11402**
按级别分			
高级	1863	1661	1566
# 女性	833	706	652
中级	5135	5295	5406
# 女性	3130	3198	3221
初级	4402	4483	4430
# 女性	3076	3073	2960
按专业类别分			
工程技术人员	368	404	401
农业技术人员	349	353	413
科技研究人员	8	10	9
卫生技术人员	2669	2690	2570
教育人员	7296	7259	7268
经济人员	340	316	337
会计人员	167	192	178
统计人员	14	14	15
图书档案文博人员	41	36	36
新闻出版人员	65	69	73
播音人员	7	7	9
体育人员	7	8	8
艺术人员	56	62	67
政工人员	13	19	18

15-10 科技成果获奖数

指标	单位	2017 年	2016 年	2015 年
国家科技进步奖	项			
一等	项			
二等	项			
三等	项			
省级科技进步奖	项	2	4	4
一等	项	2	2	
二等	项		2	1
三等	项			3
市级科技进步奖	项			
一等	项			
二等	项	4	2	4
三等	项	4	6	2
中国专利金奖	项	0	0	0
中国专利优秀奖	项	1	2	0

15-11 专利申请、授权情况

指标	单位	2017 年	2016 年	2015 年
专利申请与授权				
申请	件	6206	6673	4047
# 发明	件	1481	1452	718
授权	件	2333	3019	2401
# 发明	件	347	265	147

15-12 规模以上工业法人单位

	一、企业基本情况		
	单位数(个)	有 R&D 活动单位数(个)	有研发机构单位数(个)
总计	**673**	**236**	**212**
一、按企业规模分组			
大型	9	7	7
中型	57	52	47
小型	566	173	155
微型	41	4	3
二、按隶属关系分组			
中央	2	1	1
省(自治区、直辖市)			
市(地、州、盟)	3	1	1
县级及以下			
其他	667	234	210
三、按登记注册类型分组			
内资企业	467	150	133
国有企业	1	0	0
集体企业	4	0	0
股份合作企业	4	0	1
联营企业			
国有联营企业			
集体联营企业			
国有与集体联营企业			
其他联营企业			
有限责任公司	57	23	22
国有独资公司	4	3	3
其他有限责任公司	53	20	19
股份有限公司	18	9	9
私营企业	383	118	101
私营独资企业	10	2	1

R&D 活动及相关情况(2017 年)

二、R&D 人员情况		三、R&D 经费支出情况		四、企业办研发机构情况
1.R&D 人员合计(人)	2.R&D 人员折合全时当量合计(人年)	1.R&D 经费内部支出合计(万元)	2.R&D 经费外部支出合计(万元)	1.机构数(个)
6378	**5385**	**275825**	**879**	**228**
980	857	75691	308	8
2507	1903	102407	308	58
2851	2586	97023	263	159
40	39	704	0	3
194	47	560	0	2
8	8	81	0	1
6176	5331	275184	879	225
4471	3700	208968	647	145
		0		0
		0		0
0		0	0	1
1173	850	61364	452	30
323	94	3471	0	4
850	755	57893	452	26
597	437	11655	0	9
2701	2414	135949	195	105
24	24	716	0	1

	四、企业办研发机构情况		
	2.机构人员合计(人)	3.机构经费支出(万元)	4.机构仪器和设备原价(万元)
总计	**6477**	**222335**	**91235**
一、按企业规模分组			
大型	961	45046	24654
中型	2081	94930	24640
小型	3376	81638	41780
微型	59	722	162
二、按隶属关系分组			
中央	77	2499	2048
省(自治区、直辖市)			
市(地、州、盟)	20	50	30
县级及以下			
其他	6380	219787	89157
三、按登记注册类型分组			
内资企业	4451	160547	69728
国有企业	0	0	0
集体企业	0	0	0
股份合作企业	22	1743	650
联营企业			
国有联营企业			
集体联营企业			
国有与集体联营企业			
其他联营企业			
有限责任公司	1097	32478	31612
国有独资公司	138	3728	2960
其他有限责任公司	959	28750	28653
股份有限公司	499	7935	2753
私营企业	2833	118391	34713
私营独资企业	33	990	30

续表 1

四、企业办研发机构情况	五、研发产出及相关情况				
其中:进口(万元)	1.专利申请数(件)	其中:发明专利(件)	2.有效发明专利数(件)	3.专利所有权转让及许可数(件)	4.专利所有权转让及许可收入(万元)
5679	**685**	**319**	**613**	**1**	**0**
850	39	12	34	0	0
2989	227	149	336	0	0
1840	395	156	222	1	0
0	24	2	21	0	0
0	5	5	3	0	0
0	2	2	0	0	0
5679	678	312	610	1	0
988	499	240	452	1	0
0	0	0	0	0	0
0	0	0	0	0	0
0	0	0	0	0	0
40	153	72	105	0	0
0	17	8	46	0	0
40	136	64	59	0	0
30	55	14	88	0	0
918	291	154	259	1	0
0	0	0	0	0	0

	一、企业基本情况		
	单位数(个)	有 R&D 活动单位数(个)	有研发机构单位数(个)
私营合伙企业	4	0	0
私营有限责任公司	363	113	96
私营股份有限公司	6	3	4
其他企业			
港、澳、台商投资企业	100	42	40
与港澳台商合资经营企业	23	15	11
与港澳台商合作经营企业	1	0	1
港澳台商独资经营企业	75	27	28
港澳台商投资股份有限公司			
其他港澳台投资企业			
外商投资企业	106	44	39
中外合资经营企业	33	16	12
中外合作经营企业			
外资企业	72	27	26
外商投资股份有限公司			
其他外商投资企业			
四、按国民经济行业大类分组			
采矿业			
煤炭开采和洗选业			
石油和天然气开采业			
黑色金属矿采选业			
有色金属矿采选业			
非金属矿采选业			
开采辅助活动			
其他采矿业			
制造业	667	236	211
农副食品加工业	10	3	4
食品制造业	4	1	1

续表 2

二、R&D 人员情况		三、R&D 经费支出情况		四、企业办研发机构情况
1.R&D 人员合计(人)	2.R&D 人员折合全时当量合计(人年)	1.R&D 经费内部支出合计(万元)	2.R&D 经费外部支出合计(万元)	1.机构数(个)
0		0	0	0
2534	2297	128793	175	100
143	94	6439	20	4
954	863	37994	232	41
393	341	14173	22	12
0		0	0	1
561	522	23821	210	28
953	823	28864	0	42
418	318	11918	0	15
530	500	16585	0	26
6378	5385	275825	879	227
75	74	3581	0	4
72	55	4176	0	1

	四、企业办研发机构情况		
	2.机构人员合计(人)	3.机构经费支出(万元)	4.机构仪器和设备原价(万元)
私营合伙企业	0	0	0
私营有限责任公司	2724	115436	34370
私营股份有限公司	76	1965	313
其他企业			
港、澳、台商投资企业	931	31095	12959
与港澳台商合资经营企业	329	13351	7003
与港澳台商合作经营企业	12	50	13
港澳台商独资经营企业	590	17694	5943
港澳台商投资股份有限公司			
其他港澳台投资企业			
外商投资企业	1095	30694	8548
中外合资经营企业	293	10170	4033
中外合作经营企业			
外资企业	794	20374	4425
外商投资股份有限公司			
其他外商投资企业			
四、按国民经济行业大类分组			
采矿业			
煤炭开采和洗选业			
石油和天然气开采业			
黑色金属矿采选业			
有色金属矿采选业			
非金属矿采选业			
开采辅助活动			
其他采矿业			
制造业	6459	222215	91185
农副食品加工业	148	7147	2130
食品制造业	48	4176	100

续表 3

四、企业办研发机构情况	五、研发产出及相关情况				
其中：进口(万元)	1.专利申请数(件)	其中：发明专利(件)	2.有效发明专利数(件)	3.专利所有权转让及许可数(件)	4.专利所有权转让及许可收入(万元)
0	0	0	0	0	0
888	276	145	250	0	0
30	15	9	9	1	0
3547	79	31	77	0	0
2450	34	18	62	0	0
0	2	0	0	0	0
1097	43	13	15	0	0
1144	107	48	84	0	0
1124	46	27	47	0	0
20	61	21	37	0	0
5679	685	319	613	1	0
0	2	0	0	0	0
0	6	3	2	0	0

15−12

	一、企业基本情况		
	单位数(个)	有 R&D 活动单位数(个)	有研发机构单位数(个)
酒、饮料和精制茶制造业			
烟草制品业			
纺织业	133	20	16
纺织服装、服饰业	26	5	10
皮革、毛皮、羽毛及其制品和制鞋业	14	3	6
木材加工和木、竹、藤、棕、草制品业	2	0	0
家具制造业	2	0	0
造纸和纸制品业	6	1	1
印刷和记录媒介复制业	5	1	0
文教、工美、体育和娱乐用品制造业	52	20	8
石油加工、炼焦和核燃料加工业			
化学原料和化学制品制造业	55	27	29
医药制造业	13	12	10
化学纤维制造业	1	1	0
橡胶和塑料制品业	29	10	10
非金属矿物制品业	49	15	13
黑色金属冶炼和压延加工业	14	8	7
有色金属冶炼和压延加工业	19	7	8
金属制品业	51	20	18
通用设备制造业	68	21	20
专用设备制造业	24	14	9
汽车制造业	5	2	0
铁路、船舶、航空航天和其他运输设备制造业	9	3	1
电气机械和器材制造业	53	30	29
计算机、通信和其他电子设备制造业	17	7	8
仪器仪表制造业	5	5	3
其他制造业			
废弃资源综合利用业			
金属制品、机械和设备修理业			

续表 4

二、R&D 人员情况		三、R&D 经费支出情况		四、企业办研发机构情况
1.R&D 人员合计(人)	2.R&D 人员折合全时当量合计(人年)	1.R&D 经费内部支出合计(万元)	2.R&D 经费外部支出合计(万元)	1.机构数(个)
580	547	10212	0	16
123	120	1420	0	10
59	60	2293	0	6
		0		0
0		0	0	0
10	10	144	0	1
11	8	746	0	0
275	265	7827	0	8
804	646	57357	49	30
433	246	8152	22	14
10	9	267	0	0
220	176	3803	104	11
213	191	5787	0	13
164	133	5744	47	10
144	137	6350	0	8
495	470	27059	82	23
387	370	10802	0	20
639	624	46071	308	9
29	22	854	0	0
124	45	1236	0	1
1079	761	47294	223	31
194	189	8703	0	8
238	229	15947	44	3

	四、企业办研发机构情况		
	2.机构人员合计(人)	3.机构经费支出(万元)	4.机构仪器和设备原价(万元)
酒、饮料和精制茶制造业			
烟草制品业			
纺织业	655	9540	1854
纺织服装、服饰业	327	3200	445
皮革、毛皮、羽毛及其制品和制鞋业	210	2716	407
木材加工和木、竹、藤、棕、草制品业	0	0	0
家具制造业	0	0	0
造纸和纸制品业	10	149	13
印刷和记录媒介复制业	0	0	0
文教、工美、体育和娱乐用品制造业	201	4204	1135
石油加工、炼焦和核燃料加工业			
化学原料和化学制品制造业	611	56158	17124
医药制造业	319	10426	6157
化学纤维制造业	0	0	0
橡胶和塑料制品业	284	3465	1764
非金属矿物制品业	319	6895	1219
黑色金属冶炼和压延加工业	168	6482	904
有色金属冶炼和压延加工业	119	3142	926
金属制品业	587	22786	23692
通用设备制造业	594	15978	5977
专用设备制造业	683	17727	7160
汽车制造业	0	0	0
铁路、船舶、航空航天和其他运输设备制造业	9	76	40
电气机械和器材制造业	800	33686	15137
计算机、通信和其他电子设备制造业	199	4270	1581
仪器仪表制造业	168	9994	3422
其他制造业			
废弃资源综合利用业			
金属制品、机械和设备修理业			

续表 5

四、企业办研发机构情况	五、研发产出及相关情况				
其中：进口(万元)	1.专利申请数(件)	其中：发明专利(件)	2.有效发明专利数(件)	3.专利所有权转让及许可数(件)	4.专利所有权转让及许可收入(万元)
155	28	11	53	0	0
0	9	1	0	0	0
0	14	8	6	0	0
0	0	0	0	0	0
0	0	0	0	0	0
0	0	0	0	0	0
0	0	0	0	0	0
0	59	46	47	0	0
290	199	114	128	1	0
1222	28	27	32	0	0
0	0	0	0	0	0
850	20	3	6	0	0
0	6	1	11	0	0
0	14	6	8	0	0
0	15	5	5	0	0
240	77	25	34	0	0
0	48	12	16	0	0
0	33	5	35	0	0
0	9	2	32	0	0
0	7	2	25	0	0
2922	75	37	156	0	0
0	26	10	16	0	0
0	10	1	1	0	0

	一、企业基本情况		
	单位数(个)	有 R&D 活动单位数(个)	有研发机构单位数(个)
电力、热力、燃气及水生产和供应业	6	0	1
电力、热力生产和供应业	3	0	1
燃气生产和供应业			
水的生产和供应业	3	0	0
五、按经济成分分组			
公有经济	19	8	7
非公有经济	654	228	205
六、按企业控股情况分组			
国有控股	11	6	7
集体控股	8	2	0
私人控股	460	148	131
港澳台商控股	97	38	38
外商控股	90	36	33
其他	7	6	3
七、按地区分组			
中兴街道	1	1	0
常乐镇	30	16	15
悦来镇	46	31	31
四甲镇	28	16	15
余东镇	37	18	7
正余镇	49	14	10
海永镇	1	0	0
海门市经济技术开发区	145	40	57
江苏省国营江心沙农场	1	0	0
海门市临江新区管理委员会	32	11	11
海门港新区	67	19	33
海门工业园区管理委员会	125	32	3
海门高新区	65	16	9
三厂工业园区	46	22	21

续表 6

二、R&D 人员情况		三、R&D 经费支出情况		四、企业办研发机构情况
1.R&D 人员合计(人)	2.R&D 人员折合全时当量合计(人年)	1.R&D 经费内部支出合计(万元)	2.R&D 经费外部支出合计(万元)	1.机构数(个)
0		0	0	1
0		0	0	1
		0		0
817	571	43849	289	8
5561	4815	231976	590	220
797	551	43096	289	8
20	20	753	0	0
3906	3380	175947	380	142
768	679	29340	210	39
674	599	20828	0	33
213	158	5862	0	6
107	28	1059	0	0
381	367	10952	0	15
916	909	16229	0	31
264	251	15591	252	15
218	217	13558	0	7
588	427	16615	148	10
		0		0
1232	1064	60909	373	62
		0		0
502	264	22541	49	13
694	628	50492	10	33
523	480	30999	0	4
264	179	10372	0	9
689	572	26509	47	29

	四、企业办研发机构情况		
	2.机构人员合计(人)	3.机构经费支出(万元)	4.机构仪器和设备原价(万元)
电力、热力、燃气及水生产和供应业	18	120	50
电力、热力生产和供应业	18	120	50
燃气生产和供应业			
水的生产和供应业	0	0	0
五、按经济成分分组			
公有经济	784	17804	8123
非公有经济	5693	204532	83113
六、按企业控股情况分组			
国有控股	784	17804	8123
集体控股	0	0	0
私人控股	3883	154689	65468
港澳台商控股	795	23241	9839
外商控股	911	22426	4915
其他	104	4175	2891
七、按地区分组			
中兴街道	0	0	0
常乐镇	306	10769	3203
悦来镇	1600	32809	2791
四甲镇	156	8081	5338
余东镇	111	2358	1499
正余镇	325	15143	777
海永镇	0	0	0
海门市经济技术开发区	1819	25512	32208
江苏省国营江心沙农场	0	0	0
海门市临江新区管理委员会	249	23183	6435
海门港新区	1152	61004	28870
海门工业园区管理委员会	151	14866	273
海门高新区	132	1837	2897
三厂工业园区	476	26775	6944

续表 7

四、企业办研发机构情况	五、研发产出及相关情况				
其中：进口(万元)	1.专利申请数(件)	其中：发明专利(件)	2.有效发明专利数(件)	3.专利所有权转让及许可数(件)	4.专利所有权转让及许可收入(万元)
0	0	0	0	0	0
0	0	0	0	0	0
0	0	0	0	0	0
0	44	18	79	0	0
5679	641	301	534	1	0
0	44	18	79	0	0
0	0	0	0	0	0
988	463	226	429	1	0
3547	77	30	24	0	0
20	78	29	52	0	0
1124	23	16	29	0	0
0	7	2	25	0	0
0	46	0	0	0	0
30	6	3	50	0	0
2500	22	10	120	0	0
0	98	72	68	0	0
192	26	12	22	0	0
0	0	0	0	0	0
870	165	48	111	0	0
0	0	0	0	0	0
290	127	86	69	1	0
0	28	6	12	0	0
0	4	0	8	0	0
40	50	11	52	0	0
1757	106	69	76	0	0

15-13 科技计划项目及实施情况(2017年)

指标	项目名称	实施单位
省重点研发计划(新增)	基于物联网的蜂巢式智能电商物流仓储系统	江苏高科物流科技股份有限公司
省科技重大成果转化项目	深水半潜式起重生活平台的自主研发及产业化	招商局重工(江苏)有限公司
	航空雷达用低损耗高稳相同轴射频电缆的研发及产业化	江苏通光电子线缆股份有限公司
	三代核电反应堆用控制棒驱动机构部件关键制造技术研发及产业化	中兴能源装备有限公司
省级工程技术研究中心	-	-
省公共服务平台	海门生态农业星创天地	南通市星期七旅游开发有限公司

15-14　历年大中型工业企业研发活动情况

年份	研究与发展活动企业数(个)	研究与发展人员数(个)	研究与发展经费支出总额(个)	新产品开发项目数(个)	科技开发机构数(个)	科技开发机构人员数(个)	技术改造支出(万元)	技术引进支出(万元)
1995				15	3	9	22	
1996				20	11	73	935	352
1997				9	9	64	1065	40
1998	6	91	152	37	4	56	14	215
1999	4	100	350	42	3	58	229	185
2000	7	93	1021	11	2	50	550	175
2001	14	180	2292	39	7	163	8693	164
2002	8	191	2467	33	7	169	5187	587
2003	18	418	6640	57	9	427	5119	1007
2004		278	10585	28	11	343	13378	
2005	15	459	13034	57	11	448	15318	100
2006	18	633	24159	76	14	511	9875	20
2007	21	1182	34913	69	17	659	16789	3200
2008	16	907	48836	43	11	410	32232	7100
2009	15	780	25744	54	15	577	21362	5273
2010	20	850	36295	102	23	898	33749	12426
2011	19	1256	38272	97	26	979	42782	18900
2012	23	1724	52321	175	53	2504	14363	2738
2013	40	2113	70657	236	58	3707	11238	12335
2014	52	2268	80429	230	80	4814	7260	—
2015	55	2913	111099	175	68	3127	2353	-
2016	65	2529	128615	212	55	2743	2977	-
2017	59	2741	178099	220	66	3042	3435	-

主要统计指标解释

科技活动 指在自然科学、农业科学、医药科学、工程与技术科学、人文对社会科学领域(简称科学技术领域)中，与科技知识的产生、发展、传播和应用密切相关的有组织的活动。为核算科技投入的需要，科技活动可分为科学研究与试验发展(R&D)、科学研究与试验发展成果应用及相关的科技服务三类活动。本报表制度规定，工业企业只统计科学研究与试验发展(R&D)及其成果应用两类活动，即通常讲的技术开发活动。

科学研究与试验发展 指在科学技术领域，为增加知识总量、以及运用这些知识去创造新的应用进行的系统的创造性的活动，包括基础研究、应用研究、试验发展三类活动。在工业企业开展的科学研究与试验发展(R&D)活动中，较为普遍的和大量的活动属于试验发展活动。

基础研究 指为了获得关于现象和可观察事实的基本原理的新知识(揭示客观事物的本质、运动规律，获得新发展、新学说)而进行的实验性或理论性研究，它不以任何专门或特定的应用或使用为目的。其成果以科学论文和科学著作为主要形式。

应用研究 指为获得新知识而进行的创造性研究，主要针对某一特定的目的或目标。应用研究是为了确定基础研究成果可能的用途，或是为达到预定的目标探索应采取的新方法(原理性)或新途径。其成果形式以科学论文、专著、原理性模型或发明专利为主。

试验发展 指利用从基础研究、应用研究和实际经验所获得的现有知识，为产生新的产品、材料和装置，建立新的工艺、系统和服务，以及对已产生和建立的上述各项作实质性的改进而进行的系统性工作。其成果形式主要是专利、专有技术、新产品原型或样机样件等。

科学研究与试验发展成果应用 指为使试验发展阶段产生的新产品、材料和装置，建立的新工艺、系统和服务以及实质性改进后的上述各项能够投人生产或实际应用，解决所存在的技术问题而进行的系统性的工作。这类活动的成果形式大多是可供生产和实际操作的带有技术和工艺参数的图纸、技术标准和操作规范。

微电子控制机器设备原价 指企业在年末拥有的、利用微电子技术(包括电子计算机、集成电路等)对生产过程进行控制、观察测量、测试等生产机器设备的原价。

科技活动人员 指工业企业在报告年度直接从事(或参与)科技活动、以及专门从事科技活动管理和为科技活动提供直接服务的人员。累计从事科技活动的时间占制度工作时间 10%(不含)以下的人员不统计在内。

科技活动全时人员 指企业科技活动人员中在报告年度实际从事科技活动的时间占制度工作时间 90%以上(含 90%)的人员。在企业科技管理部门(科研管理处、部、科等)专职从事科技管理工作的人员、企业所属常年有开发任务的科技机构中专职从事科技活动及其管理和直接服务的人员，以及上述人员以外在报告年度实际从事科技活动开发的人员可视作科技活动全时人员。

科技活动非全时人员 指企业科技活动人员中在报告年度实际从事科技活动的时间占制度工作时间在 10%(含 10%)–90%(不含)的人员。科技活动非全时人员一般指在报告年度兼职或部分时间从事科技活动的人员。

科技活动经费筹集总额 指企业在报告年度从各种渠道筹集到的计划用于科技活动的经费，包括企业资金、金融机构贷款、政府资金、事业单位资金、国外资金、其他资金等。

科技活动经费支出总额 指企业在报告年度实际支出的费用，包括列入技术开发的经费支出以及技措技改等资金实际用于科技活动的支出。不包括生产性支出和归还贷款支出。科技活动经费支出总额分为内部支出和外部支出。

科技活动经费内部支出 指企业在报告年度用于内部开展科技活动实际支出的费用，包括外协加工费。不包括委托研制或合作研制而支付外单位的经费。科技活动经费内部支出按用途分为科技活动人员劳务费、原材料费、购买与自制设备支出、其他支出。

新产品开发经费支出 指报告年度内企业用于新产品研究开发的的经费支出。包括研究、设计、模型研制、测试、试验等费用支出。

科技活动经费外部支出 指企业在报告年度委托其他单位或与其合作开展科技活动而支付给其他单位的经费。不包括外协加工费。

用于科研的基建经费支出 指企业报告年度为改善科研条件，提高研制开发能力，使用基本建设资金、技措技改等资金进行新建、改建、扩建、购置、安装科研用固定资产、以及进行科研设备改造及大修理等的实际支出。科研与生产共用的基建项目，按企业计划和生产使用安排进行分摊。

科研土建工程支出 指企业用于科研的基建经费支出中购置土地、建造科研楼、中试车间和试验场地，或对有科研用房和固定设施进行更新改造等的经费支出。

全部科技项目数 指企业在报告年度当年立项并开展研制工作、以前年份立项仍继续进行研制的科技项目数，包括当年完成和年内研制已告失败的科技项目，但不包括委托外单位进行研制的科技项目。

新产品开发项目数 指企业在报告年度进行的全部科技项目中，属于新产品研制开发的项目数。

研究与试验发展项目数 指企业在报告年度进行的全部科技项目中，属于研究与试验发展的项目数。

科技项目参加人员合计 指企业在报告年度编人各个科技项目组的人员总数。报告年度一人参加两个及以上科技项目的人员，只能按一个人统计，不能重复计算。

专利申请数 指企业在报告年度内向专利行政部门提出专利申请并被受理的件数。

发明专利申请数 指企业在报告年度内向专利行政部门提出发明专利申请并受理的件数。

拥有发明专利数 指企业作为专利权人在报告年度拥有的、经国内外专利行政部门授权且在有效期内的发明专利件数。

技术改进 指企业在坚持科技进步的前提下，将科技成果应用于生产的各个领域(产品、设备、工艺等)，用先进技术改造落后技术，用先进工艺代替落后工艺、设备，实现以内涵为主的扩大再生产，从而提高产品质量、促进产品更新换代、节约能源、降低消耗，全面提高综合经济效益。

技术改造经费支出 指本企业在报告年度进行技术改造而发生的费用支出。在技术改造经费支出中，属于研究与试验发展的经费支出，除了包含在技术改造经费支出中，还要计人企业研究与试验发展经费支出中。

技术引进经费支出 指企业在报告年度用于购买国外技术，包括产品设计、工艺流程、图纸、配方、专利等技术资料的费用支出，以及购买关键设备、仪器、样机和样件等的费用支出。

引进技术资料及关键设备等的支出 指企业在报告年度用于购买国外产品设计、工艺流程、图纸、配方、专利、技术诀窍及关键设备的费用支出。

消化吸收的经费支出 指本企业在报告年度对国外引进项目进行消化吸收所支付的经费总额。包括：人员培训费、测绘费、参加消化吸收人员的工资、工装、工艺开发费、必备的配套设备费、翻版费等。引进技术的消化吸收指对引进技术的掌握、应用、复制而开展的工作，以及在此基础上的创新。通过消化吸收国外技术，达到掌握引进技术，提高自我创新能力的目的。

第十六篇

文化　卫生　体育 Chapter 16

Culture and Health , Sport

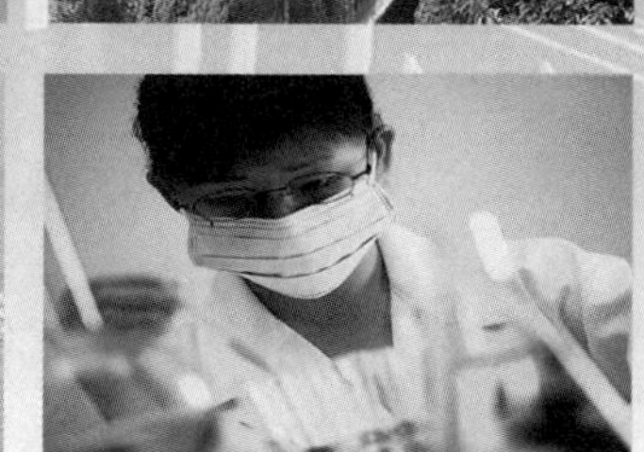

责任编辑:卢　静

16-1 主要文化产业基本情况

指标	单位	2017 年	2016 年	2015 年
文化事业				
机构总数	个	13	13	13
# 文化馆	个	1	1	1
文化站	个	12	12	12
职工人数	人	54	44	42
# 文化馆	人	18	20	18
文化站	人	36	24	24
举办展览会数	个	127	125	109
# 文化馆	个	24	23	18
文化站	个	103	102	91
组织文艺活动次数	次	703	701	652
# 文化馆	次	47	47	42
文化站	次	656	654	610
举办训练班次	次	205	202	186
# 文化馆	次	63	62	61
文化站	次	142	140	125
训练班结业人次	人次	11250	11100	9300
# 文化馆	人次	2700	2600	2100
文化站	人次	8550	8500	7200
藏书	万册	90.0	84.8	65.6
# 文化馆	万册	5	4.8	4.6
文化站	万册	85	80	61
艺术表演及场所				
艺术团体				
剧团数	个	1	1	1
# 山歌剧团	个	1	1	1
评弹团	个	0	0	0

16-1 续表

指标	单位	2017年	2016年	2015年
演出员工数	人	65	65	45
本年上演剧目	个	15	7	10
演出场次	场	300	300	300
观众人数	千人次	400	300	250
艺术表演场所				
剧场数	个	1	1	1
职工人数	人	23	22	22
座席数	个	999	999	999
演出场次	场	12104	11835	10816
观众人次	千人次	270	250	200
公用房屋建筑面积	平方米	4000	4000	4000
剧场、影剧院数	个	13	10	5
公共图书				
机构数	个	1	1	1
职工人数	人	14	14	14
图书总藏量	册	1461396	1017745	598332
# 古书	册	4650	4650	4650
图书	册	1456746	1013095	588522
报刊	册	5034	4643	4578
外文书刊	册	0	0	0
发放借书证数	个	8546	15543	6024
总流通人次	千人次	303	297	267
书刊外借册次	千册次	223	220	181
公用房屋建筑面积	平方米	3032	3032	3032
# 书库	平方米	1000	1000	1000
阅览室	平方米	1200	1200	1200
阅览室座席数	个	180	180	180
# 少儿阅览室座席数	个	50	50	50

16-2 电视台及电台制作情况

指标	单位	2017年	2016年	2015年
电视台数	**座**	**1**	**1**	**1**
节目	套	1	1	1
平均每周播出时间	时、分	118时	119时	117时30分
电视人口覆盖率	%	100	100	100
全年制作节目时间	时、分	6110时	6110时	6110时
全年自制节目时间	时、分	2834时	2834时	2834时
# 新闻	时、分	754时	754时	754时
文艺	时、分	180时	180时	180时
其他	时、分	1900时	1900时	1900时
广播				
无线广播				
电台数	座	1	1	1
节目	套	1	1	1
平均每日播音时间	时、分	19时	18小时	20小时
广播覆盖率	%	100	100	100
全年制作广播时间	时、分	5500小时	5660小时	5000小时
# 新闻	时、分	835小时	912小时	300小时
文艺	时、分	2713小时	2800小时	2800小时
教育	时、分	1952小时	1948小时	1900小时
有线广播	时、分			
平均每日播音时间	时、分	9小时20分	8小时	8小时
自办节目	时、分	5小时	7小时30分	7小时30分
# 新闻	时、分	2小时	1小时30分	1小时30分
其他	时、分	3小时	6小时	6小时
电视宣传	时、分			

16-3 电视广播设备情况

指标	单位	2017年	2016年	2015年
电视台电视发射机	台/千瓦	5/3.6	2/2	4/4
调频立体声广播发射机	台/千瓦	1/0.3	2/2	
卫星广播地面站(单机)	座			
有线广播设备情况				
乡镇广播站	个	12	12	12
村广播室	个			
广播喇叭	万只			
有线广播传输情况				
市至镇传输杆线	杆公里	255	255	255
镇以下传输杆线	杆公里			
有线电视				
WDT-450卫星电视地面站	座	0	0	0
开通有线电视频道	套	196	202	201
联网入户终端总数	万户	20.6	22.6	25.7
# 城区	万户	5.8	5.1	6.4
镇(乡)	万户	14.8	17.5	19.3
架设光缆总长度	公里	7512	6619	6269
# 城区	公里	569	512	438
镇(乡)	公里	6943	6107	5831

16-4 历年卫生机构、人员数

年　份	机构数（个）		卫生技术人员数（人）		床位数（张）
		医院卫生院		医　生	
1981	42	39	1562	871	2047
1982	42	39	1629	889	2054
1983	42	39	1751	899	2003
1984	42	37	1834	795	2048
1985	43	38	1916	815	2068
1986	43	38	1994	847	2026
1987	43	38	2075	836	2082
1988	43	38	2084	798	2151
1989	42	37	2099	1000	2116
1990	42	36	2240	1012	2141
1991	42	36	2358	1071	2199
1992	43	37	2344	1007	2195
1993	43	37	2534	1173	2356
1994	47	41	2648	1279	2356
1995	47	41	2767	1315	2296
1996	47	41	2499	1158	2296
1997	47	41	2598	1186	2296
1998	47	41	2614	1278	2296
1999	47	41	2662	1301	2271
2000	44	38	2659	1293	2271
2001	43	38	2643	1229	2271
2002	42	36	2615	1295	2271
2003	187	36	2883	1486	2261
2004	194	36	2763	1394	2191
2005	219	36	2779	1372	2257
2006	219	36	3239	1803	2974
2007	460	38	3371	1765	3032
2008	209	39	3265	1322	3060
2009	237	38	3344	1507	3095
2010	237	38	3367	1469	3095
2011	423	30	3285	1530	3195
2012	419	32	3495	1607	3383
2013	412	24	3648	1569	3410
2014	405	24	3800	1673	3480
2015	384	25	4039	1687	3539
2016	376	23	4681	1753	3694
2017	380	23	4439	1876	3806

16-5 卫生事业基本情况(2017年)

指 标	机构数(个)	床位数(张)	卫生工作人员(人)	卫生技术人员	医生	其他技术人员	管理人员	工勤人员
总计	**380**	**3806**	**5413**	**4439**	**1876**	**555**	**143**	**276**
医院	23	3526	4118	3601	1317	190	110	217
县(市)及县以下医院	9	1875	2338	2051	734	101	78	108
# 综合医院	7	1283	1600	1401	464	72	76	51
中医院	1	520	714	632	261	27	2	53
仁济医院	1	72	24	18	9	2	0	4
卫生院	14	1651	1780	1550	583	89	32	109
# 中心卫生院	5	935	1149	990	346	67	17	75
乡镇卫生院	9	716	631	560	237	22	15	34
门诊部	1	0	15	14	10	0	0	1
疾病预防控制中心	1	0	49	42	25	0	2	5
妇幼保健站	1	0	35	24	14	0	9	2
卫生监督所	1	0	41	38	0	0	0	3
医学在职培训机构	1	0	15	9	7	3	1	2
社区卫生服务中心(站)	12	280	315	266	136	14	6	29
村卫生室	225	0	522	188	186	334	0	0
诊所卫生所医务室	114	0	283	251	179	3	12	17
临床检验中心(所、站)	1	0	20	6	2	11	3	0

16-6 卫生机构诊治情况(2017年)

指标	单位	县(市)及县以下医院	卫生院(社区卫生服务中心)
诊疗人次数	人次	1218077	822570
# 门、急诊人次数	人次	1184539	812892
观察室收容病人数	人	1196	31
健康检查人数	人	126249	178514
出院人数	人	77868	57492
入院人数	人	78098	57740
住院病人手术人次数	人次	23023	0
实有床位数	张	1875	1931
实际开放总床日数	日	672214	697463
平均开放病床数	张	1875	1931
实际占用床日数	日	667781	402098
出院者占用总床日数	日	661292	399522
病床周转次数	次数	42.3	30.1
病床使用率	%	99.34	57.65

16-7 前十位

疾病名称	合计		
	死亡数	死亡率(1/10 万)	顺位
恶性肿瘤	2753	275.03	1
脑血管病	1775	177.33	2
呼吸系统病	1260	125.88	3
心脏病	1049	104.80	4
损伤和中毒	533	53.25	5
内分泌营养代谢疾病	330	32.97	6
消化系统疾病	201	20.08	7
精神障碍	145	14.49	8
神经系统疾病	113	11.29	9
泌尿生殖系统疾病	99	9.89	10
十种死因合计	**8258**	**824.99**	

疾病死因(2017年)

单位:人,%

男			女		
死亡数	死亡率(1/10万)	顺位	死亡数	死亡率(1/10万)	顺位
1746	354.54	1	1007	198.03	1
864	175.44	2	911	179.15	2
614	124.68	3	646	127.04	3
446	90.57	4	603	118.58	4
324	65.79	5	209	41.10	5
144	29.24	6	186	36.58	6
102	20.71	7	99	19.47	7
60	12.18	9	85	16.72	8
51	10.36	10	62	12.19	9
64	13.00	8	35	6.88	10
4415	**896.51**		**3843**	**755.73**	

16-8 全市居民

年龄组	平均人口数(人)	实际死亡人数(人)	死亡率(%)
0 岁–	7194	15	0.002085
1 岁–	25448	6	0.000236
5 岁–	31317	7	0.000224
10 岁–	33839	8	0.000236
15 岁–	34782	6	0.000173
20 岁–	51944	13	0.000250
25 岁–	67391	32	0.000475
30 岁–	51719	23	0.000445
35 岁–	57657	44	0.000763
40 岁–	63429	77	0.001214
45 岁–	92645	161	0.001738
50 岁–	113476	307	0.002705
55 岁–	73740	303	0.004109
60 岁–	89684	513	0.005720
65 岁–	71507	634	0.008866
70 岁–	50062	821	0.016400
75 岁–	38472	1237	0.032153
80 岁–	25096	1588	0.063277
85 岁–	22042	3001	0.136149

平均期望寿命（2017 年）

死亡概率(%)	生存人数(人)	死亡人数(人)	生存人年数(人年)	生存总人年数(人年)	期望寿命(岁)
0.002085	100000	209	99823	8262133	82.62
0.000943	99791	94	398978	8162310	81.79
0.001117	99697	111	498209	7763332	77.87
0.001181	99586	118	497636	7265123	72.95
0.000862	99468	86	497128	6767487	68.04
0.001251	99383	124	496603	6270359	63.09
0.002371	99258	235	495703	5773757	58.17
0.002221	99023	220	494565	5278053	53.30
0.003808	98803	376	493075	4783488	48.41
0.006051	98427	596	490645	4290414	43.59
0.008651	97831	846	487040	3799769	38.84
0.013436	96985	1303	481666	3312729	34.16
0.020336	95682	1946	473544	2831063	29.59
0.028197	93736	2643	462072	2357519	25.15
0.043370	91093	3951	445587	1895448	20.81
0.078769	87142	6864	418550	1449861	16.64
0.148805	80278	11946	371526	1031310	12.85
0.273171	68332	18666	294995	659785	9.66
1.000000	49666	49666	364790	364790	7.34

16-9 全市男性居民

年龄组	平均人口数(人)	实际死亡人数(人)	死亡率(%)
0 岁–	3620	11	0.003039
1 岁–	12991	3	0.000231
5 岁–	15752	2	0.000127
10 岁–	17169	5	0.000291
15 岁–	17402	3	0.000172
20 岁–	25471	12	0.000471
25 岁–	33717	24	0.000712
30 岁–	25579	17	0.000665
35 岁–	29154	29	0.000995
40 岁–	31336	49	0.001564
45 岁–	46595	112	0.002404
50 岁–	56052	195	0.003479
55 岁–	36401	197	0.005412
60 岁–	44939	335	0.007455
65 岁–	35297	425	0.012041
70 岁–	24602	519	0.021096
75 岁–	18009	742	0.041202
80 岁–	10552	846	0.080174
85 岁–	7226	1111	0.153750

平均期望寿命（2017 年）

死亡概率(%)	生存人数(人)	死亡人数(人)	生存人年数(人年)	生存总人年数(人年)	期望寿命(岁)
0.003039	100000	304	99742	8009076	80.09
0.000923	99696	92	398600	7909334	79.33
0.000635	99604	63	497862	7510734	75.41
0.001455	99541	145	497342	7012871	70.45
0.000862	99396	86	496766	6515529	65.55
0.002353	99310	234	495968	6018763	60.61
0.003553	99077	352	494504	5522795	55.74
0.003318	98725	328	492805	5028291	50.93
0.004961	98397	488	490766	4535486	46.09
0.007788	97909	763	487639	4044721	41.31
0.011947	97147	1161	482831	3557082	36.62
0.017245	95986	1655	475792	3074251	32.03
0.026698	94331	2518	465357	2598459	27.55
0.036591	91812	3359	450662	2133102	23.23
0.058444	88453	5170	429340	1682439	19.02
0.100195	83283	8345	395555	1253099	15.05
0.186770	74939	13996	339702	857545	11.44
0.333939	60942	20351	253834	517842	8.50
1.000000	40591	40591	264008	264008	6.50

16-10 全市女性居民

年龄组	平均人口数(人)	实际死亡人数(人)	死亡率(%)
0 岁-	3574	4	0.001119
1 岁-	12457	3	0.000241
5 岁-	15565	5	0.000321
10 岁-	16670	3	0.000180
15 岁-	17380	3	0.000173
20 岁-	26473	1	0.000038
25 岁-	33674	8	0.000238
30 岁-	26140	6	0.000230
35 岁-	28503	15	0.000526
40 岁-	32093	28	0.000872
45 岁-	46050	49	0.001064
50 岁-	57424	112	0.001950
55 岁-	37339	106	0.002839
60 岁-	44745	178	0.003978
65 岁-	36210	209	0.005772
70 岁-	25460	302	0.011862
75 岁-	20463	495	0.024190
80 岁-	14544	742	0.051018
85 岁-	14816	1890	0.127565

平均期望寿命（2017年）

死亡概率(%)	生存人数(人)	死亡人数(人)	生存人年数(人年)	生存总人年数(人年)	期望寿命(岁)
0.001119	100000	112	99905	8515446	85.15
0.000963	99888	96	399360	8415541	84.25
0.001605	99792	160	498559	8016181	80.33
0.000899	99632	90	497935	7517622	75.45
0.000863	99542	86	497496	7019687	70.52
0.000189	99456	19	497234	6522191	65.58
0.001187	99437	118	496892	6024957	60.59
0.001147	99319	114	496312	5528064	55.66
0.002628	99206	261	495376	5031752	50.72
0.004353	98945	431	493647	4536376	45.85
0.005306	98514	523	491264	4042729	41.04
0.009705	97991	951	487580	3551465	36.24
0.014094	97040	1368	481783	3063885	31.57
0.019695	95673	1884	473653	2582103	26.99
0.028449	93788	2668	462272	2108450	22.48
0.057601	91120	5249	442480	1646178	18.07
0.114053	85872	9794	404874	1203698	14.02
0.226233	76078	17211	337361	798824	10.50
1.000000	58866	58866	461463	461463	7.84

16-11 体育事业情况表

指标	单位	2017年	2016年	2015年
体育场地数				
体委系统场地数	个	3	3	3
# 体育场	个	2	2	2
体育馆	个	1	1	1
其他系统场地数	个	104	100	99
体育场地使用情况				
体委系统场地使用情况	场次	110	107	97
# 体育场	场次	85	80	71
文体馆	场次			
其他系统场地使用情况	场次	25	27	26
市举办运动会次数				
体委系统	次	22	20	18
其他系统	次	20	20	15
乡镇	次	12	12	12
参加运动会运动员人次				
体委系统	人次	5200	5100	4700
其他系统	人次	3400	3210	3000
乡镇	人次	4200	4100	3900
全市举办竞赛次数				
体委举办	次	24	28	28
参加运动员人数				
体委组织参赛人数	人次	7200	10500	6835

16-11 续表

指标	单位	2017 年	2016 年	2015 年
全市等级运动员				
少年级	人	12		
一级	人			
二级	人	27	18	18
三级	人	15	15	7
全市等级裁判员				
一级以上	人	27	5	2
二级	人	109	36	47
三级	人	175	76	34
参加市以上比赛获奖牌数				
金牌	块	23	37	31
银牌	块	26	46	38
铜牌	块	27	22	21
破南通市记录人数	**人**	**—**	**—**	**—**
破本市记录人数	**人**	**6**	**1**	**5**
全市输出体育人数	**人**	**18**	**22**	**19**
国民体质监测	**场次**	**18**	**18**	**15**
乡镇体检人数	人次	3050	3837	3000
体育培训				
培训体育指导员人数	人次	700	628	420
培训基层体育活动辅导员人数	人次	780	750	650
举办大型全民健身演示会	**人次**	**35**	**25**	**20**
健身活动				
全民健身工程	人次	3000	2100	1800
健身点	人次	495000	386500	351000
晨练点、广场	人次	110000	101000	91000
参加健身活动	人次	203000	193000	172000
参加人数	人次	310000	300000	300000

第十七篇 其他社会事业

Chapter 17

Other Social Activities

责任编辑:卢　静

17–1 社会福利及服务单位情况

指标	单位	2017 年	2016 年	2015 年
养老服务机构	**个**	**43**	**41**	**41**
编办社会福利院	个	1	1	
编办农村养老机构	个	11	11	
民政养老机构	个	31	29	
年末职工人数	**人**	**456**	**448**	**434**
编办社会福利院	人	20	22	
编办农村养老机构	人	122	122	
民政养老机构	人	314	304	
年末床位数	**张**	**7082**	**7012**	**5952**
编办社会福利院	张	68	68	
编办农村养老机构	张	3204	3204	
民政养老机构	张	3810	3740	
年在院总人天数	**人天**	**1683775**	**1648645**	**1595455**
编办社会福利院	人天	24820	24820	
编办农村养老机构	人天	833530	833530	
民政养老机构	人天	825425	790295	
年末在院人数	**人**	**2757**	**2744**	**2532**
编办社会福利院	人	68	68	
编办农村养老机构	人	1656	1656	
民政养老机构	人	1033	1020	
在院人员按性质分				
优抚对象	人	23	23	23
编办社会福利院				
编办农村养老机构	人	23	23	
民政养老机构	人			
特困对象	人	1019	1019	1007
编办社会福利院	人	68	68	
编办农村养老机构	人	951	951	
民政养老机构	人			

17-1 续表

指标	单位	2017 年	2016 年	2015 年
自费人员	人	1033	1020	1487
编办社会福利院	人			
编办农村养老机构	人			
民政养老机构	人	1033	1020	
在院人员按年龄分				
老人	人	1535	1522	2467
编办社会福利院	人	20	20	
编办农村养老机构	人	532	532	
民政养老机构	人	983	970	
青壮年	人	37	37	57
编办社会福利院	人	37	37	
编办农村养老机构	人			
民政养老机构	人			
儿童	人	11	11	8
编办社会福利院	人	11	11	
编办农村养老机构	人			
民政养老机构	人			
烈士纪念建筑物				
烈士陵园	个	1	1	1
年末职工人数	人	9	9	9
管理单位占地面积	平方米	12000	12000	12000
纪念馆面积	平方米	2038	2038	2038
烈士纪念建筑物数	处	1	1	1
殡仪服务单位				
年末职工人数	人	78	84	33
火化炉数	个	12	12	12
集体福利企业单位				
年末职工人数	人			
# 残疾职工	人			
销售(营业)收入	万元			
利润总额	万元			

17–2 社会优抚安置工作情况

指标	单位	2017年	2016年	2015年
享受伤残保险金人数	人			
# 特等	人			
一等	人			
二等甲	人			
二等乙	人			
三等甲	人			
三等乙	人			
享受伤残抚恤金人数	人	**542**	**544**	**552**
# 特等	人			
一等	人			
二等甲	人			
二等乙	人			
三等甲	人			
三等乙	人			
十级	人			
享受定期抚恤金人数	人	**133**	**146**	**159**
# 烈士家属	人	56	65	73
牺牲军人家属	人	25	25	27
病故军人家属	人	52	56	59
享受定期补助人员	人	**8680**	**8701**	**8571**
# 在乡复员军人	人	389	442	490
带病回乡退伍军人	人	522	536	598
60 岁的农村籍退伍军人	人	5,899	5787	5,532

17-2 续表

指标	单位	2017 年	2016 年	2015 年
老复员军遗孀	人			
其他定期补助人员	人	1870	1936	1951
优待优抚对象户数	户	10131	8607	9282
# 优待军属户数	户	776	770	806
优待总金额	万元	9967	3645	2384
# 优待军属金额	万元	2692	1440	1382
烈士褒扬				
本年批准烈士人数	人			
零散烈士纪念建筑物数	处	26	26	26
安置退役士兵、复员干部总人数	**人**			
退伍义务兵	人	339	323	378
# 城镇	人			
志愿兵转业、复员士官	人	42	51	12
复员干部	人			
离退休、退职人员				
本年直接发放人员	人		91	95
# 军队离退休干部(含地方)	人		37	37
# 离休	人		4	4
军队无军籍职工	人	37	41	49
军队退休士官	人		9	9
本年接收人员	人		1	2
# 军队离退休干部	人			1
军队无军籍职工	人	1		
军队退休士官	人	2	1	1
地方人员	人			

17-3 社会救济与捐赠情况

指标	单位	2017年	2016年	2015年
社会救济总人数				
城镇居民最低生活保障人数	**人**	**360**	**448**	**550**
# 老年人	人	87	94	109
在职人员	人	8	8	12
灵活就业	人	27	38	43
登记失业	人	41	65	85
未登记失业	人	138	157	195
未成年人	人	59	86	106
城镇居民最低生活保障家庭数	户	221	261	310
城镇临时救济人数	人次		300	1500
城镇低保资金	万元	227	295	290
农民居民最低生活保障人数	**人**	**6053**	**6848**	**7068**
# 女性	人	1186	1325	1427
老年人	人	3906	4427	4619
未成年人	人	272	279	272
残疾人		552	567	587
农村居民最低生活保障家庭数	户	4524	5193	5298
农村临时救济人次数	人次	2246	1000	9500
农村低保资金	万元	3787	3573	2947
城市“三无”救助	**人**	**32**	**32**	**53**
农村五保供养	**人**	**1272**	**1334**	**1395**
集中供养人数	人	856	1001	1013

17-3 续表

指标	单位	2017 年	2016 年	2015 年
分散供养人数	人	416	333	382
五保供养资金	万元	1203	1112	1138
传统救济	**人**	**514**	**525**	**525**
医疗救助	**人次**			
民政部门资助参保人数	人次			488
民政部门资助参合人数	人次	14731	12049	13280
民政部门直接救助人次数	人次	143549	130924	134795
# 住院救助人次	人次	143549	38378	34817
门诊救助人次	人次		92546	99978
社会捐赠				
直接接收捐赠情况				
捐赠物数额	万元			
捐赠衣被合计	万件			
# 棉衣被	万件			
捐赠其他物资价值	万元			
间接接收捐赠情况				
捐赠物数额	万元			
捐赠衣被合计	万件			
# 棉衣被	万件			
捐赠其他物资价值	万元			
受益人次数	**万次**			
社会捐赠接收工作站、点数	**个**			**12**
社会捐赠接收工作站数	个			1

17-4 婚姻和弃婴收养登记情况

指标	单位	2017 年	2016 年	2015 年
结婚登记	**对**	**7713**	**7398**	**8003**
内地居民登记结婚	对	7713	7398	8003
# 初婚人数	人	12403	11893	13143
再婚人数	人	3023	2903	2863
# 女性	人	1598	1374	1491
# 恢复结婚	对	262	136	85
涉外及华侨、港澳台居民登记结婚	对			
离婚登记				
内地居民登记离婚	对	1876	1872	1648
离婚率	%	24.3	25.0	20.1
华侨、港澳台居民登记离婚	对			
收养人				
被收养人	人	66	11	64
# 社会福利机构抚养弃婴	人	62	11	64
社会弃婴	人	1		
父母无力抚养的儿童	人	1	1	
近亲属抚养	人	2		
协议解除收养关系登记	件			
其他	件			

17–5 分区镇婚姻登记与

单 位	计划生育率%	女性初婚情况			育龄妇女人数	已婚育龄妇女人数	现家庭只有一个孩子的妇女人数	有效领证人数
		总数	19周岁及以下	23周岁及以上				
合计	**99.9**	**3545**	**61**	**2636**	**202213**	**139362**	**110613**	**12781**
海门开发区	100.0	311	0	263	18850	12849	8996	1157
海门工业园区	99.6	365	7	246	18280	12966	10435	768
海门港新区	100.0	504	15	333	29355	20484	15358	1551
临江新区	100.0	194	1	144	9911	6871	5753	1161
海门高新区	100.0	482	1	398	34828	23564	19602	3142
三厂工业园区	100.0	190	3	157	10553	7015	6012	782
常乐镇	100.0	283	2	213	14162	9919	8384	531
悦来镇	100.0	323	10	235	20526	14517	12271	2111
四甲镇	100.0	391	10	283	16800	11217	8428	440
余东镇	100.0	198	4	143	12605	8471	6774	595
正余镇	99.4	250	6	178	13947	9705	7178	274
海永镇	100.0	29	2	22	1235	905	675	87
江心沙农场	100.0	25	0	21	1161	879	747	182

计划生育情况(2017 年)

单位:人

领证率(%)	节育率(%)	一孩				二孩			
		总数	女性数	其中计划外		总数	女性数	其中计划外	
				总数	女性数			总数	女性数
9.2	**91.2**	**3418**	**1701**	**1**	**1**	**1598**	**760**	**2**	**1**
9.0	86.2	316	163	0	0	140	67	0	0
5.9	93.7	323	158	0	0	165	78	1	0
7.6	92.0	492	234	0	0	320	154	0	0
16.9	92.4	162	80	0	0	66	28	0	0
13.3	90.3	616	308	0	0	302	147	0	0
11.2	92.1	166	89	0	0	48	24	0	0
5.4	93.5	266	139	0	0	86	36	0	0
14.5	93.9	341	173	0	0	127	64	0	0
3.9	89.5	286	139	0	0	107	47	0	0
7.0	93.5	195	89	0	0	99	47	0	0
2.8	89.1	215	112	1	1	120	64	1	1
9.6	83.9	21	11	0	0	14	3	0	0
20.7	78.7	19	6	0	0	4	1	0	0

单位	应落实措施人数	落实措施人数				
		男扎期末	女扎期末	上环期末	皮下埋填	口服及注射避孕药
合计	**127580**	**2**	**163**	**63414**	**146**	**915**
海门开发区	11226	0	2	5782	17	282
海门工业园区	12163	0	17	5386	5	14
海门港新区	18866	1	28	9586	15	118
临江新区	6368	0	5	3150	9	33
海门高新区	21314	0	11	10472	31	30
三厂工业园区	6474	0	8	2838	2	12
常乐镇	9283	0	10	4923	7	72
悦来镇	13636	1	39	6941	2	25
四甲镇	10138	0	10	4929	25	124
余东镇	7935	0	11	3688	28	66
正余镇	8682	0	20	4940	5	113
海永镇	763	0	1	324	0	16
江心沙农场	732	0	1	455	0	10

续表

单位:人

落实措施人数			本期采用节育手术例数					
避孕套	外用药物	其他	男扎本期	女扎本期	放节育环人数	取节育环人数	皮下埋填	人工流产
61727	**430**	**332**	**0**	**1**	**13**	**254**	**0**	**15**
4972	11	11	0	0	0	17	0	2
6660	6	56	0	0	1	21	0	0
9019	30	52	0	0	2	60	0	1
2905	205	42	0	0	0	6	0	0
10729	8	4	0	0	0	34	0	2
3563	33	4	0	0	1	11	0	1
4242	21	2	0	0	0	22	0	2
6600	19	0	0	0	0	14	0	3
4901	43	9	0	0	1	21	0	0
4075	25	31	0	0	0	17	0	2
3419	27	121	0	0	1	26	0	2
417	1	0	0	1	7	4	0	0
225	1	0	0	0	0	1	0	0

17-6 道路交通事故情况

指标	单位	2017 年	2016 年	2015 年
全市交通事故发生数	**起**	**14891**	**14893**	**14897**
# 特大事故	起	0	0	0
重大事故	起	42	44	45
一般事故	起	234	235	236
机动车事故发生数	**起**	**11709**	**11730**	**11728**
# 汽车	起	9257	9258	9259
摩托车	起	2205	2207	2208
拖拉机	起	247	248	248
非机动车事故发生数	**起**	**2887**	**2886**	**2887**
# 自行车	起	1882	1884	1885
行人乘车人事故发生数	**起**	**265**	**267**	**268**
全市交通事故死亡人数	**人**	**42**	**44**	**45**
# 特大事故	人	0	0	0
重大事故	人	42	44	45
一般事故	人	0	0	0
机动车死亡人数	**人**	**8**	**8**	**9**
# 汽车	人	6	3	2
摩托车	人	2	6	7
拖拉机	人	0	1	1
非机动车死亡人数	**人**	**14**	**15**	**16**
# 自行车	人	7	8	9
行人乘车人死亡人数	**人**	**13**	**17**	**18**

17-6 续表

指标	单位	2017 年	2016 年	2015 年
全市交通事故受伤人数	**人**	**870**	**872**	**873**
# 特大事故	人	0	0	0
重大事故	人	4	4	4
一般事故	人	246	247	248
机动车受伤人数	**人**	**757**	**763**	**764**
# 汽车	人	240	241	242
摩托车	人	501	502	503
拖拉机	人	16	17	17
非机动车受伤人数	**人**	**90**	**89**	**90**
# 自行车	人	66	68	69
行人乘车人受伤人数	**人**	**15**	**16**	**17**
全市交通事故受损失折金额	**万元**	**209**	**209**	**209**
# 特大事故	万元	0	0	0
重大事故	万元	92	92	92
一般事故	万元	33	33	32
机动车损失折金额	**万元**	**127**	**127**	**126**
# 汽车	万元	82	79	78
摩托车	万元	41	41	44
拖拉机	万元	4	3	4
非机动车损失折金额	**万元**	**45**	**46**	**43**
# 自行车	万元	25	25	27
行人乘车损失折金额	**万元**	**40**	**40**	**40**

17-7 火灾事故发生情况

指标	单位	2017年	2016年	2015年
全市火灾事故发生数	起	937	848	695
# 特大	起	0	0	0
重大	起	0	0	0
较大	起	0	0	0
一般	起	937	848	695
全市火灾事故死亡人数	人	5	3	3
# 特大	人	0	0	0
重大	人	0	0	0
较大	人	0	0	0
一般	人	5	3	3
全市火灾事故受伤人数	人	10	4	2
# 特大	人	0	0	0
重大	人	0	0	0
较大	人	0	0	0
一般	人	10	4	2
全市火灾事故遭受损失折金额	万元	2830	2250	2700
# 特大	万元	0	0	0
重大	万元	0	0	0
较大	万元	0	0	0
一般	万元	2830	2250	2700
平均每起事故损失金额	元	30202	26533	38848
# 特大	元	0	0	0
重大	元	0	0	0
较大	元	0	0	0
一般	元	30202	26533	38848

注:自2007年起,事故分成一般、较大、重大、特大四类;一般:1—3人;较大:4—10人;重大:11—30人;特大:30人以上

17-8 律师工作情况

指标	单位	2017 年	2016 年	2015 年
律师事务所	家	8	8	8
律师工作人员	人	71	67	65
# 专职律师	人	69	65	63
兼职律师	人	2	2	2
女律师	人	24	20	20
担任法律顾问	家	301	291	255
民事诉讼代理	件	2229	2301	1678
经济诉讼代理	件	192	678	109
刑事辩护	件	111	83	95
行政诉讼代理	件	85	57	12
非诉讼法律事务	件	131	719	104
涉外及港澳台法律事务	件	0	0	0
解答法律询问	件	8654	9732	1952
代写法律事务文书	件	875	2468	321

17-9 公证工作情况

指标	单位	2017 年	2016 年	2015 年
公证处	**个**	**1**	**1**	**1**
公证处人员	**人**	**12**	**7**	**7**
# 公证员	人	3	4	4
办理公证总数	**件**	**5341**	**4957**	**6195**
国内公证	件	2817	2220	1944
# 经济类	件	1066	804	656
民事类	件	1751	1416	1288
涉外及涉港澳台	件	2524	2737	4251

17-10 基层人民调解工作情况

指标	单位	2017 年	2016 年	2015 年
人民调解委员会	个	442	362	346
专职司法所长、干事	人	47	51	42
其他调解人员数	人	1584	1437	1416
调解民间纠纷总数	件	5087	4401	4653
调解民间纠纷成功数	件	5087	4401	4653
# 婚姻家庭	件	619	554	705
防止民间纠纷引起自杀	件	0	0	0
防止民间纠纷转化为刑事案件	件	0	1	2
制止群众械斗	件	0	0	0
制止群众上访	件/人	1/20	1/15	8/267

17-11 基层法律服务所工作情况

指标	单位	2017 年	2016 年	2015 年
基层法律服务所	家	20	20	20
基层法律工作者	人	63	70	54
民事诉讼代理	件	2128	1628	1523
民事非诉讼代理	件	306	137	132
担任法律顾问	家	443	312	303
见证	件	0	1087	1168
避免挽救经济损失	万元	2501	3890	3633

17-12 法律援助工作情况

指标	单位	2017 年	2016 年	2015 年
法律援助中心	个	1	1	1
民事法律援助	起	1262	1541	2366
刑事法律援助	起	137	121	109
接待来访咨询	件	7663	4018	3556
“148”来电接待	件	1660	1438	1518

17-13 公安机关立案的刑事案件及受理的治安案件分类情况

指标	单位	2017年	2016年	2015年
立案的刑事案件数	**起**	**3887**	**4472**	**4269**
#杀人	起	2	4	5
伤害	起	18	30	21
抢劫	起	4	5	9
强奸	起	11	7	12
拐卖人口	起			
盗窃	起	2821	3208	2953
诈骗	起	675	935	1038
走私	起			
持有使用假货币	起			
其他	起	356	283	231
治安案件				
受理的治安案件数	**起**	**8388**	**6645**	**6537**
查处的治安案件数	**起**	**7970**	**6312**	**6256**
扰乱工作、扰乱公共秩序				
受理案件数	起	118	59	53
查处案件数	起	118	59	53
结伙斗殴、寻衅滋事				
受理案件数	起	56	23	23
查处案件数	起	56	23	23
侮辱妇女及其他流氓活动				
受理案件数	起			
查处案件数	起			
阻碍国家工作人员执行任务				
受理案件数	起	45	29	15
查处案件数	起	45	29	15
殴打他人				
受理案件数	起	2965	1720	1478
查处案件数	起	2965	1720	1478
偷窃财物				
受理案件数	起	1658	2123	2252
查处案件数	起	1658	2123	2252
骗取、掠夺、敲诈勒索财物				
受理案件数	起	116	195	158
查处案件数	起	116	195	158
哄抢公私财物				

17-13 续表

指标	单位	2017年	2016年	2015年
受理案件数	起			
查处案件数	起			
故意损坏公共财物				
受理案件数	起	2087	1491	1645
查处案件数	起	2087	1491	1645
伪造倒卖票卷、证件				
受理案件数	起	1	1	0
查处案件数	起	1	1	0
利用迷信扰乱秩序或骗财				
受理案件数	起			
查处案件数	起			
卖淫、嫖娼				
受理案件数	起	42	21	55
查处案件数	起	42	21	55
赌博				
受理案件数	起	155	133	160
查处案件数	起	155	133	160
违反枪支管理规定				
受理案件数	起	25	27	10
查处案件数	起	25	27	10
违反户口、居民身份证管理				
受理案件数	起			
查处案件数	起			
其它				
受理案件数	起	1120	824	688
查处案件数	起	702	824	407
民事案件发案数	**起**			
刑事案件破案率	**%**			
破获拐卖妇女儿童案件数	起			
破获组织、强迫、容留妇女卖淫案件数	起	4	2	3
犯罪人数				
刑事犯罪被害人中妇女所占比重	%	48.3	47.6	13.2
刑事犯罪被害人中18岁以下青少年所占比重	%	2.3	1.3	0.7
家庭暴力投诉案件数				
#受理案件数	起			

17-14 检察机关审批决定逮捕犯罪嫌疑人和提起公诉被告人情况

指标	单位	2017年	2016年	2015年
审批决定起诉案件数	**件/人**	**692/1053**	**680/931**	**621/822**
公安、安全、监狱提请案件数	件/人	682/1043	663/906	607/806
# 危害国家安全案	件/人	0/0	0/0	0/0
危害公共安全案	件/人	206/207	193/193	197/200
破坏社会主义市场经济秩序案	件/人	38/90	27/46	24/45
侵犯公民人身民主权利案	件/人	41/86	46/89	39/45
侵犯财产案	件/人	247/362	253/332	224/284
妨碍社会管理秩序案	件/人	150/298	144/246	123/232
直接立案侦查案件数	件/人	10/10.	17/25	14/16
# 贪污贿赂案	件/人	9/9.	14/22	10/12
渎职案	件/人	0/0	3/3	4/4
其他	件/人	1/1.	0/0	0/0
审批决定逮捕案件数	**件/人**	**257/336**	**225/277**	**208/295**
公安、安全、监狱提请案件数	件/人	257/336	225/277	208/295
# 危害国家安全案	件/人	0/0	0/0	0/0
危害公共安全案	件/人	18/18	21/21	10/10
破坏社会主义市场经济秩序案	件/人	8/10.	11/15	10/17
侵犯公民人身民主权利案	件/人	37/44	32/43	23/31
侵犯财产案	件/人	126/174	90/111	95/124
妨碍社会管理秩序案	件/人	68/90	71/87	70/113
直接立案侦查案件数	件/人	0/0	0/0	0/0
# 贪污贿赂案	件/人	0/0	0/0	0/0
渎职案	件/人	0/0	0/0	0/0
其他	件/人	0/0	0/0	0/0
处理申诉案件	件	2	3	2
受理案件数	件	2	3	2
# 不服刑事拘留	件	0	0	0

17-14 续表

指标	单位	2017 年	2016 年	2015 年
不服不定案(不立案)	件	0	0	0
不服逮捕	件	0	0	0
不服不批捕	件	0	0	0
不服撤案(不起诉)	件	0	0	0
不服原免予起诉	件	0	0	0
不服刑事判决	件	2	3	2
不服劳改	件	0	0	0
其他	件	0	0	0
立案复查案件数	件	1	0	0
# 不服刑事拘留	件	0	0	0
不服不定案(不立案)	件	0	0	0
不服逮捕	件	0	0	0
不服不批捕	件	0	0	0
不服撤案(不起诉)	件	0	0	0
不服原免予起诉	件	0	0	0
不服刑事判决	件	1	0	0
不服劳改	件	0	0	0
其他	件	0	0	0
结案案件数	件	2	3	2
# 不服刑事拘留	件	0	0	0
不服不定案(不立案)	件	0	0	0
不服逮捕	件	0	0	0
不服不批捕	件	0	0	0
不服撤案(不起诉)	件	0	0	0
不服刑事判决	件	2	3	2
不服劳改	件	0	0	0
其他	件	0	0	0

17-15 人民法院主要案件收结案情况

指标	单位	2017 年	2016 年	2015 年
刑事一审案件				
上年末存案数	**件**	**39**	**65**	**25**
本年发案数	**件**	**724**	**780**	**657**
本年收案数	**件**	**685**	**715**	**632**
# 危害国家安全罪	件	–	–	–
危害公共安全罪	件	206	195	203
破坏社会主义市场经济秩序罪	件	35	27	22
侵犯公民人身权利、民主权利罪	件	47	64	57
侵犯财产罪	件	252	261	226
妨碍社会管理秩序罪	件	136	149	112
危害国防利益罪	件	–	–	–
贪污贿赂罪	件	9	15	9
渎职罪	件	–	4	3
军人违反职责罪	件	–	–	–
本年结案数	**件**	**688**	**741**	**592**
# 危害国家安全罪	件	–	–	–
危害公共安全罪	件	202	205	192
破坏社会主义市场经济秩序罪	件	36	26	22
侵犯公民人身权利、民主权利罪	件	52	62	54
侵犯财产罪	件	248	274	214
妨碍社会管理秩序罪	件	138	153	105
贪污贿赂罪	件	11	15	3
渎职罪	件	1	6	2
军人违反职责罪	件	–	–	–
本年末未结案数	**件**	**36**	**39**	**65**

17–15 续表 1

指标	单位	2017 年	2016 年	2015 年
民事一审案件				
上年末存案数	件	779	974	616
本年发案数	件	6177	6505	5816
本年末收案数	件	5398	5531	5162
# 婚姻家庭	件	1568	1668	1626
继承	件	68	54	47
房屋	件	229	79	101
土地等不动产	件	30	9	16
相邻关系	件	9	17	14
赔偿	件	80	97	126
知识产权	件	–	–	–
人身权	件	1418	1558	1699
特别程序	件	75	172	145
债	件	1762	1728	1259
其他	件	159	149	129
本年结案数	件	5579	5726	4798
# 婚姻家庭	件	1673	1708	1553
继承	件	65	54	45
房屋	件	172	101	73
土地等不动产	件	28	11	13
相邻关系	件	11	25	4
赔偿	件	123	111	124
知识产权	件	–	–	–
人身权	件	1455	1648	1650
特别程序	件	80	185	127
债	件	1780	1729	1103
其他	件	192	154	106
本年末未结案数	件	598	779	987

17-15 续表 2

指标	单位	2017 年	2016 年	2015 年
经济纠纷一审案件				
上年末存案数	**件**	**438**	**469**	**311**
本年案发数	**件**	**4602**	**2920**	**2148**
本年收案数	**件**	**4164**	**2451**	**1837**
# 经济合同	件	3859	2186	1690
损害赔偿	件	67	84	59
经济权属	件	21	29	38
企业破产	件	–	–	–
铁路运输	件	–	–	–
航空运输	件	–	–	–
公路运输	件	13	24	16
水路运输	件	–	–	–
海事海商	件	–	–	–
其他	件	204	128	34
本年结案数	**件**	**4269**	**2482**	**1681**
# 经济合同	件	4028	2219	1556
损害赔偿	件	69	69	48
经济权属	件	35	33	31
企业破产	件	3	–	–
铁路运输	件	–	–	–
航空运输	件	–	–	–
公路运输	件	14	21	16
水路运输	件	–	–	–
海事海商	件	–	–	–
其他	件	120	140	30

17-15 续表3

指标	单位	2017年	2016年	2015年
本年末未结案数	**件**	**333**	**438**	**467**
行政一审案件				
上年末存案数	**件**	**50**	**44**	**45**
本年案发数	**件**	**366**	**278**	**325**
本年收案数	**件**	**316**	**234**	**280**
# 公安	件	52	23	35
工商	件	11	6	4
土地	件	18	19	22
林业	件	–	–	–
城建	件	33	43	29
交通运输	件	–	3	3
税务	件	–	2	–
其他	件	202	138	187
本年结案数	**件**	**326**	**228**	**281**
# 公安	件	54	22	36
工商	件	10	6	9
土地	件	24	14	23
林业	件	–	–	–
城建	件	34	39	38
交通运输	件	–	3	3
税务	件	–	2	–
其他	件	204	142	172
本年末未结案数	**件**	**40**	**50**	**44**
犯罪人数	**人**	**988**	**984**	**724**
# 青少年(25岁以下)	人	97	91	59

17-16 社区服务中心情况

指标	单位	2017 年	2016 年	2015 年
社区服务单位数	个	13	13	14
社区服务设施数	个	6	6	5
年末职工人数	人	30	30	33
业务活动	次	160	160	150
# 老年人活动项目	次	45	45	40
残疾人活动项目	次	15	15	15
家务劳动服务项目	次	75	75	70
其他社区服务项目	次	25	25	25
活动人次数	人次	12200	12200	12000
# 老人	人次	10000	10000	10000
资产合计	万元	200	200	200
# 固定资产原值	万元	68	68	80
净资产合计	万元	800	800	800
收入合计	万元	53	53	130
# 财政补助收入	万元			
事业收入	万元			
支出合计	万元	53	53	130
城镇社区居委会依法自治达标率	%	100.0	100.0	100.0
农村村委会依法自治达标率	%	100.0	100.0	100.0
农村社会保障服务网络覆盖率	%	100.0	100.0	100.0

注:服务设施数以独立核算单位为口径。

17-17 社团组织管理和社区建设情况

指标	单位	2017 年	2016 年	2015 年
社团管理				
本年末实有社团数	个	169	216	259
按行业类别分	个	169	216	259
行业性团体	个		9	8
专业性团体	个		8	7
其他社团	个	169	199	244
本年新增社团数	个	3	16	19
本年注撤销社团总数	个	50	59	129
民办非企业单位年末实有数	个	481	456	562
基金会年末实有数	个	2	1	1
社团服务与农村服务网络				
社区服务设施数	个			
从业人员数	人			
# 安置下岗人员数	人			
城镇便民、利民服务网点数	个			
社区服务志愿者组织数	个			
社会服务志愿者人数	人			
农村社会保障网络数	个			

17-18 劳动争议处理情况(2017年)

单位:件

指标	合计	国有企业	集体企业	民营企业	外商及港澳台投资企业	私营企业	联营及股份制企业	个体工商户	机关社团事业单位	其他
本期发生数										
# 与女性有关劳动争议案件数										
上期末未结案数	35			35						
案件受理情况										
案件数	542			530				11	1	
# 与女性有关劳动争议案件数										
用人单位申诉案件数	2			1					1	
劳动者申诉案件数	540			529				11		
劳动者当事人人数	746			734				11	1	
争议原因										
执行劳动合同										
# 劳动报酬	220			220						
保险福利	189			178				11		
劳动保护										
职业培训										
变更劳动合同										
解除劳动合同	24			24						
终止劳动合同	50			50						
其他	59			58					1	
案件处理情况										
结案案件数	547			535				11	1	
处理方式										
仲裁调解	410			402				8		
促裁裁决	108			104				3	1	
其他方式	29			29						
处理结果										
用人单位胜诉	16			16						
劳动者胜诉	28			25					3	
双方部分胜诉	503			502					1	
本期末未结案数	30			30						

17-19 工会基本情况

指标	单位	2017 年	2016 年	2015 年
工会基层组织数	个	2846	2635	2496
全市建工会组织的基层单位职工与会员人数				
职工人数	人	313895	298931	287330
# 女职工	人	133011	124134	119971
会员人数	人	313827	298801	286982
# 女会员	人	132989	124109	119933
工会专职人员数	人	33	48	71
工会兼职人员数	人	9308	8726	7891
建立职工代表大会制度的单位	个	2359	2077	2633
建立劳动争议调解委员会的单位	个	1861	1762	1705
建立工会劳动保障监督检查委员会的单位	个	2038	2645	1766
建立工会劳动法律监督检查组织的单位	个	1996	1792	1667
开展扶贫帮困送温暖活动的单位	个	498	508	619
开展合理化建议活动的单位	个	1861	1700	1689
开展劳动竞赛的单位	个	997	922	1026

17-20 妇联基本情况

指标	单位	2017 年	2016 年	2015 年
妇联基层组织数	个	292	289	174
全市已建妇联组织及基层单位职工与会员人数	人	297	295	174
妇联专职人员数	人	5	6	6
妇联兼职人员数	人	292	289	165
各类家长学校数	个	381	380	380
家长学校当年培训学员人次	万人次	12.48	12.36	11.45
0—18 岁儿童家长家庭教育知识普及率	%	100.0	100.0	100.0
妇女权益联席会议制度覆盖率	%	100.0	100.0	100.0
妇女权益法律援助制度覆盖率	%	100.0	100.0	100.0
妇女干部特邀陪审员制度覆盖率	%	100.0	100.0	100.0
乡级以上表彰“五好文明家庭”数	个	160	150	145

17–21 档案馆基本情况

指标	单位	2017 年	2016 年	2015 年
档案机构数	个	5	5	5
档案人员数	人	31	30	29
# 专业人员	人	14	16	16
# 高级	人	2	2	2
中级	人	6	6	6
初级	人	3	4	4
市档案馆(局)				
机构数	个	1	1	1
人员数	人	9	11	11
# 专业人员	人	9	11	11
# 高级	人			
中级	人	4	4	4
初级	人	2	3	3
专门档案馆(室)				
机构数	个	2	2	2
人员数	人	5	5	5
# 专业人员	人	5	5	5
# 高级	人	2	2	2
中级	人	2	2	2
初级	人	1	1	1
城建档案馆				
机构数	个	1	1	1
人员数	人	4	4	4
# 专业人员	人	4	4	4
# 高级	人	1	1	1

17-21 续表

指标	单位	2017年	2016年	2015年
中级	人	2	2	2
初级	人	1	1	1
农业科技档案室				
机构数	个	1	1	1
人员数	人	1	1	1
# 专业人员	人	1	1	1
# 高级	人	1	1	1
中级	人			
初级	人			
部门档案馆				
机构数	个	2	2	2
人员数	人	17	14	13
开发区档案室				
机构数	个	1	1	1
人员数	人	1	1	1
房地产档案室				
机构数	个	1	1	1
人员数	人	16	13	12
中型企业档案室				
机构数	个			
人员数	人			
# 专业人员	人			
# 高级	人			
中级	人			
初级	人			

17-22 档案馆藏及利用情况

指标	单位	2017 年	2016 年	2015 年
全市保存档案全宗	个	187	187	175
全市保存档案案卷	卷	902162	812899	505775
	件	288685	248896	80325
底图	张	5833	6458	6939
全市开放档案	卷	640563	580502	420058
全市利用档案人次	人	36177	27113	28185
卷次	卷	16551	14598	17284
档案馆(局)				
保存档案全宗	个	184	183	171
保存档案案卷	卷	289972	253678	98805
	件	275467	246331	78804
录音录像照片	张	2059	2054	1945
底图	张			
开放档案	卷	28373	24744	16125
利用档案人次	人	5556	4161	3433
卷次	卷	9524	7490	6179
专门档案馆				
保存档案全宗	个	2	2	2
保存档案案卷	卷	98520	90793	82474
录音录像照片	张	5167	4651	4119
底图	张	5833	5833	6034
开放档案	卷	98520	90793	82474
利用档案人次	人	666	665	677
卷次	卷	1268	1289	1233
城建档案馆				
保存档案全宗	个	1	1	1
保存档案案卷	卷	96003	88303	80026
录音录像照片	张	4570	4054	3522
底图	张	5772	5772	5973
开放档案	卷	96003	88303	80026
利用档案人次	人	350	347	356
卷次	卷	860	876	817
农业科技档案室				
保存档案全宗	个	1	1	1
保存档案案卷	卷	2517	2490	2448
录音录像照片	张	597	597	597
底图	张	61	61	61

17–22 续表

指标	单位	2017 年	2016 年	2015 年
开放档案	卷	2517	2490	2448
利用档案人次	人	316	318	321
卷次	卷	408	413	416
部门档案馆(室)				
保存档案全宗	个	1	2	2
保存档案案卷	卷	513670	468428	324496
	件	13218	2565	1520
录音录像照片	张	268	676	2034
底图	张	0	625	905
开放档案	卷	513670	464965	321459
利用档案人次	人	29955	22287	24075
卷次	卷	5759	5307	9872
件次	件	210	512	635
开发区档案室				
保存档案全宗	个	1	1	1
保存档案案卷	件	13218	2565	1520
录音录像照片	张	268	519	658
底图	张	0	625	905
开放档案	卷			
利用档案人次	人	160	89	120
件次	件	210	512	635
房地产档案室				
保存档案全宗	个	0	1	1
保存档案案卷	卷	513670	468428	324496
录音录像照片	张	0	157	1376
底图	张			
开放档案	张	513670	464965	321459
利用档案人次	人	29795	22198	23955
卷次	卷	5549	5307	9872
中型企业档案室				
保存档案全宗	个			
保存档案案卷	卷			
录音录像照片	张			
底图	张			
开放档案	卷			
利用档案人次	人			
卷次	卷			

第十八篇 城市建设

Chapter 18

Urban Construction

责任编辑:卢　静

18-1 城区建设基本情况

指标	单位	2017	2016	2015
城市人口	**万人**	**30.36**	**32.31**	**29.4**
一、城区建设用地面积				
1.城区面积	平方公里	60	60	60
2.建成区面积	平方公里	28.80	27.68	25.43
3.城区建设用地	平方公里	28.80	27.68	25.43
# 居住用地	平方公里	11.20	10.82	9.59
公共管理及公共服务设施用地	平方公里	1.45	1.40	1.27
商业服务业设施用地	平方公里	2.04	1.98	1.87
工业用地	平方公里	4.87	4.72	4.42
物流仓储用地	平方公里	0.35	0.35	0.33
交通设施用地	平方公里	0.68	0.48	0.30
公共设施用地	平方公里	3.73	3.72	3.56
绿化用地	平方公里	4.48	4.21	4.09
二、城区设施水平				
1.城区人口密度	人/平方公里	5060	5385	4900
2.人均日生活用水量	升	179.25	156.31	167.16
3.城区人口用水普及率	%	100	100	100
4.人均拥有道路面积	平方米	20.98	19.28	20.61
5.排水管道密度	公里/平方公里	18.6	15.92	16.01
6.污水处理率	%	95.05	93.20	92.42
7.人均公共绿地面积	平方米	11.47	10.57	10.93
8.建城区绿化覆盖率	%	39.92	39.6	40.9
9.生活垃圾无害化处理率	%	100	100	100
10.垃圾粪便无害化处理率	%	100	100	100
11.水冲厕所比率	%	100	100	100
三、城区设施情况				
1.实有道路长度	公里	204.82	200.02	194.64

18–1 续表1

指标	单位	2017	2016	2015
2.实有道路面积	平方公里	636.90	623.08	605.95
# 人行道面积	平方公里	98.35	87.55	80.78
3.桥梁数	座	63	61	60
4.路灯盏数	盏	27600	27264	26841
5.排水管道长度	公里	535.82	440.64	407.07
6.污水排放量	万立方米	3234	3093	3165
7.污水处理厂	个	1	1	1
8.污水日处理能力	万立方米/日	12	12	12
9.污水处理总量	万立方米	3074	2884	2925
四、园林绿化				
1.绿化覆盖面积	公顷	1443.28	1338.43	1216.33
# 建成区	公顷	1149.61	1096.09	1040.63
2.绿地面积	公顷	1381.10	1279.02	1161.62
# 建成区	公顷	1092.91	1041.20	987.87
3.公共绿化面积	公顷	348.13	341.58	321.25
4.公园	个	4	6	6
5.公园面积	公顷	50.15	43.23	43.23
6.人均公园绿地面积	平方米	11.47	10.57	10.93
五、城区供水情况				
1.年末自来水综合生产能力	万立方米/日	10	10	10
2.年末供水管道长度	公里	1210.96	1149.55	1039.15

18-1 续表 2

指标	单位	2017	2016	2015
3.全年供水总量	万立方米	3582.83	3524.89	3516.70
# 生产用水	万立方米	936.85	974.78	971.31
公共服务用水	万立方米	91.20	101.12	110.37
家庭用水	万立方米	1895.16	1742.22	1683.47
消防及其他用水	万立方米	70.50	73.57	66.64
4.售水量	万立方米	2993.71	2891.69	2831.79
5.免费供水量	万立方米	103	105	106
6.用水户数	户	148180	146150	138504
7.用水人口	万人	30.36	32.31	29.40
六、城区供气情况				
1.液化气储气能力	吨	—	—	370
2.管道长度	公里	—	—	180
3.煤气(天然气)供气总量	万立方米	2706	2705	1502
# 家庭用量	万立方米	849	800	780
4.煤气(天然气)用气人口	人	30.36	32.31	15.64
5.燃气普及率	%	100	100	100
七、城区环境卫生情况				
1.实际清扫保洁面积	万平方米	451	451	390
# 机械清扫	万平方米	332	332	332
2.生活垃圾清运量	万吨	10.96	9.50	9.06
3.垃圾无害化处理厂	座	1	1	1
4.无害化处理能力	吨/日	0	0	0
5.年无害化处理量	万吨	10.96	9.50	9.90
6.公共厕所	座	80	80	80
# 水冲厕所	座	80	80	80
7.环卫机械车	辆	158	155	155
# 垃圾车	辆	72	79	87
粪便车	辆	5	5	5
扫路车	辆	46	47	35
8.污水处理率	%	95.05	93.24	92.42
# 污水集中处理率	%	88.40	85.61	84.58
9.年末职工人数	人	1023	969	872

主要统计指标解释

年底自来水生产能力 指年底城建部门管理的自来水厂和自备水源的社会单位取水、净化、送水、出厂输水干管等环节的实际生产能力。

年底供水管理长度 指从送水泵到用户水表之间所有的管道的长度。

全年供水总量 指公用自来水厂和自备水源的社会单位全年的供水总量,包括有效供水量及损失水量。

生活用水量 指居民日常生活与公共福利设施的用水量。包括居民、饮食店、旅馆、医院、理发店、浴池、洗衣店、游泳池、商店、学校、机关、部队等单位的用水量。

城市人口用水普及率 指城市用水的非农业人口数(不包括临时人口和流动人口)与城市非农业人口总数之比。

计算公式:$用水普及率=\frac{城市用水的非农业人口数}{城市非农业人口数}\times 100\%$

人工煤气生产能力 指城市煤气制气、净化、输送等环节的综合实际生产能力。

输气管道长度 指由压缩机、鼓风机、储气罐的出口到用户立管之间的全部管道长度。

全年供气总量 指全年售给各类用户的全部煤气量。包括工业用量、家庭用量和其他用量、

城市用气普及率 指使用煤气(包括人工煤气、液化石油气、天然气)的城市非农业人口数(不包括临时人口和流动人口)与城市非农业人口总数之比。

计算公式:$城市用气普及率=\frac{城市用气的非农业人口数}{城市非农业人口数}\times 100\%$

年底实有铺装道路长度 指除土路外,路面经过铺装宽度在3.5米以上的道路,包括高级、次高等级路和普通道路。

城市桥梁 指城市范围内,修建在河道上的桥梁和道路与道路立交、道路跨越路的立交桥,以及人行天桥。包括永久性桥和半永久性桥,不包括临时性、铁路桥、涵洞。

城市下水道总长度 指所有排水总管、干管、支管及暗渠、检查井、连接井进出水口等长度之和。

城市污水日处理能力 指污水处理厂每昼夜处理污水量的设计能力。

年末实有公共汽(电)车 指年底可参加营运的全部车辆数,包括年底运营车辆和和库存查封未参加营运的车辆,不包括非营运车辆,如架线车、油罐车、工程车、货车及其他专用车辆和借入的客运车辆。

营运的线路长度 指设置的固定营运的线路长度,包括郊区营运线路长度。不包括临时行驶的线路长度。

城市园林绿地面积 指城市公共绿地、专用绿地、生产绿地、防护绿地、郊区风景名胜区的全部面积。

公共绿地 指供游览休息的各种公园、动物园、植物园、陵园以及花园、游园和供游览休息用的林荫绿地、广场绿地。不包括一般栽植的行道树及林荫道的面积。

废水排放总量 包括生产废水和生活污水。生产废水指企事业单位在生产、科研过程中向外排放的所有排放口的废水量总和。生活污水指城镇居民区和企、事业单位职工集中居住区的排放的污水量。

工业废水排放总量 指经过工业企业厂区所有排放口排到企业外部的工业废水量,包括外排的直接冷却水、超标排放的矿井地下水和与工业废水混排的厂区生活污水,不包括外排的间接冷却水(清污不分流的间接冷却水应计算在内)。

工业废水排放达标量 指全面达到国家、地方排放标准的外排工业废水量,包括经过处理后达标外排的和未经过处理达标外排的两部分工业废水。国家排放标准见国标(GB8978-88)。

工业废水处理量 指经过各种水处理装置净化处理后的外排工业废水量 (包括虽经处理仍未达到国家或地方标准的外排工业废水量)。

废气排放总量 指燃料燃烧和生产工艺过程中排放的各种废气总量,以标准状态下每年万标立方米表示。

燃料燃烧过程废气排放量 指燃煤、燃油、燃气锅炉、烘干炉、锻造加热炉、退火炉和其他工业炉窑在燃烧过程(燃料和物料不混合的纯加热过程)中所排废气的总量。它可根据烟气计算公式或经验计算公式求得。

经过消烟除尘的燃料废气量 指燃料燃烧过程中排放的废气经过消烟除尘装置处理的量。

经过净化处理的生产工艺废气量 指生产工艺过程中排放的废气经过各种净化处理装置净化、处理的量。

工业粉尘排放量 指工业企业在生产工艺过程中排放的固体微粒总重量。如钢铁企业的耐火材料粉尘、焦化企业的筛焦系统粉尘、烧结机的粉尘、石灰窑的粉尘、建材企业的水泥粉尘等,不包括电厂排放大气的烟尘。

工业粉尘回收量 批经生产工艺废气净化处理装置处理回收的粉尘和尘泥量(包括干法和湿法)。不包括电厂的烟尘。通常情况下:工业粉尘产生量=工业粉尘排放量+工业粉尘回收量

工业固定废物产生量 指工业企业在生产过程中产生的固体状、半固体状和高浓度液体状废弃物的总量,包括冶炼为渣、粉煤灰、炉渣、煤矸石、化工废渣、尾矿、放射性废渣和其它废渣等;不包括矿山开采的剥离废石和掘进废石(煤矸石和呈酸性或碱性的废石除外)。酸性或碱性废石是指采掘的废石其流经水、雨淋水 PH 值小于 4 或 PH 值大于 10.5 者。

工业固体废物处理量 指以符合环境保护要求的方式将固体废物放置在不再回收的场所的固体废物量,如填埋、焚烧、经封场处理的专业贮存场(库)、深层罐注、回填矿井等(包括当年处置往年的堆存量)。

工业固体废物综合利用量 指已用作农业肥料、造田、生产建筑材料、筑路以及其他方式综合利用的固体废物量(包括当年利用往年的工业固体废物堆存量)。综合利用量由原产同体废物的单位统计。

“三废”综合利用产品产值 指工业企业回收利用“三废”作为主要原料生产的产品产值。按国发(1985)117 号文规定执行。

“三废”综合利用产品利润 指工业企业回收利用“三废”用为主要原料生产的产品自用或出售后所得的利润额。

第十九篇 19
县域交流 Chapter
Inter-County Exchanges

责任编辑:卢　静

19-1 南通市九县市区

指标		崇川区	港闸区	开发区
地区生产总值(亿元)	总量	772.23	378.51	540.47
	增幅	8.0	7.8	7.2
服务业增加值占 GDP 比重(%)	占比	76.0	43.9	39.6
规模以上工业增加值(亿元)	总量	96.08	116.25	226.70
	增幅	8.0	6.7	4.2
高新技术产业产值占比(%)	占比	55.0	44.5	35.2
新兴产业产值(亿元)	总量	106.15	158.01	261.79
	增幅	9.3	0.9	3.1
固定资产投资(亿元)	总量	325.44	320.45	552.31
	增幅	6.6	9.0	9.0
工业投资(亿元)	总量	31.75	78.59	197.71
	增幅	-46.1	18.2	6.8
第三产业投资(亿元)	总量	293.69	241.86	354.59
	增幅	19.2	6.6	10.3
进出口总额(亿元)	总量	447.85	158.34	400.16
	增幅	24.0	-11.5	14.3
出口总额(亿元)	总量	272.05	123.17	231.08
	增幅	21.1	-9.7	14.3
社会消费品零售总额(亿元)	总量	429.99	147.87	166.68
	增幅	8.0	10.1	7.3
限额以上社消零(亿元)	总量	201.52	98.96	93.65
	增幅	0.7	6.9	-11.7
一般公共预算收入(亿元)	总量	71.77	40.06	47.06
	增幅	-1.0	4.6	4.1
全社会用电量(亿千瓦时)	总量	34.80	17.63	52.04
	增幅	3.6	6.6	6.6
工业用电量(亿千瓦时)	总量	13.99	10.42	45.70
	增幅	2.1	1.9	5.7
本外币存款余额(亿元)	总量	-	-	-
	增幅	-	-	-
本外币贷款余额(亿元)	总量	-	-	-
	增幅	-	-	-
城镇居民人均可支配收入(元)	总量	-	-	-
	增幅	-	-	-
农村居民人均可支配收入(元)	总量	-	-	-
	增幅	-	-	-

主要指标(2017年)

通州区	海安	如东	启东	如皋	海门
1169.41	868.30	852.50	989.50	1025.80	1135.90
7.9	8.2	7.9	7.7	8.2	7.7
45.89	45.72	45.74	45.00	45.57	45.50
508.78	576.08	454.61	382.03	507.87	467.12
8.3	9.1	8.1	8.1	8.2	8.0
54.92	49.98	43.32	54.39	49.03	58.44
861.74	1004.10	463.37	725.74	733.74	768.94
13.4	20.7	13.6	4.1	18.5	5.7
680.80	609.82	563.33	634.60	600.27	633.65
10.0	10.2	9.1	9.0	10.1	9.2
373.88	346.45	329.92	351.33	315.23	372.09
7.9	7.6	6.9	6.2	7.7	8.0
304.85	262.01	233.41	282.85	284.12	261.57
13.5	13.9	13.9	12.6	13.0	11.0
237.66	127.24	261.03	169.87	212.54	345.48
–3.5	16.2	57.0	–14.5	27.5	34.0
209.14	105.01	119.63	138.57	169.21	324.06
–5.9	13.0	25.0	–20.5	27.4	37.5
375.07	300.98	347.45	352.97	376.26	366.25
10.0	10.0	9.1	8.8	10.0	9.2
79.24	79.66	146.19	108.85	137.66	126.39
11.9	8.0	4.3	1.0	5.2	3.1
72.75	60.01	55.56	71.13	71.31	72.54
–2.6	4.2	2.1	0.1	0.1	0.2
56.88	47.35	53.14	34.32	54.25	42.43
7.6	1.3	8.2	10.7	7.8	9.9
39.91	35.17	38.29	20.37	36.03	28.17
4.1	–3.1	6.0	6.8	4.5	8.7
1516.87	1378.99	1136.02	1332.96	1258.05	1433.70
6.8	6.2	10.6	6.8	9.4	4.0
863.92	958.22	570.78	826.89	773.13	969.62
15.4	19.8	15.2	16.0	8.0	17.4
44366	40656	40416	40759	39918	44138
8.9	9.0	8.8	9.0	9.1	9.0
21794	19640	18683	21691	18463	22515
9.4	9.3	9.1	9.1	9.4	9.3

19-2 江苏省各县(市)

指标名称	年末户籍人口(万人)	年末常住人口(万人)	建成区面积(平方公里)	从业人员(万人)
南京市	**680.67**	**833.50**	**796**	**457.60**
无锡市	**493.05**	**655.30**	**546**	**388.30**
江阴市	125.49	165.02	125	99.33
宜兴市	108.33	125.47	83	74.17
徐州市	**1039.42**	**876.35**	**466**	**482.70**
丰　县	120.97	95.17	31	55.41
沛　县	124.11	111.97	52	64.41
睢宁县	144.00	102.83	34	62.46
新沂市	112.93	91.36	37	55.13
邳州市	193.76	144.29	48	87.37
常州市	**378.84**	**471.73**	**296**	**281.70**
溧阳市	79.11	76.25	30	49.87
苏州市	**691.07**	**1068.36**	**751**	**691.60**
常熟市	106.91	151.61	98	104.44
张家港市	92.90	125.78	57	77.19
昆山市	86.27	166.24	72	116.58
太仓市	48.69	71.58	51	45.80
南通市	**764.47**	**730.50**	**383**	**456.00**
海安县	93.25	86.55	32	54.00
如东县	102.79	98.03	25	61.60
启东市	111.59	95.18	31	66.60
如皋市	142.55	124.74	40	73.80
海门市	99.82	90.60	29	64.20
连云港市	**532.53**	**451.84**	**307**	**250.60**
东海县	123.91	97.11	29	56.61
灌云县	104.10	80.90	28	47.88
灌南县	81.91	63.72	27	36.46

主要指标(2017年)

			地区生产总值(亿元)				
第一产业	第二产业	第三产业		第一产业	第二产业	#工业	第三产业
42.20	**147.00**	**268.40**	**11715.10**	**263.01**	**4454.87**	**3853.39**	**6997.22**
15.80	**214.40**	**158.10**	**10511.80**	**135.18**	**4964.44**	**4553.15**	**5412.18**
4.68	60.89	33.76	3488.27	41.64	1897.84	1824.56	1548.79
7.96	40.26	25.95	1558.25	49.14	807.83	694.61	701.28
135.00	**162.80**	**184.90**	**6605.95**	**600.55**	**2884.32**	**2448.17**	**3121.08**
18.32	19.36	17.73	456.94	82.60	196.10	151.58	178.24
20.67	22.49	21.26	756.32	99.64	359.36	261.69	297.32
20.89	21.65	19.92	560.07	91.28	238.06	186.68	230.73
16.67	19.21	19.24	644.26	71.08	269.30	229.03	303.88
27.26	30.31	29.80	917.65	122.35	403.81	354.15	391.49
29.30	**138.50**	**113.90**	**6618.42**	**157.10**	**3098.62**	**2817.63**	**3362.70**
11.56	24.60	13.71	858.04	50.65	417.06	353.20	390.33
22.70	**409.00**	**259.90**	**17319.51**	**221.98**	**8235.88**	**7606.45**	**8861.65**
3.81	63.59	37.04	2279.55	42.07	1165.76	1103.49	1071.72
4.26	46.09	26.84	2606.05	31.22	1365.64	1300.01	1209.19
1.67	73.93	40.98	3520.35	30.75	1916.89	1805.58	1572.71
2.53	26.60	16.67	1240.96	36.04	627.88	587.71	577.04
89.30	**212.70**	**154.00**	**7734.64**	**382.69**	**3639.81**	**3042.25**	**3712.14**
11.10	28.50	14.40	868.30	58.83	412.45	341.42	397.02
12.95	30.65	18.00	852.50	71.37	391.21	332.15	389.92
16.60	29.20	20.80	989.50	69.13	475.10	380.97	445.28
17.80	34.55	21.45	1025.80	66.05	492.30	413.89	467.45
14.80	31.10	18.30	1135.90	56.01	563.06	470.29	516.83
77.90	**81.50**	**91.20**	**2640.31**	**313.42**	**1179.86**	**958.61**	**1147.03**
18.47	17.98	20.15	483.82	69.80	211.63	185.20	202.39
18.36	13.07	16.46	366.44	66.13	162.15	124.54	138.16
14.98	11.08	10.40	342.21	54.02	163.19	142.18	125.00

19-2

指标名称	年末户籍人口(万人)	年末常住人口(万人)	建成区面积(平方公里)	从业人员(万人)
淮安市	**560.90**	**491.40**	**285**	**284.50**
涟水县	113.61	84.92	37	48.64
盱眙县	79.86	65.58	39	38.47
金湖县	35.19	33.21	25	19.26
盐城市	**826.15**	**724.22**	**343**	**441.60**
响水县	62.40	50.10	22	28.30
滨海县	122.52	93.45	34	55.96
阜宁县	112.72	83.17	45	50.98
射阳县	95.61	88.45	25	56.57
建湖县	78.77	73.07	28	43.74
东台市	110.56	98.04	37	64.73
扬州市	**459.98**	**450.82**	**264**	**265.00**
宝应县	89.49	75.96	34	41.81
仪征市	59.44	56.78	39	39.41
高邮市	81.18	74.42	27	45.80
镇江市	**270.90**	**318.63**	**219**	**194.50**
丹阳市	80.83	98.33	34	63.62
扬中市	28.19	34.33	15	21.74
句容市	58.95	62.65	29	39.34
泰州市	**505.19**	**465.19**	**225**	**278.70**
兴化市	156.55	125.58	39	75.20
靖江市	66.17	68.73	34	41.20
泰兴市	118.56	107.80	31	64.50
宿迁市	**591.01**	**491.46**	**229**	**285.00**
沭阳县	197.72	156.52	65	94.64
泗阳县	107.06	84.58	65	49.74
泗洪县	109.90	89.83	37	48.77

续表 1

			地区生产总值（亿元）				
第一产业	第二产业	第三产业		第一产业	第二产业	#工业	第三产业
77.10	**89.60**	**117.80**	**3328.88**	**339.44**	**1406.39**	**1187.50**	**1583.05**
16.95	11.66	20.03	429.38	59.35	166.08	137.49	203.95
11.54	12.74	14.19	395.68	56.05	157.45	127.50	182.18
5.44	6.62	7.20	267.87	35.07	101.32	89.70	131.48
101.60	**162.60**	**177.40**	**5082.69**	**564.18**	**2256.72**	**1943.81**	**2261.78**
7.48	10.18	10.64	319.91	42.36	156.35	141.41	121.20
15.45	19.39	21.12	442.53	62.11	179.67	151.66	200.75
14.20	17.84	18.94	447.00	57.89	194.50	144.07	194.61
14.75	20.08	21.74	500.02	86.08	181.94	165.96	232.00
9.90	17.36	16.48	523.10	49.22	223.83	191.81	250.05
14.90	23.70	26.13	812.81	97.33	329.29	289.07	386.20
42.00	**117.00**	**106.00**	**5064.92**	**262.02**	**2475.88**	**2170.55**	**2327.02**
6.63	18.00	17.00	574.93	68.77	257.42	211.75	248.74
6.25	17.00	16.00	628.36	23.28	328.81	292.03	276.27
7.26	20.00	18.00	608.41	74.09	267.85	215.81	266.47
22.10	**85.90**	**86.50**	**4010.36**	**142.43**	**1978.01**	**1820.66**	**1889.92**
5.77	33.14	24.71	1233.27	53.66	618.84	594.10	560.77
1.32	11.51	8.91	536.20	13.91	281.04	269.12	241.25
9.52	15.28	14.54	530.20	44.94	248.10	221.25	237.16
57.40	**113.60**	**107.70**	**4744.53**	**264.08**	**2238.13**	**1954.39**	**2242.32**
22.20	26.30	26.70	862.30	116.71	331.23	287.79	414.36
6.40	20.90	13.90	923.35	23.69	448.44	403.26	451.22
15.10	26.50	22.90	964.07	57.16	450.86	396.92	456.05
86.90	**106.50**	**91.60**	**2610.94**	**292.14**	**1253.49**	**1073.27**	**1065.31**
27.32	38.00	30.00	770.14	94.39	352.48	314.98	323.27
18.57	17.00	14.00	447.75	58.71	223.78	187.81	165.26
16.93	17.00	15.00	446.61	67.02	190.30	160.51	189.29

指标名称	人均地区生产总值(元)	农林牧渔业总产值(亿元)	规模以上工业企业		
			资产合计(亿元)	负债合计(亿元)	主营业务收入(亿元)
南京市	**141103**	**470.65**	**11603.75**	**6285.94**	**10936.47**
无锡市	**160706**	**249.90**	**16002.28**	**8415.78**	**15543.76**
江阴市	211943	80.82	6516.86	3601.91	5771.92
宜兴市	124208	87.39	2317.68	1389.35	2646.64
徐州市	**75611**	**1150.01**	**6812.38**	**3180.11**	**11668.49**
丰县	48084	162.86	248.22	97.36	698.99
沛县	67634	192.18	343.61	191.08	1503.25
睢宁县	54529	175.44	259.32	105.46	775.17
新沂市	70623	150.04	448.48	184.74	1173.96
邳州市	63690	247.42	791.37	186.02	2262.00
常州市	**140435**	**293.58**	**8988.12**	**5026.93**	**12085.73**
溧阳市	112596	93.95	1099.37	744.45	1416.60
苏州市	**162388**	**424.69**	**30203.70**	**15875.99**	**32005.86**
常熟市	150532	78.47	3984.66	2220.23	3550.50
张家港市	207380	60.65	4963.81	2846.17	5203.48
昆山市	212103	55.51	6179.12	3214.63	7920.60
太仓市	173835	68.79	2201.24	1161.52	2116.65
南通市	**105903**	**727.03**	**9144.90**	**4506.74**	**14522.32**
海安县	100295	119.60	1321.58	639.03	2534.78
如东县	86897	148.00	1258.38	586.35	2045.53
启东市	103950	137.94	1301.47	675.38	1784.04
如皋市	82149	114.47	1113.04	590.88	2134.76
海门市	125445	99.99	1073.94	526.94	2125.03
连云港市	**58577**	**615.41**	**3470.65**	**1845.53**	**5338.77**
东海县	49891	136.67	368.87	135.57	1097.25
灌云县	45405	132.68	158.69	70.53	779.24
灌南县	53794	100.99	274.58	165.23	359.21

续表 2

利润总额（亿元）	公路里程（公里）	公路客运量（万人）	公路货运量（万吨）	民用汽车拥有量（万辆）	邮电业务总量（亿元）	国际互联网用户（万户）
456.81	**867.69**	**11320**	**8404**	**13806**	**239.20**	**451.11**
347.28	**1053.61**	**7749**	**5727**	**14511**	**178.06**	**318.10**
64.57	361.18	2458	416	3234	44.69	41.00
46.48	132.34	2377	531	1788	27.57	24.27
268.59	**873.07**	**16351**	**11013**	**19485**	**120.25**	**208.77**
22.14	50.86	1825	476	1914	10.50	14.21
25.21	82.64	2366	725	1798	10.85	16.44
25.81	75.12	2440	942	2131	11.97	20.21
25.05	95.89	2674	753	1420	7.49	22.38
31.56	170.34	3144	661	2273	13.02	22.21
231.96	**732.22**	**9200**	**4519**	**12174**	**122.78**	**193.80**
17.58	87.47	2526	788	2226	14.70	10.48
616.00	**2002.15**	**12658**	**31272**	**13614**	**355.24**	**710.12**
71.45	213.64	3076	3493	1413	43.43	84.47
57.99	389.53	1618	3099	1768	37.24	28.91
104.50	358.56	1675	4008	1485	57.47	77.00
35.95	156.06	1331	2768	1440	22.04	19.59
289.60	**1128.18**	**18754**	**7310**	**12656**	**152.01**	**232.99**
27.38	181.12	2458	481	1968	14.62	8.65
25.44	163.21	2803	606	1462	17.19	8.63
27.45	154.48	3633	1074	597	18.11	9.78
36.77	137.31	3344	487	2341	24.25	11.85
37.56	222.75	2557	432	851	18.59	14.03
146.48	**447.48**	**12117**	**4607**	**9283**	**56.56**	**104.88**
28.41	75.23	3262	945	1937	11.91	12.23
19.43	44.76	2834	406	1166	8.08	8.53
15.21	23.24	1923	601	509	5.49	4.91

指标名称	人均地区生产总值(元)	农林牧渔业总产值(亿元)	规模以上工业企业		
			资产合计(亿元)	负债合计(亿元)	主营业务收入(亿元)
淮安市	**67909**	**629.57**	**2876.94**	**1328.34**	**5894.20**
涟水县	50599	114.98	247.66	108.86	697.83
盱眙县	60441	104.07	386.27	191.61	933.91
金湖县	80696	66.26	246.60	152.78	371.09
盐城市	**70216**	**1139.23**	**5431.98**	**3019.33**	**8080.48**
响水县	63854	77.05	703.17	432.35	968.54
滨海县	47355	114.98	568.27	303.84	745.44
阜宁县	53745	114.43	323.75	181.23	671.15
射阳县	56531	187.67	360.61	196.68	713.33
建湖县	71589	95.59	295.10	128.12	724.13
东台市	82906	210.89	673.68	396.44	1082.38
扬州市	**112559**	**495.68**	**4993.90**	**2636.26**	**9025.44**
宝应县	75828	128.24	618.46	318.16	1063.60
仪征市	110871	45.96	771.60	444.00	1479.60
高邮市	81908	142.90	548.05	256.99	1024.61
镇江市	**125962**	**247.07**	**5419.87**	**2937.75**	**6773.33**
丹阳市	125422	87.54	1456.92	789.97	2110.33
扬中市	156349	27.29	1030.43	567.78	1109.37
句容市	84683	76.34	704.65	407.50	915.11
泰州市	**102058**	**457.23**	**6613.17**	**3392.60**	**11941.88**
兴化市	68679	206.28	690.90	297.30	1830.27
靖江市	134364	41.48	1560.76	817.57	1799.73
泰兴市	89456	96.46	1682.46	927.43	3301.10
宿迁市	**53317**	**536.30**	**2599.90**	**1103.00**	**2365.05**
沭阳县	49463	176.52	593.80	258.02	809.31
泗阳县	53092	110.91	288.44	120.83	257.93
泗洪县	49884	130.12	303.57	109.59	245.80

续表 3

利润总额（亿元）	公路里程（公里）	公路客运量（万人）	公路货运量（万吨）	民用汽车拥有量（万辆）	邮电业务总量（亿元）	国际互联网用户（万户）
146.42	**360.95**	**13232**	**6438**	**6214**	**52.12**	**108.72**
8.28	33.92	2564	1395	1687	8.62	1.35
29.99	34.15	2686	1475	1495	5.35	1.21
14.67	13.07	1457	329	224	3.08	0.75
221.65	**434.37**	**19595**	**6902**	**5515**	**87.14**	**144.20**
8.76	68.54	1798	326	312	4.87	3.92
15.64	41.00	2151	720	1122	8.97	6.81
16.98	29.78	1950	502	241	7.68	6.94
19.86	32.25	2500	702	761	9.61	7.27
19.36	44.63	1811	691	267	6.57	6.86
22.60	57.59	3276	751	974	11.34	9.03
184.90	**531.01**	**9610**	**3421**	**7112**	**70.75**	**136.09**
18.72	63.41	1978	459	581	7.68	11.68
18.88	130.82	1557	357	1028	9.31	10.83
22.04	51.86	2160	730	923	9.20	12.85
137.16	**443.33**	**7443**	**3184**	**7551**	**55.61**	**91.90**
33.89	121.30	2244	678	1719	18.10	28.27
14.53	67.51	1034	321	459	6.23	8.96
20.83	52.16	2508	567	1133	5.66	13.17
174.97	**861.66**	**9893**	**6504**	**2800**	**69.79**	**108.83**
33.34	109.01	2849	1356	465	14.95	21.75
26.81	136.05	1361	1060	350	15.64	19.08
35.60	275.42	2217	1670	540	17.05	21.74
137.41	**279.25**	**10552**	**5265**	**4194**	**58.05**	**120.05**
19.96	64.67	2956	2264	2368	15.98	24.36
10.75	15.51	1752	1287	436	8.45	12.80
9.82	32.18	2432	2105	390	7.35	13.28

指标名称	全年用电量(亿千瓦时)	#工业用电	固定资产投资(亿元)	房地产开发投资(亿元)	商品房屋销售建筑面积(万平方米)
南京市	**556.96**	**318.14**	**6362.21**	**2170.21**	**1429.61**
无锡市	**686.67**	**524.68**	**4966.06**	**1201.89**	**1182.09**
江阴市	261.55	228.16	1153.03	179.90	318.24
宜兴市	97.37	73.27	563.91	70.87	145.67
徐州市	**361.23**	**245.35**	**5277.03**	**538.62**	**1183.80**
丰县	22.62	12.93	239.08	40.68	115.69
沛县	38.04	27.00	594.77	28.86	75.39
睢宁县	20.80	9.20	320.74	39.23	151.79
新沂市	34.75	25.53	544.42	52.11	157.59
邳州市	30.30	16.19	760.22	76.79	165.51
常州市	**455.03**	**351.21**	**3896.30**	**479.11**	**1030.31**
溧阳市	78.53	65.23	530.71	73.92	94.26
苏州市	**1503.53**	**1202.04**	**5629.59**	**2305.82**	**1936.66**
常熟市	186.53	154.92	550.25	164.51	195.39
张家港市	308.82	282.29	727.21	204.39	292.28
昆山市	241.34	188.14	758.34	376.03	345.50
太仓市	104.99	86.96	466.93	128.67	114.93
南通市	**400.55**	**275.76**	**4959.20**	**609.95**	**1657.67**
海安县	47.35	35.17	609.82	45.68	167.00
如东县	53.14	38.29	563.33	24.86	64.00
启东市	34.32	20.37	634.60	71.45	218.00
如皋市	54.25	36.03	600.27	45.39	185.00
海门市	42.43	28.17	633.65	51.97	146.00
连云港市	**182.79**	**120.59**	**2603.63**	**274.93**	**643.91**
东海县	25.39	14.81	413.31	23.81	108.63
灌云县	14.64	7.15	339.63	15.98	93.38
灌南县	32.45	25.26	252.61	32.65	80.41

续表 4

社会消费品零售总额(亿元)	进出口总值(亿美元)	出口	实际外商直接投资(亿美元)	一般公共预算收入(亿元)	#税收收入	一般公共预算支出(亿元)
5604.66	**611.87**	**344.15**	**36.73**	**1271.91**	**1044.61**	**1354.09**
3458.04	**812.53**	**495.19**	**36.65**	**930.00**	**752.40**	**987.66**
863.37	209.73	121.43	4.72	235.16	195.86	227.29
612.84	40.77	33.53	0.73	111.15	89.31	123.64
2977.20	**78.01**	**63.34**	**16.60**	**501.64**	**365.23**	**827.33**
164.11	2.33	1.67	0.73	25.00	17.96	65.01
267.06	4.81	4.65	1.73	54.46	36.37	89.09
195.11	5.37	4.37	0.99	39.92	26.80	83.12
189.99	6.73	5.10	1.73	47.46	32.88	93.00
275.57	11.72	10.76	2.03	60.05	40.92	110.52
2444.05	**312.66**	**229.39**	**22.16**	**518.81**	**431.36**	**551.55**
331.66	9.95	8.83	2.50	61.38	50.19	81.63
5442.82	**3160.79**	**1871.61**	**44.83**	**1908.10**	**1672.90**	**1771.47**
800.41	244.74	167.60	6.09	191.81	165.02	165.80
581.46	321.29	159.83	3.93	210.01	179.63	193.62
945.85	827.72	545.04	7.14	352.51	318.88	293.04
310.15	129.70	60.86	4.29	140.86	122.04	126.51
2873.41	**348.20**	**249.38**	**24.23**	**590.60**	**462.51**	**810.08**
300.98	18.75	15.47	2.67	60.01	50.02	86.47
347.45	38.62	17.66	2.27	55.56	45.87	108.10
352.97	25.12	20.47	3.40	71.13	53.73	92.67
376.26	31.41	25.01	2.86	71.31	57.56	109.41
376.14	50.78	47.61	2.93	72.54	51.13	93.79
1038.31	**82.11**	**39.07**	**6.78**	**214.85**	**159.37**	**390.56**
196.02	4.83	3.94	1.02	21.12	15.63	61.98
133.12	2.05	1.83	0.87	20.57	14.31	54.85
104.12	2.65	2.12	0.65	21.88	17.01	50.19

指标名称	全年用电量(亿千瓦时)	#工业用电	固定资产投资(亿元)	房地产开发投资(亿元)	商品房屋销售建筑面积(万平方米)
淮安市	**172.92**	**111.02**	**2839.55**	**303.06**	**880.36**
涟水县	16.93	8.50	357.43	21.73	133.00
盱眙县	18.18	10.17	346.79	49.11	107.00
金湖县	12.02	7.75	211.76	9.18	39.00
盐城市	**287.26**	**190.18**	**4278.49**	**426.67**	**974.82**
响水县	39.78	33.33	320.74	12.99	47.32
滨海县	28.32	18.64	423.07	20.16	79.24
阜宁县	24.52	15.17	358.09	35.12	87.52
射阳县	23.30	13.27	335.62	43.12	56.81
建湖县	21.03	12.43	400.36	14.74	53.22
东台市	39.99	27.80	647.05	52.80	130.76
扬州市	**237.05**	**162.21**	**3690.09**	**443.58**	**879.71**
宝应县	21.40	12.61	443.02	43.02	99.00
仪征市	44.01	36.71	550.15	29.36	110.00
高邮市	35.62	25.15	563.06	42.77	134.00
镇江市	**243.86**	**180.02**	**2694.36**	**343.52**	**705.27**
丹阳市	79.47	62.13	533.12	77.69	126.00
扬中市	19.65	13.86	330.72	25.53	55.00
句容市	28.73	17.08	387.71	104.75	216.00
泰州市	**273.90**	**201.75**	**3609.47**	**288.72**	**869.26**
兴化市	71.40	56.87	484.57	29.29	129.40
靖江市	40.78	28.56	539.82	42.42	107.01
泰兴市	63.59	48.76	799.74	71.01	193.96
宿迁市	**171.55**	**113.93**	**2194.23**	**243.00**	**837.65**
沭阳县	48.77	32.10	548.80	46.84	191.85
泗阳县	24.54	14.29	410.34	61.49	172.91
泗洪县	20.51	10.41	409.16	48.31	157.79

续表 5

社会消费品零售总额(亿元)	进出口总值(亿美元)	出口	实际外商直接投资(亿美元)	一般公共预算收入(亿元)	#税收收入	一般公共预算支出(亿元)
1197.09	**46.36**	**30.03**	**11.78**	**230.61**	**177.06**	**452.31**
144.86	3.58	3.20	0.84	19.20	15.25	58.35
136.53	1.79	1.42	1.34	18.30	13.84	50.26
100.74	4.55	4.38	1.23	20.18	17.92	44.85
1806.20	**86.53**	**58.41**	**7.89**	**360.02**	**271.93**	**748.28**
21.69	6.69	6.21	0.50	23.90	17.95	55.01
43.76	5.07	4.00	0.55	27.30	20.49	75.36
71.63	3.14	2.91	0.24	26.14	19.72	73.65
67.21	4.43	3.06	0.60	24.18	19.60	75.11
121.78	3.33	3.04	0.41	26.32	18.55	74.44
62.42	8.74	8.12	0.82	54.01	42.41	94.94
1494.01	**107.99**	**78.68**	**10.87**	**320.18**	**241.44**	**507.64**
165.48	11.25	8.69	0.61	27.59	22.03	67.79
120.68	4.52	3.29	0.80	47.79	41.47	57.50
187.38	4.90	4.63	0.68	32.63	26.98	65.26
1366.03	**105.36**	**69.85**	**13.53**	**284.34**	**217.85**	**386.64**
336.75	27.75	23.79	3.44	61.05	50.67	82.88
155.93	6.97	5.49	1.66	32.00	26.50	41.25
156.72	5.40	4.53	3.13	44.00	38.35	60.10
1254.22	**129.48**	**82.16**	**16.18**	**335.52**	**256.95**	**475.49**
191.36	6.36	5.99	0.81	36.06	29.30	90.61
195.45	29.43	21.81	2.44	60.09	48.71	70.21
238.23	38.22	20.10	3.60	63.11	52.90	81.84
781.39	**29.48**	**21.72**	**3.64**	**200.58**	**154.58**	**424.12**
219.13	6.40	5.13	0.72	48.00	32.44	105.54
112.37	4.00	3.87	0.32	26.21	20.01	65.31
116.94	1.82	1.29	0.04	26.34	20.10	70.66

指标名称	金融机构人民币存款余额(亿元)	#住户存款	金融机构人民币贷款余额(亿元)	公共图书馆图书藏量(千册)	卫生机构床位数(张)
南京市	**29944.86**	**6019.70**	**24578.25**	**7007**	**52244**
无锡市	**14606.93**	**5055.54**	**11098.51**	**7881**	**43195**
江阴市	3527.88	1156.89	2916.96	2388	8199
宜兴市	1946.58	996.17	1517.36	839	5775
徐州市	**6396.38**	**3349.45**	**4173.20**	**3725**	**55589**
丰县	383.31	269.02	211.87	225	4137
沛县	512.54	345.77	269.01	364	5168
睢宁县	484.12	311.54	281.70	438	4556
新沂市	444.40	246.58	280.03	477	3856
邳州市	601.82	392.43	427.52	543	6322
常州市	**9873.37**	**3532.34**	**6679.20**	**5001**	**26679**
溧阳市	1091.83	498.78	856.06	444	3237
苏州市	**26467.59**	**8166.44**	**23986.62**	**22181**	**66640**
常熟市	2893.55	1225.37	2264.76	2607	8247
张家港市	2566.80	1027.28	2192.22	2264	9841
昆山市	3708.14	1218.54	2888.01	2644	7225
太仓市	1474.34	544.65	1357.28	1223	4023
南通市	**11497.24**	**5816.35**	**7833.49**	**6309**	**42336**
海安县	1366.12	730.97	956.53	516	5253
如东县	1116.74	645.01	569.37	449	4062
启东市	1313.93	799.79	821.67	546	4541
如皋市	1242.53	766.66	769.09	1008	6679
海门市	1423.65	809.42	967.62	1486	3806
连云港市	**2917.49**	**1279.49**	**2433.32**	**3030**	**24240**
东海县	356.03	238.34	294.63	699	4075
灌云县	308.40	161.38	211.87	245	3490
灌南县	227.81	123.62	157.85	180	3503

续表 6

卫生技术人员（人）	城镇居民人均可支配收入（元）	城镇居民人均生活消费支出（元）	城镇居民人均住房建筑面积（平方米）	农村居民人均可支配收入（元）	农村居民人均生活消费支出（元）	农村居民人均住房建筑面积（平方米）
76144	**54538**	**31385**	**39.8**	**23133**	**17155**	**56.9**
51015	**52659**	**32972**	**47.1**	**28358**	**19998**	**56.8**
9945	59165	30148	55.0	30532	20372	49.0
8161	49826	30199	47.1	25654	18161	70.6
57536	**30987**	**18234**	**43.0**	**16697**	**12038**	**54.0**
4623	25117	17458	45.5	15335	10032	49.2
5528	29776	18025	42.9	17269	11491	47.9
4947	25540	13985	46.0	15130	9884	53.0
5001	27261	17208	46.4	15886	11015	49.8
7900	31189	16405	64.5	16725	10580	83.1
32498	**49955**	**28445**	**45.2**	**25835**	**17849**	**65.4**
4364	45739	22448	38.0	23835	18133	57.0
79623	**58806**	**35104**	**43.5**	**29977**	**20298**	**66.1**
9508	59015	33428	52.2	30288	22757	74.7
9559	59200	33325	59.7	30188	20227	69.3
11616	59191	34337	35.4	30489	20408	45.2
4547	58458	35359	57.8	30026	20919	78.3
45640	**42756**	**26510**	**48.5**	**20472**	**14637**	**61.5**
4827	40656	24125	53.1	19640	16451	61.1
4485	40416	22593	55.7	18683	14431	63.0
4380	40759	30896	46.3	21691	15715	65.2
6580	39918	22690	56.5	18463	13649	63.0
4419	44138	27390	48.1	22515	15957	64.2
27540	**30293**	**19315**	**47.8**	**15273**	**10825**	**51.4**
4365	29758	19313	45.0	15882	10897	57.1
3846	25034	14512	43.0	14231	9804	44.0
3638	26635	16795	53.5	13639	9607	54.9

指标名称	金融机构人民币存款余额(亿元)	#住户存款	金融机构人民币贷款余额(亿元)	公共图书馆图书藏量(千册)	卫生机构床位数(张)
淮安市	**3432.67**	**1483.10**	**2789.29**	**3327**	**28647**
涟水县	364.70	205.09	228.87	138	4329
盱眙县	373.32	187.75	266.80	356	3785
金湖县	244.89	140.83	204.43	329	1552
盐城市	**5980.74**	**2892.30**	**4272.31**	**3839**	**39985**
响水县	214.19	112.94	166.47	80	2752
滨海县	350.03	201.70	294.89	217	4995
阜宁县	435.64	296.79	249.05	385	4298
射阳县	464.03	304.44	298.36	274	4095
建湖县	454.29	302.47	328.30	277	3608
东台市	769.16	549.28	464.92	292	5131
扬州市	**5700.87**	**2664.64**	**4007.76**	**3953**	**22215**
宝应县	527.20	304.47	328.11	199	2579
仪征市	649.94	306.16	402.88	368	2381
高邮市	592.68	371.59	358.71	277	2972
镇江市	**4877.50**	**1982.67**	**3864.02**	**3479**	**15169**
丹阳市	1107.23	606.79	1002.93	749	3324
扬中市	615.99	288.77	480.84	439	1224
句容市	783.99	315.23	725.00	307	1904
泰州市	**5732.30**	**2636.50**	**4173.85**	**2895**	**25581**
兴化市	809.63	527.05	502.91	267	5240
靖江市	957.40	492.07	787.06	710	4775
泰兴市	1006.92	494.23	697.01	339	4635
宿迁市	**2514.96**	**1209.50**	**2223.45**	**1563**	**27285**
沭阳县	558.10	354.75	472.07	172	7686
泗阳县	371.10	219.19	365.92	334	5076
泗洪县	330.86	218.75	317.46	104	4786

续表 7

卫生技术人员(人)	城镇居民人均可支配收入(元)	城镇居民人均生活消费支出(元)	城镇居民人均住房建筑面积(平方米)	农村居民人均可支配收入(元)	农村居民人均生活消费支出(元)	农村居民人均住房建筑面积(平方米)
32310	**32976**	**17788**	**44.9**	**15601**	**10526**	**53.7**
4669	27423	16682	59.0	14561	9126	49.0
3700	33406	17185	54.0	15762	8651	46.0
1698	33509	20620	42.0	17126	14599	58.0
40857	**33115**	**18434**	**43.7**	**18711**	**14153**	**50.9**
2752	27832	11191	37.8	15586	10487	49.3
4383	28867	16662	40.0	16280	12162	53.3
4072	27754	21501	35.2	16850	8988	44.3
4429	28816	22934	41.7	18064	8887	36.7
3461	32171	16696	43.5	18576	11872	47.6
4794	35380	18246	59.3	21431	13700	59.2
28609	**38828**	**22093**	**44.4**	**19694**	**14766**	**51.2**
3817	29284	17133	45.0	18447	13130	53.0
3160	39686	21569	46.3	19033	17488	65.3
3708	34230	21573	45.5	18494	14238	45.1
20368	**45386**	**25637**	**45.0**	**22724**	**17127**	**58.4**
4786	45151	23459	46.0	23603	20207	57.0
1890	49764	25306	53.8	25895	17860	61.6
2940	44015	24095	42.0	20527	16063	51.0
27309	**40059**	**23824**	**49.0**	**19494**	**14543**	**63.0**
5849	36485	19989	38.0	18465	12847	52.0
4631	43152	28225	57.5	21361	18482	72.1
4718	39749	24231	49.0	19476	13168	72.0
30400	**26118**	**16241**	**46.0**	**15268**	**10252**	**47.8**
8835	25871	16485	46.1	15484	10874	50.3
6992	25536	15773	49.3	15260	11665	46.5
6063	24973	15878	45.4	14941	8525	46.0

中国统计出版社最新图书简目

(仅供参考,以实际出版为准)

统计资料

中国统计年鉴　中国统计摘要　中国第三产业统计年鉴
中国第三次全国农业普查综合资料　国际统计年鉴　金砖国家联合统计手册
中国-东盟国家统计手册　中国农村统计年鉴　中国县域统计年鉴
中国农产品价格调查年鉴　中国城市统计年鉴　中国价格统计年鉴
中国贸易外经统计年鉴　中国零售和餐饮连锁企业统计年鉴　中国商品交易市场统计年鉴
大中型批发零售和住宿餐饮企业统计年鉴　中国住户调查年鉴　中国工业统计年鉴
中国环境统计年鉴　中国能源统计年鉴　中国建筑业统计年鉴
中国房地产统计年鉴　中国固定资产投资统计年鉴　中国对外直接投资统计公报
中国人口和就业统计年鉴　中国劳动统计年鉴　中国社会统计年鉴
中国科技统计年鉴　中国高技术产业统计年鉴　全国企业创新调查年鉴
中国文化及相关产业统计年鉴　2018年时间利用调查资料　中国妇女儿童状况统计资料
中国基本单位统计年鉴　中国教育统计年鉴　中国教育经费统计年鉴
中国民族统计年鉴　中国残疾人事业统计年鉴

省级综合统计年鉴系列

北京 天津 河北 山西 内蒙古 辽宁 吉林 黑龙江 上海 江苏 浙江 安徽 福建 江西 山东 河南 湖北 湖南 广东 广西 海南 重庆 四川 贵州 云南 西藏 陕西 甘肃 青海 宁夏 新疆 新疆生产建设兵团

市(县)级综合统计年鉴系列

滨海新区 石家庄 唐山 邯郸 保定 沧州 邢台 廊坊 承德 衡水 秦皇岛 张家口 太原 大同 阳泉 长治 晋城 朔州 晋中 运城 忻州 临汾 吕梁 呼和浩特 呼和浩特新城区 鄂尔多斯 包头 沈阳 大连 长春 吉林 延吉 四平 通化 松原 哈尔滨 齐齐哈尔 黑龙江垦区 上海浦东新区 南京 无锡 徐州 常州 苏州 南通 连云港 淮安 盐城 扬州 镇江 泰州 宿迁 江阴 丹阳 海门 杭州 宁波 温州 嘉兴 湖州 绍兴 金华 衢州 舟山 台州 丽水 合肥 安庆 马鞍山 福州 厦门 宁德 漳州 龙岩 南昌 九江 上饶 新余 抚州 萍乡 赣州 吉安 景德镇 济南 青岛 潍坊 枣庄 日照 滕州 郑州 洛阳 平顶山 三门峡 商丘 信阳 济源 汝州 武汉 十堰 荆州 宜昌 荆门 咸宁 长沙 广州 深圳 惠州 东莞 汕尾 南宁 柳州 桂林 梧州 来宾 河池 防城港 海口 三亚 成都 贵阳 黔南 毕节 昆明 西安 咸阳 延安 宝鸡 安康 铜川 汉中 榆林 兰州 庆阳 银川 乌鲁木齐 兵团一师 兵团十师

调查年鉴系列

天津 内蒙古 上海 浙江 福建 河南 湖北 湖南 广东 广西 重庆 四川 云南 甘肃 宁夏

统计方法应用/实用手册

实用SAS统计分析教程　Python数据分析基础　统计公文知识问答　领导干部统计知识问答
乡镇统计人员岗位知识培训系列教材：辅助调查员岗位基础知识　乡镇统计人员岗位基础知识
县级统计人员岗位知识培训系列教材：Excel在统计工作中的应用　简明统计分析
地市级统计人员岗位知识培训系列教材：统计报告与演示　中国国民经济核算体系（2016）基础知识
全国统计专业技术资格考试系列考试用书：统计业务知识（第四版）　统计业务知识学习指导与习题
全国统计专业技术资格考试系列考试用书：统计相关知识（第四版）　统计相关知识学习指导与习题

统计通俗读物/统计科普图书

我国20个统计指标的历史变迁　联合国工业发展组织：2016年工业发展报告
中国古代统计发展史　理解国民账户

重点图书

波澜壮阔四十年　砥砺奋进铸就辉煌——改革开放40年与时俱进的中国统计
新编英汉汉英统计大词典　中国国民经济核算体系2016　国民经济行业分类注释
挑大学选专业2019—考研择校指南　挑大学选专业2019—高考志愿填报指南　中华医学统计百科全书

中国统计出版社发行部电话：（010）63376907　63376908　同榻行书店电话：68783171　68783172
地址：北京市丰台区西三环南路甲6号　邮政编码：100073　网址：http://www.zgtjcbs.com